THEODOR MOMMSEN

ABRISS DES RÖMISCHEN STAATSRECHTS

THEODOR MOMMSEN

ABRISS DES RÖMISCHEN STAATSRECHTS

1974

WISSENSCHAFTLICHE BUCHGESELLSCHAFT

DARMSTADT

Neue ungekürzte Ausgabe mit einem neuen Namen- und Sachregister nach der 2. Auflage von 1907 (= Systematisches Handbuch der Deutschen Rechtswissenschaft. 1. Abteilung, 3. Teil).

Bestellnummer: 5684

Satz: Druckerei A. Zander, 6149 Rimbach
Druck und Einband: Wissenschaftliche Buchgesellschaft, Darmstadt
Printed in Germany
Schrift: Linotype Garamond, 9/11

ISBN 3-534-05684-1

Meinem Freunde

OTTO HIRSCHFELD

INHALTSVERZEICHNIS

Zweites Buch: Die Magistratur

Drittes Buch: Die einzelnen Aemter

Viertes Buch: Die einzelnen Amtsfunctionen

VORWORT ZUR ERSTEN AUFLAGE

Der mir von massgebender Seite geäusserte Wunsch, das römische Staatsrecht in übersichtliche und für Juristen, die nicht zugleich Philologen sind, ausreichende Gestalt gebracht zu sehen, hat mich veranlasst diesen kurzen Abriss desselben zu entwerfen. Dass für lebendige Anschauung und principielles Verständnis des römischen Privatrechts und Privatprozesses es nicht genügt zu wissen, dass der Prätor die rechtsprechende Behörde ist und der Geschworne *iudex* heisst, ist ebenso einleuchtend wie die Entbehrlichkeit für den Rechtskundigen der meisten Spezialitäten des öffentlichen Rechts des Römerstaats und seines ebenso nothwendigen wie beschwerlichen philologisch-antiquarischen Apparats. Hier ist der Versuch gemacht worden die wesentlichen Momente des öffentlichen Rechts der Römer systematisch zu ordnen unter Weglassung der knapper Zusammenfassung nicht fähigen Belege. Wenn es unzulässig ist mit unbewiesenen Behauptungen öffentlich aufzutreten, so wird es, wo mit Anschluss des kurzen letzten Abschnitts die Belege in einem ausführlicheren Werk vorgelegt sind, einer so anspruchslosen Arbeit, wie die vorliegende ist, gestattet sein dafür auf dieses zu verweisen.

Untergegangen ist das öffentliche Recht der Römer so wenig wie ihr Privatrecht. Die fachmässige bei aller Schädigung dennoch geschlossene Ueberlieferung, welche uns von diesem geblieben ist, fehlt allerdings für jenes; aber die historische und selbst die pseudo-historische Ueberlieferung tritt dafür deckend und in mancher Hinsicht überlegen ein. Insbesondere von der ältesten Epoche, für welche die privatrechtliche Kunde in der Hauptsache versagt, ist uns hier in Institutionen und Traditionen ein Abbild ohne Farben, aber nicht ohne feste Umrisse aufbewahrt. Vor der Plattheit derjenigen historischen Forschung, welche das was sich nie und nirgend begeben hat, bei Seite lassen zu dürfen meint, schützt den Juristen seine genetisches Verständniss fordernde Wissenschaft.

Das römische Gemeinwesen vom König Romulus bis auf den Kaiser Diocletian und in raschem Ueberblick auch die diocletianische Restauration, die nach römischer Zählung anderthalb Jahrtausende umfassende und wahrscheinlich von ihr eher verkürzte als verlängerte ununterbrochene staatliche Entwicklung einer politisch hochbegabten und mehr als irgend eine andere auf sich selbst gestellten Nation ist der Gegenstand dieser Darstellung.

Wenn die rechte Ordnung alles Verständnisses Schlüssel ist, so stellen sich dieser hier ungewöhnliche Schwierigkeiten entgegen. Noch in höherem Grade als in dem Privatrecht sind wir hier auf uns selbst angewiesen; eine auch nur annähernd systematische Ueberlieferung aus dem Alterthum besitzen wir für das Staatsrecht nicht. Aber auch in der Sache selbst liegen die Hindernisse. Die einzelnen Institute sind historisch entstanden, also irrationell; man muss ein jedes sowohl in seiner Selbständigkeit zusammenfassen wie auch nach seinen oft sehr mannichfaltigen politischen Functionen auseinanderlegen. Vor allem das Zusammenwirken der Magistratur mit den Comitien und dem Senat, der Angelpunct der römischen Ordnung erschwert die für die Darlegung unerlässliche Trennung und Wiederholungen lassen sich nur beschränken, nicht vermeiden.

In diesem Abriss habe ich, schärfer als in der an den Apparat gefesselten ausführlichen Darlegung, versucht den systematischen Zusammenhang klar zu stellen, im ersten Buch die Bürgerschaft und das Reich, im zweiten die Magistratur allgemein, im dritten die einzelnen Aemter, im vierten die einzelnen Amtsfunctionen, im fünften die Comitien und den Senat entwickelt. Vielleicht ist es ein Vorzug der für diesen Abriss gebotenen Kürze, dass die staatliche Ordnung dadurch in ihrer Gliederung deutlicher hervortritt.

Berlin, im Mai 1893 Mommsen

VORWORT ZUR NEUEN AUSGABE

Die vorliegende Ausgabe wurde nach der zweiten Auflage des Werkes von 1907 erstellt. Seinerzeit erschien der ›Abriss des römischen Staatsrechts‹ als dritter Teil der ersten Abteilung des ›Systematischen Handbuchs der Deutschen Rechtswissenschaft‹. Herausgeber des ›Handbuchs‹ war Karl Binding.

Wir haben den Text des großen Stilisten Mommsen unverändert übernommen. Durch den Neusatz ergab sich lediglich eine typographische Umgestaltung. Die ursprünglich vorhandenen Marginalien haben wir nicht wiedergegeben — die Marginalientexte erscheinen in unserer neuen Ausgabe mit Seitenangaben im Inhaltsverzeichnis. Das Register wurde umgestaltet und wesentlich erweitert.

Darmstadt, im August 1974

Wissenschaftliche Buchgesellschaft

Erstes Buch

DIE BÜRGERSCHAFT UND DAS REICH

1. Das Geschlecht und das ursprüngliche Bürgerrecht

Wenn das römische Staatsrecht, das wie alles Recht den Staat voraussetzt, von Hypothesen über vorstaatliche Zustände abzusehen hat, so wird es dennoch gestattet sein darauf hinzuweisen, dass das sogenannte Mutterrecht, das heisst die Ignorirung der Zeugung für die Rechtsstellung der Person und die Basirung der gesellschaftlichen Ordnung lediglich auf die Geburt, als nächste Vorstufe des römischen Staatswesens nicht gedacht werden kann, vielmehr die Ehe, und zwar wahrscheinlich die monogamische, da auf einstmalige Polygamie keine Spur hinführt, mit ihren rechtlichen Consequenzen die Keimzelle des römischen Staats gewesen sein wird. Auf der Ehe ruht das auf sich selbst gestellte Geschlecht, allem Anschein nach die Vorstufe der römischen Staatsbildung; der römische Staat der ältesten erkennbaren Zeit kann nur als die Zusammenfassung neben einander stehender Geschlechter, aber auch umgekehrt das römische Geschlecht nur als im Staate begriffen gedacht werden.

Das Geschlecht umfasst alle männlichen und weiblichen Personen, welche von einem gemeinschaftlichen Stammvater in männlicher Linie durch rechte Ehe abstammen oder als von ihm abstammend gelten, wobei, wo die Zwischenglieder nicht genügend nachgewiesen werden können, eine namentlich in dem gleichen Geschlechtsnamen zum Ausdruck gelangende Rechtsvermuthung zum Erweis der Zugehörigkeit genügt. Die Zugehörigkeit ist nothwendig exclusiv; wie nur einen Vater kann man nur ein Geschlecht haben. Obwohl die Geschlechtszugehörigkeit auf der Thatsache der Zeugung beruht, wovon auch die Benennung entlehnt ist, ist sie dennoch ein Rechtsbegriff, da die Zeugung in rechter Ehe mit den daran herkömmlich anknüpfenden Rechtsvermuthungen dabei zu Grunde liegt.

Wie das Geschlecht selbst, so ist auch die Stellung der Person innerhalb desselben nicht im Staate erst entwickelt, sondern mit dem Geschlecht übernommen worden. Sie wird bedingt durch das Eingreifen des Eigenthumsrechts, welchen ursprünglichen, in der griechischen Entwicklung früh überwundenen Charakter die römische Hausherrlichkeit bis in späte Zeit bewahrt hat. Das Weib ist der Geschlechtsgemeinschaft fähig und privatrechtlich dem Manne wesentlich gleichgestellt; aber obwohl sie selber Eigentum haben kann, ist sie ebenfalls Gegenstand des Eigenthums. Es wird dieser Begriff in so unverhüllter Nacktheit auf sie angewendet, dass noch nach Zwölftafelrecht die

Ehefrau wie jede andere bewegliche Sache durch jährigen Besitz dem Manne erworben wird. Ja die Unterthänigkeit des Weibes kann nach älterer Ordnung nur gewechselt, nicht gelöst werden: sie tritt aus dem Eigenthum des Vaters in das des Gatten und, wenn beide fehlen, in das der nächsten männlichen Verwandten, deren Gewalt über die Frau, wie die Behandlung des Frauengutes und des Strafrechts über Frauen zeigt, ursprünglich eben auch eine hausherrliche gewesen ist. Wenn ihr griechischer „Herr“ (κύριος) in geschichtlicher Zeit nichts ist als ihr Vormund, so hat das Herrenrecht über die Frau in der römischen Entwicklung, wie die allmähliche Beseitigung des weiblichen Eigennamens und ihre Benennung nach der blossen Geschlechtszugehörigkeit und der Nummer in der Kinderreihe dies zeigt, wenigstens in der rücksichtslosen Folgerichtigkeit der Theorie in der lebendigen Zeit der römischen Entwicklung sich eher verschärft als gemindert, bis in dem späteren Reich die Gegenwirkung des hellenischen Wesens auch auf diesem Gebiet sich geltend machte. — Nicht geringer, ja privatrechtlich noch stärker ist die Gewalt des Ascendenten über seine Descendenz: auch diese Hausherrlichkeit ist einfach Eigenthum und gestattet dem Ascendenten sogar die Veräusserung des Sohnes und des Enkels. Sie ist nach ältester Ordnung ebenfalls insofern unlösbar, als ihr bei Lebzeiten des Vaters selbst mit dessen Willen kein Ziel gesetzt werden kann. Wohl aber löst sie sich durch den Tod des Vaters für mündige Kinder schlechthin, und die für unmündige Kinder in solchem Fall eintretende Vormundschaft ist von Haus aus eine blosse Hut und durch Endtermin begrenzt. Die mündigen Geschlechtsangehörigen männlichen Geschlechts stehen unabhängig und gleichberechtigt neben einander.

Indem das römische Volk das Geschlecht in sich aufnahm, wurden diese Sätze, die Unfähigkeit der Frau zu eigener Gewalt und das Eigenthumsrecht des Vaters an ihr und an dem Sohne wohl mit übernommen, aber zugleich blieb der letztere für die Rechtsstellung innerhalb der Gemeinde ausser Anwendung. Es entwickelt sich der zwiefache Begriff der vollen und der bloss politischen Rechtsfähigkeit: neben dem Sklaven und dem Ausländer, welche privatrechtlich dem Eigenthum unterliegen oder in dasselbe eintreten können und denen die private wie die staatliche Rechtsfähigkeit mangelt, stehen die Personen in der Gewalt, welche ebenfalls privatrechtlich dem Eigenthum unterliegen, aber publicistisch rechtsfähig sind und darum im Gegensatz zu den Sklaven des Hauses die Benennung *liberi* führen. Die Bürgerschaft wird also gebildet aus sämmtlichen Genossen der staatlich vereinigten Geschlechter; die Zugehörigkeit zu derselben ist nichts als die Zugehörigkeit zu einem von dem römischen Gemeinwesen umfassten Geschlecht, jeder *gentilis* als solcher *quiris,* welches die älteste Bezeichnung des Bürgers ist, im Gegensatz sowohl zu dem dem römischen Staat als Sache angehörigen Menschen, dem Sklaven wie auch zu dem ausserhalb des römischen Staats stehenden Fremden. Auch die Exclusivität überträgt sich von dem Geschlecht nothwendig auf das Volk;

die Gewinnung des römischen Bürgerrechts ist unvereinbar mit dem Besitz eines anderen von Rom anerkannten, und umgekehrt hört das römische Bürgerrecht von Rechts wegen auf, wenn der Bürger in nach römischer Anschauung rechtsgültiger Weise in eine andere Bürgerschaft eintritt.

Als Geschlechtsgenossenschaft und Bürgerschaft aufhörten sich zu decken und der letztere Kreis, wie dies im vierten Kapitel gezeigt werden wird, einen weiteren Umfang erhielt, schwand die Bezeichnung *quiris* vor der späteren *civis* und kommt für die Geschlechtsgenossen, welche seitdem unter den Bürgern als Erbadel eine bevorzugte Stellung einnehmen, im Anschluss daran, dass im strengen Sinn des Wortes sie allein rechter Ehe und rechter Vaterschaft fähig sind, die distinctive Bezeichnung auf der Väter, *patres,* welche in den Zwölftafeln gebraucht wird, oder auch der Vaterkinder, *patricii,* welche späterhin dafür eintritt.

Die Handlungsfähigkeit fehlt dem dem Staat einverleibten Geschlecht und ist, wenn sie in der vorstaatlichen Epoche ihm zukam, durch die Einverleibung ihm verloren und auf den Staat übergegangen. Den Magistraten und den Comitien des Staates gegenüber ist das Geschlecht hauptlos und die Genossen desselben unfähig zur Beschlussfassung; es giebt für dasselbe wohl Gemeinschaftlichkeit der Gottesverehrung, aber keine sacrale Vorstandschaft, wohl Sondergebräuche, aber keine Sondergesetze. Die Wahrung der Geschlechtsrechte sowie die Festsetzung der nothwendig erscheinenden Abweichungen von der allgemeinen Geschlechtsordnung liegen nicht dem einzelnen Geschlecht ob, sondern, wie dies weiterhin entwickelt werden wird, der Gesammtheit aller Geschlechter, das heisst dem Staate durch seine Priester und Beamte und schliesslich durch seine Comitien. So wenigstens tritt uns in historischer Zeit das Geschlecht entgegen. Wenn dieser Unterwerfung desselben unter die Gesamtheit Kämpfe und Krisen voraufgegangen sind, die Hauptlosigkeit des Geschlechts vielleicht erst in harter Arbeit erstritten worden ist, so ist doch selbst die Erinnerung an eine andere Ordnung verschollen; der grosse politische Grundgedanke, dass die staatliche Einigung die Selbständigkeit des einzelnen Theils ausschliesst, ist sicher in Rom schon in diesem ersten und vielleicht schwersten Abschnitt der politischen Entwicklung begriffen und durchgeführt worden. Privatrechtlich dagegen hat das Geschlecht als einheitliches Rechtssubject sich länger und in gewissen Consequenzen bis in die Kaiserzeit hinein behauptet. Für den privaten Territorialbesitz ist ursprünglich wahrscheinlich nicht der einzelne Bürger der Träger gewesen, sondern das Geschlecht; und wenn, wie dies nicht wohl anders gewesen sein kann, auch der Heerdienst einstmals allein den Patriciern obgelegen hat, so ist er hienach darum nicht weniger auch damals schon mit dem privaten Bodeneigenthum verknüpft gewesen. Wenngleich dieser Geschlechtsgrundbesitz schon in vorhistorischer Zeit dem individuellen Bodeneigenthum gewichen ist, so sind das Geschlechtserbrecht so wie die Geschlechtsvormundschaft sowohl in den zwölf Tafeln anerkannt wie auch noch lange nachher praktisch angewandt worden. Allerdings ist dabei wohl nicht das Geschlecht als solches als Rechtsträger gedacht, sondern es werden die sämmtlichen Geschlechtsgenossen ebenso wie die rechtsgleichen Agnaten zur concurrirenden oder electiven Ausübung dieser Rechte berufen. Auf eine auch nur privatrechtliche Vertretung des Geschlechts als solchen führt keine Spur.

Das Geschlecht kann durch den Staat und dessen Gesetz nicht geschaffen werden; wohl aber kann, soweit die nationale Gleichartigkeit reicht, das einem stammverwandten Staat angehörige Geschlecht aus diesem gelöst und mit dem römischen vereinigt werden, und ebenso können mehrere stammverwandte Gemeinden sich zu einer einzigen verschmelzen. Auf dem einen und dem anderen Wege hat sich das patricische Rom allem Anschein nach lange Zeit hindurch durch den Zutritt weiterer Geschlechter erweitert. Von solcher Einreihung der Geschlechter, vor allem von dem Aufgehen dreier Gemeinden in Rom und von der Einzelaufnahme der Claudier unter die römischen Geschlechter haben sich in den Anfängen der historischen Ueberlieferung Nachrichten erhalten, die ihrer Grundlage nach glaubwürdig erscheinen. Indess fiel diese Reception neuer Geschlechter weg, als die Patriciergemeinde, wie weiterhin gezeigt werden soll, das Recht der Gesetzgebung verlor und überhaupt zu funktioniren aufhörte: die patricisch-plebejische Bürgerschaft konnte wohl dem Einzelnen das Bürgerrecht verleihen, aber für die Aufnahme des Geschlechts in den Patricierverband fehlte es seitdem an einem Organ und in historischer Zeit hat sie nicht stattgefunden. — Wie das Geschlecht vom Staat nicht geschaffen ist, kann es auch von ihm nicht aufgehoben werden; es bleibt, bis es ausstirbt. Ausscheidung dagegen durch Uebertritt eines römischen in einen anderen Staatsverband ist rechtlich statthaft und wird in ältester Zeit bei Gebietsabtretung auch vorgekommen sein, wenngleich die patriotische Annalenredaction davon nichts weiss. — Eine geschlossene Zahl der Geschlechter kann es hiernach zu keiner Zeit gegeben haben. Die römische Ursprungslegende, auch hierin schematisch, setzt als Keim der Gemeinde hundert keinem anderen Staat angehörige Männer und hundert von diesen durch Raub gewonnene Weiber an und verdeutlicht, indem sie diese hundert Paare als die älteste Geschlechtergemeinde fasst, den dem Geschlecht zu Grunde liegenden Begriff der agnatischen Descendenz. Diese Rechtsfiction darf daran nicht irremachen, dass das Geschlecht auch nach römischer Auffassung in seinem Bestehen und in seinem Vergehen vom Staat unabhängig und also der legalen Normirung entzogen ist. Noch weniger kann bei den Geschlechtern die Kopfzahl der Angehörigen jemals auch nur annähernd gleich gewesen sein.

Das Geschlechtsrecht kann nur erworben werden durch Eintritt in ein bestehendes Geschlecht; individuelle selbständige Erwerbung desselben würde auf die Schaffung eines neuen Geschlechts hinauslaufen, welche nach dem eben Bemerkten rechtlich unstatthaft ist. Darüber hat sich indess die beginnende Monarchie hinweggesetzt und die individuelle Verleihung des Patriciats in der Weise zugelassen, dass der neue Patricier gleich dem Senator des Romulus als Geschlechtshaupt angesehen wird. Nachdem der Patriciat in der republikanischen Entwicklung zum Erbadel geworden war, gesellte die Monarchie ihm den erblichen Briefadel bei, ohne dass indess das Institut wesentliche Bedeutung erlangt hätte. Durch Constantin wurden diese erblichen Adelsrechte aufgehoben und es wird der Patriciertitel seitdem mit gesteigertem Rang, aber als höchster Personenadel von der Regierung verliehen.

Der Eintritt in das Geschlecht erfolgt regelmässig, gleich dem Eintritt in die väterliche Gewalt, durch Zeugung von einem römischen Geschlechtsgenossen in rechter Ehe, wobei für den letzteren Begriff die zur Zeit bestehende Rechtsordnung zu Grunde gelegt wird; es kommt also der Rechtsstand der Mutter nur insoweit in Frage, dass sie zu dem Vater in Ehegemeinschaft *(connubium)* gestanden haben muss. — Abgesehen von der Zeugung kann der Eintritt in das Geschlecht erfolgen:

1. wahrscheinlich durch die älteste Ehe. Da die formale Ehe von Rechts wegen die väterliche sowie bei der vaterlosen Frau die vormundschaftliche Gewalt bricht und die eheherrliche begründet, so kann, falls der Gatte einem anderen Geschlecht oder gar einem anderen Staat angehört, das bisherige Geschlechts- und eventuell das Bürgerrecht der Ehefrau nicht füglich fortbestanden haben. Die nicht formale Ehe dagegen giebt die eheherrliche Gewalt nur dann, wenn sie durch Kauf oder Ersitzung besonders begründet wird und hat daher wahrscheinlich von jeher das Geschlechtsrecht der Frau nicht berührt; ja bei dem frühen Zurücktreten der *confarreatio* ist aus unserer Ueberlieferung der Geschlechtswechsel durch Ehe überhaupt verschwunden und lediglich eine freilich nicht wohl abzuweisende Vermuthung. — Wenn hiedurch die Annahme nahegelegt wird, dass in ältester Zeit, als die Geschlechtsgemeinschaft noch in voller Kraft stand, die Ehegemeinschaft regelmässig auf das Geschlecht beschränkt und Uebertritt der Frau in ein anderes Geschlecht exceptionell war, so findet dies eine Bestätigung in der Behandlung des Frauenguts. Für die Ehe mit einem Nicht-Geschlechtsgenossen bedarf die Haustochter nur, wie für jede Ehe, der Zustimmung des Vaters, da sie eigenes Gut nicht haben kann; bei der vermögensfähigen Frau dagegen wird nicht bloss die Einwilligung der Vormünder, das heisst der nächsten Geschlechtsgenossen gefordert, sondern auch ein legislativer Act, welcher ihr das Ausheirathen aus dem Geschlecht freigiebt.

2. Die Annahme an Kindesstatt steht selbstverständlich der Zeugung in der Rechtswirkung gleich und kann also auch den Geschlechtswechsel herbeiführen, ist aber nur statthaft einerseits mit Einwilligung des neuen Vaters und des neuen Kindes vor versammelter Bürgerschaft, andererseits mit Einwilli-

gung der Bürgerschaft selbst. Dieser zunächst, solange die Geschlechtsgenossen allein Bürgerrecht hatten, nur zwischen Patriciern statthafte Act, die *adrogatio,* ist späterhin auch auf die Plebejer erstreckt worden, wahrscheinlich weil die Curien, als sie die staatliche Gesetzgebung verloren, zunächst als Patricierversammlung für diesen Legalact competent blieben und diese Competenz auch dann behielten, als späterhin das Stimmrecht in denselben auf die Plebejer erstreckt ward. Immer aber blieben von der Adrogation ausgeschlossen die Weiber, die Unmündigen und die Nichtrömer, da diese in den römischen Comitien eine Erklärung nicht abgeben konnten, desgleichen die Haussöhne, weil diese selbst mit Zustimmung des Vaters über sich nicht verfügen konnten.

3. Die Annahme an Kindesstatt kann auch nach dem Tode des neuen Vaters in der Weise erfolgen, dass in dem Comitialact an die Stelle der Erklärung des neuen Vaters dessen letztwillige Verfügung tritt.

4. Das in der Gewalt stehende Hauskind kann wie der Sklave den Herrn wechseln und durch einen in der Form der Mancipation vollzogenen Privatact unbeschadet seiner bürgerlichen Freiheit zu seinem Erwerber in dasselbe Verhältnis privatrechtlicher Unfreiheit treten, in dem es sich seinem Vater gegenüber befunden hat. Hiebei wurde nach den späterhin geltenden Ordnungen dem Erwerber gestattet zu erklären, dass er das Hauskind nicht als Sklaven *(in causa mancipii),* sondern als Haussohn übernehme und diese Uebernahme *(adoptio)* in ihren Wirkungen der Adrogation dann gleichgestellt, wenn durch dreimaligen Verkauf des Sohnes gemäss einer Bestimmung der Zwölftafeln der Rückfall des aus der Gewalt gegebenen Sohnes an den Vater definitiv beseitigt, ausserdem durch einen Scheinprozess der neue Vater als solcher gerichtlich anerkannt war. Es kann auf diesem Wege nicht bloss der Haussohn jedes römischen Bürgers, selbst des Freigelassenen zum Patriciat, sondern selbst das Kind des Latiners zum römischen Bürgerrecht gelangen und jede staatliche Mitwirkung scheint dabei ausgeschlossen; doch mögen entsprechende Prohibitivvorschriften uns unbekannt geblieben sein. Unter allen Umständen ist diese Adoption sicher nicht ursprüngliches Recht, sondern eine der zahlreichen juristischen Erfindungen, die das alte Geschlechtsrecht sprengen halfen.

Das Ausscheiden aus dem Geschlecht, abgesehen vom Todesfall, ist entweder als Geschlechtswechsel bereits erörtert oder stellt sich dar als Verlust des ursprünglichen Bürgerrechts, mit dem das Geschlechtsrecht zusammenfällt. Dieser Verlust tritt ein sowohl bei der Gewinnung des Plebejats wie bei dem nach römischer Auffassung rechtsbeständigen Uebertritt in ein anderes Gemeinwesen mit oder ohne Verlust der Freiheit. Indess werden beide Fälle passender bei dem späteren Bürgerrecht (S. 19) erörtert, für das wir allein positive Zeugnisse besitzen.

Ausserhalb des patricischen Kreises giebt es eine römische Geschlechtsgemeinschaft im strengen Sinn des Wortes nicht. Dennoch bestehen auch innerhalb der plebejischen Bürgerschaft gleichartig geordnete und keineswegs bloss durch thatsächliche Verwandtschaft zusammengehaltene Verbände, die zwar auch *gentes* heissen, in genauerem Sprachgebrauch aber diesen Namen nicht führen. Die von einem patricischen Geschlecht abstammenden, in einer der später zu erörternden Formen ihres Adels entkleideten plebejischen Häuser haben die Gemeinschaft unter sich und selbst mit ihren patricischen Blutsgenossen nicht fallen lassen und auch die zahlreichen Adelsfamilien der dem römischen Staat einverleibten latinischen Städte werden dieselbe bewahrt haben. Wenn der Patricier nothwendig Geschlechtsgenosse ist, so mag den Plebejern freigestanden haben, etwa nach Anzeige und Ausweis bei dem Pontificalcollegium, geschlechtliche Verbände mit privatrechtlicher Geltung zu constituiren. Von den den eigentlichen Geschlechtsgenossen vorbehaltenen politischen Rechten sind die plebejischen Gentilen ausgeschlossen. Dagegen ist es nicht unwahrscheinlich, dass das gentilicische Bodeneigenthum, so lange es bestand, sich nicht auf die Patricier beschränkt hat; sicher kommt das gentilicische Erbrecht und die gentilicische Vormundschaft nicht diesen ausschliesslich zu.

2. *Die Gliederung der patricischen Gemeinde*

Wenn von den allem Anschein nach nur für sacrale Zwecke dienenden örtlichen Eintheilungen der Stadt in *montes* und der Flur in *pagi* sowie von den 27 Stadtbezirken der Argeerkapellen im Staatsrecht abgesehen werden kann, so gehört dagegen die politische Gliederung zum Wesen des Staatsbegriffs; die Handlungsfähigkeit der Gesammtheit wird dadurch bedingt, dass sie in fest normirte Abtheilungen sich auflöst und die verschiedenen Abtheilungen gleichartig und wo möglich gleichzeitig thätig werden. Die älteste und ursprünglich einzige, allen latinischen Völkerschaften gemeinsame Bezeichnung des integrirenden und zu politischem Handeln fähigen Theilverbandes der Sammtgemeinde ist *curia,* verwandt mit der ältesten Bezeichnung des Bürgers *quiris.* Auch dieser Verband ruht auf dem Geschlecht, insofern einer jeden Curie eine gewisse Anzahl Geschlechter ein für allemal zugeteilt ist, also wie der *populus* die allgemeine, so die *curia* die engere Geschlechtsgenossenschaft darstellt. Wenn insofern die Curie als Personalverband auftritt, so ist sie doch, da die Benennungen der römischen, soweit wir sie kennen, örtliche sind, wenigstens anfänglich auch örtlich geschlossen gewesen; es geht dies vermuthlich darauf zurück, dass für das private Bodeneigenthum der älteste Träger das Geschlecht gewesen zu sein scheint (S. 4) und daher der Personalverband einer Anzahl Geschlechter nothwendig zugleich Bodenverband ist. Indess nach der Individualisirung des Bodeneigenthums ist diese Grundlage weggefallen und umfasst die einzelne Curie wohl noch alle

Aemilier oder alle Cornelier, wird aber nicht mehr auf den Boden bezogen. In personaler Beziehung gehen, dem Verhältniss des Ganzen und des Theils entsprechend, Gemeinde und Curie parallel und gehört jeder Bürger von Rechts wegen einer, aber auch nur einer Curie an; bei Erweiterung der Bürgerschaft durch Zutritt neuer Geschlechter werden für diese entweder weitere Curien eingerichtet oder sie in die bestehenden eingeordnet. So lange Geschlechtsrecht und Bürgerrecht zusammenfallen, umfassten die Curien activ sämmtliche Patricier, passiv sämmtliche Hörige derselben; nachdem die letzteren zum Bürgerrecht gelangt sind, ist die active Zugehörigkeit zu den Curien auch auf sie ausgedehnt worden. Wenn also die Curie auf dem Geschlechtsbegriff ruht, so verschwindet innerhalb derselben das Geschlecht und das Haus ebenso wie innerhalb des Populus; sie besteht aus einer Anzahl unter sich gleichstehender Geschlechtsgenossen.

Die Grundzahl der Volkstheilung ist, dem ältesten latinischen Decimalsystem entsprechend, die Zehnzahl: jede Gemeinde besteht aus zehn Curien. Indess haben in frühester Zeit drei latinische Gemeinden, die Titienses, Ramnes und Luceres, sich in der Weise zu einem Sammtstaat verschmolzen, dass eine jede ihre zehn Curien behielt und daraus eine Sammtgemeinde von dreissig Curien hervorging. Darauf beruht der spätere Gegensatz von *tribus,* ursprünglich das Gemeindegebiet, und *populus,* zunächst das Gemeindeheer; beide Begriffe, an sich wesentlich zusammenfallend, werden in historischer Zeit dahin unterschieden, dass *tribus* jenen Mittelbegriff zwischen dem Ganzen und dem Theil, das Drittel der Bürgerschaft und des Bodens, *populus* die dreieinige Gemeinde ausdrückt. Was hierin angedeutet liegt, dass diese Einigung keine vollkommene war und die einzelnen Drittel wenigstens anfänglich eine gewisse Selbständigkeit bewahrten, findet darin seine Bestätigung, dass in der Dreissigcuriengemeinde, soweit dies unbeschadet des monarchischen Regiments möglich ist, namentlich in der Bildung der Priesterschaften und in der militärischen Organisation, die Procedur des Zusammenlegens gleichfalls hervortritt. Da die drei Tribus in fester Folge auftreten, so mag darin eine gewisse Rangfolge zum Ausdruck kommen, auch in mancherlei Einzelheiten, insbesondere bei den sacralen Einrichtungen, Bevorzugung oder Zurücksetzung stattgefunden haben; die wesentliche Rechtsgleichheit aber aller Abtheilungen unter sich unterliegt keinem Zweifel. Nachher ist der gleiche Weg der unvollkommenen Einigung nicht wieder beschritten worden. Weitere Theilganze sind späterhin nicht gebildet, sondern alle in die römische Bürgerschaft aufgehenden Gemeinden oder Gemeindetheile in ihre Geschlechtsgenossenschaften aufgelöst und diese in die bestehenden dreissig Verbände eingereiht worden. Allerdings scheint nach deren Einrichtung, aber ebenfalls in sehr ferner Zeit, ein zweites Gemeinwesen, vielleicht die Stadt auf dem Quirinal, mit der palatinisch-capitolinischen in der Weise verschmolzen worden zu sein, dass ihre Geschlechter unter sämmtliche dreissig Curien vertheilt und in jeder derselben diese relativ neuen als *gentes minores* von den älteren unterschieden wurden, was sich dann weiter auf die noch später einzeln eingeordneten Geschlechter erstreckt haben wird und für die Reihenfolge der Abstimmung im Senat massgebend geblieben ist. Aber eine eigentliche Rechtsverschiedenheit zwischen den älteren und den jüngeren Geschlechtern hat sicher nie bestanden. Die assimilirende Macht der Gesammtheit, das Princip, dass die Gemeinde nicht wieder aus Gemeinden, sondern nur aus Personen bestehen kann, hat bis zum Untergang des Freistaats, dessen letzte Krisen in der Municipalordnung die entgegenstehende Tendenz zum Ausdruck brachten (S. 59), die staatliche Entwicklung Roms ausschliesslich beherrscht.

In Fortsetzung eben dieser principiellen Gestaltung wird zwar die Gliederung der Gemeinde gestattet oder vielmehr gefordert, aber für das einzelne Glied die Hauptlosigkeit und die Handlungsfähigkeit ebenso streng durchgeführt wie für das Geschlecht.

Die Curie hat wohl eine sacrale Organisation, wie ja auch dem Geschlecht die sacrale Gemeinschaft zukommt, und sogar priesterliche Vorstände; aber von einem Sondercult der einzelnen Curie erfahren wir wenigstens nichts, und es scheint diese Einrichtung hinauszulaufen auf gemeinschaftliche, nach Curien gegliederte Gottesverehrung der Gesammtheit. In politischer Hinsicht ist die Hauptlosigkeit der Curie unbedingt durchgeführt; es giebt für die einzelne auch nicht die Analogie einer Magistratur.

Nicht ganz dasselbe gilt für die drei Theilganzen, die ja in der That dem Assimilationsprincip widerstreben. Die sicher zur Festhaltung der alten Sacra der vornehmsten Tribus eingerichtete Genossenschaft der titischen Brüder ist in ihrer Sonderstellung bemerkenswerth. Ebenso giebt es, wie schon bemerkt ward, nach den ältesten Ordnungen deshalb drei Pontifices, weil jede Tribus den ihrigen fordert. Auch in politischer Hinsicht begegnet uns gleichartig der *tribunus militum* als der Führer des Fussvolkes, der *tribunus celerum* als der Führer der Reiter eines jeden der drei Drittel; denn dies sind sie ohne Zweifel ursprünglich gewesen. Indess in geschichtlicher Zeit ist wenigstens die politische Sonderstellung der einzelnen Tribus bis auf die Erinnerung hin ausgetilgt. Die Dreizahl ist bei diesen Institutionen geblieben; aber der einzelne Pontifex gehört nicht notwendig einem bestimmten Drittel an und vertritt nicht dieses, sondern die Gemeinde; die Tribune brauchen ebensowenig nach den drei Tribus bestellt zu werden und jeder von ihnen führt nicht das Contingent einer einzelnen Tribus, sondern das Fussvolk oder die Reiter der Sammtgemeinde. Somit ist die Hauptlosigkeit, wenn auch der Tribus schwerlich ursprünglich eigen, doch im Laufe der Entwicklung auch für sie durchgeführt worden.

Aehnliche Erscheinungen zeigen sich bei derjenigen Gliederung der Gesammtheit, welche uns einigermassen als Wehrordnung erkennbar ist, wahrscheinlich aber von Haus aus auch als Steuer- und Stimmordnung gedient hat. Für die Epoche des Patricierstaates kann die Curie angesehen werden als Aushebungsbezirk; jede stellt eine gewisse Zahl von Fusssoldaten und Reitern, von denen jene im Kriegsfall eingerufen werden, diese ständigen Dienst haben und dem entsprechende Emolumente beziehen. Dem Schema nach stellt die einzelne Curie zehn *decuriae* oder eine *centuria* zum Fuss- und eine *decuria* zum Rossdienst, die einzelne Tribus zehn Centurien Fusssoldaten und eine Centurie Reiter. Nach der Verdoppelung des Gemeinwesens durch das Hinzutreten der sogenannten kleineren Geschlechter ist die ständige Reiterei in der Weise verdoppelt worden, dass jede Tribus zwei Centurien, *priores* und *posteriores,* stellte. Ob bei politischer Anwendung der angegebenen Grundzahlen die Einreihung der sämmtlichen Bürger in die Centurien, die dabei nicht gefehlt haben kann, durch Festhaltung der Zahl der Abtheilungen und Ueberschreitung der schematischen Zahl oder umgekehrt durch Festhaltung der schematischen Zahl und Bildung weiterer Centurien bewirkt ward, vermögen wir nicht zu sagen. Wenn bei dieser Organisation die Theilganzen streng auseinandergehalten werden, so mag daran bei der politischen Anwendung der Curienordnung um so mehr auch später festgehalten sein, als dieselbe früh überhaupt so gut wie ganz beseitigt ward. Bemerkenswerth aber ist es, dass in der militärischen Anwendung dieser Ordnungen, welche in der ständigen Reiterei sich lange behauptet hat, die die Scheidung nach den Tribus festhaltende und in der Stimmordnung beibehaltene Centurie im effectiven Kriegsdienst durch die umgekehrt aus einer Zusammensetzung von je drei Decurien der drei Tribus gebildete Turma ersetzt ward. Also auch in dieser Richtung ist die Assimilirung der ursprünglich auseinander gehaltenen Theilganzen späterhin durchgedrungen.

Die Handlungsfähigkeit endlich kommt weder der Curie als solcher noch der Tribus als solcher zu; allem Anschein nach hat weder jener noch dieser die Befugnis zugestanden einen Beschluss für sich zu fassen, wie denn dies schon aus der Hauptlosigkeit nothwendig folgt. Nur insofern die Curie der rechtlich anerkannte Gemeindetheil ist und insofern die Curien alle neben einander von dem Magistrat der Gesammtgemeinde berufen und befragt werden, wird der von der Mehrheit der Abtheilungen gefasste Beschluss aufgefasst als Beschluss nicht einer gewissen Zahl von Curien, sondern als Beschluss der Gemeinde.

3. Die Clientel

Es hat vielleicht eine Zeit gegeben, in der den römischen Geschlechtsgenossen oder Gemeindebürgern nur einerseits römische Unfreie, andererseits nichtrömische Ausländer gegenüberstanden. Aber soweit unsere Kunde zurückreicht, steht zwischen der ersten und der zweiten Kategorie eine zwischen

Freiheit und Unfreiheit schwankende Mittelklasse, für die es streng genommen an einer allgemein gültigen Beziehung fehlt, die „Hörigen“, *clientes*, oder die „Menge“, die *plebeii*. Clientel und Plebität fallen ebenso begrifflich zusammen wie factisch auseinander; Clientel ist die mehr effective, Plebität die mehr nominelle Hörigkeit, diese aus jener entwickelt, jene der Gegensatz zum Bürgerrecht des ursprünglichen Geschlechterstaats, diese als Gegensatz zu dem Altbürger- oder Adelsrecht die Trägerin des römischen Bürgerrechts der historischen Zeit. Wenn das letztere im folgenden Abschnitt entwickelt wird, so soll in diesem die Entwicklung dieser Verhältnisse in das Auge gefasst und zunächst die Hörigkeit dargelegt werden. Auszugehen ist dabei davon, dass die Hörigen ebenso den Ausländern gegenüberstehen wie die Vollbürger; die Exclusivität der Gemeindezugehörigkeit gilt für beide Kategorien in gleicher Unbedingtheit und soweit die römischen Hörigen als freie Leute betrachtet werden können, sind sie nicht minder Römer wie die Patricier.

Die Rechtsgründe der Hörigkeit sind die folgenden:

1. Das ausser der rechtsgültigen römischen Ehe von einer Römerin geborene Kind steht ausserhalb der Geschlechtsgenossenschaft, gehört aber keiner anderen Gemeinde an und hat auch keinen Herrn; es ist wahrscheinlich von jeher als halbfrei angesehen worden.

2. Bei der Auflösung einer bis dahin selbständigen Gemeinde können die bisherigen Bürger derselben entweder durch Aufnahme unter die römischen Geschlechter römisches Bürgerrecht gewinnen oder nach Kriegsrecht zu Sklaven gemacht werden. Von der Dedition an bis zum Eintreten der einen oder der anderen endgültigen Entscheidung gelten, so lange das Verhältnis nur als transitorisches auftritt, diese Individuen als keinem auswärtigen Staat angehörige Ausländer. Es wird darauf in dem neunten Abschnitt (S. 56) zurückzukommen sein. Aber in älterer Zeit sind diese Dedirten höchst wahrscheinlich häufig, vielleicht regelmässig in ein dauerndes Schutzverhältnis eingetreten; sie stehen innerhalb des römischen Gemeinwesens, aber ausserhalb des Geschlechtsverbandes und ohne persönlichen Herrn. Sicher hat die zur Schutzstellung führende Dedition für die römische Plebs einen an Zahl wie an Ansehen bedeutenden Bestandtheil geliefert.

3. Der Ausländer, insbesondere der Latiner, welcher gemäss dem zwischen seinem und dem römischen Staat bestehenden Vertrag unter Aufgabe seines Heimathrechts nach Rom übersiedelt, geniesst dort eine auf diesem Vertrag beruhende geschützte Freiheit.

4. Der durch Testament, das heisst durch Volksbeschluss freigegebene römische Sklave erlangt im Augenblick des Todes Schutz gegen dessen Rechtsnachfolger, so dass diese ihn nicht als Eigenthum in Anspruch nehmen können, nicht aber Geschlechtsangehörigkeit und Bürgerrecht.

5. Der Privatact der Freilassung kann ursprünglich rechtliche Wirkungen nicht gehabt und den Herrn und dessen Rechtsnachfolger in der Geltend-

machung ihres Eigenthumsrechts nicht gehindert haben. Indess ist in historischer Zeit diese Freilassung der eben erörterten comitialen dann gleichgeachtet worden, wenn sie entweder in dem späterhin dem comitialen gleichgesetzten Mancipationstestament angeordnet war oder der bisherige Eigenthümer die Freiheit des Sklaven, sei es in einem vor dem Prätor angestellten fictiven Prozess, sei es bei der Schätzung vor dem Censor anerkannt hatte. Die grosse Masse der Plebejer wenigstens in historisch klarer Zeit ist aus derartigen Freiheitsschenkungen der Herren hervorgegangen.

6. Die Freigebung des Sohnes durch den Vater ist an sich rechtlich unmöglich, da derselbe die politische Freiheit bereits hat, die väterliche Gewalt aber nach der ursprünglichen Auffassung nicht aufgehoben werden kann. Wenn indess, ähnlich wie bei der Adoption (S. 6), der Rückfall des veräusserten Sohns an den Vater durch dreimaligen Verkauf ausgeschlossen ist, so kann der letzte Erwerber des Haussohns denselben freilassen, und hat der Haussohn bisher patricisches oder latinisches Recht gehabt, so tritt er damit wie jeder andere Freigelassene in die römische Plebs über. Dieser complicirte und sicher gleich der Adoption zur Sprengung der gesetzlich unwandelbaren väterlichen Gewalt von den Juristen ersonnene, aber bereits in den zwölf Tafeln anerkannte Act, die Emancipation, thut dem factischen Ansehen des Emancipirten keinen Eintrag und hat dem Plebejat einen guten Theil seiner angesehensten Elemente zugeführt.

7. Der Uebertritt aus dem Patriciat zu der Plebs durch einfache Willenserklärung ist wahrscheinlich nach strengem Recht unzulässig, da das Bürgerrecht nicht durch Privatwillkür aufgehoben werden kann. Indess scheint ein solcher Act auch ohne Adoption oder Emancipation öfter aus politischen Gründen wenigstens tolerirt worden zu sein.

8. Alle hier aufgeführten Rechtsursachen der Hörigkeit erstrecken sich, da, wie gleich zu zeigen sein wird, die Ehefähigkeit zu den frühesten den Hörigen erworbenen Rechten gehört, auf die Descendenz, und auch innerhalb dieses Kreises folgt das Kind regelmässig dem Stande des Vaters. Auch die der ehelichen Zeugung rechtlich gleichstehenden Acte der Adrogation (S. 5) und der Adoption (S. 6) können bei dem Plebejer in gleicher Weise zur Anwendung kommen, so wie die Voraussetzungen dafür vorhanden sind, also die Adrogation, nachdem der Plebejer Stimmrecht in den Curiatcomitien erworben hatte, die Adoption, nachdem dieser Privatact überhaupt als rechtsgültig angesehen ward.

Das Wesen des hybriden Instituts der Hörigkeit besteht in der Verbindung der persönlichen Freiheit einer- und der Abhängigkeit von einem vollfreien Bürger andererseits. Es lehnt sich dasselbe insofern an die Abhängigkeit, in welcher in dem Kreise der Vollfreien der Haussohn zu dem Hausvater sich befindet; und selbst die technische Bezeichnung der politisch freien und persönlich abhängigen Hauskinder, *liberi,* mit ihrem Doppelgegensatz einerseits gegen den Sklaven, andererseits gegen den selbständigen Bürger, wird, wie insbesondere die uralte Formel der testamentarischen Freilassung lehrt, ebenfalls auf jene Halbfreien übertragen. Wie die patricischen *liberi* unter dem *pater,* so stehen die von dem Geschlechtskreis ausgeschlossenen *liberi* unter dem *patronus.* Ohne Frage ist die Unterordnung eines jeden der letzteren unter einen oder mehrere Patrone rechtlich nothwendig, und der eben entwickelten Erblichkeit der Clientel entspricht die Erblichkeit des Patronats. Insofern erstreckt sich die Geschlechtsordnung mit auf die Hörigen und bezeichnet auch der Client wenigstens da, wo die Beziehung zu dem Patron schärfer hervortritt, durch Annahme seines Geschlechtsnamens sich als zugehörig zu dem Geschlecht. Indess vermögen wir bei diesem Institut, das nur mit seinen schwindenden Resten in die geschichtliche Zeit hinabreicht, nicht einmal mit Sicherheit nachzuweisen, wem bei allen oben aufgeführten Kategorien das Patronatsrecht zugestanden hat. Auf das ausser der Ehe geborene Kind wird die für die Mutter bestehende Gewalt oder Tutel angewandt worden sein. Bei der Dedition führen die Spuren auf einen Patronat desjenigen römischen Magistrats, der sie abgeschlossen hatte. Von dem übersiedelnden Latiner ist ausdrücklich bezeugt, dass er sich in Rom an einen Patron anzuschliessen hatte *(applicatio).* Bei den verschiedenen Formen der Freilassung fällt der Patronat selbstverständlich dem Freilasser und dessen Erben zu. Es liegt im Wesen der Institution, dass die in derselben enthaltene Unterordnung sich thatsächlich abstuft, wobei namentlich die Erblichkeit des Verhältnisses dazu beiträgt dasselbe mehr und mehr zu lockern, und dass sie nach der einen Seite hin der Unfreiheit sich nähert, nach der anderen in die Vollfreiheit übergeht, wie dies schon in den Benennungen der *clientes* und der *plebeii* sich spiegelt.

Den Rechtszustand der Hörigen innerhalb des Geschlechtsstaates können wir, wie diesen selbst, nur annähernd und vermuthungsweise ermitteln. Indess haben sich so zahlreiche und bedeutende Ueberreste der alten Hörigkeit bis in die historische Zeit hinein erhalten, dass es möglich erscheint dieselbe wenigstens in ihren Umrissen zu definiren.

Privatrechtlich steht der hörige Römer dem Vollbürger insofern gleich, als alle Institutionen des Personal- und des Vermögensrechts, Ehe, Hausherrlichkeit, Vormundschaft, Eigenthum, Forderung, Erbrecht im Allgemeinen in der gleichen Form auch auf ihn Anwendung finden. Wenn die sacrale Form des Ehebündnisses wahrscheinlich wenigstens in älterer Zeit den Plebejern verschlossen war, so wurde, wie schon bemerkt ward, schon in frühester Zeit die formlose Consensualehe hinsichtlich der Begründung der Vaterschaft der Confarreation rechtlich gleichgestellt und die eheherrliche Gewalt zwar nicht an die formlose Ehe geknüpft, aber die Erlangung derselben in den für den Eigenthumserwerb geltenden Formen auch dem Hörigen ermöglicht. Allerdings galt dies zunächst nur für die Ehen zwischen den Hörigen selbst oder zwischen einem hörigen Mann und einer Bürgerin; zwischen einem Bürger und einer Hörigen ist die Ehegemeinschaft noch im Zwölftafelrecht ausgeschlossen und erst nachher, angeblich im Jahre 309 (445 v. Ch.), durch Volksschluss zugelassen worden. Vermögensrechtliche Ungleichheit hat schwerlich bestanden, sondern es ist im Handel und Wandel der Hörige dem Bürger gleichgestellt worden. Grundbesitz hat allerdings ursprünglich wohl nur das Geschlecht haben können und Nutzungsrecht an demselben kann zunächst den Hörigen nicht zugekommen sein; doch dürften die Grundherren den ihnen zukommenden Antheil am Geschlechtsacker früh ihren Hörigen in der Form des Bittbesitzes geöffnet und wenigstens factisch erbliche Sondernutzung auch bei diesen sich festgestellt haben. Als dann das individuelle Bodeneigenthum eintrat, ist es vielleicht gleich von Anfang an auch bei dem Hörigen zugelassen, auf jeden Fall in früher Zeit auf diesen erstreckt worden. — Von den nutzbaren Rechten des Bürgers, insbesondere von der Nutzung der gemeinen Weide durch Hut und Trift und bei etwa beliebter Auftheilung an Gemeindeboden von dem Antheil an dieser Landschenkung ist der Hörige ohne Zweifel im Allgemeinen ausgeschlossen gewesen; indess sind dem Anschein nach darüber regelmässig Verfügungen für den einzelnen Fall ergangen und auf diesem Wege vielleicht schon früh auch Nichtbürger daran betheiligt worden. — Erbrechtlich steht der Hörige, so viel wir sehen, dem Bürger gleich, nur dass, wenn es an näher berechtigten Erbnehmern fehlt, der Schutzherr und demnächst seine Verwandten und Geschlechtsgenossen berufen werden. So lange das Testament nur durch Volksschluss errichtet werden konnte und die Plebejer von den Curiatcomitien ausgeschlossen waren, war dasselbe allerdings den Plebejern verschlossen; aber diese Schranken fielen früh und von da an stehen dieselben auch in dieser Hinsicht den Vollbürgern gleich.

Wenn also privatrechtlich der Hörige von dem Bürger im Ganzen genommen sich nicht unterschied, so hat bei der Geltendmachung wie bei der Vertheidigung seiner Rechte zwar auch er Anspruch auf den Schutz der Gerichte der Gemeinde, ist aber dabei auf die Mitwirkung seines Schutzherrn angewiesen. Wie diese beiden Regeln gegen einander abgewogen wurden, vermögen wir nicht zu sagen. Es kann die Mitwirkung des Patrons als mangelnde Selbständigkeit der Rechtsverfolgung eine wesentliche Zurücksetzung des Hörigen gewesen sein; vielleicht aber war dieselbe mehr noch Herrenpflicht als Herrenrecht und hatte der Hörige die Befugniss solchen Schutz zu erbitten, nicht aber der Magistrat, wenn dieser nicht erbeten oder nicht gewährt ward, das Recht dem Clienten die Rechtshülfe zu versagen.

Das Rechtsverhältniss des Patrons zu dem Hörigen ist hiermit im Wesentlichen schon bezeichnet. Der Patronat und die Clientel wurden im Allgemeinen mehr vom sittlichen als vom rechtlichen Standpunkt aufgefasst; der Schutzherr wie der Schutzbefohlene haben einander die Treue *(fides)* zu halten. Auch die Abhängigkeit dieses von jenem ist mehr factischer Art. Die ökonomische, welche aus dem Bittbesitz der Kleinbauern nothwendig hervorging, ist vielleicht das Wesentlichste dabei gewesen; dabei muss wohl in irgend einer Form, sei es in der der Frohnden oder der Abgabe eines Theils des Bodenertrags, der Hörige dem Herrn dienst- oder zinspflichtig gewesen sein. Die sacrale Zugehörigkeit der Clienten zu dem Geschlecht des Patrons findet ihren Ausdruck in der Theilnahme derselben an den öffentlichen Festen in der Curie ihrer Schutzherren. Von der prozessualischen Anlehnung der Hörigen an den Herrn im Vermögensrecht ist bereits die Rede gewesen. Eigentliche Gerichtsbarkeit über den straffälligen Hörigen wird dem Patron nicht beigelegt werden dürfen; was derart dem Freigelassenen gegenüber erwähnt wird, geht wenigstens mit darauf zurück, dass der Freilassung unter Lebenden die Rechtsgültigkeit bestritten werden konnte. Bezeichnend für das Wesen dieses Schutzrechts ist die gesetzliche Untersagung der Rechtsverfolgung zwischen dem Patron und dem Clienten und die Auffassung der Verletzung des Treueverhältnisses lediglich als Verbrechens. Den schuldigen Clienten durfte in diesem Fall der Patron vielleicht selber bestrafen; den schuldigen Patron war der Magistrat befugt vor das Volksgericht zu ziehen. Für den wichtigen und häufigen Fall, dass über den Gegensatz der Unfreiheit und der freien Hörigkeit selbst gestritten ward *(causa liberalis)*, war vielfach, insbesondere durch das in früher Zeit dafür eingesetzte Sondergericht *(decemviri litibus iudicandis)* demjenigen, der die freie Hörigkeit in Anspruch nahm, der Rechtsschutz gesteigert.

Dass alle politischen Rechte sowie alle diesen entsprechenden Bürgerpflichten auf den Nichtbürger keine Anwendung gefunden haben, versteht sich principiell von selbst. Aber thatsächlich ist dieses Princip vielleicht niemals in vollem Umfang zur Anwendung gekommen und sicher seine stufenweise Einschränkung und schliesslich thatsächliche Beseitigung der wesentliche Inhalt der ältesten Volksentwicklung. Am frühesten sind die Hörigen wohl für das Steuerwesen mit herangezogen worden, wie denn die staatliche Leistungspflicht eines jeden dem Staate angehörigen und von ihm geschützten Freien eigentlich selbstverständlich ist. Die wohl in früheste Zeit hinaufreichende Bezeichnung des ausserhalb des bürgerlichen Wehrbandes stehenden Römers als *aerarius* spricht für eine in dem Geschlechterstaat dem Nichtbürger wohl für die gesammte Habe auferlegte Steuer; indess ist unsere Kunde von dem römischen Steuerwesen so dürftig, dass wir Näheres darüber anzugeben nicht vermögen. Sicherer ist es, dass, seit es ein personales Bodeneigenthum gab und dieses auch von dem Hörigen erworben werden konnte, die hauptsächlich auf der Bodenschätzung ruhende Vermögensabgabe *(tributus)* jeden Eigenthümer eines römischen Grundstücks traf, mochte er Vollbürger, Höriger oder latinischer Ausländer sein. — Später gesellte sich dazu die Wehrpflicht und das Stimmrecht, welche beide in Rom von jeher zusammenfielen. Lange Zeit scheinen diese am Bürgerrecht gehaftet und also die

Patricier allein getroffen zu haben; als sie dagegen an den Grundbesitz geknüpft wurden, trat jeder Ansässige, so weit er nicht Ausländer war, in die Wehr- wie in die Steuerabtheilungen ein. Vielleicht hat sich dies in Abstufungen vollzogen: es mag sein, dass die Hörigen zunächst als Hülfsmannschaft neben der Legion Verwendung gefunden haben; geendigt aber hat die Entwicklung mit der Gleichstellung der Altbürger und der Hörigen im Wehr- und Steuerwesen wenigstens im Fussvolk, während bei der Reiterei beide Massen nicht vollständig verschmolzen. Damit sind die bisherigen Hörigen zu Gemeindebürgern geworden, allerdings keineswegs gleichen Rechtes; ein bevorzugtes Stimmrecht hat die Altbürgerschaft noch lange und nicht minder die alleinige oder doch bevorzugte Besetzung der Aemter wie der Priesterthümer behauptet. Aber der principielle Wandel ist damit eingetreten: die Altbürgerschaft wird allmählich zum bevorrechteten Adel; diejenigen Schichten der bisherigen Hörigen, bei denen die personale Abhängigkeit zurücktritt, stellen sich als *plebes, plebeii* neben jene *patricii;* der *quiris,* die Sonderbezeichnung des patricischen Bürgers, verschwindet; *populus,* vielleicht einstmals die Patriciergemeinde, bezeichnet jetzt die Gesammtheit der Patricier und Plebejer; als *liberi* gelten nicht mehr die Hörigen allein, sondern die Bürger insgemein; es bildet sich für diese die damit zusammenfallende, Alt- und Neubürger gleichmässig umfassende Bezeichnung *cives.* Diesen Begriff entwickelt näher der nächstfolgende Abschnitt.

Die Clientel ist nicht eigentlich abgeschafft worden. vielmehr formell in Kraft geblieben. Noch in der marianischen Zeit wird der Satz aufgestellt, dass der Plebejer aus der Clientel austritt durch Bekleidung eines römischen Amts wegen des mit diesem verbundenen Quasi-Patriciats. Auch geht die Zurücksetzung der Freigelassenen, die keinen Vater, sondern nur einen Patron haben, gegenüber den Freigeborenen, den *ingenui,* wenn sie gleich zum guten Theil auf späteren Festsetzungen beruht, in ihrem Ursprung und ihrem Wesen zurück auf die Clientel. Formale Scheidung der nicht mehr und der noch abhängigen Clienten ist selbstverständlich ausgeschlossen; doch verdient es Erwähnung, dass die Kinder ersten Grades der Freigelassenen in älterer Zeit als abhängig, dagegen seit der Mitte des 6. Jahrhunderts d. St. als vollfrei angesehen worden sind. Die Nachkommen der Freigelassenen in den entfernteren Graden werden in historischer Zeit von den Patriciern, bei denen die Herkunft aus der Unfreiheit überhaupt ausgeschlossen ist, rechtlich nicht unterschieden.

4. Die Civität

Durch den Wegfall der hybriden Kategorie der Hörigen kehrte die römische Ordnung zu der ursprünglichen einfachen Festsetzung zurück, dass es, von den den Sachen zugezählten Sklaven abgesehen, nur zwei Kategorien von

Personen giebt, Bürger und Nichtbürger. Hier soll das Bürgerrecht erörtert und zunächst auseinandergesetzt werden, aus welchen Gründen dasselbe gewonnen und verloren wird.

Die neue Bürgerschaft ist eine Erweiterung der alten Geschlechtergemeinde, so dass diese in jener mit begriffen ist, aber eine andere Gesammtheit zu ihr hinzutritt. Beide Kreise schliessen insofern einander mit rechtlicher Nothwendigkeit aus, dass kein Einzelner beiden angehören kann, also wenn ausnahmsweise der Patricier zum Plebejat oder der Plebejer zum Patriciat gelangt, beide damit ihre bisherige Bürgerstellung aufgeben. Es schliesst daher, was über den Erwerb wie über den Verlust des Bürgerrechts zu bemerken ist, sich wesentlich an die gleichartigen Ausführungen über Patriciat und Hörigkeit an; indess fallen sie doch nur theilweise damit zusammen. Insbesondere führt die Dedition, die in älterer Zeit wahrscheinlich nicht nothwendig, aber häufig die geschützte Hörigkeit zur Folge gehabt hat, späterhin keineswegs die Erwerbung des aus dieser entwickelten Plebejats herbei und wird von dieser, wie schon erwähnt ward, bei den die Nichtbürger betreffenden Ordnungen die Rede sein.

Die Rechtsgründe des Eintritts in die Bürgerschaft sind die folgenden:

1. Eheliche Geburt nach den für den Patriciat (S. 4) wie im Wesentlichen auch für die Hörigkeit (S. 12) geltenden Normen;

2. Aussereheliche Geburt nach den Normen der Hörigkeit (S. 10);

3. Annahme eines Haussohns latinischen Rechts an Kindesstatt nach den für Patriciat und Plebejat geltenden Normen (S. 6. 12). Adrogation (S. 6) setzt das Bürgerrecht des adrogirten Sohnes voraus und kann dasselbe also nicht verleihen;

4. Uebersiedelung des Latiners nach Rom unter Aufgabe seines Heimathrechts, was indess in der späteren Republik vielfach beschränkt und im Jahre 659 (95 v. Ch.) durch das licinisch-mucische Gesetz abgeschafft ward. Wir kommen bei den Latinern auf dieses Privilegium zurück.

5. Freilassung sowohl aus der Sklaverei wie aus der Stellung des Freien an Sklavenstatt nach den für die Hörigkeit geltenden Normen, sei es durch Testament oder in den für die Freilassung unter Lebenden vorgeschriebenen Rechtsformen (S. 3 f.).

Es tritt bei diesen Festsetzungen die Tendenz hervor den stammfremden Nichtbürgern den Eintritt in den Bürgerverband nicht zu gestatten; den Sklaven gegenüber fehlt es an einer gleichen Schranke. Wenn ferner die Erwerbung des Bürgerrechts, abgesehen von der ordentlichen durch die Geburt, nach der Natur der Sache nicht ohne Zustimmung der Bürgerschaft erfolgen kann und dies auch in dem alten Bürgerverband durchgeführt wird, so finden wir die Erwerbung der Civität ohne Befragung der Bürgerschaft zugelassen sowohl bei der Adoption wie vor Allem bei der Freilassung, so weit sie nicht im Comitialtestament erfolgt. Die für die Hörigkeit nicht allzu befremdlichen Normen sind damit auf das Bürgerrecht übertragen, was nur aus der ursprünglichen Geringschätzung desselben in den patricischen Kreisen sich erklären lässt.

6. Die Verleihung des Bürgerrechts in der älteren Form der Aufnahme eines Geschlechts in den Patricierverband (S. 4) kommt in der patricisch-plebejischen Gemeinde nicht mehr vor; es tritt dafür ein die in dem Geschlechterstaat schwerlich statthafte individuelle Verleihung des Plebejats. Für dieselbe wird durchaus die Einwilligung der römischen Bürgerschaft gefordert, überdies bei Einzelverleihung wahrscheinlich die Zustimmung der betreffenden Person so wie die seiner bisherigen Heimathgemeinde, falls diese mit Rom in Vertrag steht und dieser nicht dergleichen Verleihungen ein für allemal gestattet; es ist auch vorgekommen, dass umgekehrt die römische Gemeinde sich einer anderen durch Vertrag verpflichtete, ihren Angehörigen das Bürgerrecht nicht zu verleihen. Bei Verleihung des Bürgerrechts an ganze Gemeinden ist um so mehr deren Einwilligung rechtlich erforderlich, wofern nicht, wie dies bei der Dedition der Fall ist, der dafür abgeschlossene Vertrag es in die Macht der römischen Gemeinde stellt die Rechtsstellung der Angehörigen der aufgelösten Gemeinde nach Ermessen zu ordnen. — Der Form nach kann unterschieden werden:

a) generelle Verleihung des Bürgerrechts geknüpft an gewisse Bedingungen, welche indess kaum anders vorgekommen ist als zu Gunsten der Latiner, namentlich nachdem das alte Uebersiedelungsrecht beschränkt und schliesslich beseitigt worden war. Es wird darüber bei dem latinischen Recht (S. 49) gehandelt werden.

b) specielle Verleihung an einzelne Personen oder auch an einzelne Gruppen oder Bürgerschaften, welche auch bei collectiver Form rechtlich individuell ist, insofern sie die Personen nur nicht mit Namen aufzählt, sondern durch ein Rechtsmerkmal bezeichnet.

c) mittelbare Verleihung durch Vollmachtertheilung an einen einzelnen Beamten ist in republikanischer Zeit nur in beschränktem Umfange vorgekommen, insofern den Coloniegründern und öfter auch den Feldherren gestattet wurde, innerhalb gewisser Grenzen Nichtbürger in den Bürgerverband aufzunehmen. In der Kaiserzeit ist auf Grund allgemeiner und unbeschränkter Ermächtigung das Bürgerrecht ausschliesslich durch den Kaiser verliehen worden.

Als äusserliches Kennzeichen des Bürgerrechts dient die Angabe des weiterhin zu erörternden Bürgerbezirks, welcher deshalb bei Männern dem Namen angehängt wird, während die Benennung sonst die nationale, den latinischen Stämmen überhaupt gemeinsame Form trägt. Dem entsprechend dient für die Constatirung des Bürgerrechts in erster Reihe das bei der Schatzung nach jenen Bezirken aufgestellte Bürgerverzeichniss, wie dies namentlich aus der durch Eintragung in dasselbe bewirkten Manumissionsform hervorgeht. Nach

Abkommen des Reichscensus werden dafür die municipalen Schatzungen um so mehr eingetreten sein, als damals das Reichsbürgerrecht regelmässig mit der Zugehörigkeit zu einer römischen Bürgergemeinde zusammenfiel. Indess darf dies nicht so verstanden werden, als hätte die Verzeichnung oder Nichtverzeichnung in diesen Bürgerlisten positiv oder negativ definitiven Werth gehabt; vielmehr stand es in jedem Fall, wo das Bürgerrecht in Frage kam, bei dem beikommenden Magistrat, dasselbe für den vorliegenden Fall gelten zu lassen oder abzuweisen. Es sind einzelne Einrichtungen gegen die Anmassung des römischen Bürgerrechts getroffen worden: der verbündeten Gemeinde, deren Bürger sich als Römer gerirt, wird eine Civilklage gegen denselben gestattet, und in umfassender Weise ist in nachsullanischer Zeit jedem freigestellt in dem verschärften Geschwornenverfahren *(quaestio perpetua)* den fälschlich des römischen Bürgerrechts sich anmassenden Peregrinen zu belangen. Doch macht der Mangel einer Stelle, welche den Besitz des Bürgerrechts oder dessen Gegentheil ein für allemal constatirte, in republikanischer Zeit sich fühlbar, wenn er auch durch diese Anordnungen einigermassen gedeckt worden ist; späterhin stand es in der Macht des Kaisers zweifelhafte Fälle endgültig zu entscheiden.

Verloren wird das Bürgerrecht, abgesehen vom Todesfall, entweder durch den Eintritt des bisherigen Bürgers in die Sklavenstellung, oder durch rechtsgültigen Uebertritt in einen anderen mit Rom im Vertrag stehenden Staat auf Grund des Gesetzes der Incompatibilität mehrerer Bürgerrechte. Die einzelnen Fälle sind wesentlich exemplificatorisch und genügt es hier die wichtigeren zu erwähnen.

1. Wenn der in der Gewalt stehende oder an Sklavenstatt gehaltene römische Bürger von seinem Gewalthaber an einen Ausländer anderer Nation durch einen nach römischer Auffassung gültigen Act veräussert wird, macht dieser die Unfreiheit definitiv und geht also das Bürgerrecht verloren. Gleichartige Selbstveräusserung kennt das römische Recht nicht.

2. Bei der Kriegsgefangenschaft gilt, wenn der Gefangene entweder im Friedensvertrag dem Feind überlassen wird oder als Gefangener stirbt, die Gefangenschaft als rechte Begründung der Unfreiheit, also vom Eintritt derselben an das Bürgerrecht als verloren. Wenn umgekehrt der Gefangene, sei es auf andere Weise, sei es im Friedensvertrag aus der Gefangenschaft befreit wird, so tritt er bei seiner Rückkehr *(postliminium)* von Rechtswegen in seine frühere Stellung zurück und gilt die temporäre Unfreiheit als nicht vorhanden.

3. Wenn der selbständige römische Bürger durch Richterspruch wegen eines Verbrechens oder einer Schuld einem anderen Römer oder einem Latiner an Sklavenstatt *(in causa mancipii)* zugesprochen wird oder der hausunterthänige römische Bürger durch seinen Herrn einem Römer oder Latiner an Sklavenstatt zu Eigenthum gegeben wird, so wird nach der älteren Auffassung dieser Unfreie dem Kriegsgefangenen gleich geachtet, das heisst das

Bürgerrecht so wie bei dem Patricier das Geschlechtsrecht suspendirt. Jedoch ist diese Suspension, so lange sie nicht den Uebertritt in die ausländische Unfreiheit herbeiführt, keiner Begrenzung unterworfen und die Lösung jederzeit auch für die Nachkommen zulässig, so dass bei Wiedergewinn der Freiheit diese gilt als niemals verloren. Nach der späteren milderen Auffassung übt die Versetzung an Sklavenstatt auf das Bürgerrecht überhaupt keine Wirkung.

4. Die Gewinnung des Bürgerrechts in einer auswärtigen von Rom anerkannten Gemeinde hebt das römische auf, wenn auch die römische Bürgerschaft einverstanden ist, was insbesondere bei Gründung neuer Bundesstädte latinischen Rechts zur Anwendung kommt. Einseitige Verleihung fremden Bürgerrechts an einen Römer zerstört dessen Bürgerrecht nicht.

5. Nach den Bundesverträgen, wie sie mit den latinischen Städten und den übrigen Bundesstaaten besten Rechts geschlossen sind, besteht zwischen diesen Gemeinden Freizügigkeit, das heisst, es steht jedem in einer derselben Heimathberechtigten frei, durch die Uebersiedelung in eine andere Heimath, ja schon durch die blosse Erklärung, übersiedeln zu wollen, sein bisheriges Heimathrecht, einerlei ob Patriciat oder Plebejat, zu lösen und als Bürger oder Schutzverwandter in die neue Gemeinde einzutreten. Uebersiedelung in eine nicht in derartigem Vertrag mit Rom stehende Stadt hebt das römische Bürgerrecht nicht auf, wenn nicht durch besonderen Beschluss die Bürgerschaft diesen Austritt ausnahmsweise gelten lässt. Es ist rechtlich gleichgültig, aus welcher Ursache dieser Austritt *(exilium)* erfolgt; in späterer Zeit aber ist bei der gesteigerten Werthschätzung des römischen Bürgerrechts derselbe nicht leicht anders vorgekommen, als um einer durch das Bürgerrecht des Angeklagten bedingten gerichtlichen Verurtheilung sich zu entziehen. Da dieser Austritt, wenn er zugleich Uebertritt in eine latinische Gemeinde war, die Rückgewinnung des römischen Bürgerrechts an sich nicht ausschloss, überdies aber bei der von Rom der Regel nach auch dem Ausländer gewährten freien Wahl des Wohnortes der also Ausgetretene an sich in der Lage war wenigstens sein Domicil in Rom zu behalten, so wurde dem, welcher ausgetreten war, um einer criminellen Verurtheilung sich zu entziehen, Wasser und Feuer versagt und damit der also Ausgetretene und zum Ausländer Gewordene der Sache nach aus Rom verbannt.

6. Dass durch Beschluss der Comitien das Bürgerrecht sowohl einzelnen Personen wie auch ganzen Districten entzogen werden kann, folgt aus dem Wesen der staatlichen Allmacht und aus den Acten der Gebietsabtretung so wie der Dedition, und es ist auch einzeln davon Anwendung gemacht worden. Aber das Volksgericht hat niemals in dieser Weise gesprochen und dem Bürger wohl das Leben, aber nicht Freiheit und Bürgerrecht aberkannt. Erst der spätere Criminalprozess, vielleicht schon der sullanische, sicher der der Kaiserzeit, hat den Verlust des Bürgerrechts unter Fortdauer der persönlichen Frei-

heit unter die Strafmittel aufgenommen. Auch im Privatprocess kann dem Bürger wohl die privatrechtliche Freiheit, aber nicht die bürgerliche Stellung definitiv aberkannt werden; nur bei der auf den qualificirten Diebstahl gesetzten Addiction ist darüber gestritten worden, ob der davon Betroffene nicht der Sclaverei verfallen sei, und vielleicht ist die Unverlierbarkeit des Bürgerrechts erst in dem hohen Schwung der späteren republikanischen Entwicklung völlig durchgedrungen.

Blosser Verzicht auf das Bürgerrecht ist rechtlich unwirksam, da weder der Bürger sein Verhältniss zu der Gemeinde einseitig lösen kann, noch für die Bestätigung eines solchen lediglich negativen Acts durch die Gemeinde eine Rechtsform vorhanden ist.

5. Die Gliederung der patricisch-plebejischen Gemeinde

Die Gliederung, durch welche die Bürgerschaft für die Zwecke der Verwaltung, insbesondere den Kriegsdienst und die Besteuerung sowie für die Antheilnahme an dem Regiment fähig gemacht wird, war bei der patricisch-plebejischen insofern von vornherein gegeben, als die Curienordnung des Geschlechterstaats in der früher (S. 8) bezeichneten Weise auch die Plebejer umfasste und insofern auf den erweiterten Kreis der Bürgerschaft überging. Indess ist davon nur für gewisse untergeordnete Regierungsacte, insbesondere für die Adrogation und das Testament Gebrauch gemacht worden; die gesammte Verwaltung und der wesentliche Theil der Selbstregierung, Gesetzgebung und Beamtenwahlen sind in der neuen Bürgerschaft auf ein anderes Fundament gestellt und es ist die Bürgerschaft dem entsprechend neu gegliedert worden.

Dies Fundament ist die Ansässigkeit, das private Bodeneigenthum. Neben der alle Bürger umfassenden Wehr- und Steuerpflicht ist der Dienst mit eigener Waffe und die Bodensteuer an die Ansässigkeit geknüpft und weiter die versammelte Wehrmannsschaft als die sich selbst bestimmende Gemeinde behandelt worden. Damit ist die Curie oder, was dasselbe ist, das Geschlecht politisch beseitigt: wenn einsmals nur der Patricier als solcher zu dienen und zu steuern berufen war und sein Platz im Wehr- und im Steuerwesen ihm durch das Geschlecht angewiesen ward, so kommt jetzt in der Hauptsache — bei der Reiterei blieben den Geschlechtsgenossen gewisse Vorrechte — es nicht weiter an auf den Unterschied der Adlichen und der Bürgerlichen und giebt den Platz für einen jeden der Bezirk, in welchem er ansässig ist.

Die Benennung für den Ansässigkeitsbezirk ist dieselbe, mit der die drei zu einem Ganzen verschmolzenen ältesten Geschlechterstaaten (S. 8) bezeichnet werden; aber diese neuen Tribus, die sogenannten servianischen, sind von den romulischen im Wesen wie in der Zahl vollständig verschieden. Die alte

Tribus ist ein Complex einer Anzahl Geschlechter, also wesentlich personal, und örtlich geschlossen nur in so weit und so lange, als diese Geschlechter in unveräusserlichem Eigenthum neben einander sitzen blieben; die neue wesentlich local, der Complex der auf einem bestimmten Theil des Staatsgebiets ansässigen Bürger und also in personaler Beziehung wandelbar. Wenn jene eigentlich Staatsganze und nur durch die synökistische Entwickelung zu Theilen geworden sind, so sind diese ohne Zweifel von Haus aus als Bürgerquartiere gefasst worden. Dem entsprechend sind, während die älteren Tribus in ihren Benennungen als Völkerschaften auftreten, die Ansässigkeitsbezirke örtlich benannt und es haben jene drei Stämme der Titier, Ramner und Lucerer nichts gemein mit den vier Quartieren Suburana, Palatina, Esquilina und Collina, wie sie in ihrer ältesten Gestalt auftreten. Dass sie, wie diese Namen zeigen, zunächst Stadtbezirke gewesen sind, ist vermuthlich darauf zurückzuführen, dass die Entwicklung der Ansässigkeitsbezirke allem Anschein nach von Haus aus mit derjenigen des Privateigenthums am Boden Hand in Hand gegangen ist und dieses an Haus und Garten sich bei Weitem früher festgestellt hat als an der Ackerflur. In dieser Gestalt mag die Quartiertheilung bis in die Zeit des Geschlechterstaats zurückreichen und zunächst ohne politischen Werth gewesen sein; Vermuthungen über das Verhältniss zwischen den im Sonderbesitz stehenden Stadthäusern und dem Antheil ihrer Inhaber an den Geschlechtsäckern (S. 3) aufzustellen ist müssig, da keine Spur uns dafür auch nur die Richtung weist. Von erkennbarer Bedeutung werden die Quartiere erst, als der Boden aus dem Geschlechtsverband gelöst wird und jedes Stadthaus sowie jedes Ackerstück bei freier Bodentheilung von jedem Bürger der patricisch-plebejischen Gemeinde zu vollem römischen Eigenthum erworben werden kann. Die gentilicische Wehrpflicht hing an dem gentilicischen Bodenbesitz; das Privatbodeneigenthum forderte die private. Die geschichtliche Ueberlieferung reicht auf die Entstehung desselben nicht zurück; aber die Einrichtung der zwanzig Tribus, gebildet aus den ursprünglichen vier Stadtquartieren so wie aus sechzehn von den alten Geschlechtsäckern benannten Landbezirken weisen deutlich auf diesen Vorgang hin, wobei, da die Zahl der Geschlechter eine viel grössere war, jeder Bezirk eine Mehrzahl solcher Aecker umfasst und man die Benennung nach den Aemiliern, Corneliern, Fabiern und so weiter von den ansehnlichsten derselben entnommen haben wird. Diesem Ausgangspunkt entsprechend hat die Bezirkseintheilung sich in der Weise entwickelt, dass von dem römischen Gebiet jedes adsignirte, das heisst durch den Staat dem Privateigenthum überwiesene Bodenstück einer Tribus zugeschrieben wurde, während der Gemeindeboden ausserhalb derselben steht. Zu diesem Behuf sind theils zu den ältesten zwanzig späterhin neue Bezirke hinzugefügt worden, zuerst wahrscheinlich im Jahre 283 (471 v. Ch.) die Crustumina, zuletzt im Jahre 513 (241 v. Ch.) die Velina und die Quirina, mit deren Einrichtung die nicht überschrittene

Gesammtzahl von 35 Bezirken erreicht war; theils wird das neu hinzutretende Areal in einen schon bestehenden Bezirk eingeschrieben. Oertliche Geschlossenheit kommt den vier ältesten städtischen Tribus zu und mag auch bei der ersten Einrichtung der später gebildeten zu Grunde liegen; sie ist aber nicht festgehalten und namentlich seit der Schliessung der Tribuszahl im Jahre 513 (241 v. Ch.) gänzlich bei Seite gesetzt worden.

Wenn also die Tribus des patricisch-plebejischen Staats dem Boden zukommt und in Beziehung auf diesen unwandelbar ist, so überträgt sie sich weiter auf die Person, insofern diese als Eigentümer des betreffenden Bodenstücks dem Staate leistungspflichtig ist. Darum erleidet diese Uebertragung bald Erweiterung, bald Beschränkung: der Haussohn des ansässigen Bürgers führt die Tribus gleich dem Vater, da auch er wehrpflichtig ist; umgekehrt führt die grundbesitzende Frau und der ansässige Latiner die Tribus nicht, da die Wehrpflicht sie nicht trifft. Ebenso kann, wer in mehreren Bezirken ansässig ist, wie nur in einem derselben seiner Dienstpflicht genügen, so auch nur eine Tribus führen. Daran knüpft sich weiter die Beilegung und Entziehung oder Wandelung der Tribus bei der Schatzung; die Thatsache der Ansässigkeit kann die Behörde nicht ändern, wohl aber deren rechtliche Consequenzen, insbesondere die Dienstpflicht im einzelnen Fall modificiren. — Es hat sich danach in der früheren Republik die Bürgerschaft geschieden in die beiden Kategorien der zum Dienst mit eigenen Waffen Berufenen und also zur Führung der personalen Tribus berechtigten Bürger und derjenigen, die nicht *tribules* sind und, weil sie hauptsächlich bei der Besteuerung in Betracht kommen, *aerarii* genannt werden.

In dieser Form hat der Gegensatz sich nicht behauptet. Wenn im Einzelnen von jeher durch den Magistrat die Führung der personalen Tribus dem Ansässigen verweigert, vielleicht auch dem nicht Ansässigen ausnahmsweise zugestanden worden war, so wurden im Jahre 442 (312 v. Ch.) durch den Censor Appius Claudius allgemein die nicht ansässigen Bürger, wie es scheint sämmtlich und mit willkürlicher Auswahl der Tribus, in dieselben eingeschrieben, die Dienstpflicht mit eigenen Waffen damit lediglich von dem Vermögen und nicht länger vom Grundbesitz abhängig gemacht und der Gegensatz der *tribules* und der *aerarii* beseitigt. Zwar wurden bald darauf durch die Censoren des Jahres 450 (304 v. Ch.) die nichtansässigen Bürger auf die vier städtischen Tribus beschränkt; indess blieb doch die Tribus jedem römischen Vollbürger und gab es also (abgesehen von einer später zu erörternden Kategorie der Halbbürger) *aerarii* nicht mehr, wie denn auch die Wehrpflicht fernerhin nicht den Ansässigen allein traf. Politisch dagegen haben die ansässigen Bürger, da die grosse Majorität der Stimmbezirke ihnen vorbehalten war, auch späterhin die Oberhand behalten.

Von der Verknüpfung der Tribus mit der späteren Bürgergemeinde, wie sie namentlich in Folge des Bundesgenossenkrieges sich entwickelte, und der

Umwandelung der Tribus aus dem Kennzeichen der wandelbaren Ansässigkeit in dasjenige des festen das Reichsbürgerrecht bedingenden Heimathrechts ist in dem letzten Abschnitt dieses Buches (S. 60) gehandelt.

Die örtliche Tribus entspricht im Wesentlichen der älteren Curie, nur dass sie, jünger und minder organisch gebildet, durchaus der gemeinschaftlichen Götterverehrung ermangelt. Das strenge Gesetz der politischen Centralisation, dass dem Staatstheil die Selbstbestimmung nicht zugestanden werden kann, hat auch hier gewaltet. Wohl ist die Tribus ursprünglich als Nachbarverband angelegt worden, und sie hat, selbst nachdem das örtliche Nahverhältniss zurückgetreten war, insbesondere wegen der darauf beruhenden Stimmgemeinschaft und der Verwendung des einzelnen Bezirkes als selbständiger Wahlkörperschaft diesen Charakter einigermassen bewahrt. Aber wohl erst die Organisirung der öffentlichen Spenden und Almosen nach den Bezirken in der verfallenden Republik und mehr noch in der Kaiserzeit hat denselben einen corporativen Charakter gegeben, der ihrem eigentlichen Wesen zuwider läuft. Vorsteher der einzelnen Tribus hat es gegeben und sie sind besonders bei dem Steuerwesen thätig gewesen; politische Bedeutung scheinen sie nicht gehabt zu haben.

Der Bezirk ist bestimmt theils der Verwaltung, insbesondere im Steuer- und im Kriegswesen, die nöthige Handhabe zu bieten, theils den Gesammtwillen der Bürgerschaft durch die Gliederung in den Comitien zum rechten Ausdruck zu bringen. Es kann die Gliederung der patricisch-plebejischen Bürgerschaft nach den Tribus und den mehr oder minder auf den Tribus beruhenden Centurien, so wie der alles beherrschende Gegensatz der *tribules* und der *aerarii* nicht anders dargelegt werden, als durch Eingehen auf die Steuer- und vor Allem auf die Heerordnung der ältesten Epoche, insofern die Tribus der Aushebungsbezirk ist und zugleich für den Sold der Fusssoldaten und die damit zusammenhängende Umlage verwendet wird, die Centurie in der ständigen Reiterei den effectiven Truppenkörper, in dem nicht ständigen Fussvolk die für einen jeden Truppenkörper rechtlich verfügbare Mannschaft umfasst, beide aber im Grossen und Ganzen die Gesammtheit der dienstpflichtigen Bürger darstellen. Darauf beruht die Verwendung der einen wie der andern Form für die beschliessende Bürgerversammlung, die Comitien, deren Wesen im fünften Buch erörtert werden wird.

Die Verwendung des Bezirks für die Oekonomie der Gemeinde ist insofern exceptioneller Art, als ordentlicher Weise diese Oekonomie, ebenso wie der Haushalt des Privaten, auf dem eigenen Vermögen ruht, das heisst mit den Nutzungen des Gemeindebesitzes, dem Hutgeld, dem Fruchtzehnten, den Hafenzöllen und ähnlichen Abgaben, daneben mit dem Kriegsgewinn die nach ältester Ordnung wenig umfassenden ökonomischen Lasten der Gemeinde bestritten werden. Wie der Gemeindeboden ausserhalb der Bezirke steht, hat auch die Bezirksordnung mit dieser Verwaltung des Gemeindevermögens nichts zu schaffen. Ständige ökonomische Belastung des Bürgers zu Gunsten der Gemeinde begegnet nur als Ersatz für die mangelnde Wehrpflicht. In diesem Sinn wird den im Besitz selbständigen Vermögens befindlichen Frauen und Waisen die Soldzahlung für den Rossdienst auferlegt. Wahrscheinlich ist auch, so lange der Waffendienst ausschliesslich von dem Ansässigen gefordert ward, also bis zur Mitte des 5. Jahrh. der Stadt, dem nicht ansässigen Bürger eine ständige Abgabe auferlegt gewesen und er davon *aerarius* benannt worden, wogegen von einer gleichartigen ökonomischen Belastung des nach Gastrecht in Rom lebenden Ausländers wenigstens keine Kunde uns überkommen ist. Wohl aber begegnet in ältester Zeit eine wenigstens thatsächlich als ständig zu bezeichnende ökonomische Districtslast in der Soldzahlung. Die Löhnung für den Fussdienst ist ursprünglich, so weit sie nicht von dem Feldherrn aus dem Kriegsgewinn geleistet ward, durch Umlage innerhalb des Bezirks aufgebracht worden, vermuthlich in der Weise, dass bei jedem Feldzug den nicht ausrückenden Wehrpflichtigen zu Gunsten der ausrückenden eine compensirende Geldlast auferlegt ward, und es heisst der Vorsteher desselben, der *tribunus* davon, dass er diesen Sold dem einzelnen Bürger auszahlt, *aerarius*. Nachdem, der Angabe nach im J. 348 (406 v. Ch.), die Soldzahlung den Districten ab und auf die Staatskasse übernommen war, blieb diese Einrichtung in der Weise bestehen, dass seitdem die Staatskasse den Bezirksvorstehern die entsprechenden Beträge überwies.

Wenn also ursprünglich die Gemeinde als solche regelmässige ökonomische Leistungen von den Bürgern allgemein nicht erhob, so hat sie ausserordentlicher Weise dergleichen erfordern können, sowohl Dienstleistungen *(operae)*, insbesondere Hand- und Spanndienste für die öffentlichen Bauten, wie auch Geldeinschuss *(tributus)*, und jene wie diese haben ohne Frage in den früheren Jahrhunderten Roms die bürgerlichen Verhältnisse wesentlich bedingt. Dennoch sind wir, da die Frohnden früh abkamen und auch die ausserordentlichen Einschüsse in die Staatskasse späterhin entbehrlich wurden, über das dabei beobachtete Verfahren theils gar nicht, theils ungenügend unterrichtet, und können namentlich die Verwendung der Bezirksordnung für diese Zwecke nicht genauer verfolgen.

Hinsichtlich der Frohnden gilt dies unbedingt. Von welchem Gewicht sie gewesen sein müssen, lässt der Riesenbau der städtischen Mauern ahnen, deren von den „Pflichten" *(moenia, munera)* entlehnte Benennung ihren Ursprung anzeigt; dass sie in erster Reihe von dem Ansässigen, auch dem grundbesitzenden Ausländer *(municeps)* gefordert worden sind, ist wahrscheinlich; aber über die Leitung und die Theilung der Arbeiten fehlt es an jeder Ueberlieferung. Die historische Zeit kennt für die Ausführung öffentlicher Arbeiten lediglich die Form der Verdingung.

Die ausserordentliche Gemeindeumlage, der *tributus*, ist nicht eigentlich eine Steuer, sondern ein Vorschuss, welchen die Gemeinde im Fall zeitiger

Zahlungsunfähigkeit von den Bürgern einzieht und, falls sie nach ihrem Ermessen dazu im Stande ist, ihnen denselben späterhin zurückzahlt. Die Befugnis dazu wird von jeher bestanden haben; aber die Uebernahme des Soldes der Fusstruppen auf die Gemeindekasse, welcher soeben gedacht ward, hat selbstverständlich diese Belastung erheblich gesteigert. Die Benennung sowohl wie die Verknüpfung dieser Umlage mit der nach den Districten abgenommenen Schatzung lässt keinen Zweifel daran, dass die Districte für diese Hebungen die Grundlage bildeten. Die Betheiligung der Tribusvorsteher bei der Schatzung ist bezeugt und auch die Hebung der Umlage sicher durch sie bewirkt worden. Dass, so lange die Tribus nur die Ansässigen umfassten, diese allein von dem Tributus getroffen wurden, fordert die Consequenz, und kann auch nicht befremden, da es sich nicht um Steuerhebung, sondern um Zwangsanleihe handelt und anderweitige Belastung der nicht ansässigen Bürger füglich daneben bestanden haben kann. Nachdem um die Mitte des 5. Jahrh. der Stadt die Wehrpflicht den Bürgern überhaupt auferlegt worden war und es *aerarii* im älteren Sinn nicht mehr gab, trifft die Umlage jeden Bürger nach dem Masse seines in der ihm zuständigen Tribus zu diesem Behuf abgeschätzten Vermögens. Von relativ höherer Belastung der grösseren Vermögen wird nichts gemeldet, wohl aber bestand eine Steuergrenze, insofern, wer über 1500 As im Vermögen hat, als „stetiger" *(adsiduus)* oder „zahlungsfähiger" *(locuples)* Mann der Umlage unterliegt, wer darunter geschätzt ist, nur „für die Person" *(capite census)* und als „Vater seiner Kinder" *(proletarius)* in den Listen geführt, dagegen in steuerlicher Beziehung als vermögenslos angesehen wird. Wenn während der Jahrhunderte des Aufsteigens der römischen Macht die Umlage häufig vorgekommen war und nicht selten die Bürgerschaft unter dieser Last zu erliegen drohte, so hat die römische Gemeinde ihre Weltmachtstellung vor Allem dazu benutzt, unter Befreiung ihrer Bürger von allen ökonomischen Lasten allein mit ihrem eigenen Vermögen zu wirthschaften. Nach dem J. 587 (167 v. Ch.) bis auf Kaiser Diocletian ist die bürgerliche Umlage nur ein einziges Mal während der Wirren nach Caesars Ermordung im J. 711 (43 v. Ch.) zur Hebung gekommen.

Aehnlich wie die Steuerpflicht ist auch die Dienstpflicht geordnet und die Versammlung der wehrfähigen Bürger kann darum nach den Tribus zusammenberufen werden. Aber wenn diese als Aushebungsbezirke anzusehen sind und sie insofern an die Stelle der Curien treten, so liegt bei der militärisch geordneten Bürgerschaft, dem *exercitus* vielmehr, im Geschlechterstaat ebenso wie in dem patricisch-plebejischen, als militärische Einheit zu Grunde die *centuria* für die Reiter wie für den Fussdienst. Wenn letztere im Felddienst dort durch die Turma, hier durch den Manipulus verdrängt wird, so kann diese Gliederung, da sie auf die Comitien nicht angewendet worden ist, als jüngere und rein militärische staatsrechtlich ausser Betracht bleiben. Der ursprünglichen Theilung der Bürgerschaft in ansässige *(tribules)* und nicht ansässige *(aerarii)* entspricht die Aufstellung von 188 Centurien zum Waffendienst pflichtiger Bürger, während fünf weitere Centurien theils die zum Heer gehörigen Gewerke umfassen, die Zimmerleute *(fabri tignarii)*, die Schmiede *(fabri ferrarii)*, die Trompeter *(liticines* oder *tubicines)* und die Hornbläser *(cornicines)*, theils in eine Centurie zusammengefasst die gesammte Masse der unbewaffneten *(velati)* Ersatzmannschaften, welche, als neben den Wehrpflichtigen verzeichnet *(adcensi)*, nur ausnahmsweise und nicht auf eigene Kosten bewehrt gemacht und zum Waffendienst herangezogen werden konnten. Insofern umfasst das Bürgerheer alle erwachsenen männlichen Gemeindeglieder. Zu der Tribus stand die Centurie in keinem festen Verhältnis, vielmehr wurde regelmässig die einzelne Centurie aus Tribulen verschiedener Bezirke zusammengesetzt, um militärisch wie politisch dieselben möglichst mit einander zu verschmelzen. Aus der Gesammtheit der Wehrpflichtigen wurde zunächst die ständige in 18 Centurien geordnete Reiterei ausgeschieden, von denen sechs die beibehaltenen der patricischen Gemeinde (S. 10) waren, die übrigen zwölf mit Rücksicht auf Vermögen und Tauglichkeit persönlich für diesen vornehmsten Dienst ausgewählt wurden. Die übrigen Wehrpflichtigen wurden nach dem Lebensalter in ein erstes, die felddienstpflichtigen Mannschaften vom beginnenden 18. bis zum beendigten 46. Lebensjahre umfassendes Aufgebot, die *iuniores*, und ein zweites der älteren Leute, der *seniores*, geschieden, und jedem Aufgebot 85 Centurien zugetheilt, jede dieser Hälften aber nach dem Masse des Grundbesitzes geschieden in die Volldienstpflichtigen oder die *classici*, welche 40, und die mit abgeminderter Rüstung dienenden (daher *infra classem*), welche in vier Abstufungen 10, 10, 10 und 15 Centurien stellten. Die Vertheilung der für einen derartigen Centuriencomplex nach Alter und Vermögen qualificirten Bürger unter die einzelnen Centurien scheint vom Ermessen der Magistratur abgehangen zu haben. Da die Zahl der Abtheilungen ein für allemal feststand, so war, abgesehen von den ständigen und also militärisch geschlossenen Reitercenturien von je 100 Mann, die der Centurie zugetheilte Personenzahl nothwendig ungleich, ja nach der ganzen Anlage dieser Ordnung diese Ungleichheit insofern beabsichtigt, als die minder zahlreichen Mannschaften des zweiten Aufgebots ebenso viele Centurien erhielten als die zahlreicheren des ersten und vor Allem die Ansässigen wie in der Wehrpflicht so im Stimmrecht so entschieden vorangestellt, dass die Wehrpflicht und das Stimmrecht der nicht Ansässigen geradezu illusorisch erscheinen, wogegen eine Bevorzugung der grösseren Besitzer gegenüber den Inhabern kleinerer Bauerstellen aus unserer Ueberlieferung wenigstens nicht mit Sicherheit erschlossen werden kann. Innerhalb der Centuriencomplexe aber müssen die einzelnen Centurien an Kopfzahl ungefähr gleich gewesen sein und Ordnungen dahin bestanden haben, dass beispielsweise die für die 40 Centurien des ersten Aufgebots erster Klasse qualificirten Mannschaften nicht allzu willkürlich in dieselben eingetheilt wurden. — Die früher erörterte Einreihung der *aerarii* unter die *tribules* änderte diese Ordnung nur insofern, als an die Stelle der Ansässigkeit in ihren verschiedenen Abstufungen entsprechend abgestufte Censussätze traten und die fünf Nebencenturien nicht mehr die nicht ansässigen, sondern die ärmeren unter dem niedrigsten zum Wehrdienst qualificirenden Steuersatz von 11 000, später 4000 As geschätzten Bürger umfassten.

Diese Ordnung, die in militärischer Beziehung früh beseitigt worden ist, hat in politischer bis auf den hannibalischen Krieg bestanden und ist dann später von Sulla, freilich nur auf kurze Zeit, wieder ins Leben gerufen worden. Sie ist wahrscheinlich im Jahre 534 (220 v. Ch.) umgestaltet worden, hauptsächlich, wie es scheint, um das active Wahlrecht der Bürger von der Willkür der Censoren und der wahlleitenden Magistrate unabhängiger zu stellen. Es ist schon hervorgehoben worden, dass die ältere Heerordnung, indem sie nur für die grossen Centuriencomplexe die Qualification nach Alter und Vermögen feststellte, die Vertheilung der Bürger in die einzelnen Centurien wahrscheinlich der Magistratur überliess. Wenn auch rechtliche und gewohnheitsmässige Normen wesentliche Ungleichheit der den rechtlich gleichstehenden Centurien zugetheilten Personenzahl verhindert haben werden, so lag es doch in der Tendenz der republikanischen Entwickelung dem magistratischen Belieben auch auf diesem Gebiet Schranken zu setzen. Dies wurde um so nothwendiger, nachdem auch die nicht ansässigen Bürger in die Tribus eingereiht waren, da die in der Tribusordnung so scharf zum Ausdruck gebrachte Zurücksetzung derselben in den Centurien lediglich vom Gutdünken der Magistratur abhing. Es geschah dies wahrscheinlich dadurch, dass die bestehenden 170 Stimmkörper des Fussvolkes mit den 35 Districten, deren Zahl eben darum seitdem nicht weiter vermehrt worden ist, in gesetzlich feste Verbindung gebracht wurden. Die Tribulen einer jeden Tribus wurden nach dem Lebensalter in zwei Verbände der Jüngeren und der Aelteren geschieden, und jeder dieser siebzig Verbände nach den bestehenden fünf Vermögensstufen in fünf Centurien zerlegt, unter diese 350 Centurien aber jene 170 Stimmen in der Weise vertheilt, dass den 70 Centurien der ersten Klasse je eine Stimme beigelegt, aus den 280 übrigen durch eine im Einzelnen nicht nachweisbare Zusammenlegung 100 Stimmkörper gebildet wurden. Die siebzig Verbände traten gewissermassen an die Stelle der 35 Bezirke und die den Centurien eines jeden derselben vorgesetzten Centurionen an die der Tribusvorsteher. Auf diese Weise wurde erreicht, dass das Uebergewicht der den 31 ländlichen Tribus angehörigen Ansässigen über die in die vier städtischen Tribus eingeschriebenen nicht grundbesitzenden Bürger, wie es wenige Decennien vorher für die Tribusversammlung festgestellt worden war, fortan auch in der Centurienordnung nicht auf dem willkürlichen Belieben der Beamten, sondern auf fester Ordnung ruhte. Hinsichtlich der Reitercenturien blieb die bisherige Ordnung in Kraft; nur ging denselben wahrscheinlich gleichzeitig das wichtige Vorstimmrecht verloren und stimmten sie fortan mit oder nach den Vollwehrpflichtigen des Fussvolks.

6. Die privilegirten Bürgerklassen

Privilegirte Bürgerklassen hat, so viel wir sehen, das patricische Rom nicht gekannt. In dem patricisch-plebejischen erscheinen als solche, allerdings in sehr verschiedenen Epochen und in sehr mannichfaltiger Gestalt, der Patriciat, die Nobilität, der Senatorenstand und die Ritterschaft. Ihnen allen gemein ist es, dass sie nicht als Körperschaften auftreten und weder Beschlussrecht noch Vorsteher haben, also die innerliche Einheit des Gemeinwesens ihnen gegenüber ebenso streng aufrecht gehalten wird wie gegenüber dem Theile der Bürgerschaft (S. 40); die bezeichneten Kategorien sind lediglich durch personale oder erbliche Privilegien ausgezeichnet, ihre Zugehörigen Staatsbürger bessern Rechts.

1. Der Patriciat

Der Patriciat, einstmals das Bürgerrecht schlechthin (S. 3), tritt in der späteren Bürgerschaft als Erbadel auf. Begriff und Wesen desselben sind dabei im wesentlichen unverändert geblieben, und es kann dafür so wie für die mehr privatrechtlichen Ordnungen, insbesondere das strengere Eherecht und das Institut der Clientel auf die früher gegebene Darstellung verwiesen werden. Hier verzeichnen wir die in späterer Zeit den Patriciern zuständigen politischen Privilegien einschliesslich derjenigen Stellungen, für welche im Laufe der Entwickelung der Patriciat disqualificirt.

a) Die altpatricischen Comitien der Curien wie der Centurien haben, seit es eine patricisch-plebejische Bürgerschaft giebt, die allgemeine legislative Competenz verloren; nur für die wesentlich privatrechtlichen und hauptsächlich in die Geschlechtsordnung eingreifenden Acte ist dieselbe den Curien geblieben. Dass in diesen noch in der patricisch-plebejischen Gemeinde eine Zeit lang die Patricier ausschliesslich stimmberechtigt waren, ist wahrscheinlich. Indess steht dies im Widerspruch mit dem Princip, dass die bevorrechtete Bürgerklasse nicht als Körperschaft functionirt, und in historischer Zeit sind, wie schon (S. 8) bemerkt ward, die Curiatcomitien ebenso patricisch-plebejische wie die der Centurien und der Tribus.

b) In der ursprünglichen patricisch-plebejischen Wehr- und der davon abhängigen Stimmordnung sind die sechs angesehensten Centurien, die *sex suffragia* der Reiter, als *procûm patriciûm* den Patriciern vorbehalten worden, und wahrscheinlich haben dieselben auch gesondert und vor den übrigen zwölf der Reiter und denen des Fussvolks gestimmt. Indess ist dies Vorstimmrecht späterhin auf die zwölf patricisch-plebejischen übergegangen, womit das Vorrecht in eine Zurücksetzung umgewandelt ward. Noch später, wie es scheint im J. 534 (220 v. Ch.), scheinen jene sechs Centurien selbst auch den Plebejern geöffnet worden zu sein.

c) Die Unfähigkeit des Plebejers zur Verrichtung sacraler Functionen für die Gemeinde ist ein Fundamentalsatz der ursprünglichen patricisch-plebejischen Ordnung und bis in die Kaiserzeit hinein gilt die Regel, dass zur Bekleidung eines jeden Gemeindepriesterthums der Patricier schlechthin, der Plebejer nur auf Grund einer speciellen gesetzlichen Anordnung fähig ist, wenn gleich thatsächlich schon in Folge des allmählichen Einschwindens des starr sich abschliessenden Erbadels, diese Regel mehr und mehr zur Annahme wird. Für die drei grossen Flaminate, die im Rang höchsten aller Priesterthümer, und die beiden Collegien der Salier hat man die ganze Kaiserzeit hindurch den Patriciat gefordert. Lange Zeit ist auch in Betreff der beiden mit Rom zugleich entstandenen und politisch wichtigsten Priesterschaften der Pontifices und der Auguren und des jüngeren, aber auch sehr alten, dem die Hut der Sibyllenorakel anvertraut war, der gesetzliche Ausschluss der Plebejer festgehalten worden. Bei dem letztgenannten wurde durch das licinische Gesetz vom J. 387 (367 v. Chr.) die Hälfte der Stellen, bei dem Pontifical- und dem Auguralcollegium durch das ogulnische vom J. 454 (300 v. Chr.) sogar die grössere Hälfte — damals fünf von neun — den Plebejern gesetzlich vorbehalten, die übrigen beiden Ständen gleichmäßig geöffnet. Von dem vierten der grossen Collegien, dem im J. 558 (196 v. Chr.) eingesetzten der Epulonen scheinen die Patricier in republikanischer Zeit ausgeschlossen gewesen zu sein. Die übrigen Priesterthümer, das Frauenpriesterthum der Vestalinnen, die Genossenschaften der Fetialen und der Luperker, die kleinen Flaminate erscheinen, so weit unsere Ueberlieferung zurückreicht, den Plebejern zugänglich; ob in Beziehung auf diese, so weit ihre Entstehung in die Epoche des Geschlechterstaats fällt, patricische Privilegien bestanden haben und beseitigt worden sind, lässt sich um so weniger ausmachen, als bei manchen dieser Einrichtungen, namentlich bei den Vestalinnen nicht eigentlich Vertretung des Staats gegenüber der Gottheit zu Grunde liegen mag, und daher vielleicht das volle Bürgerrecht von Haus aus hier nicht gefordert ward.

d) Wenn mit der Zulassung des Plebejers zum Wehrrecht die Befähigung desselben zur Führung des Commandos unter dem Magistrat logisch und praktisch verbunden war, der Plebejer also seitdem auch zum Legionsführer *(tribunus militum)* ernannt werden konnte, so gilt dies nicht von dem Magistrat selbst, ohne Frage deshalb, weil dieser die Gemeinde auch den Göttern gegenüber zu vertreten hat. In vollem Umfang findet dies Anwendung auf den König, der zugleich Magistrat und Priester ist, und ist daher auch für das sacrale Schemen desselben, den *rex sacrorum* bis in die Kaiserzeit hinein eingehalten worden. Aber auch für die älteste Republik ist die Unfähigkeit des Plebejers zur Bekleidung einer Magistratur der Eckstein der damaligen Gemeindeordnung, und diese Vorschrift ist nur schritt- und stückweise, ja principiell überhaupt nicht gefallen; insbesondere das Zwischenkönigthum ist noch am Ausgang der Republik ein patricisches Amt. Am frühesten sind Plebejer zugelassen worden bei ausserordentlicher oder stellvertretender Besetzung des Oberamts: unter den in den J. 303 (451 v. Chr.) und 304 (450 v. Chr.) fungirenden Zehnmännern für Constituirung des Gemeinwesens finden sich Plebejer, und die kurz nachher, vielleicht eben in Folge des Decemvirats, zugelassene Verknüpfung der oberamtlichen Function mit der blossen Offizierstellung, der sogenannte Consulartribunat, ist recht eigentlich die Zulassung des Plebejers zur Führung des Oberamts ohne Führung des Titels. Unter den ordentlichen Aemtern macht den Anfang die Quästur, insofern folgerichtig, als das Unteramt, wie seiner Zeit gezeigt werden soll, streng genommen nicht als Magistratur betrachtet werden kann: im Jahre 333 (421 v. Chr.) wurden mit der Vermehrung der Quästorenstellen von zwei auf vier zugleich alle beiden Ständen freigegeben. Der entscheidende Schritt geschah im Jahre 387 (367 v. Chr.) durch das licinische Plebiscit: indem dies den Consulartribunat abschaffte, theilte es die beiden Consulstellen zwischen den Ständen in der Weise, dass die eine mit einem Patricier, die andere mit einem Plebejer besetzt werden sollte. Allem Anschein nach ward gleichzeitig sowohl die alte Dictatur wie auch die jetzt neu errichtete dritte Oberamtsstelle, die Prätur beiden Ständen gleichmässig zugänglich gemacht, da die Ordnung der Qualification wahrscheinlich auf das Oberamt überhaupt gleichmässig bezogen wurde. Selbst die einige Zeit vorher gleich der Prätur aus dem Oberamt abgezweigte Censur scheint schon in Folge des licinischen Gesetzes den Plebejern in der Weise eröffnet worden zu sein, dass für beide Stellen jeder Bürger wählbar war. Die ebenfalls im J. 387 (367 v. Chr.) eingerichtete Aedilität ist in ähnlichem Sinne zwischen den beiden Ständen in der Weise getheilt worden, dass die beiden plebejischen Aediles aus Sonderbeamten der Plebs in Beamte der Gemeinde umgewandelt, die beiden neu eingerichteten curulischen Aedilen den Patriciern entnommen wurden. Die hier angestrebte Rechtsgleichheit der Adlichen und der Bürgerlichen schlug bald in rechtliche Zurücksetzung der ersteren um: Volksschlüsse aus den J. 412 (342 v. Chr.) und 415 (339 v. Chr.) setzten für Consulat und Censur fest, dass je eine dieser Stellen der Plebs vorbehalten, die zweite beiden Ständen offen sein solle; um dieselbe Zeit wurde für die curulische Aedilität der Turnus eingeführt, so dass dieselbe in den varronisch ungeraden Jahren der Stadt mit Patriciern, in den varronisch geraden mit Plebejern besetzt ward, während die plebejische den letzteren ausschliesslich verblieb. Ebenso blieb der Volkstribunat auch nachdem er thatsächlich aus einem Sonderamt der Plebs in ein Amt der Gemeinde umgestaltet war, den Adlichen verschlossen. Indess diese

Festsetzungen selbst legen Zeugniss davon ab, dass die politische Vormachtstellung des Geschlechtsadels den Verlust seiner Privilegien und selbst die rechtliche Zurücksetzung weit überdauert hat; nur auf jene gestützt hat sich der Patriciat in dem Sonderbesitz der einen Consulstelle bis zum J. 582 (172 v. Chr.), der einen Censorstelle bis zum J. 623 (131 v. Chr.) behauptet, und trotz des allmählichen Einschwindens der Zahl haben die alten Geschlechter durch die ganze republikanische Epoche, ja noch darüber hinaus in der ersten aus ihnen hervorgegangenen Dynastie der Julier und der Claudier einen bestimmenden Einfluss behauptet, während der Erbadel der Kaiserzeit zu keiner politischen Bedeutung gelangt ist.

e) Der Senat der patricischen Gemeinde ist in die patricisch-plebejische insofern unverändert übergegangen, als auch in dieser die formale Bestätigung der Volksschlüsse so wie das Zwischenkönigthum den Patriciern als Reservatrechte verblieben. Für das eigentliche Regiment der Gemeinde, welches mehr und mehr auf den Gemeinderath überging, sind dagegen in der patricisch-plebejischen Staatsordnung den patricischen *patres*, so viel uns bekannt von Anfang an, die plebejischen *conscripti* zur Seite getreten, aber so wenig in gleichberechtigter Stellung, dass vielmehr der plebejische Beisitzer weder auf den Namen noch auf die Ehrenabzeichen des Senators Anspruch hatte, und er weiter wie in der Bürgerschaft das Stimmrecht ohne das Aemterrecht, so im Senat das Stimmrecht ohne das Recht des Beschlussvorschlags erhielt. Rechtliche Gleichstellung mit den patricischen haben die plebejischen Senatoren auch später nicht erhalten. Erst in Folge der Zulassung der Plebejer zum Oberamt im J. 387 (367 v. Chr.) ist denen von ihnen, die dazu gelangt waren, die rechtliche Gleichstellung im Senat eingeräumt worden; da ein bevorrechtetes Vorschlagsrecht für den Senator an das bekleidete Oberamt ohne Zweifel schon früher geknüpft war, konnte der plebejische Consular bei den Senatsverhandlungen nicht länger stummer Beisitzer bleiben. Allmählich ist dann durch die mehr und mehr um sich greifende und schliesslich alleinige Besetzung der Senatsstellen durch die Wahl zu einer Magistratur die bevorrechtete Stellung des Adels im Senat beschränkt und endlich beseitigt worden. Es wird darauf im fünften Buch bei der Behandlung des Senats zurückzukommen sein.

2. Die Nobilität

Die Nobilität ist ein erweiterter Patriciat und aus diesem entwickelt, indem dieser Kreis die Patricier umfasst nebst den aus dem Patriciat ausgetretenen oder den Patriciern in der Amtsehre gleich geltenden Plebejern. Ausgegangen ist der Begriff wohl davon, dass der durch Emancipation oder Austritt aus dem Geschlecht ausscheidende Adliche zwar seine Adelsrechte verliert, aber seinen Geschlechtsnamen behält und auch ferner ein „namhafter" *(nobilis)* Mann bleibt. Hauptsächlich aber findet er Anwendung auf diejenigen Plebejer, welche nach dem licinischen Gesetz zu den bis dahin den Patriciern vorbehaltenen Gemeindeämtern gelangen. Da diese Aemter auch ferner noch als „patricische" angesehen werden, so scheiden ihre Träger von Rechtswegen aus der mit der Plebität rechtlich verknüpften Clientel aus (S. 16) und stehen im Senat den Patriciern gleich; daher wird ein solcher „neuer Mann" *(homo novus)* zwar nicht selbst, wohl aber seine Descendenz der Nobilität zugezählt, so dass also an die Uebernahme eines curulischen Amtes sich für den Plebejer dieser erbliche Quasi-Patriciat anknüpft. Rechtliche Privilegien, wie sie dem Patriciat zustehen, hat die Nobilität nicht; die Befugniss von denjenigen Ahnen, welche curulische Aemter bekleidet haben, die Bildnisse im Haussaal aufzustellen ist wohl das Kennzeichen der Nobilität, aber doch mehr ein magistratisches Ehrenrecht als ein Standesprivilegium. Aber wie bei der Aemterbewerbung, nachdem die rechtliche Bevorzugung des Adels beseitigt war, die gewohnheitsmässige noch lange von mächtigem Einfluss blieb, so ist die letztere dem Quasi-Patricier gleichfalls zu Statten gekommen, namentlich auch insofern, als der Adel insgesammt der Plebs gegenüber insbesondere bei den Wahlen zusammenzuhalten pflegte. Die rechtliche Geschlossenheit des Patriciats hätte nothwendiger Weise es demselben unmöglich gemacht das Adelsregiment zu behaupten, wenn nicht durch die Quasi-Reception eines jeden unter Sprengung des Adelsrings zur Magistratur gelangenden Plebejers in den Erbadel selbst die Fortdauer der Adelsherrschaft ermöglicht worden wäre. Die Rechtsgleichheit der Patricier und der Plebejer, wie sie durch die ständischen Kämpfe herbeigeführt worden war, wurde durch dieses Herkommen formell nicht alterirt, factisch aber wesentlich beeinträchtigt, ja im Laufe der Entwickelung in der That aufgehoben. Wie so oft im politischen Ausgleichskampfe wandelten die Sieger die erstrittene Gleichheit um in eine neue Form der Privilegirung.

3. Der Senatorenstand

Von der Zusammensetzung des Senats und seinem Antheil am Regiment der Gemeinde wird im fünften Buch gehandelt werden. Hier sollen die Vorrechte dargelegt werden, welche dem einzelnen Senator, in späterer Zeit auch den Frauen der Senatoren und deren Kindern bis zum dritten Grade beigelegt sind, soweit dieselben die Rangstellung betreffen oder politischer Art sind; die Sonderstellung der Senatoren im Ehe- und im Vermögensrecht kann hier übergangen werden. Dem Senat als solchem stehen corporative Rechte so wie eigenes Vermögen und eigene Kasse nicht zu.

a) Das älteste äussere Abzeichen des Senators, der Schnürenschuh, kommt anfangs nur dem patricischen Senator zu, wie denn dieser ursprünglich allein als wirklicher Senator angesehen wird. Weiterhin finden wir dies Abzeichen, jedoch mit der Beschränkung, dass der Halter *(lunula)* von Elfenbein dem patricischen Senator allein verbleibt, im 6. Jahrh. ausgedehnt auf die zu curulischen Aemtern gelangten, also auf die quasi-patricischen, noch später auf sämmtliche Senatoren. — Ob der rothe Streifen am Untergewand, wie ihn der Ritter trug, von Haus aus auch dem Senator zukam oder erst von der Ritterschaft auf den Senat übertragen ward, ist zweifelhaft. Als in der gracchischen Zeit die Senatoren und die Ritter sich schärfer von einander schieden, kam es auf, dass der Senator den Streifen breiter *(latus clavus)* trug, der Ritter schmaler *(angustus clavus)* und dieses Distinctiv der beiden bevorrechteten Stände ist geblieben. — Der goldene Fingerreif ist erst später und zwar zuerst für die Senatoren in Uebung gekommen und hat sich dann auf die Ritter übertragen, bei denen wir auf denselben zurückkommen. — Diese Abzeichen sind in republikanischer Zeit personale; als aber Augustus einen Senatorenstand schuf, erstreckte er dieselben einerseits auf die Descendenten der Senatoren, andererseits auf diejenigen jüngeren Männer des Ritterstandes, welche er in Pflichten und Rechten diesen gleichstellte.

b) Gesonderte und bevorzugte Sitzplätze bei den öffentlichen Bühnenspielen sind den Senatoren seit dem Jahre 560 (194 v. Chr.) eingeräumt und es ist dies dann auf andere Volksfeste übertragen worden.

c) Ein bevorzugtes Stimmrecht hat der Senator nur insofern, als er bei der Bildung der Rittercenturien bevorzugt wird, worüber bei der Ritterschaft zu handeln ist.

d) Auch bei der Aemterbewerbung ist der Senator als solcher nicht bevorzugt; nach den späteren Ordnungen indess, welche als Qualification für das höhere Amt die Bekleidung eines niederen mit der Gewinnung des Senatssitzes verbundenen fordern, concurriren bei allen wichtigeren Bewerbungen lediglich Senatoren. — In gleicher Weise werden die vom Senat ausgehenden Abordnungen aller Art, die im Regiment der Republik eine hervorragende Rolle spielen, wenn nicht von Rechtswegen, so doch thatsächlich ausschliesslich aus dem Senat genommen. — Noch in der Kaiserzeit wird für die Beamtenernennung, soweit sie auf den Kaiser übergeht, sowie nicht minder für die Besetzung der höchsten Offizierstellen, insbesondere der Legionscommandos, die Zugehörigkeit zum Senat oder sogar zu einer bestimmten Klasse desselben als Qualification gefordert. — Für die Priesterthümer scheint in republikanischer Zeit die Senatorenqualität rechtlich nicht erforderlich gewesen zu sein; thatsächlich aber sind die höheren derselben schon damals so gut wie ausschliesslich an Senatoren und Senatorensöhne gegeben worden. Augustus wird dies dann rechtlich formulirt haben. — Für die Anfangsämter und somit für den Eintritt in den Senat selbst hat in republikanischer Zeit das allgemeine Bewerbungsrecht nicht bloss formell fortbestanden, sondern es ist wahrscheinlich für den neuen Mann nicht allzu schwierig gewesen dazu zu gelangen, wenn gleich die der Nobilität angehörigen Bewerber auch dabei factisch bevorzugt waren. Augustus hat dagegen nur einerseits die Nachkommen der Senatoren, andererseits die von ihm in den Senatorenstand aufgenommenen jungen Männer zur Bewerbung um die Gemeindeämter zugelassen, für welche sie zugleich zur Pflicht gemacht ward. Dadurch wurde der Senatorenstand zu einer theils erblichen, theils durch kaiserliche Ernennung ergänzten Pairie und lieferte diese Pairie in der Kaiserzeit ausschliesslich die höhere Kategorie der Beamten.

e) Als Geschwornen im Civilprozess konnte der Magistrat ursprünglich wahrscheinlich von Rechtswegen jeden römischen Bürger berufen. Aber unter dem entwickelten aristokratischen Regiment macht sich der Anspruch der Senatoren auf ausschliessliche Berechtigung hiebei geltend, namentlich seit dem Anfang des 7. Jahrh. d. St. hinsichtlich der Geschwornenstellen in den aus dem Civilprocess entwickelten politisch wichtigen Quästionenprocessen. Der im Gegensatz dazu erhobene gleichartige Anspruch der Ritterschaft rief dann einen das letzte Jahrhundert der Republik ausfüllenden Interessenstreit der beiden privilegirten Stände hervor. Sowohl in der Epoche vor Gaius Gracchus wie auch wieder während der sullanischen Reaction wurden lediglich Senatoren zu Geschwornen berufen, während in der gracchanischen Epoche die Senatoren von diesen Stellen ausgeschlossen waren und in der letzten Zeit der Republik vom J. 684 (70 v. Chr.) an ein Drittel derselben mit Senatoren besetzt ward. In der Kaiserzeit, wo diese Thätigkeit aus einem begehrten Recht zu einer lästigen Pflicht wurde, ist dieselbe den Senatoren abgenommen.

4. Die Ritterschaft

Die Ritterschaft, welche, hervorgegangen aus der alten Bürgerreiterei, seit der mittleren Republik als bevorzugte Bürgerklasse auftritt, bilden die Inhaber der Staatspferde, die *equites Romani equo publico.* Wenn die Bürgerreiterei darauf angelegt zu sein scheint diesen an sich schon und vor allem durch seine Ständigkeit kostspieligen Dienst auch dem Unvermögenden einigermassen zu ermöglichen, da dem Staatspferdeinhaber besondere Emolumente (S. 24 f.), jedem anderen Reiter der dreifache Sold des Fusssoldaten gewährt wurden, so ist nichtsdestoweniger der Rossdienst früh als eine nur dem Vermögenden zuzumuthende Last behandelt, zugleich aber auch, namentlich insoweit er ständig war, des damit verbundenen Ansehens wegen von der reicheren Bürgerschaft vorzugsweise begehrt worden, wobei noch hinzukam, dass von den achtzehn Centurien der Staatspferdeinhaber die sechs vornehmsten dem Erbadel vorbehalten und selbstfolglich in den übrigen zwölf die plebejische Nobilität und die allmählich neben diesem magistratischen Adel sich entwickelnden Kreise der hohen Finanz vorzugsweise vertreten waren. Somit stellte sich für den Rossdienst neben der ursprünglichen Qualification nach dem Alter und der körperlichen Tüchtigkeit die weitere nach Geburt und Vermögen ein. Die Ausschliessung der Freigelassenen wurde hier mit voller Strenge durchgeführt und durch Bevorzugung der Söhne solcher Väter, die selbst das Staatspferd gehabt hatten, thatsächlich selbst eine gewisse Erblichkeit desselben herbeigeführt, desgleichen nur zugelassen, wer den vierfachen Census der vollen Wehrpflicht, das heisst ein Vermögen von 400 000 Sesterzen aufweisen konnte. Aus den sonach für den Reiterdienst qualificirt erachteten Bürgern, welche auch wohl abusiv selber als Ritterschaft bezeichnet werden, wurden theils von den Feldherrn die effectiven Bürgerreiter ausgelesen, die übrigens ziemlich früh militärisch verschwanden, theils durch die Censoren jene achtzehnhundert Staatspferdreiter, die eigentliche Ritterschaft, welche zwar von Rechtswegen effectiven Reiterdienst zu leisten hatte, aber mehr und mehr ohne Rücksicht auf die militärische Brauchbarkeit gebildet wurde. Es blieb bei der alten Ordnung, wonach die Censoren die Staatspferde an geeignete Personen austheilten und die nicht mehr Dienstfähigen dieselben abzugeben hatten, und sie hat dazu geführt, dass diese zweite Adelsklasse nicht wie der Patriciat auf der Geburt, sondern auf obrigkeitlicher Verleihung beruht und späterhin sich zum Briefadel entwickelt. Aber thatsächlich ward diese Ordnung keineswegs innegehalten. Mehr noch als bei der Zutheilung des Staatspferdes, welche die durchgängig aristokratisch gesinnten und von jeder Verantwortlichkeit befreiten Censoren nach politischen Rücksichten handhabten, scheint der Austritt aus der Ritterschaft wegen des dieser zustehenden besseren Stimmrechts bei der Nobilität häufig über die rechte Altersgrenze hinaus verschoben worden zu sein; es ist sogar nicht unwahrscheinlich, dass in Folge eines formellen Privilegiums die Consulare, Prätorier und Aedilicier regelmässig in den Rittercenturien verblieben, bis in der gracchischen Zeit die Incompatibilität des Ritterpferdes und des Senatssitzes gesetzlich festgestellt ward. Sowohl diese Festsetzung wie auch die Beseitigung des patricischen Reservatrechts auf den dritten Theil dieser Centurien haben dann dazu beigetragen die Ritterschaft, welche bis dahin den Amtsadel und die von dem eigentlichen Regiment sich fernhaltende Finanzaristokratie in sich vereinigt hatte, in der Weise zur Trägerin der letzteren zu machen, wie sie uns im letzten Jahrhundert der Republik entgegentritt. Die sullanische Reaction war wesentlich der Sieg der Nobilität über die Ritterschaft und stellte auch die letztere insofern auf eine andere rechtliche Grundlage, als die bisher durch die Censoren bewirkte Aufnahme unter die Staatspferdinhaber mit der thatsächlichen Beseitigung der Censur wegfiel. Was dafür an die Stelle trat, ist nicht vollständig ermittelt; sicher ist und charakteristisch, dass seitdem dem erwachsenen Sohn des Senators das Ritterpferd von Rechtswegen zukam, während wahrscheinlich dessen Erwerbung noch an andere Momente, vielleicht an die Bekleidung des Kriegstribunats geknüpft ward. Die Ausscheidung aus der Ritterschaft, abgesehen von dem Uebertritt in den Senat, scheint damit überhaupt aufgehört zu haben. Indess hat es bei dieser Umgestaltung der Ritterschaft im optimatischen Sinne keineswegs sein Bewenden gehabt. Noch in republikanischer Zeit sind Versuche gemacht worden, die Censur wieder in das Leben zu rufen und in der augustischen Reform ist die magistratische Verleihung des Ritterpferdes nicht blos zu Gunsten des Kaisers wieder hergestellt, sondern auch durch Beseitigung der geschlossenen Zahl wesentlich gesteigert worden. Der Gegensatz des erblichen Amtsadels, der den Senatorenstand bildet, und der aus den Männern guter Geburt und namhaften Vermögens durch kaiserliche Berufung ausgewählten Ritterschaft beherrscht vor allem die Epoche des Principates. Dagegen ist Augustus Versuch, den effectiven Rossdienst in der Weise zu erneuern, dass die Ritterschaft zu einem berittenen Offiziercorps ward, nur unvollkommen verwirklicht worden. Es wurde die Aufnahme in die Ritterschaft wohl bis zu einem gewissen Grade mit dem Offizierdienst verknüpft, wie denn auch dem erwachsenen Senatorensohn zwar das Ritterpferd von Rechtswegen zukam, er aber zugleich verpflichtet ward als Kriegstribun zu dienen, und es wurde ferner in der besseren Kaiserzeit das Ritterpferd vor erreichtem Dienstalter nicht ertheilt; allein häufig und in immer steigendem Umfang ist das Ritterpferd einfach als personaler Adel verliehen worden und die Lebenslänglichkeit ist, abgesehen von erwiesener Unwürdigkeit, damit verbunden geblieben.

Die politischen Privilegien, welche dieser zweiten Klasse der römischen Aristokratie, allerdings zu verschiedenen Zeiten und in sehr verschiedenem Grade zukamen, sind die folgenden:

a) Die militärische Gliederung, welche der ständigen Bürgerreiterei selbstverständlich zugekommen ist, ist der Ritterschaft, auch nachdem dieselbe nicht mehr als Truppe betrachtet werden kann, dennoch geblieben, und zwar wird dabei nicht die alte Centurie zu Grunde gelegt, sondern die im effectiven Kriegsdienst dafür eingetretene Turma (S. 10). Augustus hat sogar der Ritterschaft in den sechs Führern der sechs ersten Turmen quasi-magistratische jährlich wechselnde Anführer gegeben. Verwendung findet diese Gliederung lediglich bei gewissen Musterungen der Ritterschaft und bei Festlichkeiten. Eine Körperschaft ist die Ritterschaft nicht; sie tritt nicht zur Beschlussfassung zusammen und hat keine dafür competente Vorsteher noch auch eigenes Vermögen und eigene Kasse.

b) Als äusseres Abzeichen scheint der Purpurstreifen am Untergewand *(clavus)* dem Reiter von jeher als Dienstabzeichen zugekommen zu sein und er ist, späterhin neben einem gleichartigen, aber gesteigertem Abzeichen des Senators, dem Ritter verblieben. — Der goldene Fingerring ist dagegen verhältnissmässig spät und zunächst als senatorisches Abzeichen in Gebrauch gekommen (S. 33); erst seit der gracchischen Zeit führen denselben die beiden privilegirten Stände gleichmässig. Die Verleihung des Ritterrechts an den Freigelassenen unter Fiction der Ingenuität, welche in republikanischer Zeit überhaupt nicht und in der besseren Kaiserzeit als seltene Ausnahme vorkommt, erfolgt in dieser in der Form der Verleihung der Goldringe; späterhin werden diese dem Freigelassenen nicht selten gewährt, ohne dass damit die fictive Ingenuität und der Standeswechsel verbunden ist. — Ob diese Ehrenrechte lediglich dem Staatspferdinhaber zukamen oder auch, so lange es eine Bürgerreiterei gab, dem ohne Staatspferd zu Ross dienenden Bürger, ob sie ferner, bevor die Lebenslänglichkeit der Ritterstellung durchgeführt ward, auch nach Abgabe des Ritterpferdes fortbestanden, lässt sich nicht mit Sicherheit entscheiden.

c) Abgesonderte Sitzplätze bei den Bühnenspielen, die „vierzehn Reihen", sind, nach dem Muster der Senatoren, den Rittern in der gracchischen Epoche, und, nachdem sie dieselben durch Sulla verloren hatten, wieder im Jahre 687 (67 v. Chr.) durch das roscische Gesetz verliehen worden. In der Kaiserzeit wurde dies auch auf die Renn- und die Kampfspiele erstreckt.

d) Dass bei der Abstimmung nach Centurien den Staatspferdinhabern von den 193 Stimmkörpern 18 reservirt waren, ist bereits ausgeführt worden (S. 27). Es war dies Stimmrecht um so mehr bevorzugt, als die Centurie der Reiter je 100 Personen zählte, während alle übrigen eine unbestimmte durchgängig sicher weit grössere Zahl von Stimmberechtigten umfassten, und als denselben, wie es scheint bis zum J. 534 (220 v. Chr.), das wichtige Vorstimmrecht zustand.

e) Der Offizierdienst ruht in republikanischer Zeit, so weit nicht die Volkswahlen eingreifen, auf der feldherrlichen Ernennung, insofern der Feldherr den ihm unterstellten Soldaten wie im Gliede belassen, so auch als Führer verwenden kann. Es liegt in der Sache, dass die höheren Führer, namentlich die Kriegstribune und die diesen gleichstehenden Offiziere, vorzugsweise aus der vornehmeren Reiterei genommen wurden und es hat dies auch fortbestanden, nachdem die Bürgerreiterei als effective Truppe aufgehört hatte, indem die zum Rossdienst qualificirten jungen Männer der besseren Stände, die sich dem Feldherrn zur Verfügung stellten, auch nachher der Bürgerreiterei zugezählt wurden. Ob sie das Staatspferd besassen oder nicht, wird dabei schwerlich in Betracht gekommen sein, auch die Offizierstellen rechtlich denselben keineswegs ausschliesslich zugestanden haben. Dass nach der sullanischen Ordnung umgekehrt der Offizierdienst das Staatspferd gab, ist vermuthungsweise schon ausgesprochen worden (S. 36). Augustus hat, wie für die höchsten Offizierstellen die Senatorenqualität, so für die Kriegstribune und die Auxilienführer das Staatspferd zur rechtlichen Qualification gemacht, deren Innehaltung freilich nach der Beseitigung der geschlossenen Ritterzahl der freien kaiserlichen Offizierernennung keinen Eintrag that.

f) Wie der ritterliche Offizierdienst durch Augustus rechtlich fixirt worden ist, so sind auch die ritterlichen Beamten und die ritterlichen Priesterthümer eine Einrichtung des Augustus. Diejenigen Aemter und mit amtlicher Competenz ausgestatteten Commandos, deren Besetzung dem Kaiser zukam, theilte er ein für allemal zwischen den beiden privilegirten Ständen, so dass weder das senatorische Amt einem Ritter noch das ritterliche einem Senator übertragen werden durfte. An die Ritter kamen auf diese Weise die Verwaltung der damals neu eingerichteten Provinzen, ferner sämmtliche Finanz- und Palastämter und sämmtliche in Italien functionirende Commandos, namentlich die der Garde und der Flotten. Sie erscheinen als dem Kaiser näherstehend und unmittelbarer unterworfen als die senatorischen kaiserlicher Ernennung; wenn die senatorischen mehr als Reichs-, werden die Ritterlichen mehr als Hausbeamten gefasst, und wenn jene im Rang höher stehen, überwiegen bei diesen die Emolumente. Rechtliche Qualification, vom Ritterpferd selbst abgesehen, giebt es für die Ritterämter nicht; thatsächlich indess bestand eine solche in dem ritterlichen Offizierdienst, insofern die Ritterämter nach Art der Veteranenbelohnungen vorzugsweise an gewesene Offiziere vergeben wurden; doch konnte seit Hadrian auch bei der Verwaltung und der Rechtspflege ein ähnliches Anrecht erworben werden. Es bildeten sich für die Ritterämter ähnliche Abstufungen, wie sie für die senatorischen bestanden, und eine ritterliche Aemterlaufbahn; selbst eine ritterliche Nobilität entstand, indem den Nachkommen der höheren Beamten von Ritterrang das Ritterpferd ohne weiteres gewährt ward und sie innerhalb der Ritterschaft eine hervorragende Stellung einnahmen. Analog werden die Priesterthümer in senatorische und ritterliche geschieden.

Der Gedanke des Gaius Gracchus, dem Gemeinwesen einen doppelten herrschenden Stand zu geben, ist durch Augustus in vollem Umfang verwirklicht worden. Die Gleichberechtigung aller Bürger insbesondere zur Uebernahme der Aemter und der Priesterthümer der Gemeinde ist in dem patricisch-plebejischen Gemeinwesen, da der Patriciat darin als Erbadel Platz gefunden hatte und der Quasi-Patriciat der plebejischen Nobilität sofort sich neben ihm entwickelte, niemals effectiv durchgeführt, aber beständig formell anerkannt worden; principiell beseitigt hat die bürgerliche Gleichheit erst Augustus, indem er der Ritterschaft eine dem Senatorenstand mehr co- als subordinirte Stellung in dem Gemeinwesen anwies, die Beamten und die Priesterthümer unter die beiden privilegirten Stände theilte und unter Beseitigung der allgemeinen passiven Wählbarkeit die dem *uterque ordo* der Kaiserzeit nicht angehörige Bürgerschaft, die jetzige *plebs* von Rechtswegen von denselben ausschloss.

7. Die zurückgesetzten Bürgerklassen

Zurückgesetzte Bürgerklassen treten in der patricisch-plebejischen Gemeinde drei auf: die Plebejer, die Freigelassenen und die verwandten Klassen und die vom Stimmrecht ausgeschlossenen Halbbürger *(civis sine suffragio).*

1. Die Plebejer

Die dem Plebejer als solchem mangelnden politischen Rechte so wie deren allmähliche Gewinnung und zum Theil ihre Verkehrung in plebejische Vorrechte ergeben sich aus der Darlegung der Rechtsstellung des Patriciats (S. 29). Hier sind diejenigen Sonderinstitutionen zu betrachten, welche vor erlangter Gleichberechtigung die Plebs für sich geschaffen hat; insofern nach deren Erlangung dieselben zu Gemeindeorganen umgewandelt worden sind, werden sie an ihrem Orte wiederum zur Sprache kommen.

Die Kämpfe zwischen dem Erbadel und den Neubürgern zeigen eine doppelte Tendenz: einerseits das Bestreben nach Rechtsgleichheit der beiden Stände, andererseits nach Constituirung der Plebs als eines Staates im Staat mit eigener beschliessender Versammlung und eigenen Vorständen. Beide Bewegungen schliessen im Ergebniss sich aus, und wenn die erstere ein Mögliches erstrebt und schliesslich erlangt hat, so verfolgte die letztere ein logisch und praktisch unerreichbares Ziel und ist demnach auch schliesslich resultatlos geblieben; es konnte durch sie das bestehende Gemeinwesen vernichtet, nicht aber innerhalb desselben und unter dessen Fortbestand ein anderes geschaffen werden. In der That hat es für die also geschaffene Organisation, die Plebs als solche, kein Ausland, keine Rechtspflege, keine Heerbildung, keine Finanzen gegeben; alle staatlichen Einrichtungen bestehen lediglich und zu jeder Zeit für die patricisch-plebejische Gemeinde. Die Plebs ist nichts als ein schwächliches Compromiss zwischen der bestehenden den Adel privilegirenden Staatsordnung einer- und dem Ausscheiden der Neubürger aus dem Gemeinwesen andererseits; eine Beschwichtigung der revolutionären Androhung dieses Austritts durch die Organisirung jenes Scheinwesens. Die mächtigen Leidenschaften, welche in dieser Bewegung brausen, dürfen über ihre Ziellosigkeit nicht täuschen. Die auf diesem Wege geschaffenen Organisationen bestehen in Quasi-Magistraten und Quasi-Comitien der Plebs. Jene sind in den beiden *tribuni plebis* das Abbild der Consuln, in den beiden *aediles plebis* das Abbild der Quästoren. Befehlsrecht nehmen die Tribune nicht in Anspruch, sondern nur das Recht dem consularischen Befehl durch ihr dem collegialischen des andern Oberbeamten nachgebildetes Einschreiten die Rechtskraft zu entziehen. Die Aedilen sind, wie die Quästoren, ohne fest abgegrenzte Competenz wesentlich bestimmt die Oberbeamten zu unterstützen, zunächst vielleicht die Frohnden zu beaufsichtigen und dabei vorkommender Unbill wo nöthig durch Anrufung ihrer Vorgesetzten zu steuern. Wenn der Gehorsam gegen die staatlichen Ordnungen auf dem Gesetz ruht, so ruht der den plebejischen schuldige nach der strengen römischen Rechtsauffassung auf dem Sammteid, durch den die Plebejer sich und ihre Nachkommen verpflichtet haben solchen Gehorsam zu erzwingen, insonderheit die Unverletzlichkeit, welche dem Gemeindemagistrat das Gesetz giebt, dem plebejischen dadurch zu verbürgen, dass jeder Plebejer verpflichtet ist die Verletzung der durch seinen oder seiner Vorfahren theuren Eid geheiligten *(sacrosanctus)* plebejischen Vorsteher zu sühnen. Also Zwang und Strafe ruht nach den plebejischen Ordnungen auf der Selbsthülfe, und diese ist nur insoweit organisirt, als gegen den, der die Rechte der Plebs oder ihrer Beamten verletzt, ein Quasi-Criminalprozess vor der versammelten Plebs eingeleitet und eventuell die Quasi-Sentenz durch die Beamten der Plebs vollstreckt wird. — Die Quasi-Comitien der Plebs, welche anfänglich nach den Curien stattfanden, aber, um den Einfluss der abhängigen Clienten zu brechen, in Gemässheit des poblilischen Gesetzes vom J. 283 (471 v. Ch.) an nach den Tribus abgehalten und damit auf die ansässigen Bürger beschränkt wurden, nahmen neben diesem Gegenbild des ältesten Criminalprozesses eine Quasi-Legislative in Anspruch, welche nominell nur die eigenen Verhältnisse der Plebs regeln will, der Sache nach aber in jedem einzelnen Fall in die Legislative der Gemeinde übergreift und den Anspruch erhebt diese zu binden. Formell wurde sie anerkannt zunächst in der Beschränkung, dass der in Uebereinstimmung mit dem Senat von der Plebs gefasste Beschluss dem Volksbeschluss gleichgestellt ward, dann durch das hortensische Gesetz um das J. 468 (286 v. Ch.) allgemein durch rechtliche Gleichstellung des Beschlusses der Plebs mit demjenigen der patricisch-plebejischen Gemeinde. Hiemit hat diese Bewegung mehr ihr Ende erreicht als ihr Ziel; indem in derselben Epoche die Plebejer im wesentlichen politische Rechtsgleichheit erlangten, war ihre Sonderversammlung nicht mehr die einer zurückgesetzten Bürgerklasse, sondern es stimmte die Bürgerschaft seitdem in den Comitien mit Einschluss, in der Plebejerversammlung mit Ausschluss der Adlichen, und schwerlich hat dies praktisch einen fühlbaren Unterschied gemacht. In ähnlicher Weise sind die Magistrate der Plebs, ohne dass ihre Befugnisse sich wesentlich änderten, durch die rechtliche Gleichstellung der Plebejer mit den Patriciern von selbst der Sache nach zu Gemeindebeamten geworden: sie schützten seitdem nicht mehr den Plebejer gegen den Patricier, sondern den Bürger gegen den Magistrat und werden vor allem dazu verwendet den dem Senat nicht botmässigen Beamten unter dessen wenig formulirte Gewalt zu beugen. Die Plebs der historischen Zeit ist kein Staat im Staate mehr und die aus der Zeit der ständischen Kämpfe herrührenden Einrichtungen, die Modificationen der Stimmordnung und der Ausschluss der Adelichen von der plebejischen Magistratur sind politische Reminiscenzen.

2. Die Freigelassenen und verwandte Klassen

Obwohl in der patricisch-plebejischen Gemeinde dem aus der Sklaverei zur Freiheit gelangten Knecht das Bürgerrecht zusteht (S. 3 f.), unterliegt er dennoch mancherlei Zurücksetzungen und es erstrecken sich diese zum Theil auch auf die Kinder desselben ersten Grades und auf die unehelich von einer römischen Mutter Geborenen. Von diesen nach Art und Zeit vielfach differirenden, uns auch sehr unvollständig bekannten Festsetzungen können hier nur einzelne mehr beispielsweise vorgelegt werden. Von dem Gemeindeamt und dem Gemeindepriesterthum so wie von dem Sitz im Senat und vom Reiterdienst sind die oben genannten Kategorien in republikanischer Zeit ausgeschlossen und in Betreff der Freigelassenen selbst gilt dies noch für die Kaiserzeit. Hinsichtlich des Wehr- und des damit verbundenen Stimmrechts war die bis zu der Mitte des 5. Jahrhunderts dafür bedingende Ansässigkeit dem Freigelassenen nicht verschlossen und vielleicht rechtlich nicht einmal erschwert und es mag sein, da die Zahl der dazu gelangenden gewesenen Knechte damals nicht beträchtlich gewesen sein kann, dass eine gesetzliche Zurücksetzung derselben in dieser Hinsicht anfänglich nicht bestand; wenigstens ist aus der früheren republikanischen Zeit nichts derartiges überliefert. Nachdem seit der Mitte des 5. Jahrh. die Wehrhaftigkeit nur vom Vermögen abhing, wird sich dies geändert haben; in der That wird zuerst unter dem J. 458 (296 v. Ch.) von einer Zurücksetzung der Freigelassenen bei der Aushebung berichtet; wahrscheinlich hat sich damals der spätere Gebrauch festgestellt dieselben nicht für die Legion, sondern für die Flotte auszuheben. Von der Ausschliessung auch der grundbesitzenden Freigelassenen und Söhne von Freigelassenen aus den ländlichen Tribus und ihrer Versetzung unter die den nicht ansässigen Bürgern überwiesenen vier städtischen erfahren wir zuerst aus der Zeit kurz vor dem hannibalischen Kriege; für die Freigelassenensöhne wurde dies im J. 565 (189 v. Chr.) durch Volksschluss beseitigt, aber für die Freigelassenen selbst ist diese Zurücksetzung unter häufigen Anfechtungen und mit vielfachen Modificationen im Einzelnen wesentlich aufrecht erhalten worden. Die Kaiserzeit hat die Rechtsungleichheit eher noch gesteigert; insbesondere hinsichtlich der Führung der Tribus, wenn gleich diese jetzt nichts war als das Kennzeichen des vollen Bürgerrechts, sind die Bestimmungen verschärft worden: die Freigelassenensöhne, die unehelich Geborenen, die Schauspielerkinder, selbst die zum Bürgerrecht gelangten geborenen Griechen werden wenigstens häufig in die städtischen Tribus gewiesen, und die Freigelassenen selbst zwar aus diesen nicht entfernt und also bei den nach den Tribus gemachten Getreidevertheilungen und sonstigen Spenden mit zugelassen, aber allem Anschein nach ihnen die Führung der Tribus im Namen untersagt. Auch in dem Heerdienst dieser Epoche walten die gleichen Tendenzen; jene in die städtischen Tribus gewiesenen Bürger zweiter Klasse sind unfähig zum Dienst in der Garde und in der Legion und dienen nur in der minder geachteten hauptstädtischen Besatzung; die Freigelassenen als solche sind überhaupt ausgeschlossen, obwohl sie späterhin unter fictiver Beilegung der Ingenuität einen guten Theil der Flottensoldaten geliefert haben mögen. — Selbst für die Municipalordnungen gelten im Ganzen dieselben Regeln; indess ist hier, wo der Freigelassenenstand einen guten Theil der vermögenden Bürger in sich zu begreifen pflegt und dem municipalen Amtsadel ähnlich gegenübersteht wie in der Hauptstadt dem Senat die Ritterschaft, von Augustus in Nachbildung des quasi-magistratischen Sexvirats derselben (S. 37) eine ebenfalls quasi-magistratische, praktisch allerdings nur für Schaufeste verwendete Institution, der Sexvirat der Augustalen ins Leben gerufen worden. — Die Beseitigung des dem gewesenen Knecht anhaftenden Makels durch Privilegien ist in der Republik nie und auch in der besseren Kaiserzeit nur vereinzelt in der Form der Verleihung der Goldringe, also des Ritterrechts, vorgekommen (S. 38); directe Verleihung der fictiven Ingenuität *(natalium restitutio)* begegnet erst in der Epoche des Verfalls.

3. Die Halbbürger

Während der mittleren Republik, etwa vom 4. bis zum 6. Jahrh. der Stadt, sind eine Reihe mittelalterlicher Bürgerschaften in der Weise der römischen incorporirt worden, dass sie in diese nicht vollständig aufgingen und ihre Angehörigen zwar römische Bürger, aber ohne Stimmrecht waren *(cives sine suffragio)*, welche hybride Rechtsstellung wir als Halbbürgerrecht bezeichnen. Das politische Moment, welches dabei zu Grunde liegt, ist das ablehnende Verhalten der latinischen Nation gegen die etruskische und die oskische; es sollten deren Gemeinden auf diese Weise der führenden Gemeinde Latiums dienstbar gemacht werden, ohne sich mit dieser zu vermischen, was sich deutlich darin ausdrückt, dass es dergleichen Gemeinden untersagt ward, sich officiell der lateinischen Sprache zu bedienen. — Daher tritt diese Institution ein, als die Waffen Roms die latinischen Grenzen überschritten und verschwindet späterhin, nachdem die entgegengesetzte Tendenz der Latinisirung Italiens die Oberhand gewonnen hatte, indem diese Ortschaften alsdann eine nach der anderen das volle Bürgerrecht empfingen. Für jede in dies Verhältniss eintretende Ortschaft ist dasselbe durch römisches Localstatut geregelt worden und das Rechtsverhältniss also gleichartig, aber keineswegs bei allen das gleiche. Durchgängig besteht für jede solche Ortschaft eine Sonderverwaltung. Diese ist entweder rein römisch und schliesst die örtliche Selbstverwaltung aus, wie dies für Caere und die gleichstehenden Gemeinden geschehen ist, oder es bleiben die örtlichen Behörden, Magistrate, Comitien und Senat, und theilen sich mit dem römischen in die Geschäfte, was insbesondere von

Capua gilt. Die eigentlich souveräne Gewalt bleibt selbstverständlich dem römischen Gemeinwesen und dessen Gesetze sind schliesslich selbst für die Beschränkung oder Beseitigung des Halbbürgerrechts entscheidend. Das Sacralwesen einer jeden Gemeinde wird den dafür bestellten Trägern unverändert geblieben sein, wenn auch die Sacra dem Begriff nach als römische gefasst wurden. Die Rechtspflege liegt der Regel nach bei dem römischen Prätor, respective bei dem von diesem bestellten örtlichen Vertreter *(praefectus)*, so dass in dieser Hinsicht die Halbbürger und die Vollbürgergemeinde sich wesentlich gleichstehen; nur Capua scheint neben dem römischen Gericht ein eigenes mit beschränkter Competenz behalten zu haben. Die bürgerlichen Leistungen werden von den Angehörigen der Halbbürgergemeinde, die insofern auch *municipium civium Romanorum* genannt wird, in vollem Umfang gefordert; sie unterliegen der Dienst- und der Steuerpflicht und also auch der Schatzung. Wo, wie in Caere, die Selbstverwaltung fehlt, liegt die Schatzung den römische Censoren ob, welche diese ausserhalb der Tribus stehenden und des Stimmrechts entbehrenden Bürger in einer besonderen Liste *(tabulae Caeritum)* verzeichnen, und auch die Aushebung und die Steuereinziehung wird durch die römischen Behörden beschafft worden sein; weshalb die Bezeichnung der von der Tribus ausgeschlossenen und steuerpflichtigen Bürger (S. 25) als *aerarii* in späterer Zeit diesen Halbbürgern beigelegt wird. Für Capua muss das Gegentheil angeordnet worden sein, da die Campaner neben den Vollbürgern in eigenen Legionen dienen. Die aus dem Staatsbürgerrecht sich herleitenden Befugnisse, sowohl die eigentlich politischen wie das active und passive Wahlrecht und die Provocation, wie auch die privatrechtlichen, wie die Fähigkeit zu römischem Eigenthum und römischer Ehe, sind in dem Halbbürgerrecht nicht enthalten, wohl aber muss einer jeden Ortschaft ein eigenes secundär römisches Gemeinde- und Privatrecht und somit ihren Bürgern die Fähigkeit zu rechter Ehe und rechtem Eigenthum zugestanden haben. In dieser Weise wird diese Organisation, so weit sie nicht durch örtliche Festsetzungen abgeändert ward, im Allgemeinen geordnet gewesen sein.

8. Die latinische Nation und der italische Bund

Das Volk von Rom ist ein Theil des latinischen Namens *(nomen Latinum)*, eine der städtischen Wehrgenossenschaften *(populi)*, in welche die durch Sprach- und Sittengemeinschaft zusammengeschlossene, möglicher Weise in ferner Vorzeit ungeschieden lebende Nation der Latiner wie jede andere italisch-hellenische zerfiel. Die Intensität und die Ewigkeit, welche staatsrechtlich dieser nationalen Zusammengehörigkeit zukommt, geht weit hinaus über die euphemistische Perpetuität des Staatsvertrags und ruht auf der

Unauflöslichkeit des Verhältnisses der Nation zu ihren Gliedern. Allerdings wird in der trotzigen Ursprungslegende diese Stellung Roms ignorirt. Danach steht das römische Gemeinwesen lediglich auf sich selbst, geschaffen von einem Göttersohn ohne irdischen Vater aus heimathlosen Männern und geraubten Frauen, zunächst mit keinem anderen Gemeinwesen vertragen und mit allen benachbarten in Fehde, über die latinische Nation, die allerdings auch hier als geschlossene Einheit auftritt, zur Hegemonie gelangend im Wege des Kriegsgewinnes. Aber wir werden nicht irren, wenn wir in dieser die Rom einschliessende latinische Nationalität ignorirenden und abwehrenden Darstellung das Abbild derjenigen Verhältnisse erkennen, wie sie nach Auflösung des latinischen Bundes im Anfang des 5. Jahrh. der Stadt den römischen Siegern sich ergaben und uns dadurch nicht irren lassen in der ursprünglichen Auffassung Roms als einer Stadt des latinischen Bundes.

Die ursprünglichen Ordnungen des latinischen Namens sind verschollen; wir vermögen nicht zu sagen, wie die drei politischen Momente der Selbständigkeit der einzelnen Gemeinde, der Competenz des Bundes und der Sonderrechte der Vormacht in demselben gegen einander abgewogen waren. Dass es eine führende Gemeinde in dem Bunde gab und dies von Haus aus nicht Rom war, sondern Alba, darf der Ueberlieferung entnommen werden, schwerlich indess ist diese Vorstandschaft mehr gewesen als ein Ehrenvorzug, die Ausrichtung des Bundesfestes Jahr für Jahr auf dem albanischen Berge. Der Bund als solcher scheint die gleiche Organisation und die gleiche Competenz gehabt zu haben wie die einzelne Gemeinde, also eine ständige Magistratur und eine den Comitien analoge Versammlung, Kriegserklärung und Friedensschluss sowohl der Einzelgemeinde wie dem Bunde zugestanden zu haben. Die Handhabung des Friedensstandes unter den verbündeten Gemeinden, welche nicht völlig gefehlt haben kann, wenn sie auch die Kriegsführung unter denselben nur erschwerte und nicht unbedingt ausschloss, und die Aufnahme neuer Gemeinden in den Bund kann nur durch dessen Organe bewirkt worden sein. — Die Festvorstandschaft des Bundes scheint in sehr früher Zeit dadurch an die römische Gemeinde gelangt zu sein, dass die Nachbarstadt Alba von ihr zerstört und ihr Gebiet mit dem heiligen Berg römisch ward. Die Auflösung des latinischen Bundes selbst ist im J. 416 (338 v. Chr.) eingetreten, allem Anschein nach in der Weise, dass die Bundesmagistrate und die Bundescomitien wegfielen, deren Befugnisse aber auf die Magistrate und die Comitien der römischen Gemeinde übergingen, so dass der latinische Städtebund nicht eigentlich unterging, sondern nur die Organe wechselte, wie denn auch das Bundesfest auf dem albanischen Berge fortwährend abgehalten ward unter Betheiligung der sämmtlichen verbündeten Gemeinden. In dieser umgewandelten Gestalt, welche die Machtmittel der Nation mit der Geschlossenheit des Einzelstaats rechtlich und thatsächlich verknüpfte und deren Ergebnis, die Herrschaft über Italien und weiter über den Kreis der antiken

Welt, mit gleichem Recht römisch und lateinisch genannt werden kann, erscheint der latinische Bund im klaren Licht der Geschichte.

Als Gemeinde latinischen Rechts gilt jeder selbständige zum Bündniss mit Rom zugelassene und dabei als gleicher Nationalität anerkannte Staat; die ohne Zweifel ursprünglich dem Bunde zu Grunde liegende Conföderation aller latinischen Gemeinden unter einander ist aufgegeben. Somit gehören zu diesem Latium theils die von den alten Grenzen des latinischen Namens umschlossenen Gemeinden *(prisci Latini),* theils die ausserhalb dieser Grenzen früher nach Bundesbeschluss, später nach dem Willen Roms als selbständige Gemeinden latinischer Nationalität gegründeten Städte *(coloniae Latinae),* theils die ursprünglich stammfremden, aber von Rom als latinisirt anerkannten Bundesstädte, wobei in späterer Zeit die effective Nationalisirung nicht selten anticipirt ward. Die auf der nationalen Gleichheit ruhende Unabänderlichkeit dieses Rechtsverhältnisses ist insofern in Kraft geblieben, als das latinische Bundesverhältniss nicht in eine andere und schwächere Form der Verbündung umgewandelt werden kann; wohl aber kann dasselbe untergehen durch Vernichtung der politischen Selbständigkeit der Gemeinde, wie denn auf diesem Wege bekanntlich im Laufe des Bundesgenossenkrieges die derartigen italischen Gemeinden sämmtlich in das römische Bürgerrecht übergetreten sind. Wenn gleich die Bürgerrechte der einzelnen latinischen Gemeinden wohl als latinisches Recht zusammengefasst werden, so giebt es doch rechtlich ein solches nicht; die Latinität, abgelöst von dem einzelnen Stadtrecht, erscheint erst unter den juristischen Missbildungen der Kaiserzeit.

Die besondere Rechtsstellung der latinischen Gemeinden setzt sich zusammen einerseits aus der Schmälerung und Entziehung gewisser an sich in der Gemeindesouveränität enthaltener Rechte, andererseits aus der Erstreckung gewisser an sich dem römischen Bürger allein zustehender Befugnisse an die Bürger der latinischen Stadt.

Die Beschränkung der souveränen Rechte, welcher die latinische Stadt unterliegt, ist ohne Zweifel der ehemaligen Bundescompetenz entnommen, wenn auch wahrscheinlich bei dem Uebergang derselben auf Rom wesentlich gesteigert. Sie zeigt sich in zwiefacher Richtung: in dem Verlust der selbständigen Beziehungen zu anderen Staaten und in der Civilgesetzgebung.

Wenn die volle Souveränität vor allen Dingen in dem Rechte der Kriegführung und des staatlichen Vertragsschlusses zu Tage tritt, so kann die latinische Stadt selbständig weder Krieg führen noch, abgesehen von dem Bündniss mit Rom, mit einer anderen Gemeinde, nicht einmal mit einer latinischen, in Vertrag treten; dagegen wird Krieg und Frieden und Staatsvertrag so, wie das römische Gemeinwesen darüber bestimmt, selbstfolglich auf sie mit bezogen. — Eine Consequenz davon ist die Verpflichtung derselben Rom Kriegshülfe zu leisten. An sich ist diese durch das Eintreten des Kriegsfalls oder der Kriegsgefahr bedingt; aber ob eine solche besteht, haben die römischen Autoritäten zu entscheiden und praktisch ist die Einberufung der Hülfscontingente behandelt worden wie die Einberufung der Bürgermiliz: so weit unsere Kunde zurückreicht, ist beides Jahr für Jahr erfolgt und der wenn auch nur nominelle Felddienst für die Bürger wie für die Latiner nicht stetig, aber ständig. Dem Umfang nach scheinen rechtliche Schranken nicht bestanden zu haben: der Staat kann wie von seinen Bürgern, so auch von seinen Bundesgenossen die Wehrleistung von Rechtswegen so weit fordern, wie dieselbe überhaupt möglich ist, und nur das politische Masshalten zieht hier eine Schranke. Das Contingent bleibt die Truppe einer selbständigen Gemeinde; der römische Feldherr ernennt die der Gesammtheit der Contingente vorgesetzten Offiziere, über die Auswahl der Mannschaften und die Ernennung der Contingentführer verfügt die Gemeinde und sie ist es, die der Truppe den Sold zahlt. Allerdings ist die praktische Durchführung dieser Ordnung nicht möglich ohne eine gewisse Aufsichtführung der leitenden Stelle und es ist wahrscheinlich schon unter der Bundesordnung die zunächst für die Wehrpflicht dienende Schatzung in diesem Sinne gleichmässig gestaltet worden, da das Schatzungsverfahren der latinischen Städte der älteren römischen Form vor der Trennung der Censur vom Oberamt im J. 319 (435 v. Chr.) genau entspricht, auch die Periodicität wesentlich analog ist. Es kann auch sein, dass die Römer über die Durchführung und die Ergebnisse dieser Schatzung kraft ihrer hegemonischen Stellung eine Controle ausgeübt haben; bestimmte Zeugnisse dafür fehlen.

Die römische Gesetzgebung hat sich im Allgemeinen auf die latinischen Gemeinden nicht erstreckt; es fehlt nicht an Belegen dafür, dass römische Volksschlüsse auf die Latiner keine Anwendung gefunden haben. Dem Verlöbniss ist für Rom die ursprüngliche Klagbarkeit entzogen worden; in Latium ist sie in Kraft geblieben, bis die italischen Latiner zu Römern geworden sind. Insbesondere kann die latinische Gemeinde, so lange sie nicht durch Bundesbruch ihre Rechte verwirkt, nicht durch römischen Beschluss einseitig aufgelöst werden. Dennoch wird vielleicht bereits zur Zeit des latinischen Bundes sicher unter der römischen Hegemonie die dem Bunde und später der führenden Macht zustehende Autonomie die örtliche gebrochen haben. Die allgemeinen Rom und Latium gemeinsamen Institutionen, insbesondere die Censur und die Aedilität, können nicht wohl auf anderem Wege ins Leben gerufen worden sein, und manche einzelne Vorkommnisse, zum Beispiel die Bestimmungen über das Geldschuldverfahren im J. 561 (193 v. Chr.) und die bekannte über den Bacchuscult vom J. 568 (186 v. Chr.) lassen daran keinen Zweifel, dass die römische Regierung die latinische Autonomie nur insoweit hat gelten lassen, als es ihr mit der Wohlfahrt des Staates vereinbar erschien. Einen exceptionellen Charakter haben alle diese Bestimmungen an sich, aber formale Schranken haben dafür schwerlich bestanden.

Weiter in der politischen Beschränkung der latinischen Gemeindefreiheit ist weder der Bund noch sein römischer Erbe gegangen. Es bleibt der Stadt die Staatsgewalt, eigenes Gebiet und damit Befreiung von römischer Einquartierung und römischen Zöllen, eigenes Bürgerrecht, eigene Comitien und damit mit der angegebenen Beschränkung die eigene Gesetzgebung, eigene Magistrate und damit die eigene Gerichtsbarkeit, vor allen Dingen volles Steuerrecht und abgesehen von den durch die Besoldung des Contingents der Gemeinde erwachsenden Kosten, Freiheit von jeder finanziellen Belastung zu Gunsten Roms. Erst die in der Zeit der flavischen Kaiser ertheilten latinischen Städteordnungen weisen hinsichtlich der Gerichtsbarkeit gewisse Modificationen auf, wodurch sie sich den Ordnungen der Bürgermunicipien nähern.

Diesen Beschränkungen und Belastungen gegenüber stehen die dem Latiner und nur ihm mit dem römischen Bürger gemeinsamen Rechte, welche, ruhend auf der Sprach- und Sittengemeinschaft, demselben eine Mittelstellung zwischen dem Bürger und dem Ausländer geben. Selbstverständlich stehen diese Befugnisse wie dem Latiner in Rom, so dem Römer in jeder latinischen Gemeinde zu.

1. Rechtsgleichheit im Verkehr in den dem römischen Verkehr eigenartigen Formen *(commercium)*, insbesondere der Eigenthumserwerb und die Begründung der Geldschuld durch Kupfer und Wage, besteht nicht für den im Uebrigen zur Verkehrsgemeinschaft zugelassenen Ausländer, wohl aber zwischen Römern und Latinern. Dasselbe gilt von der gleichen Behandlung im Prozess; der Latiner ist in dieser Hinsicht wohl schon in der patricischen Epoche dem Plebejer gleichgestellt worden und hat mit diesem zugleich das Recht erlangt ohne Zuziehung des Schutzherrn oder des Gastfreundes vor dem römischen Gericht aufzutreten. Als späterhin die Prozesse zwischen Bürgern und Peregrinen oder zwischen zwei Peregrinen an einen besonderen Fremdenprätor gewiesen wurden, sind die Prozesse zwischen einem Bürger und einem Latiner oder zwischen zwei Latinern wahrscheinlich dem für die bürgerlichen Prozesse competenten Richter verblieben.

2. Eine Consequenz dieser Rechtsgemeinschaft ist die wesentliche Gleichstellung des Latiners mit dem Römer im Personalrecht, auf der es beruht, dass der Römer, welchen ein Latiner zum Eigenthum erwirbt, nur an Sklavenstatt, nicht Sklave wird, also Bürgerrecht und Freiheit behält; dass, nachdem die Adoption aufgekommen ist, der also in die väterliche Gewalt eines Römers eintretende Latiner das Bürgerrecht gewinnt; dass zwischen Römern und Latinern Erbgemeinschaft besteht, der Römer den Latiner und umgekehrt im Testament bedenken kann, was von dem Ausländer nicht gilt. Dagegen hat Ehegemeinschaft zwischen Römern und Latinern schwerlich allgemein bestanden.

3. Eine weitere Consequenz dieser Rechtsgemeinschaft ist die Fähigkeit des Latiners römischen wie des Römers latinischen Boden zu vollem Eigenthum

zu erwerben. In Folge der hiedurch ihm erwachsenden Verpflichtung insoweit die römischen Frohnden und die römischen Steuern zu leisten, wird er römischer *municeps*, und da diese Fähigkeit jedem Latiner zukommt, heisst, analog der für die Halbbürgergemeinde üblichen Benennung *municipium civium Romanorum*, die latinische *muncipium Latinum*. — Insofern diese Bodengemeinschaft nach Erstreckung des latinischen Rechts auf das cisalpinische Gallien ganz Italien bis zu den Alpen umfasste, tritt sie späterhin als italisches Bodenrecht auf, welche Bezeichnung dann auch und sogar vorzugsweise auf diejenigen Territorien Anwendung fand, welche ausnahmsweise in diese Bodengemeinschaft aufgenommen wurden.

4. Obwohl der Latiner der römischen Wehrpflicht nicht unterliegt und also, auch wenn er auf römischem Boden ansässig ist, die Tribus nicht führt, wird er dennoch in mancher Hinsicht geradezu als Bürger betrachtet. Die Kriegführung gegen eine bundesbrüchige Latinerstadt gilt als Bürgerkrieg, und wenn das Aemterrecht dem Latiner versagt wird, so fehlt das Stimmrecht wenigstens in der Tribusversammlung ihm nicht; es werden bei jeder derartigen Abstimmung die dabei anwesenden Latiner in einer dazu ausgeloosten Tribus zur Abstimmung zugelassen.

5. Zur Gewinnung des römischen Bürgerrechts bedarf der Latiner der Einwilligung der beiderseitigen Gemeinden nicht; vielmehr gilt für die römischen und die latinischen Bürgerschaften die Regel, dass niemand zweien derselben zugleich angehören, jeder aber nach der ursprünglichen Ordnung dies Bürgerrecht nach Ermessen wechseln kann. Es hängt dies vielleicht nicht einmal nothwendig ab vom Wechsel des Wohnorts, sondern es genügt die betreffende Erklärung, die der Regel nach bei der Schatzung abgegeben wird Indess ist die latinische Freizügigkeit nicht auf die Dauer geblieben. Für die seit dem Ende des 5. Jahrh. mit latinischem Recht gegründeten oder bewidmeten Städte ist nur den in einer jeden zur Magistratur gelangenden Personen die Gewinnung des römischen Bürgerrechts gewährt worden. Den ursprünglich latinischen Gemeinden und den älteren Colonien ist die volle Freizügigkeit geblieben, bis im J. 659 (95 v. Chr.) ein Volksschluss dies Privilegium aufhob, was die nächste Ursache zum Bundesgenossenkrieg und weiterhin zu der Aufnahme aller dieser Gemeinden in den römischen Bürgerverband selbst geworden ist.

Diesem auf der Stammesgemeinschaft ruhenden, zu ewiger Rechtsgemeinschaft geeinigten latinischen Verband gegenüber stehen die italischen Gemeinden verschiedener Nationalität und weiter das stammfremde Ausland mit ihrem von Rechtswegen ewigen Kriegsstand. Jenseit der Grenzen der latinischen Nation giebt es Bodeneigenthum nicht, weder römisches noch ausländisches; der Bewohner des Gebiets, der *hostis*, späterhin *peregrinus*, ist principiell recht- und friedlos; die Unabänderlichkeit des Kriegsstandes der stammfremden Nation gegenüber findet ihren Ausdruck darin, dass mit den etruskischen Städten, in denen die verschiedene Nationalität den Römern zuerst gegenübertrat, Staatsverträge nicht anders geschlossen worden sind als mit festem Endtermin. Die rechtliche Behandlung der Kriegsgefangenschaft auch des Römers (S. 19) lehrt, mit welcher Schärfe die Römer diese Verhältnisse nach beiden Seiten hin auffassten und behandelten. Ein Internationalrecht im heutigen Sinne, das Nebeneinanderstehen verschiedener Nationen mit gegenseitiger Anerkennung staatlicher Gleichberechtigung und voller Autonomie läuft den römischen Ordnungen streng genommen für alle Zeiten zuwider.

Aber internationales Recht und internationaler Verkehr hat es dennoch bei den Römern nicht bloss gegeben, sondern sie haben in der politischen Entwickelung Roms eine hervorragende Rolle gespielt. Der principiellen Rechtlosigkeit des Ausländers geht eine weitherzige Freigebung der Beziehungen zu demselben zur Seite. Es lag dies schon in den geographischen Verhältnissen. Die latinischen Städte waren gegenüber den etruskischen, samnitischen, hellenischen gar nicht in der Lage, sich auf sich selbst zurückzuziehen; die im Allgemeinen bei allen diesen Nationen gleichartige städtische Ordnung führte nothwendig zu Zwischenverkehr und Zwischengerichten. Mit dem formalen Kriegsstand fand man sich ab durch den formalen Waffenstillstand, geschlossen auf eine lange Reihe von Jahren und nach Ablauf derselben der Regel nach erneuert, berechnet darauf bis weiter den internationalen Verkehr zu gestalten und zu regeln. Rechtlichen Anspruch auf feste Verkehrsgemeinschaft konnte allerdings dem Ausländer nur ein derartiger Vertrag gewähren; aber es zeigen sich keine Spuren des Begehrens entsprechender Legitimation, und es ist nicht unwahrscheinlich, dass thatsächlich jeder Ausländer, der nicht einer besonders ausgenommenen oder einer mit Rom factisch kriegführenden Nation angehörte, zur Verkehrsgemeinschaft zugelassen ward. So wird der *hostis* aus dem Landesfeinde zu dem nach Gastrecht lebenden Ausländer, und unsere ältesten Rechtsquellen zeigen einerseits den Gegensatz des rechtsgleichen latinischen und des ungleichen weiteren Verkehrs, andererseits Berücksichtigung und sogar Privilegirung des internationalen Rechtsverfahrens. Vom Bodenbesitz, von der erwerbenden Verjährung, von Testaments- und Adoptionsgleichheit, von allen durch Kupfer und Wage vollzogenen Verkehrsgeschäften, von dem Geschwornenverfahren der alten strengen Form ist und bleibt der Ausländer ausgeschlossen; dennoch ist vielleicht nie eine Nation für Geschäftserleichterung und Rechtsfolge demselben so weit entgegengekommen wie die latinische. Für die Bedürfnisse des Verkehrs, insbesondere für das Darlehn und den Kauf wurden eigene vereinfachte Normen aufgestellt, und es entwickelt sich, so weit der Verkehr reicht, neben dem nationalen römisch-latinischen ein allgemeines ebenfalls positives Internationalrecht *(ius gentium),* dessen Satzungen nicht den Einzelverträgen, sondern genereller römischer Normirung entnommen wurden und das in den Festsetzungen des römischen höchsten Gerichts sein legislatorisches Organ fand. Im gleichen

Sinne trat neben den für Bürger und Latiner geltenden Prozess ein zweites freieres Rechtsverfahren mit kürzeren Fristen, Bevorzugung der darin angesetzten Tagfahrten vor den mit dem Bürger festgesetzten Terminen, vielleicht selbst aus beiden Nationen zusammengesetzten Geschwornengerichten. Im Anfang des 6. Jahrh. d. St. wurde sogar das Bürger- und das Fremdengericht getrennt um jedes einem eigenen Prätor unterstellt, womit sowohl die Wichtigkeit und Häufigkeit des Internationalverfahrens anerkannt, wie auch für dasselbe eine selbständige Codificationsstelle geschaffen ward. Zu Grunde liegt dieser merkwürdigen und folgenreichen Rechtsgestaltung augenscheinlich die dem früh entwickelten kaufmännischen Grosssinn der Römer entspringende Verkehrsfreiheit und das entsprechende Masshalten in der Controlirung und Belastung des Verkehrs. Selbstverständlich hat der römische Staat sich stets das Recht gewahrt, jeden Ausländer ausweisen zu können und an seinen Grenzen und Häfen Zölle zu erheben; aber so viel wir zu erkennen vermögen, haben die Römer und die Latiner überhaupt wenigstens ebenso sehr den Ausländern Handel und Wandel in Rom und Latium verstattet wie selber im Ausland betrieben, und ihrer Staatsordnung in der Epoche der Entwickelung die Verkehrsfreiheit auch im stammfremden Ausland zu Grunde gelegt.

Die nationale Conföderation, auf welcher die römisch-latinische Staatsordnung ruht, wird später auf die italische Halbinsel erstreckt; an den engeren Städtebund der Latiner schliesst sich der weitere der Italiker. Abgesehen von der principiellen Umwandelung, durch welche an die Stelle der national gleichen die politisch gleichartige Stadt gesetzt wird, bleibt das Rechtsverhältniss im Allgemeinen dasselbe.

Der italischen Conföderation gehören alle Städte des eigentlichen Italien und des cisalpinischen Gallien an, welche mit Rom ein dem latinischen gleichartiges ewiges Bündniss abgeschlossen haben. Auch in diesem Kreis geht die römische Gemeinde ein solches nur mit der einzelnen Gemeinde ein, und wo bis dahin Städtebünde bestanden haben, wie zum Beispiel in Etrurien, ist deren politische Auflösung vorbedingend für den Vertrag mit Rom. Erfordert wird dafür eine der republikanischen Roms gleichgeachtete städtische Verfassung, mochte diese übrigens hellenischer, sabellischer oder etruskischer Nationalität sein; als Ausgangspunkt dafür darf das mit den campanischen Neapolitanern im J. 428 (326 v. Chr.) abgeschlossene Bündniss angesehen werden. Von Fürsten regierte Staaten oder nicht städtisch organisirte Gemeinwesen, wie die der keltischen und ligurischen Völkerschaften Oberitaliens, finden in diesem Bunde nicht Platz. Die staatsrechtliche Bezeichnung dieser Conföderirten *socii* pflegt, dem realen Verhältniss entsprechend, mit der der latinischen combinirt zu werden *(nomen Latinum ac socii)*; nachdem dieser Kreis, stetig sich ausdehnend, die Alpen einer- und das Meer andererseits erreicht hatte, kam für sie und die italischen Latiner zugleich die Benennung *Italici* in Gebrauch. Im Wesen dieser Conföderation liegt die Tendenz sich den Latinern zu assimiliren; wie latinische Sprache und Sitte auf der Halbinsel, namentlich in den nicht durch die höher stehende griechische Civilisation geschützten Ortschaften, mehr und mehr sich ausbreiteten, haben, wie schon bemerkt ward, einzelne latinisirte oder auch die Latinisirung erstrebende Gemeinden den Eintritt in den engeren Verband von den Römern erwirkt und die Grenze zwischen Latinern und Italikern hat wahrscheinlich sich in dieser Weise stetig verschoben. Die Rechtsstellung aber der conföderirten Gemeinden Italiens setzt sich wie die latinische zusammen aus Abminderung der staatlichen Selbständigkeit und Gleichstellung ihrer Angehörigen in gewissen Beziehungen mit den römischen Bürgern.

Die Beschränkung der Souveränetät ist für diesen Kreis dieselbe wie für den latinischen; das der italischen Gemeinde gewährte „gleiche Bündniss" *(foedus aequum)* schliesst sowohl den Verzicht auf eine selbständige Rechtsstellung nach aussen ein, wie auch die Unterwerfung unter die römische Gesetzgebung in den dort bezeichneten Grenzen. Die bündische Wehrpflicht ist principiell von der latinischen nicht verschieden; thatsächlich zerfallen die italischen Bundesstädte in dieser Hinsicht in die zwei Klassen der zum Landdienst pflichtigen *togati* und der zur Stellung von Kriegsschiffen pflichtigen griechischen Städte, aus deren Contingenten die auch in dieser Hinsicht nach griechischem Muster gebildete römische Flotte in republikanischer Zeit sich vorzugsweise zusammensetzte. Indess die für die Bildung einer ständigen den Verhältnissen Italiens angemessenen Kriegsflotte getroffenen Einrichtungen blieben ohne dauernde Frucht, und dieser politische Fehler, der schwerste, den die römische Republik je begangen hat, wirkte zurück auf die minder feste Fügung des hellenischen Theils der städtischen Conföderation. Andererseits verbleibt diesen Staaten in den hierdurch nicht getroffenen Beziehungen das volle Selbstregiment, einschliesslich der Gerichtshoheit und der Befreiung von römischen Steuern.

Die Vorrechte, die im überseeischen Handel und Verkehr aus der politischen Machtstellung Roms dem römischen Bürger erwuchsen, insbesondere der Gerichtsstand vor den in dem römischen Machtgebiet residirenden römischen Beamten, so wie die Zollbegünstigungen, scheinen durchaus auf sämmtliche Italiker erstreckt worden zu sein, und Italien, schon bevor es rechtlich in das römische Bürgerrecht aufging, im Handel und Wandel als einheitliche privilegirte Nation dem eigentlichen Ausland gegenüber gestanden zu haben.

Die Privilegien dagegen, welche zunächst auf Grund der gleichen Nationalität dem Latiner eingeräumt werden, kommen dem hellenischen, oskischen oder etruskischen Conföderirten nicht zu, und im Allgemeinen werden dieselben als Ausländer behandelt. Dennoch bahnt sich auch für die nicht latinischen Italiker eine wesentliche Verschiebung ihrer Rechtsstellung an. Nach der ursprünglichen latinischen Ordnung giebt es wohl eine Rechtsgemeinschaft mit dem Ausländer, aber es mangelt ihr nothwendig das Fundament der ewigen Rechtsgemeinschaft. Nachdem diese von der Nationalität abgelöst ist und die Zusammenfassung aller Italiker unter die Führung Roms mehr und mehr durchschlägt, können die Bürger der also mit Rom verknüpften Gemeinden nicht mehr als Ausländer betrachtet werden; der Neapolitaner ist seitdem wohl noch geringeren Rechts als der Pränestiner, aber beide gehören gleichmässig dem dauernden Reichsverband an. Wenn der Latiner von jeher betrachtet worden ist als dem von Rom geführten Gemeinwesen ebenso, wenn auch mit geringerem Recht angehörig wie der römische Bürger, so treten nun die Bürger der gleichfalls ewig verbündeten nichtlatinischen Staaten Italiens gewissermassen als dritte Klasse hinzu und werden Glieder des römischen Reiches. Die Bezeichnung *peregrini,* die ihnen bleibt, wechselt ihren Inhalt und wird wohl auch noch von dem Ausländer, aber überwiegend von dem Reichsangehörigen geringeren Rechtes gebraucht. Die ehemals internationale Rechtsordnung, das *ius gentium* wird allmählich zu der für alle Reichsangehörigen geltenden die örtlichen Ordnungen allgemein ergänzenden Norm.

9. Das ausseritalische Herrschaftsgebiet

Das ausseritalische Herrschaftsgebiet Roms setzt sich zusammen aus den abhängigen Bundesstaaten und den unterthänigen Landschaften.

Die abhängigen Bundesstaaten Roms ausserhalb Italiens, Massalia, Athen, Rhodos und so weiter haben in der Epoche, wo Rom sein Machtgebiet auf Italien beschränkte, neben Rom gestanden als gleich berechtigte und gleich autonome, wenn auch minder mächtige Vertragsstaaten; auch die Könige zum Beispiel von Numidien stehen zunächst zu der römischen Republik keineswegs in einem dauernden rechtlichen Schutzverhältniss. Aber im Laufe der Zeit entwickelt sich die Herrschaft Roms über Italien zu einer solchen über das Mittelmeergebiet, und davon war die nothwendige Consequenz die hier bestehenden Staaten entweder aufzulösen oder doch das bestehende Bundesverhältniss aus der factischen in die rechtliche Abhängigkeit überzuführen. Charakteristisch dafür ist der in diesem Sinne den Rhodiern im J. 587 (167 v. Chr.) aufgenöthigte Vertrag, und er zeigt zugleich, dass diese Tendenz nicht erst die Einrichtung ständiger römischer Commandos ausserhalb Italiens abwartete. Allerdings aber hat die Einrichtung dieser sogenannten Provinzen die Umgestaltung der bestehenden Bundesverhältnisse in dem angegebenen Sinne mächtig gefördert. So lange es auf griechischem Boden eine ständige römische Magistratur nicht gab, konnte die Republik Athen, wie geringfügig auch ihre Macht war, die volle Autonomie behalten. Aber seitdem der gewaltige Verbündete in der makedonischen Provinz selbst ein Commando eingerichtet hatte, blieb sie ihr höchstens nominell; eigene Ausübung des Waffenrechts zum Beispiel war damit unvereinbar. So ist es gekommen, dass in dieser Epoche die effectiv gleichen Bündnisse überall beseitigt worden sind und dafür diejenige Form eintritt, welche unter gleicher Benennung der Sache nach auf das Gegentheil hinauskommt.

Für die abhängigen Bundesstaaten ausserhalb Italien gelten wesentlich dieselben Normen, nach welchen die italische Conföderation geordnet ist; nur hat die Reichsangehörigkeit bei der ausseritalischen Conföderation sich später und flacher entwickelt.

Wenn die italische Conföderation auf der städtischen Ordnung sämmtlicher Glieder beruhte, so hat ausserhalb Italien Rom dergleichen Verhältnisse auch mit Königreichen vereinbart. Freilich geht dabei die Perpetuität insofern verloren, als nach römischer Auffassung der mit dem König abgeschlossene Vertrag personal ist und bei eintretendem Thronwechsel die Erneuerung fordert, welche demnach hier auf eine Belehnung hinausläuft und, wo sie nicht gewährt wird, die Einziehung des abhängigen Gebiets zur Folge hat.

Der Verlust des Kriegs- und Vertragsrechts ist das wesentliche Moment auch der ausseritalischen Conföderation; als rechtliche Festsetzung tritt sie namentlich bei der schon erwähnten Verhandlung mit den Rhodiern uns entgegen. Vielfach aber mag man sich damit begnügt haben die Umgestaltung nur thatsächlich sich vollziehen zu lassen. Formelle Gleichmässigkeit ist hier um so mehr ausgeschlossen, als die Ordnung der Verhältnisse durchaus durch Specialverträge erfolgte; der Sache nach sind Ausnahmen nicht zugelassen worden und giebt es innerhalb des römischen Machtgebiets schon in der späteren Republik keine Stadt und keinen Fürsten von wirklicher Autonomie.

Die Wehrgemeinschaft mit Rom ist auch in diesem Rechtsverhältniss gegeben, und die ausseritalischen Bundesgenossen Roms haben demgemäss auch bei den römischen Kriegen sich betheiligt. Aber von der factischen Ständigkeit der Kriegshülfe, welche der Conföderation der italischen *togati* ihren Charakter giebt, ist diese Betheiligung weit entfernt. Wie die italischen haben auch die ausseritalischen zum Bündniss zugelassenen Griechenstädte, wie Rhodos und Athen, Schiffe für die römische Flotte gestellt. Aber es ist schon bemerkt worden, dass der rasche Verfall des römischen Seewesens bei diesen Leistungen die Ständigkeit nicht hat aufkommen lassen, und die damit gegebene militärische Annullirung der zum römischen Staat gehörigen griechischen Städte hat ihre politische beschleunigt. Von den abhängigen Königreichen ist die Kriegshülfe hauptsächlich in der Form der Vertheidigung der Reichsgrenzen gefordert worden; sie haben daher mehr bedeutet als die Städte, aber noch weniger als diese an der ordentlichen Kriegshülfe sich betheiligt.

Die Autonomie, so weit sie hiernach dem Bundesstaat verbleibt, wird wohl principiell auch dem ausseritalischen eingeräumt; aber eine der wesentlichsten Consequenzen derselben, die Freiheit von unmittelbaren Geldleistungen ist der Sache nach bedingt durch die Betheiligung an der Kriegshülfe, und wo diese zurücktritt, begreiflicher und nicht unbilliger Weise durch die Tributzahlung ersetzt worden. Es hing hier alles von den Festsetzungen der Einzelverträge ab und wir können die Entwickelung dieser Verhältnisse wenig verfolgen; aber wenigstens den zum Bündniss zugelassenen und nicht zur ständigen Waffenhülfe herangezogenen nicht städtischen Verbündeten ist wohl durchaus eine Geldleistung auferlegt worden. — Andererseits freilich greift in diesen örtlich dem römischen Gemeinwesen ferner stehenden und politisch incongruenten Kreisen die Autonomie thatsächlich weiter als innerhalb der italischen oder gar der latinischen Conföderation. Verfügungen der Vormacht, welche in die innere Verwaltung dieser Districte eingriffen, begegnen wohl, zum Beispiel hinsichtlich der Jurisdiction und des Prägerechts, und an Missachtung der erworbenen Rechte und Uebergriffen der Vormacht hat es zu keiner Zeit gefehlt; aber politische Ausgleichung in diesen Kreisen hat das republikanische Rom nicht angestrebt. Erst unter dem Principat entwickelt sich die Tendenz nicht gerade die ausseritalischen Bundesstaaten schlechthin, aber die den Provinzen enclavirten und factisch ihnen angehörigen Städte den Unterthanengemeinden in der Weise zu assimiliren, dass sich die Autonomie der Bundesstädte mindert und gleichzeitig die der Unterthanen sich steigert.

Aber nicht auf den Verbündeten mehr oder minder ungleichen Rechts, sondern auf den Unterthanen ruht ausserhalb Italien die Herrschaft Roms, und es ist dieser Begriff nun zu entwickeln.

Das Unterthanenverhältniss beruht auf der Dedition, das heisst auf der durch Rom bewirkten Auflösung eines bis dahin bestehenden Gemeinwesens und der rechtlich unbeschränkten Unterstellung ihres Gebiets und ihrer Zugehörigen unter die römische Staatsgewalt. In dieser Lage befand sich jede Gemeinde, welche nach oder ohne Gegenwehr sich den römischen Gewalten unterworfen hatte. Der Dedition gleichartig war die über die römische Halbbürgergemeinde von den Römern verhängte Entziehung des Bürgerrechts, wie sie im hannibalischen Krieg gegen die Gemeinde Capua verfügt ward. Wo die Dedition nicht entweder zur Knechtschaft oder zur Verleihung des römischen Bürgerrechts führte, was beides wenigstens in der patricisch-plebejischen Gemeinde einen speciell darauf gerichteten Act erforderte (S. 17), wurden die *dediti* selbst und ihre Nachkommen, die *dediticii,* betrachtet weder als Bürger noch als Ausländer noch als Knechte, sondern als Freie ohne Bürgerrecht, nicht eigentlich rechtlos, da in dem römischen Machtbereich Personalschutz und Privatverkehr jedem Freien zukam, wohl aber von Rechtswegen aller an dem Bürgerrecht haftenden Institutionen, insonderheit des Ehe- und des Erbrechts entbehrend, und um so mehr vom Wehrdienst und überhaupt von jeder staatlichen Betheiligung ausgeschlossen, überdies insofern rechtlos gegenüber der römischen Gemeinde, als diese das ursprüngliche Recht definitiver Verfügung über die abhängigen Leute dadurch nicht verloren hatte, dass davon zunächst kein Gebrauch gemacht worden war. In Italien ist dies Rechtsverhältniss, so viel wir wissen, seinem eigentlich provisorischen Wesen entsprechend nur transitorisch angewendet worden; nur etwa in den subalpinen Landschaften mag dasselbe als dauerndes gehandhabt worden sein. Dagegen beruht das überseeische Regiment der Römer überwiegend auf der factischen Perpetuirung der Dedition.

Die Benennung des überseeischen Unterthanenbezirks *provincia* entnehmen die Römer dem Siegerrecht, welches ja allerdings in der Dedition seinen rechten Ausdruck findet. Für die Unterthanen selbst wird diese gehässige Bezeichnung vermieden, sondern, mit Rücksicht auf die ihnen eingeräumte gleich zu erörternde Quasi-Autonomie, die der wirklich autonomen Gemeinde zukommende der Bundesgenossen *(socii)* euphemistisch auf sie erstreckt.

Das Regiment über die Unterthanen ist, der bezeichneten Rechtsstellung entsprechend, die Perpetuirung des feldherrlichen Oberbefehls. Wenn der Statthalter für die in dem Bezirk verweilenden Römer gleich dem Prätor der Hauptstadt die Gerichtshoheit ausübt, so ist er gegenüber den Unterthanen der Commandant und nach Ermessen zum Eingreifen in jeder Beziehung berechtigt.

Bis weiter aber bleibt die staatliche Einrichtung, wie der römische Feldherr sie vorfindet, im Allgemeinen mit Zugrundelegung der hellenischen Städteordnung, zumal da die in der ältesten römischen Provinz Sicilien von den Römern vorgefundenen, wesentlich auch von den ihnen voraufgehenden Fremdherrschern, den Karthagern aufrecht erhaltenen griechischen Einrichtungen für die Ordnung des Provinzialregiments bestimmend geworden sind. Wo Städtebünde sich vorfinden, werden sie, wie bei der wirklichen Autonomie, regelmässig beseitigt. Beschlussrecht der Gemeindeangehörigen, Gemeinderath und Gemeindeobrigkeiten werden aufrecht erhalten; der Gemeinde bleibt, nicht von Rechtswegen begründet, aber bis weiter geduldet, das bisherige Personal- und Vermögensrecht und die bisherigen Gerichte. Wo das römische Regiment die städtische Selbstverwaltung nicht vorfand, bei den Kelten und Iberen, in Africa und im Orient, wurden die bestehenden Institutionen zunächst derselben accommodirt und schliesslich zu einer solchen umgestaltet. Wo die römische Regierung auf königliches Regiment traf, hat sie durchgängig dasselbe nicht als solches übernommen, sondern entweder Bundesrecht bewilligt oder das königliche durch das städtische Regiment ersetzt, wie dies zum Beispiel im pergamenischen Staate geschah. Die einzige wesentliche Ausnahme macht das unter Augustus zum Reiche gezogene ägyptische Königreich, in welchem der neue Herrscher der römischen Gemeinde in die Rechte der königlichen Vorgänger eintrat, obwohl auch hier im Laufe der Zeit die Städteordnung wenigstens theilweise Wurzel griff. Augustus ist sogar so weit gegangen die Städte der einzelnen Provincen corporativ zu organisiren und bis zu einem gewissen Grade die alten nationalen Städtebünde wieder ins Leben zu rufen. Wenn dieser Autonomie mit dem festen Rechtsboden auch die rechte Lebenskraft gefehlt hat und das neben und über diesen quasi-autonomen Municipalbehörden fungirende, aus dem Kreise der formellen bundesgenössischen Autonomie von Rechtswegen ausgeschlossene römische Tribunal die Unselbtändigkeit dieses provinzialen Selbstregiments theoretisch und praktisch dauernd erläuterte, so hat dennoch die civilisatorische Mission des römisch-hellenischen Geistes in dieser Ordnung mächtig und segensreich gewirkt.

Das Bodeneigenthum haben die Römer zunächst ebenfalls so bestehen lassen, wie sie es vorfanden, allerdings wie die Autonomie selbst nur als vorläufig geduldet, da das Wesen der Dedition die rechtliche Anerkennung ausschliesst. Aber wenn sie in Sicilien die volle Consequenz des Eroberungsrechts nicht zogen, so ist dies nicht lange nachher in Kleinasien und fortan allgemein geschehen: dass das Bodeneigenthum der eroberten Gebiete ein für allemal dem römischen Volk erworben sei und dem bisherigen Eigenthümer nur ein bis weiter geschützter und bis weiter auf die Erben übergehender Besitz nach Art des römischen Precarium zukomme, ist seitdem ein Fundamentalsatz des römischen Staatsrechts geblieben. Von den hieraus sich ergebenden erschreckenden Rechtsfolgen, dass der Bodenertrag von Rechtswegen dem römischen Gemeinwesen zustehe und dass der römische Staat in dem gesammten überseeischen Gebiet den Boden ebenso zur Vertheilung bringen könne wie in Italien das Gemeinland, ist allerdings die letztere praktisch nur ausnahmsweise gezogen worden. Einerseits das Zurückschrecken vor einer derartigen universellen Expropriation, andererseits und wohl vor Allem die gerechtfertigte Besorgniss das auf Italien basirte Gemeinwesen durch überseeische Massenauswanderung zu entwurzeln, führten vielmehr zu der Staatsmaxime, dass das überseeische Bodeneigenthum des römischen Staats nicht wie das italische der Adsignation an Private unterliege, woran in der republikanischen Zeit durchaus festgehalten und wovon auch unter dem Principat nur hinsichtlich der nicht sehr zahlreichen Colonien italischen Rechts abgewichen worden ist. Thatsächlich also verhalten sich der italische und der überseeische Grundbesitz zu einander ungefähr wie Eigenthum und Erbpacht.

Vor Allem sind es die Leistungen an den römischen Staat, in welchen der Gegensatz der verbündeten und der unterthänigen Gemeinden zu Tage tritt.

Eine Wehrpflicht giebt es für die Unterthanen nicht. Kriegshülfe kann nur ein Staat dem andern leisten und die entstaatlichten Dediticier sind dazu rechtlich unfähig, während auch aus praktischen Gründen die römische Regierung den Provinzialen das Waffenrecht vorenthielt. Dass der römische Commandant als Nothbehelf auch sie zu militärischen Zwecken verwenden konnte, ändert an ihrer Rechtsstellung nichts. Erst Augustus hat bei der neuen Ordnung der Militärpflicht die Unterthanen theilweise mit herangezogen und damit wenigstens die active Reichsangehörigkeit dieser zurückgesetzten Klasse anerkannt.

Dagegen ist die Abgabenpflicht, welche bei den verbündeten Gemeinden eigentlich ausgeschlossen ist und höchstens als Surrogat der Kriegshülfe auftritt, das rechte Kennzeichen der Unterthänigkeit. Die Leistung, welche von den Provinzialen gefordert wird, ist zunächst, wie die Provinz selbst als perpetuirtes Commando, gefasst worden als perpetuirte Kriegscontribution, wovon sie auch die Benennung *stipendium* führt, da die Zahlung des Soldes an das siegreiche Heer für die Kriegscontribution den Ausgangspunct bildet. Ebenso liegt es im Wesen derselben, dass die den früheren Regierungen entrichteten Abgaben jetzt der Sieger für sich erhebt, wie dies vielfach in den römischen Provinzialordnungen hervortritt. Aber nachdem der Provinzialboden als römisches Staatseigenthum aufgefasst ward, können die darauf lastenden Abgaben als die dem Eigenthümer zukommende Bodenrente *(vectigal)* angesehen werden und diese Auffassung hat späterhin vorgeherrscht.

Hinsichtlich der Reichsangehörigkeit stehen die ausseritalischen Bundesgenossen, nachdem das Reich sich über das Meer hin erweitert hat, den nicht latinischen Italikern gleich und auch die Unterthanen, mochte man sie als dediticischen Rechts oder als autonome Gemeinden fassen, konnten, wie dies auch die übliche Bezeichnung *socii* ausdrückt, nicht mehr als Ausländer gelten, sondern nur als Reichsangehörige schlechtesten Rechts. In der That ist die Peregrinität der späteren Republik und der Kaiserzeit durchgängig Reichsangehörigkeit zweiter Klasse.

Mit der Ausdehnung der Reichsangehörigkeit geht Hand in Hand das Einschwinden, man könnte sagen der Wegfall des internationalen Rechtsverkehrs. Es ist früher gezeigt worden, dass er in der Entwicklungsepoche Roms extensiv wie intensiv von höchster Bedeutung gewesen ist, dass der latinische Bund auf Grund von Freundschaftsverträgen mit Caere und Neapel, mit Massalia und Rhodos in Rechtsbeziehungen stand, selbst der italische Bund noch auf solcher Grundlage mit den Städten und Königreichen des griechischen Ostens verkehrte. Verkehrsbeschränkungen, wie sie uns die karthagischen Verträge theilweise zeigen, scheinen Ausnahmen gewesen zu sein, durchgängig die internationalen Ordnungen Roms eine weitgehende Verkehrsgemeinschaft vorausgesetzt und gefördert zu haben. Aber die effective Rechtsgleichheit der contrahirenden Staaten, von welcher diese Internationalverträge ausgegangen sein müssen, hielt dem stetigem Anschwellen der römischen Uebermacht auf die Dauer nicht Stand. Das gleiche Bündniss im rechten Sinne des Wortes verschwindet aus dem römischen Staatsrecht; die spätere Epoche kennt das Bündniss nur noch als milde Form der Unterthänigkeit, die sogenannten Fremden nur als Reichsangehörige minderen Rechts. Der Römerstaat, erwachsen in schrankenloser Verkehrsfreiheit, schliesst gegen aussen sich ab, wobei die ungeheure Ausdehnung seiner Grenzen und die so zu sagen offizielle Gleichsetzung des Römerstaates mit dem Erdkreis *(orbis terrarum)* mitgewirkt haben. Wo thatsächlich Landgrenzen bestehen, wie in Africa, in Aegypten, im Orient, wird der Handelsverkehr durch künstliche Schranken und Zölle gefesselt. Die ursprüngliche Anschauung, dass der stammfremde Mann ein Landesfeind und als solcher zu behandeln ist, hat das Greisenalter des Staats Germanen und Persern gegenüber wieder ins Leben gerufen.

10. Die städtische Gliederung des Einheitsstaats

Die Entwickelung des Römerreichs ist hiermit dargelegt worden. Wenn in derselben die souveräne Gewalt an der Stadt haftet, so ist der ungeschmälerte und ausschliessliche Vollbesitz derselben das Vorrecht der Stadt Rom und diese dadurch die Trägerin der Centralisirung in diesem politischen Bau, der Bau selbst aber eine städtische Conföderation. Es gilt dies sowohl von dem latinischen wie von dem italischen Städtebund, und auch die ausseritalischen Gemeinden sind in den Formen entweder der rechtlich anerkannten oder mindestens der factisch zugelassenen Autonomie der Centralgewalt angegliedert. Nicht in gleicher Weise, aber mit analogem Gesammtergebniss liegt die Zusammenfassung der städtisch geordneten Gemeinwesen unter eine centrale Gewalt allen Gestaltungen und Umgestaltungen des Römerstaates durch den tausendjährigen Verlauf seiner Geschichte zu Grunde. Die Phasen der latinischen, der italischen, der überseeischen Conföderation sind erörtert worden; es bleibt noch übrig den daraus schliesslich entwickelten Reichsverband, die Ausgestaltung der städtischen Conföderation zu einem nach Stadtverbänden gegliederten Einheitsstaat darzulegen.

Kein Axiom ist zunächst in der staatlichen Entwickelung Roms energischer festgehalten worden als die absolute jede Autonomie der Theile ausschliessende staatliche Centralisirung. Es zeigt sich dies sowohl in der danach geregelten Behandlung der Curien (S. 9) und der Tribus (S. 23) und der bevorrechteten Kategorien der Bürgerschaft (S. 29), wie auch in dem Verlauf der dieser Einheit widerstreitenden und darum sich selber vernichtenden Plebejerbewegung (S. 40). Aber die thatsächliche Voraussetzung der staatsrechtlichen war die örtliche Centralisirung, und wo innerhalb der römischen Bürgerschaft andere örtliche Mittelpunkte mit städtischer Sonderstellung sich entwickeln, beginnt das Schwanken des Fundaments. Die unscheinbaren Anfänge sind fast so alt wie Rom selbst. Als Rom seinen Hafen erhielt und eine Anzahl zu bleibender Ansiedelung *(colonia)* dorthin gesandter Bürger ein Sonderterritorium empfingen, scheint die Siedelung für ihre gemeinschaftlichen Sacra eine nach dem Muster der römischen geordnete Quasimagistratur erhalten zu haben; indess von localer Autonomie kann hier noch nicht die Rede sein. Die Anfänge einer solchen begegnen uns im 5. Jahr der Stadt. Die nach dem

Muster Ostias gegründete zweitälteste Bürgercolonie Antium empfing nach glaubwürdigen Berichten zwanzig Jahre nach ihrer Gründung im J. 437 (317 v. Chr.) ein Sonderstatut und eine eigene der römischen nachgebildete Magistratur. Wenn diese örtlich geschlossenen Bürgergemeinden unter staatlicher Autorisation entstanden, so scheinen daneben vielfach bloss im Wege der Ansiedelung sich Märkte *(fora)* und Sammelpuncte *(conciliabula)* gleichfalls mit vorwiegender Bürgerbevölkerung gebildet zu haben, die mehr oder minder zu gleichsam städtischer Gemeinschaft erwuchsen. Von den um dieselbe Zeit beginnenden Halbbürgergemeinden behielten, wie gezeigt ward (S. 43), die besser gestellten von der Selbstverwaltung, welche sie vor dem Eintritt in die römische Bürgerschaft gehabt hatten, wenigstens einen Rest und dasselbe mag geschehen sein, wenn bisher autonome Gemeinden latinischen oder italischen Rechts in das römische Bürgerrecht übertraten. Wenn aber auch die Zahl solcher mit einer gewissen Selbständigkeit ausgestatteten Sonderkreise innerhalb der römischen Bürgerschaft wohl in beständigem Zunehmen war, so ist die vollständige Umgestaltung der bisherigen Ordnung, wodurch diese Ausnahme zur Regel und das römische Bürgerrecht als der Inbegriff aller dieser Sonderheimathsrechte zum Reichsrecht ward, erst durch den Bundesgenossenkrieg und die daraus resultirende Aufnahme sämmtlicher Italiker in die römische Bürgerschaft herbeigeführt worden.

Zu Grunde liegt bei dieser Umgestaltung die veränderte Beilegung der Tribus, also eine Abänderung der Stimmordnung, insofern diese an die Tribus oder die durch die Tribus bedingte Centurie geknüpft war. Wenn bis dahin der Regel nach der ansässige Bürger der Tribus seines Grundbesitzes, der besitzlose einer der vier städtischen Tribus zugechrieben ward, so war schon vor dem Socialkrieg den Gemeinden, die geschlossen in die römische Bürgerschaft eintraten, die Tribus nicht bloss in dem Sinne beigelegt worden, dass ihr Territorium in eine derselben eingeschrieben ward, sondern es empfingen und behielten die Angehörigen dieser Gemeinden für sich und ihre Nachkommenschaft in derselben Tribus das Stimmrecht. Nachdem dann in Folge jener grossen Revolution die grosse Mehrzahl der italischen Städte in den römischen Bürgerverband geschlossen eingetreten waren und wahrscheinlich auch diejenigen älteren Bürgergemeinden, die bis dahin des geschlossenen Stimmrechtes entbehrten, dasselbe in gleicher Weise erhalten hatten, wurde die einzelne Tribus aus einer örtlich geschlossenen Grundbesitzerversammlung umgewandelt in einen Complex einzelner mit eigenem Heimathrecht ausgestatteter Städte. Wer von einem durch die Aufnahme von Venusia zum Bürgerrecht gelangten Römer abstammte, stimmte ein für allemal in der horatischen Tribus, auch wenn er nicht mehr in Venusia, ja wahrscheinlich selbst wenn er überhaupt nicht mehr Grundbesitzer war. Die vier städtischen Tribus stehen ausserhalb dieses Territorialsystems und es bleiben in denselben wesentlich nur die nicht im Vollbesitz der Ehrenrechte befindlichen Bürger.

Die Comitien wurden fortan, wenigstens der Anlage nach, beherrscht durch die geschlossen stimmenden Stadtbürgerschaften. Der römische Bürger besitzt also seitdem theils ein specielles Heimath-, theils das an dieses geknüpfte allgemeine Staatsbürgerrecht, welchem von der Stadt Rom nur noch der Name blieb. Allerdings ist diese neue Ordnung nicht schlechthin allgemein durchgeführt worden: insbesondere die alten keinem Municipium entsprossenen patricischen und plebejischen Adelsgeschlechter scheinen ausserhalb der Municipalverbände verblieben zu sein und es sind auch sonst noch personale Ausnahmen vorgekommen. Aber dass das neue römische Bürgerrecht in der That das Staatsbürgerrecht war, tritt namentlich darin zu Tage, dass dasselbe wie mit dem Heimathrecht einer Bürger-, so auch mit dem einer Nichtbürgergemeinde verknüpft werden kann, wobei dann freilich die Beilegung der Tribus nur personalen Charakter hat. Die Ausschliesslichkeit des Stadtbürgerrechts überträgt sich auf das Heimathsrecht; niemand kann Bürger von Capua und von Puteoli oder von Capua und von Athen sein; aber das römische Bürgerrecht kann jetzt auch der Athener gewinnen, ohne sein athenisches darum zu verlieren.

Nachdem also, entsprechend der Auflösung der ursprünglich zusammensiedelnden Bürgerschaft, in zahlreiche, die ganze italische Halbinsel erfüllende örtliche Mittelpuncte, die ursprüngliche Ordnung, die dem Staatstheil jede Selbständigkeit nahm, in ihr Gegentheil verkehrt worden war und die römische Stadt- oder vielmehr Reichsgemeinde aus einer Anzahl Stadtgemeinden sich zusammensetzte, ergab sich die Aufgabe, die Autonomie der Reichs- und diejenige der einzelnen Stadtgemeinde zu einander in das angemessene Verhältniss zu bringen, das heisst, da an der rechtlichen und factischen Centralisirung der Staatsgewalt auch bei dieser Umgestaltung unentwegt festgehalten ward, dasjenige Mass der Rechte zu bestimmen, welches von der ehemaligen bündischen Autonomie der neuen Reichsbürgerstadt verbleiben konnte. Also entwickelte sich das neue Municipalrecht, das Stadtrecht im Staate. Die der Centralgewalt der Bundesstadt gegenüber zustehenden Rechte blieben nicht bloss ungeschmälert, sondern wurden gesteigert: nach aussen hin giebt es nur das einheitliche Reich, keine einzelne Stadt, und wenn die Reichsgesetzgebung schon früher in exceptioneller Weise das Stadtrecht brach (S. 47 f.), so ist dies jetzt regelmässig und selbstverständlich. Das bündische Vertragsrecht und die bündische Militärhoheit mussten fallen; die Bürgerstadt konnte nicht mit Rom in Bündniss stehen und der in Präneste ausgehobene Reichsbürger war nicht mehr pränestinischer, sondern römischer Soldat. Auch das eigene Recht fiel wenigstens im Allgemeinen; die römische bis dahin von den Latinerstädten nicht angenommene Rechtsbestimmung, welche dem Verlöbniss die Klagbarkeit entzog, erstreckte sich auf sie mit ihrem Eintritt in die römische Bürgerschaft. Dass mancherlei abweichende Festsetzungen als Localstatute weiter bestanden haben, ist wahrscheinlich; doch scheint die Nivellirung durchaus überwogen zu haben. Die Gerichtshoheit, welche der Bundesstadt geblieben war, ging der Bürgerschaft ebenfalls im wesentlichen verloren, und hatten deren Angehörige der Regel nach vor den römischen Behörden Recht zu nehmen; doch ist theils die criminelle Competenz in bedeutendem Umfang den Städten verblieben, theils ist für die minder bedeutenden oder besonders dringlichen Privatprozesse, namentlich wohl diejenigen, die in den älteren römischen Bürgergemeinden nicht nach Rom gezogen, sondern durch den örtlichen Stellvertreter des römischen Prätors entschieden wurden, wahrscheinlich bei dieser Gelegenheit die municipale Jurisdiction ins Leben getreten. Dennoch sind der Bürgerstadt wesentliche Momente der ehemaligen Autonomie geblieben, oder auch, wo sie ihr bisher gefehlt hatten, verliehen worden. Das Recht der juristischen Person, welches nach der ursprünglichen römischen Auffassung auf den Staat selbst beschränkt ist, die Fähigkeit Vermögen zu besitzen, Erbschaften anzunehmen und Knechte freizulassen übt auch die Bürgerstadt. Sie behält ihre Magistrate, ihren Gemeinderath, ihre Comitien für Wahlen und Satzungen, ihre Gemeindekasse und damit die administrative und finanzielle Autonomie, wenngleich die Befugnisse der Magistratur und der Comitien nach dem vorher Gesagten wesentlich gemindert sind.

Die also ein halbes Jahrhundert vor dem Untergang der römischen Freiheit für den Einheitsstaat gleichberechtigter Bürger gefundene Form ist zunächst nur auf Italien angewendet worden und musste im Wesentlichen darauf beschränkt bleiben, wenn das Fundament aller vollen politischen Einigung, die in Italien jetzt im Wesentlichen durchgeführte Sprach- und Sittengemeinschaft festgehalten werden sollte. Anwendbar indess war das System auch im überseeischen Gebiet und es ist in allmählicher Erweiterung über die Halbinsel hinaus ausgedehnt worden. Im Anfang des 3. Jahrh. n. Chr. wurden dann die Städte latinischen und peregrinischen Rechts im ganzen Reich zu Bürgerstädten gemacht und es ging damit die städtische Conföderation im weitesten Sinne in dem Reichsbürgerrecht auf. Ausserhalb der Reichsbürgerschaft stehen fortan nur die nicht städtisch geordneten in der Form der Föderation oder der tolerirten Autonomie dem Reiche angeschlossenen *gentiles*, die Fürsten der Saracenen und der Gothen, die Satrapen der Armenier, die Stämme an der africanischen Grenze, die in Gallien und Italien angesiedelten Ausländer.

Zweites Buch

DIE MAGISTRATUR

1. Der Amtsbegriff

Die Handlungsfähigkeit, die Fähigkeit zu wollen und den Willen zu äussern so wie demselben innerhalb der dem Wollenden gesetzten Machtgrenzen Geltung zu verschaffen, haftet naturgemäss an der physischen Person. Der Staatsbegriff der Römer beruht auf der idealen Uebertragung dieser Handlungsfähigkeit auf die im ersten Buch entwickelte Gesammtheit, die Bürgerschaft, den *populus,* und auf der Unterordnung des Einzelwillens aller der Gesammtheit angehörigen physischen Personen unter diesen Gesammtwillen. Die Aufhebung der individuellen Selbständigkeit gegenüber dem Gesammtwillen ist das Kriterium der staatlichen Gemeinschaft und insbesondere dasjenige Moment, das den Staat von der Corporation, zum Beispiel der Curie und dem Senat unterscheidet.

Der Gesammtwille ist an sich, wenn es gestattet ist einem Ausdruck des römischen Privatrechts darauf anzuwenden, eine staatsrechtliche Fiction. Thatsächlich wird dafür Vertretung erfordert, ähnlich wie im Privatrecht für den nicht handlungsfähigen Mündel. Wie für diesen der Vormund eintritt, so gilt staatsrechtlich als Willenshandlung der Gesammtheit diejenige eines in dem bestimmten Fall für sie eintretenden Mannes. Indess geht die Gemeindevertretung insofern weiter als die vormundschaftliche, als der Vormund die physisch vorhandene, aber unvollkommene Handlungsfähigkeit ergänzt, der Gemeindevertreter eine physisch nicht vorhandene ausübt. Immer ist die staatliche Willenshandlung die Handlung eines einzelnen Mannes, da das Wollen und Handeln an sich untheilbar ist; Gemeindehandlung durch Majoritätsbeschluss ist nach römischer Auffassung ein Widerspruch im Beisatz. Der Gemeindevertreter kann gewisse Handlungen nur vollziehen, wenn die Mehrzahl der Abtheilungen der Bürgerchaft oder die Mehrzahl der Senatoren ihn dazu ermächtigt; aber der Beschluss der Bürgerschaft oder des Senats werden Gemeindeacte nur dadurch, dass der Gemeindevertreter sie sowohl veranlasst wie vollzieht und logisch wie praktisch ist die also vollzogene Handlung zunächst Handlung des Vertreters der Gemeinde.

Insofern diese Vertretung der Gemeinde durch deren Verfassung, sei es allgemein, sei es in bestimmter Begrenzung, einer einzelnen Person zugewiesen wird, ist ein solcher Gemeindevertreter Magistrat; Handlung der Gemeinde ist eine jede, welche innerhalb der hiedurch gezogenen Schranken von dem Vertreter selbst oder in seinem Auftrag vollzogen wird. Regelmässig wird für die Gemeindehandlung eine fest geordnete Vertretung gefordert; nur in gewissen Fällen, namentlich bei einer der Gemeinde zugefügten Schädigung, ermächtigt die Verfassung jeden Bürger zur Vertretung der Gemeinde, und insofern kommt ausnahmsweise auch eine nicht magistratische Gemeindevertretung vor.

Die Magistratur, die Verkörperung des Staatsbegriffs und die Trägerin der Staatsgewalt kann hienach nicht gefasst werden als rechtlich beruhend auf dem Gesammtwillen der Bürgerschaft, da dieser ja für sich allein überhaupt nicht wirksam werden kann; vielmehr ist nach der römischen Auffassung die römische Magistratur älter als die Volksgemeinde, welche sie erst erschafft, und das Mandat, ohne welches allerdings eine Vertretung überall nicht gedacht werden kann, geht von dem Vormann an den Nachfolger, welche bei dem Zwischenkönigthum näher zu erörternde Ordnung sich bis zum Eintritt des Principats auch thatsächlich ununterbrochen behauptet hat. Nach der früh hinzutretenden Bindung des Vormanns in der Ernennung des Nachfolgers durch die vorherige Befragung der Comitien wirken die Magistratur und die Comitien bei dieser Vollmachtsertheilung zusammen, und diese Auffasssung der Magistratur und der Comitien als gleichmässig selbständiger Träger des Gemeindewillens beherrscht das Staatsrecht der Republik; erst in der späteren Epoche derselben werden die Comitien mehr und mehr, wenngleich nie vollständig als die eigentliche Vertretung der Gemeinde betrachtet und wird die magistratische Mitwirkung bei der Willensfindung derselben nicht mehr als Vereinbarung, sondern als Geschäftsleitung aufgefasst.

Die Uebernahme des Gemeindeamts ist an sich ebenso Recht wie Pflicht des einzelnen Bürgers gleich dem Heerdienst und anderen öffentlichen Leistungen. Es wird ursprünglich ein rechtlicher Zwang zur Uebernahme desselben bestanden haben, wie er bei den Priesterthümern nachweislich vorkam; dafür spricht, dass die römischen Ordnungen nichts wissen von einer förmlichen Annahmeerklärung des creirten Beamten und dass sie der Regel nach Creirung und Antritt ohne Zwischenzeit verknüpfen. Indess in der historischen Zeit der freien Republik wird bei sämmtlichen Gemeindeämtern, auch den keineswegs begehrten und indirect mehr oder minder erzwungenen, officiell die Pflichtigkeit nicht statuirt oder doch ignorirt. Darum ist auch von rechtlichen Befreiungsgründen von der Uebernahme eines Gemeindeamtes nirgends die Rede, dagegen Ablehnung des Amtes vor der Uebernahme so wie Niederlegung des übernommenen vor Ablauf der Zeit jedem Bürger unbeschränkt gestattet. Es wird eine scharfe Grenzlinie gezogen zwischen den öffentlichen Pflichtleistungen *(munera)* und den Aemtern oder nach römischem Ausdruck den „Ehren“ *(honores)*; für den stolzen Freistaat geziemt es sich nicht, die Führung seiner Geschäfte als Pflichtleistung zu behandeln. Erst unter dem Principat tritt mit dem Sinken des Gemeinsinns diese Auffassung wiederum hervor.

Die Vertretung der Gemeinde durch ein Gemeindeglied fordert in ihrer ältesten und begrifflich reinsten Gestalt den einheitlichen Gemeindeherrn, welchem die für die ewige Gemeinde erforderte ewige Dauer durch eine fest geregelte Successionsordnung verliehen wird. Dies ist das Königthum, das *regnum,* die älteste römische Staatsform. Ob dabei die repräsentirte Gemeinde und die repräsentirende Person als doppeltes Rechtssubject gefasst worden sind oder als einheitliches, muss dahingestellt bleiben; die dem König eigene Amtswohnung legt allerdings die Vermuthung nahe, dass sein Vermögen und das der Gemeinde rechtlich nicht geschieden waren. Die Vertretung der Gemeinde durch ihren König ist vollständig; sie gilt gleichmässig gegenüber den römischen Göttern und gegenüber dem Ausland wie gegenüber den Bürgern des eigenen Staates, gleichmässig als Oberpriesterthum, als Gerichtsbann, als Heerbefehl, als Verwaltung des Gemeindevermögens. Aber weder rechtlich noch thatsächlich ist sie eine unbeschränkte Gewalt. Der idealen Gemeinde steht, wie das Recht der Gesetzgebung es fordert, die Bestimmung über Leben und Vermögen des Bürgers schrankenlos zu; der Willensact ihres Vertreters ist nur dann Gemeindewille, wenn die durch die Satzungen der Gemeinde geforderten Voraussetzungen erfüllt sind und namentlich da, wo dies durch die Verfassung gefordert wird, Gemeinderath und Bürgerschaft ihre Einwilligung gegeben haben. Wo der König nicht in rechter Vertretung der Gemeinde handelt, ist seine Handlung nicht Handlung der Gemeinde.

An das Königthum und die Königszeit reicht unsere Ueberlieferung nicht hinan und eine geschichtliche Darstellung derselben lässt sich nicht geben, wenn gleich die daraus abgeleiteten Ordnungen durchaus auf die ursprüngliche Vollgewalt zurückführen. Dafür tritt nach unserer Redeweise die Republik ein; den Römern, welchen *res publica,* genau entsprechend dem englischen *common wealth,* das Gemeinwesen schlechthin bezeichnet, erscheint die geänderte Verfassung, für die ein positiver Schlagname fehlt, negativ als die Beseitigung der Einheitlichkeit und der Lebenslänglichkeit der Gemeindevertretung sowie ihrer bisherigen Benennung [1]. Die rechtliche Gleichartigkeit des republikanischen Oberamts mit dem Königthum findet scharfen Ausdruck in dem beibehaltenen *interregnum.* Die Auffassung der neuen Ordnung als des Beginns der Volkssouveränetät, der wenigstens theoretischen Allgewalt der Comitien, ist, wie schon bemerkt ward, erst die der sich demokratisirenden Republik [2]. Noch minder correct ist die Auffassung der Abschaffung des Königthums als Begründung der Freiheit, der *libertas;* das Mass der Ab-

[1] Diese tralaticische und richtige Auffassung findet sich bei Livius 2, 1.

[2] Diese Auffassung vertritt zum Beispiel Cicero de re p. 1, 31, 47. Uebrigens wollten die Vertreter dieser Theorie die Königszeit keineswegs ausschliessen, da sie die spätere Stellung der Comitien auch in diese hineinbringen. Vgl. Hermes 16, 147.

hängigkeit des Bürgers von dem Staat hängt weder von der Zahl der Vorsteher noch von der Dauer der Vorsteherschaft ab und die Bürgerschaft Numas ist sicher den Nachfahren nicht als Sclavenschaft erschienen. Nicht gegen die Königsgewalt als solche richtet sich die die Consularherrschaft begründende Revolution, sondern gegen den Missbrauch derselben, indem sie den schuldigen Gemeindeherrn absetzt und die in der Einheitlichkeit und Lebenslänglichkeit des Amtes erkannten Anlässe zu solchem Missbrauch abstellt. Die Identification der republikanischen Ordnung mit der 'Freiheit' des Volkes gehört, ebenso wie die Auffassung des lebenslänglichen Herrschers als *dominus,* das heisst als des „Eigentümers" des Reiches, erst der Opposition der caesarischen und der Kaiserzeit an, dem Gedankenkreise der Caesarmörder und ihrer Laudatoren.

Es ist die Magistratur der Republik, welche in diesem Buche geschildert werden soll. Dass die rechtliche Identification des Amtes und des Beamten, welche bei dem Königthum vielleicht gegolten hat, für den republikanischen Beamten nicht besteht, ist ausser Zweifel, wie sie denn schon für den Zwischenkönig nicht passt und mit der Pluralität der Magistrate völlig unvereinbar ist. Die Amtwohnung kommt in der Republik nur dem verblassten Schattenbild des Königs zu, das die sacralen Ordnungen bewahren; in republikanischer Zeit gehören die Locale der Amtsthätigkeit der Gemeinde und wohnt der Beamte in seinem Privathaus und verbleibt in seiner privatrechtlichen Stellung. In unserer Darlegung sollen zunächst die Theilung des sacralen Regiments zwischen den Priestern und der Magistratur (Abschn. 2), sodann der Gegensatz des städtischen und des Kriegsregiments (Abschn. 3) entwickelt werden. Weiter sollen behandelt werden die Creirung der Beamten (Abschn. 4) und die dafür erforderliche Qualification (Abschn. 5); die Collegialität und die Collision der Beamten (Abschn. 6); die Dauer der Magistratur und der Antritt und Rücktritt der Beamten (Abschn. 7); die magistratischen Ehrenrechte und Emolumente so wie die magistratische Dienerschaft (Abschn. 8); endlich die Gehülfen, Stellvertreter und Rathmänner der Magistrate (Abschn. 9). Die Darstellung der einzelnen Magistraturen in ihrer historischen Besonderheit bleibt dem dritten, die der einzelnen Amtkreise dem vierten Buch vorbehalten. Indess erscheint es nothwendig diesen sachlichen Auseinandersetzungen eine kurze Erläuterung der hier einschlagenden Terminologie voranzustellen.

Die Kundgebung des Gemeindewillens in dem vorher bezeichneten Sinne, das Recht im Namen der Gemeinde zu befehlen, bezeichnet das etymologisch nicht hinreichend sicher erklärte Wort *imperium.* Dies wird ausschliesslich gebraucht von der eminenten Gewalt des Staats über den Bürger und nur dem beigelegt, dem diese vollständig zusteht, so dass in diesem Worte der ursprüngliche Amtsbegriff verkörpert erscheint. Für die der ursprünglichen Ordnung fremde Vertretung des Gemeindewillens mit beschränkter Competenz wird der analoge, aber allgemeinere und auch dem Privatrecht geläufige Ausdruck *potestas* verwendet.

Für den Träger dieses absoluten Gemeindewillens giebt es keine andere Bezeichnung als die nach dem Sonderamt; eine zusammenfassende fehlt, da *imperator* im technischen Gebrauch früh verengert und dem Inhaber des Imperium diese Benennung nur dann verstattet worden ist, wenn sein Gemeindebefehl zum Siege in der Feldschlacht geführt hat.

Magister, das nach dem nachherigen Sprachgebrauch jeden Vorsteher, insbesondere den einzeln stehenden bezeichnet und mehr in sacralen und privatrechtlichen Beziehungen als für staatliche Verhältnisse gebraucht wird, muss der Träger des Imperium wohl in älterer Zeit genannt worden sein, da das davon abgeleitete und nothwendig auf dieses Stammwort zurückgehende Abstractum *magistratus* sämmtliche Inhaber des Imperium in sich begreift, selbst diejenigen, welche, wie der Dictator, der Zwischenkönig, der Reiterführer, der Stadtverweser, nicht der Volkswahl unterliegen. Diese abgeleitete Bezeichnung hat den dem Stammwort verloren gegangenen staatlichen Werth behalten und der scharfe Gegensatz des Staates gegen jede andere Gemeinschaft in ihr seinen rechtlichen Ausdruck gefunden; denn wenn von plebejischen und municipalen Magistraten gesprochen wird, so drückt sich darin nur aus, dass die Plebs ein Staat im Staate sein wollte und dass die Stadt im Römerreich ein ehemals souveräner und nicht vollständig in das römische Reich aufgegangener Staat ist. Aber dass der Entwickelungsprozess des römischen Gemeinwesens den Schwerpunct der souveränen Gemeindegewalt von dem Oberamt auf die Bürgerveammlung wenigstens concurrirend verschoben hat, tritt terminologisch darin zu Tage, dass die Bezeichnung *magistratus* zwar den nicht von den Comitien gewählten oben genannten Oberbeamten verbleibt, aber zugleich erstreckt wird auf alle von den Comitien gewählten Auftragnehmer der Gemeinde, dagegen keinem weiteren von den Beamten allein bestellten Auftragnehmer zukommt, so dass beispielsweise von den Stellvertretern des Prätors für die Jurisdiction und von den Legionsführern bei völlig gleicher Competenz und gleichem Titel allein die comitialen als Magistrate bezeichnet werden. In ähnlicher, jedoch minder technischer Weise wird *honor* verwendet; es bezeichnet dies das Amt, insofern dessen Uebertragung durch die Comitien eine Auszeichnung des Gewählten ist. In der weiterhin folgenden Darstellung der Magistratur ist der Begriff im Allgemeinen in dem späteren Sinne gefasst worden, obwohl die damit gezogene Grenze eine äusserliche und es praktisch nicht durchführbar ist, die im Laufe der Zeit der comitialen Ernennung unterworfenen Stellungen erst von diesem Zeitpunct an und die nach dem Ernennungsrecht getheilten nur, so weit sie magistratisch sind, in die Darstellung aufzunehmen.

Wenden wir uns zu den Kategorien der Gemeindebeamten, so drückt der

Gegensatz der *magistratus patricii* oder *populi Romani* und der *magistratus plebeii* oder *plebis* eigentlich nur aus, dass die Vorsteher der Plebs, einstmals der Sache nach und formell auch später, nicht als wirkliche Magistrate der Gesammtheit gelten. Für den scharfen und wichtigen Gegensatz der ordentlichen und der ausserordentlichen Magistratur gebricht es an einer entsprechenden Terminologie; wir bezeichnen als ordentliche diejenigen Aemter, deren Competenz ein für allemal geordnet und mit der rechtlich festen Benennung gegeben ist, als ausserordentliche diejenigen, deren Competenz erst für den einzelnen Fall, sei es mit dem Wahlact zugleich, sei es, wie dies die Regel ist, durch ein demselben voraufgehendes Specialgesetz festgestellt wird und für die es daher auch an einer generellen Benennung fehlt. Zu der ersten Kategorie gehören zum Beispiel das Consulat, die Dictatur, die Censur, zu der zweiten beispielsweise die Duovirn für den einzelnen Hochverrathsprocess und die Zehnmänner für Constituirung des Gemeinwesens. Die ordentlichen Aemter sind entweder ständige, so weit sie verfassungsmässig immer in Thätigkeit sein sollen und also aus regelmässigen Jahreswahlen hervorgehen *(magistratus annui)*, oder nicht ständige, wie die an besondere Voraussetzungen geknüpfte Dictatur und die verfassungsmässig intervallirende Censur. Höhere *(magistratus maiores)* und niedere Aemter *(magistratus minores)* werden regelmässig nur relativ je nach dem Machtverhältniss der in Beziehung gesetzten Magistraturen unterschieden; indess gelten die Inhaber des Imperium und die aus den gleichen Wahlen der Centurien hervorgehenden Censoren als im Besitz der *auspicia maiora*, während den in Tribuscomitien gewählten Beamten nur *auspicia minora* und überhaupt niederes Ansehen zukommt. Die von dem Gerichtsstuhl entlehnte *magistratus curules* kommt allen an dem Imperium theilhabenden Beamten, selbst den nur ein beschränktes jurisdictionelles besitzenden Aedilen der vornehmeren Kategorie zu; die Censoren haben dieses Imperium nicht, mögen aber späterhin auch dazu gerechnet worden sein.

Amt ohne Amtsgewalt kennt die republikanische Ordnung nicht oder doch nur insoweit, als abgeschaffte Aemter im Sacralwesen fortgeführt werden, wie im römischen Gemeinwesen der *rex sacrorum* und in den dasselbe aufgegangenen latinischen Staaten mancherlei ähnliche Institutionen. Amtsgewalt ohne Amt kommt dagegen häufig vor. Sie wird ausgedrückt durch die Bezeichnung *pro magistratu* allgemein oder die entsprechende specielle *pro consule, pro praetore* und so weiter und regelmässig gebraucht von dem Privaten mit amtlicher oder, was auf dasselbe hinauskommt, von dem niederen Beamten mit höherer Function, ohne dass ein terminologischer Unterschied gemacht wird zwischen dem Privaten, der nach Ablauf der Amtszeit von Rechtswegen die Function weiterführt und dem gemäss dem Mandat als Beamter fungirenden Stellvertreter (Abschn. 9). Aber auch exceptionell unter Beiseitesetzung der gesetzlichen Qualification creirte Beamte, zum

Beispiel die zur Verwaltung des Oberamts aushülfsweise berufenen Kriegstribune, werden als Promagistrate behandelt. Diese Bezeichnung hat also im Staatsrecht nur negativen Werth, insofern sie bei amtlicher Function das Fehlen des Amtes oder, wenn die letzte Kategorie mit berücksichtigt wird, das Fehlen des ordentlichen Amtes anzeigt.

2. Das sacrale Regiment

Wäre in unserer Ueberlieferung ein Abbild der ältesten Gemeindeordnung enthalten, so würde wahrscheinlich ihr Princip die völlige Durchdringung der göttlichen und der menschlichen Dinge sein, eine nach beiden Seiten hin gleichartige und gleich mächtige, Priesterthum und Magistratur einheitlich zusammenfassende Gemeindevorstandschaft. Diejenige Ordnung des Gemeinwesens, welche wir im Gegensatz zu der verschollenen Königszeit als die republikanische bezeichnen, zeigt das Gegentheil: scharfe Scheidung des Gemeindepriesterthums, der *sacerdotes publici populi Romani,* und der Gemeindemagistratur, der *magistratus publici populi Romani* und analoge Behandlung beider Kreise, aber nicht bloss vollständigen Ausschluss des Priesterthums von dem Regiment in irdischen Angelegenheiten, sondern auch Unterordnung desselben, so weit die einheitliche Gemeindeordnung dies fordert, unter die Magistratur. Diese so weit möglich durchgeführte Verweltlichung der Magistratur ist vielleicht das wesentlichste Element der republikanischen Neuordnung gewesen und hat wohl auch dem römischen Gemeinwesen dasjenige Uebergewicht der Staatsallmacht eingepflanzt, durch welches dasselbe im Lauf der Jahrhunderte zur Vorherrschaft in der antiken Civilisation gelangt ist.

Die analoge Regelung der beiden Kreise tritt namentlich hervor in den Priestern und den Magistraten gleichmässig zustehenden äusseren Abzeichen. Dem Tempelpriester des Jupiter werden die magistratischen Insignien, insbesondere der curulische Sessel zugestanden, vielleicht sogar der an das bekleidete Oberamt geknüpfte Sitz im Senat. Dem Vorsteher des Pontificalcollegiums, welcher unter der Priesterschaft eine ähnliche Stellung einnimmt wie die Consuln in der Magistratur, stehen ebenso wie diesen das eigentliche Zeichen der Amtsgewalt, die Lictoren *(lictores curiatii qui sacris publicis apparent)* zur Verfügung. Der Purpur am Gewand, ein Erbstück aus der königlichen Vollgewalt, kommt Priestern und Magistraten zu; indess tragen jene die Prätexta nur, während sie sacrale Handlungen für die Gemeinde vollziehen, diese immer, wo sie öffentlich erscheinen. Ehrenrechtlich stehen beide Reihen sich insoweit gleich, dass keine der anderen formell vorgeht; doch überwiegend in der republikanischen Epoche durchaus der Honor das Sacerdotium und erst in der Kaiserzeit kommt die entgegengesetzte Schätzung auf, namentlich die Behandlung des Oberpontificats als der höchsten Ehrenstelle im Staat in Benutzung desselben für die Rangstellung des neuen Monarchen.

Auch personell fiel die Priesterschaft und die Magistratur im Allgemeinen zusammen; die politische Laufbahn ging ohne Unterschied der Epochen regelmässig parallel. Die aus dem späteren Gegensatz des Staats und der Kirche entwickelte Doppelaristokratie des Mittelalters ist dem gesammten Alterthum unbekannt, dessen Götter überall und nothwendig innerhalb des Staates standen. Wenn in dem alten Patricierstaat eine besondere Qualification wahrscheinlich weder für das Amt noch für das Priesterthum bestand, so sind in dem patricisch-plebejischen, wie dies bereits entwickelt ward (S. 30. 31), beide zunächst gleichmässig dem Adel vorbehalten und haben die Bürgerlichen Schritt vor Schritt für die einzelnen Stellungen entweder den Mit- oder selbst den Alleinbesitz gewonnen. Wenn die Plebejer nicht so früh und nicht so vollständig der sacralen Stellungen sich bemächtigten wie des Gemeinderegiments, so liegt dies weniger an der Scheu in göttlichen Dingen zu neuern, obwohl diese mitgewirkt hat, als an ihrem geringeren politischen Werth, woher denn auch die in dieser Hinsicht gleichgültigen lediglich decorativen Priesterthümer zum guten Theil dem Adel noch in der Kaiserzeit verblieben sind.

Dem Inhalt nach schliesst das Priesterthum der republikanischen Zeit der ursprünglichen Ordnung sich enger an als die Magistratur derselben; es bleibt lebenslänglich und einheitlich und in gewissem Sinne selbst centralisirt.

Die bei der Magistratur der Republik streng durchgeführte Annuität hat sich auf die Priesterschaft nie erstreckt; die Lebenslänglichkeit des Königthums ist hier als Regel festgehalten worden.

Dasselbe gilt von dem zweiten republikanischen Princip, der sich gleichstehenden und damit im Fall des Conflicts sich selber aufhebenden Collegialität. Die Collegialität schlechthin, das blosse gleiche Mandat, ist allerdings eben im Priesterthum zum frühesten und vollständigsten Ausdruck gekommen; seit es ein dreieiniges Rom gab, standen mehrere Vogelweise mit gleicher Autorität neben einander. Aber wo es sich nicht um sacralen Rathschlag handelt, sondern um die sacrale Handlung, liegt diese regelmässig dem Einzelpriester ob; wenn gleich ausnahmsweise zu gemeinschaftlicher Thätigkeit berufene Gesammtpriesterthümer vorkommen, wie zum Beispiel im Marsdienst die Salier, so werden dagegen die Flaminate sämmtlich einfach besetzt, und vor allen Dingen steht dem sacralen Erben des Königthums, dem Vorsteher des Pontificalcollegiums kein gleichberechtigter Priester zur Seite und giebt es keine sacrale Intercession.

Die Ernennung ist für das Königthum, wie schon bemerkt ward und wie unten weiter entwickelt werden soll, auf sich selbst gestellt gewesen. Als in der Republik Priesterthum und Magistratur sich schieden, ist das Recht der

Nachfolgerbestellung bei der Magistratur vielleicht sofort, mindestens früh durch die Mitwirkung der Bürgerschaft gebunden und allmählich thatsächlich beseitigt worden; das Priesterthum dagegen geht auch nach der republikanischen Ordnung durchaus aus sich selbst hervor. Es ist bei der Creirung der Priester dem Pontificalcollegium eine ähnliche, aber stärkere Stellung gegeben worden wie bei der magistratischen dem patricischen Senat: dasselbe hat das Recht der Selbstergänzung und die Wahl seiner Mitglieder setzt der Priesterschaft ihr Haupt. Alle übrigen Gemeindepriester erscheinen im Rechtssinn als Gehülfen dieses priesterlichen Gemeindehauptes, eben wie die Offiziere des Bürgerheeres die Gehülfen der Consuln sind, und im Allgemeinen werden wie die Priester des königlichen Rom vom König, so die des republikanischen vom Oberpontifex ernannt worden sein. Ausgenommen sind indess wohl von jeher die sacralen Männercollegien, für welche die Selbstergänzung ebenso wie für die Pontifices in Uebung ist und die daher neben diesen factisch selbständig auftreten. Bei anderen Ernennungen finden wir den Oberpontifex späterhin beschränkt durch Bindung an eine anderweitig aufgestellte Candidatenliste oder durch Anordnung der Loosung. Ausgeschlossen aber ist bei der Priesterbestellung sowohl die magistratische Ernennung wie das Eingreifen der Bürgerschaft, wobei die Scheu vor dem Eingreifen der unkundigen Menge in den nur von dem Wissenden recht zu handhabenden Götterdienst zusammengewirkt haben wird mit dem politischen Gedanken der nothwendigen Scheidung des weltlichen und des sacralen Regiments. Wenn die souveräne Gewalt der Bürgerschaft bei der Entwickelung der Magistratur in immer steigendem Masse Ausdruck findet, so sind die Comitien von Rechtswegen ausgeschlossen von der Einwirkung auf die sacrale Ordnung; nur der gewählte Magistrat ist der Träger der comitialen Volksgewalt, nicht der cooptirte oder ernannte Priester. Erst seit dem ersten punischen Krieg fasste die Volkssouveränetät allmählich Fuss auch auf diesem bis dahin ihr verschlossenen Gebiet: zunächst werden der Oberpontifex und die Vorsteher der anderen politisch wichtigen Collegien aus deren Mitgliedern, dann auch diese Mitglieder selbst unter pontificaler Leitung von der kleineren Hälfte der Tribus erwählt, wobei man sich mit dem alten Princip durch die Ausflucht abfand, dass der Leiter des Acts nicht Magistrat und die kleinere Hälfte der Bürgerschaft nicht die Bürgerschaft sei.

Die dem Priesterthum der Republik zustehende Gewalt kann bei dem Haupte derselben der magistratischen formell insofern gleichgestellt werden, als die beiden wesentlichen Momente der magistratischen Vollgewalt, Auspicium und Imperium, auch bei ihm auftreten und seine Amtsthätigkeit in gewissen Beziehungen derjenigen der Obermagistrate gleich oder analog ist. Der Sache nach aber zählt gegenüber dem generellen magistratischen Imperium die Competenz des Oberpontifex nicht unter den effectiven politischen Gewalten.

Wo die Auspicien erforderlich sind, nimmt sie der Magistrat immer selber, für sich und für die Gemeinde, und mit Zuziehung der Priester nur, so weit es ihm zweckmässig erscheint. Der Oberpontifex nimmt die Auspicien nur ausnahmsweise, zum Beispiel, wenn er für die Inauguration gewisser Priester unter Assistenz der Bürgerschaft diese beruft.

Das Imperium, das Recht Gehorsam zu fordern und nöthigenfalls zu erzwingen hat der Magistrat schlechthin; dem Oberpontifex hat der Bürger nur in den besonderen Fällen Folge zu leisten, wo seine Stellung ihm das Befehlsrecht giebt, insonderheit wenn es sich um Besetzung einer Priesterstelle oder um Unbotmässigkeit eines Priesters handelt. In diesem Falle steht ihm auch die magistratische Coercition zu, jedoch nur die mindere auf Geldbusse und Pfändung beschränkte und da gegen diese an die Bürgerschaft appellirt werden kann, kann er in die Lage kommen, die dafür competenten Comitien zu berufen und mit ihnen zu verhandeln. Ebenso handhabt er über die Priesterinnen der Vesta, da diese als solche aus dem Familienverband ausscheiden, dass bei den Frauen das ordentliche Criminalgericht vertretende häusliche Strafverfahren, und es kann sich dies bei geschlechtlichen Verbrechen auf die dabei betheiligten Mannspersonen erstrecken. Aber materiell sacrale Verbrechen gehören nicht vor den Priester, sondern vor die Magistratur, schon darum, weil in allen diesen Fällen nicht bloss die Gottheit, sondern auch die Gemeinde geschädigt wird. Der Tempeldiebstahl wird dem Landesverrath gleich geachtet; der nächtige Diebstahl der Feldfrüchte verletzt wie die Ceres so nicht minder die Gemeinde; selbst das Verfahren gegen die Missgeburt kann nur aufgefasst werden als Beseitigung eines gemeinschädlichen Wesens. Das Gutachten der Priesterschaft mag in Fällen dieser Art factisch massgebend gewesen sein; aber das Einschreiten gebührt der Magistratur. Das Recht mit dem Senat zu verhandeln hat der Oberpontifex nicht, und das Recht einen Beschluss der politischen Comitien herbeizuführen nur in dem oben angeführten Ausnahmefall. Die Curien dagegen, die in dem patricisch-plebejischen Gemeinwesen das politische Beschlussrecht verloren haben, beruft der Oberpontifex und vereinbart mit ihnen die ihnen verbliebene Bestätigung der als Privilegium behandelten Privatacte, insbesondere der Testamente, bevor dafür die rein private Form aufkam, und der Adrogationen.

Die gesammte Ordnung der sacralen Angelegenheiten der Gemeinde steht der Magistratur zu, eventuell unter Mitwirkung des Senats und der Comitien, wie dies in dem Abschnitt von den sacralen Magistratsgeschäften (Buch 4 Abschn. 1) weiter dargelegt werden wird. Die Priester sind nicht befugt von sich aus derartige Anordnungen zu treffen, nicht einmal für das ständige, aber kalendarisch nicht fixirte Fest einen bestimmten Tag anzusetzen. Allerdings haben die angesehenen Collegien, obwohl ihre Mitglieder keineswegs als solche dem Senat angehören, doch der Sache nach fungirt als ständige Commissionen des Senats, insbesondere die Pontifices für alle religiösen

Angelegenheiten des Staats, die Augurn für alle mit der Auspication zusammenhängenden staatsrechtlich häufig ungemein wichtigen Fragen; es werden ihnen nicht bloss die dahin einschlagenden Angelegenheiten zur Vorberathung überwiesen, sondern sie haben auch in dergleichen Fällen thatsächlich die Initiative geübt, da der Vorsitzende des Senats sich nicht füglich weigern konnte, ihnen auf Verlangen über solche Angelegenheiten das Wort zu geben. Hierauf beruht hauptsächlich der politische Einfluss dieser Priesterschaften; staatsrechtlich aber haben sie nie mehr in Anspruch genommen als höchstens das Recht der Antragstellung im Gemeinderath.

So wenig wie die Anordnung ist die Vollziehung der sacralen Gemeindehandlungen ein priesterliches Recht; im Gegentheil steht auch diese, wo keine andere Bestimmung getroffen ist, von Rechtswegen bei den zur Gemeindevertretung berufenen Magistraten. Die ständigen Sacralhandlungen indess werden regelmässig mit der Einrichtung zugleich ständigen Priestern überwiesen. Die meisten römischen Priesterthümer sind in dieser Weise ins Leben getreten, sowohl die vom Oberpontifex ernannten Einzelpriester der ältesten Tempel wie auch eine Anzahl priesterlicher Genossenschaften, zum Beispiel die beiden der Salier für den Marsdienst, die der Luperker für den des Faunus, die der Arvalen für den der Dea Dia. Auch die ständigen Spiele, welche nichts sind als eine Form der religiösen Feier, sind, so weit sie ständig sind, anfänglich in dieser Weise behandelt und von den Priesterschaften ausgerichtet worden, so die der Consualien, die Arval- und die Saecularspiele. Dadurch scheiden die ständigen Sacralhandlungen aus dem Kreise der magistratischen Verrichtungen aus. Aber bei den ausserordentlichen ist umgekehrt die Ausrichtung durch die Magistrate die Regel und dies hat dazu geführt, dass die wichtigeren Spiele, die aus der ausserordentlichen religiösen Siegesfeier sich zu ständigen Volksfesten entwickelten, zunächst die römischen und die plebejischen den Magistraten verblieben, während die damit verbundenen Culthandlungen zum Theil den Priestern überwiesen wurden, wie dies zum Beispiel bei den Apollospielen für die Opfer angeordnet ward. Der Vorsitz bei diesen Festen war ein begehrtes Ehrenrecht und förderte die politische Laufbahn, so dass das Uebergewicht der Magistratur über das Priesterthum auch hierin steigend zu Tage tritt.

Es braucht hiernach kaum noch besonders ausgeführt zu werden, dass die sacrale Finanzirung wohl der Priesterschaft zu Gute kam, aber nicht durch sie selber erfolgte. Die staatlichen Einrichtungen sind dahin geordnet, dass den Priestern für die ihnen obliegenden Aufwendungen Deckung gewährt wird. Vermuthlich aus der Königszeit auf die Republik übertragen erscheint eine Besteuerung der Civilprozesse zu Gunsten der Pontifices, die jedem in einem solchen unterliegenden Theil auferlegte Götterbusse *(sacramentum)*, anfangs in Vieh-, später in Geldansätzen, ohne Zweifel bestimmt für die öffentlichen Opfer, deren Darbringung das Collegium zu überwachen hatte, die nöthigen Schafe und Rinder zu liefern. Daneben mögen in früherer Zeit die für die einzelnen Heiligthümer erforderlichen Leistungen Jahr für Jahr nicht durch die Priester, sondern durch die Magistrate auf einzelne Bürger *(magistri fanorum)* umgelegt worden sein. In der besser bekannten Epoche macht die Tendenz die ständigen Lasten sowohl der Gemeindekasse wie dem einzelnen Bürger möglichst abzunehmen auch in dieser Hinsicht sich geltend und scheint man den Gemeindeheiligthümern oder vielmehr den mit der Versehung des Cultus in einem jeden beauftragten Priestern so wie den sacralen Collegien durch Ueberweisung von nutzbaren Grundstücken dauernde Renten ausgeworfen zu haben, wobei aber deren Verpachtung, da sie im Eigenthum des Staates verblieben, nicht den Priesterschaften, sondern den Gemeindebeamten oblag. Finanzielle Selbständigkeit ist den Priesterschaften aller Art niemals eingeräumt worden. Kommt es zu einem Rechtsstreit zwischen dem Tempel und einem Privaten oder zwischen dem Tempel und der Gemeinde, so wird darüber nicht im wirklichen Prozess durch Geschworne, sondern im Administrativverfahren durch den Magistrat erkannt. Die Priesterschaften haben nicht bloss kein Besteuerungsrecht, sondern es scheint auch Sportelnahme nicht geduldet worden zu sein; ebenso ist das Recht Erbschaften oder Legate zu nehmen in republikanischer Zeit mit Ausnahme vielleicht der Vesta keiner einzigen römischen Tempelgottheit eingeräumt worden.

Es bleibt noch übrig die Stellung nicht der Priesterschaft überhaupt, sondern des Oberpontifex zu der sacralen oder privaten Rechtsverletzung darzustellen.

Dass das eigentliche Strafrecht, abgesehen von den Priestervergehen und Verbrechen, dem Oberpontifex nicht zugestanden hat, vielmehr das sacrale Unrecht, wo es criminelle Bestrafung forderte, gleich jedem andern behandelt wird, ist schon bemerkt worden. Anders verhält es sich mit den sacralen Unrechtfertigkeiten und Verfehlungen, gegen welche der Staat nicht einschreitet, die aber das Gewissen des Handelnden belasten. Für diese bilden die vorzugsweise vom Pontificalcollegium bewahrten sacralen Normen und Traditionen gewissermassen ein Gesetz *(jus pontificium)* — die sogenannten Königsgesetze, die freilich vielleicht erst am Ausgang der Republik entstanden sind, dürfen wohl als eine unter den Königsnamen von den Pontifices aufgestellte allgemeine Piacularordnung betrachtet werden — und das Collegium selbst bildet dafür das entsprechende Gericht, von welchem in mehr oder minder prozessualischer Form, hauptsächlich wohl im Wege der Selbstanklage der Thatbestand festgestellt und dann erkannt ward, ob das begangene Unrecht einer Sühnung fähig sei oder nicht und im ersteren Fall, was der Schuldige zu verrichten habe, um die Strafe der Götter abzukaufen und sich also zu entsühnen *(piare)*. Dasselbe Verfahren mag auch bei erst beabsichtigten Handlungen insofern Anwendung gefunden haben, als zum Beispiel das Collegium auf Anfrage die für die Verlegung einer Grabstätte erforderlichen

Sühnehandlungen bezeichnete. Dass ein Spruch dieser Art irgend welche formale Folgen gehabt hat, ist nicht zu erweisen. Es kann sein, dass namentlich in den Fällen, wo bestehende feste Ordnungen dem Spruch des Collegiums zu Grunde lagen, die erkannte Busse im Wege der popularen Privatklage beigetrieben ward. Auch mag den Pontifices das Recht zugestanden haben den, der ein unsühnbares Unrecht begangen oder für das sühnbare die Busse nicht geleistet hatte, im öffentlichen Cult zurückzusetzen oder von demselben auszuschliessen. In der Hauptsache aber ist dies Piacularverfahren wohl wesentlich eine Gewissensjudication gewesen und wird als solche für die vollgläubige Epoche gewiss von Bedeutung gewesen sein; eines Eingreifens desselben in die politischen Verhältnisse wird nirgends gedacht.

Die Einwirkung des Pontificalcollegiums auf das Privatrecht und den Privatprozess wird vielleicht überschätzt. Die zunächst auf die Festtagsheiligung gerichtete Kalenderordnung und Kalenderunordnung ist ohne Zweifel thatsächlich aus dem Pontificalcollegium hervorgegangen, wenn auch die dabei hauptsächlich zu Grunde liegende schwankende Schaltung rechtlich sicher magistratisch fixiert ward; und die Prozesstermine richteten sich allerdings nach der jedesmaligen Datirung. Aber die Gestaltung des Privatrechts hängt vom Kalender so wenig ab wie von der Abführung der Succumbenzbussen in die Kasse der Priesterschaft; und die Annahme, dass das Collegium nicht bloss für das Götterrecht, sondern für die Rechtsnormen überhaupt Depositar der Ueberlieferung gewesen und dass Rechtweisung von demselben eingeholt worden ist, entspricht wenig der ablehnenden Haltung, welche die Magistratur der Republik auf dem weltlichen Gebiet gegen die Priesterschaften eingenommen hat und ebenso wenig den für uns erkennbaren Spuren. Aus dem magistratischen Recht zu ediciren ist das Privatrecht im wesentlichen hervorgegangen; dem Pontificalcollegium hat dies Recht nicht gefehlt, aber von Edicten desselben privatrechtlichen Inhalts begegnet nirgends eine Spur. Gutachten hat der einzelne Mann, Beamter oder nicht, von dem Collegium schwerlich einfordern können; es scheint vielmehr, dass diese collegialen Gutachten nur dem Senat ertheilt wurden und dass die für die Entwickelung des römischen Privatrechts seit frühester Zeit wesentlichen Rechtsgutachten stets von Einzelnen abgegeben worden sind. Es mag sein, dass dies in ältester Zeit vorzugsweise die Pontifices gethan haben; seit uns dafür Namen genannt werden, gehören diese keineswegs alle diesem Collegium an, zum Beispiel nicht der Verfasser der *tripertita* P. Aelius Catus Consul 552 (202 v. Chr.). Die gesammte Rechtsentwickelung, selbst der früh sich einstellende Gegensatz des *ius pontificium* und des *ius civile* führen für das letztere nicht auf priesterlichen, sondern auf magistratischen Ursprung.

3. *Das städtische und das Kriegsregiment*

Die Bürgerschaft ist eine Wehrgenossenschaft, geeinigt zu friedlichem Zusammenleben unter Ausschluss der Selbsthülfe durch das der Obrigkeit eingeräumte Schiedsgericht, aber nicht minder geeinigt, um erforderlichen Falls unter derselben Obrigkeit zur Vertheidigung oder zum Angriff nach aussen hin zusammenzutreten. Die staatsrechtliche Bedeutung des Mauerringes *(pomerium)*, den sie sich schafft, beruht darauf, dass der Friede und die Friedenshandlungen von Rechtswegen auf den Schutz dieser Wälle angewiesen sind und demnach alle öffentlichen Geschäfte, insoweit sie nicht zur Kriegführung gehören, innerhalb dieses Mauerrings vollzogen werden müssen. Die darauf beruhende örtliche Zwiespaltigkeit des Regiments, der Gegensatz des *imperium domi* und des *imperium militiae*, findet ihren lebendigen Ausdruck in der magistratischen Ueberschreitung des Mauerrings unter religiös-militärischen Formen.

Der Gegensatz des städtischen und des Kriegsregiments beruht nicht auf der qualitativen Beschaffenheit der magistratischen Handlung, sondern lediglich auf dem Orte ihrer Vollziehung. Jeder innerhalb des Mauerrings vollzogene Act unterliegt den Gesetzen des ersteren und im Allgemeinen gilt dies auch von dem Vorraum ausserhalb der Mauer bis zu tausend Schritten von jedem der Thore oder, was dasselbe ist, bis zum ersten Meilenstein der von Rom auslaufenden Strassen. Jenseit dieser Grenze oder, wenn der Magistrat in der oben erwähnten feierlichen Weise den Mauerring überschritten hat, schon jenseit des Ringes selbst beginnt das Kriegsregiment, welchem also das Stadtgebiet so wie das gesammte Ausland unterliegen. Die factischen Grenzen einerseits der städtischen Ansiedelung, andererseits des Gebiets, welche beide übrigens sich stetig verschieben, kommen für die Amtsführung rechtlich nicht in Betracht.

Dass die öffentlichen Geschäfte, so weit sie nicht dem Krieg angehören, in der Stadt zu vollziehen sind, ist ohne Zweifel eine ursprüngliche mit der Entstehung des Mauerrings selbst gleichzeitige Ordnung. Sie drückt sich zunächst darin aus, dass diejenigen magistratischen Acte, bei denen der Rath oder die Bürgerchaft mitwirken, zu allen Zeiten in der Stadt vollzogen sind, der Senat wie die Comitien im Kriegsgebiet nicht versammelt werden dürfen. In Betreff des Senats ist hievon nie abgewichen und selbst den während der Revolutionsepoche zuweilen ausserhalb der Hauptstadt auftretenden Gegensenaten nie mehr als factisches Gewicht beigelegt worden. Dasselbe gilt von den alten und feierlichen Formen der Bürgerversammlung nach Curien oder Centurien. Beschlussfassung der Bürgerschaft nach den Tribus im Feldlager ist einmal versucht, aber durch Volksschluss im J. 397 (357 v. Chr.) untersagt worden und auch später ist man darauf nicht zurückgekommen.

Die von dem Magistrat allein zu vollziehenden Friedensgeschäfte haben nicht in gleicher Unbedingtheit an die Stadt gefesselt werden können; indess tritt die principielle Gleichheit auch dabei namentlich darin zu Tage, dass, wo dieselben im Kriegsgebiet stattfinden, sie einen exceptionellen Charakter an sich tragen.

Am entschiedensten gilt die Bindung an die Stadt für die Bildung des Bürgerheeres und alle damit unter dem Namen des Census zusammengefassten Acte, wobei allerdings wesentlich mitgewirkt hat, dass dieselben früh an eigene nur in der Stadt functionirende Beamte gewiesen worden sind. Auch die effective Indienststellung der Bürger, vor allem die der Reiter, vollzieht sich der Regel nach in der Stadt; indess ist davon selbstverständlich oft abgewichen worden und nimmt der Magistrat, wenn es erforderlich scheint, den dienstpflichtigen Bürger da, wo er ihn findet.

Auch das Gericht gehört von Rechtswegen in die Stadt; bis in die Kaiserzeit hinein hat die Rechtsregel gegolten, dass der vollgültige Civilprozess *(iudicium legitimum)* nur in Rom geführt werden kann. Einen Civilprozess im Lager hat die ältere Rechtsordnung schwerlich gekannt oder doch, soweit er durch die Lagerzucht geboten war, zum Beispiel bei dem Diebstahl, ihn nicht als Prozess im Rechtssinn behandelt. Wohl erst nachdem das überseeische Machtgebiet örtliche Tribunale für die daselbst verweilenden römischen Bürger nothwendig gemacht hatte, ist das feldherrliche Imperium auch für die Jurisdiction benutzt worden; andererseits wurde im Wege der durch exceptionelle Legislation angeordneten Mandirung den städtischen Gerichtsherren ein Theil ihrer Amtsgeschäfte von Unterbehörden abgenommen. Rechtlich aber ruht jeder Spruch dieser Art nicht auf dem Gesetz, sondern auf dem Belieben der Oberbeamten *(imperio continetur)* und steht bis in späte Zeit hinab dem städtischen in der Rechtskraft nicht gleich.

Mit dem Criminalverfahren wird es sich ähnlich verhalten haben. Unbotmässigkeit und überhaupt jede Verletzung der militärischen Disciplin in den durch den Feldherrn selbst dafür beliebten Grenzen unterlag den Kriegsordnungen und die dafür von dem Feldherrn verfügte Coercition gehörte nicht in die Stadt, wohl aber jedes andere Einschreiten gegen den straffälligen Bürger. Dieser Gegensatz trat wenig hervor, so lange das städtische Regiment in dieser Beziehung ebenso unbedingt schaltete wie das militärische, wie dies wenigstens als Ausgangspunct angenommen werden muss. Dennoch reicht sowohl der logischen Entwickelung der Dinge nach wie nach der Ueberlieferung der Gegensatz des militärischen und des städtischen Strafverfahrens bis in die fernste Zeit zurück: Begnadigung des überwiesenen und verurtheilten Verbrechers konnte der Magistrat nur mit Zustimmung der Bürgerschaft verfügen und war diese daher nur bei dem städtischen Verfahren zulässig.

Diese ursprünglichen mit der Machtfülle des königlichen Regiments vereinbaren Unterschiede des städtischen und des Kriegsregiments wurden bei dem Uebergang zur Republik wesentlich dadurch gesteigert, dass die damit eintretenden Beschränkungen der Magistratur auf beide ungleich bezogen wurden und hauptsächlich nur das erstere trafen. Es ist nothwendig, dies schon hier zu specialisiren, obwohl dies nur mit Vorgreifen auf die später folgenden Darlegungen geschehen kann.

Das so eben erörterte Coercitionsrecht der Magistrate blieb im Kriegsregiment unbeschränkt, wurde aber in dem städtischen dadurch wesentlich eingeschränkt, dass das alte Recht der Bürgerschaft dem verurtheilten Verbrecher die Strafe zu erlassen von dem Belieben des verurtheilenden Magistrats unabhängig gemacht und derselbe verpflichtet ward der Anrufung der Comitien durch den Verurtheilten Raum zu geben. Auch hier kommt es nicht auf die Qualität des Verbrechens, sondern auf den Ort der Prozessführung an; der Feldherr kann nach Kriegsregiment nicht bloss gegen den Soldaten, sondern, wenigstens formell, gegen jeden einschreiten, umgekehrt wegen militärischen Ungehorsams in der Stadt sich nicht über die Provocation hinwegsetzen. Als äusseres Kennzeichen der also abgeminderten magistratischen Gewalt dienen die abgeminderten Strafwerkzeuge der Lictoren: dass diese im städtischen Regiment nur die Ruthen, nach Kriegsregiment Ruthen und Beile führen und dass sie bei dem Austritt des Magistrats aus der Stadt die Beile aufnehmen, vergegenwärtigt den Gegensatz des bedingten bürgerlichen und des unbedingten soldatischen Gehorsams. Von den weiteren Modalitäten dieses wichtigen Provocationsrechts wird im vierten Buch (Abschn. 2) gehandelt werden.

Die neue Annuität der Magistratur wird zwar auf beide Amtskreise bezogen, aber nicht mit gleicher Unbedingtheit. In dem städtischen hört mit dem Eintritt des Endtermins das Amt von Rechtswegen auf und es tritt in dasselbe, wenn es an einem rechten Nachfolger fehlt, ebenso von Rechtswegen der Zwischenkönig ein. Ueberschreitung der Frist ist so schlechthin ausgeschlossen, dass nicht einmal die Comitien dieselbe verfügt haben. Im feldherrlichen Amtskreis hört im gleichen Falle zwar auch, wenigstens nach der späteren Auffassung, das Amt und der Amtstitel auf, nicht aber die Führung der Amtsgeschäfte und der Amtsinsignien; die Promagistratur (S. 68) setzt sich fort bis zum Eintreffen des Nachfolgers im Functionsgebiet und seiner persönlichen Uebernahme des Commandos; das Interregnum greift hier nicht ein. Erstreckung des Amts *(prorogatio)* bis zu einem späteren Termin, allerdings auch unter der abgeminderten Benennung, ist hier ziemlich früh und zwar zunächst durch besonderen Volksschluss, späterhin häufig durch blosse Anordnung des Senats herbeigeführt worden. Praktisch ist die Annuität ebenso streng im städtischen Regiment wie lax in dem feldherrlichen gehandhabt worden. Insbesondere wird in diesem nicht selten die Prorogation des Amtes mit einem Wechsel der Competenz verbunden, dem städtischen Beamten bei Ablauf seiner Amtszeit ein Commando übertragen oder auch dem Commandoführer das Commando gewechselt, was der Sache nach statt auf Amtscontinuirung vielmehr auf Beamtencreirung hinausläuft und einer derjenigen Wege ist, auf denen der Senat diese verfassungsmässig ihm nicht zukommende Befugnis sich angeeignet hat.

Aehnlich verhält es sich mit der oberamtlichen Collegialität. Im städtischen Amtsgebiet wird sie principiell wie praktisch so weit irgend möglich durchgeführt: hier zieht man die letzte Consequenz der Collision gleichberechtigter Magistrate, die Annullirung des magistratischen Befehls durch das Einschreiten *(intercessio)* des Collegen und wirkt daneben in aller Weise darauf hin, dass die beiden Oberbeamten gemeinschaftlich fungiren und die Intercession thatsächlich möglich bleibt. Umgekehrt wird im Kriegsregiment die collegialische Intercession principiell abgeschnitten durch Einführung eines wechselnden auch den Collegen bindenden Oberbefehls und thatsächlich dem Nebeneinanderstehen gleichberechtigter Gewalten so weit möglich ausgewichen durch Theilung der Truppen und der Commandokreise.

Auch die der collegialischen nachgebildete tribunicische Intercession, praktisch eine der wesentlichsten Schranken des Imperium, ist beschränkt auf das städtische Regiment, wie denn überhaupt im Kriegsregiment der Gegensatz des Adels und der Bürgerschaft niemals zu irgend welcher Geltung gelangt ist.

Endlich führt das Princip, dass amtliche Function nur von dem Beamten ausgeübt werden darf, im städtischen Regiment zum Ausschluss der gewillkürten Stellvertretung. Stellvertretung kann hier nur stattfinden, so weit sie auch stattfinden muss, wie zum Beispiel im Fall des Verweilens sämmtlicher Magistrate im Ausland ein Gerichtsverweser betellt wird; wenn dagegen der Magistrat in anderer Weise abwesend oder krank oder sonst wie behindert ist ruht die Function. Im feldherrlichen Regiment wird jenes Princip nicht mit gleicher Schroffheit durchgeführt, sondern dem Feldherrn in solchen Fällen die Bestellung eines Stellvertreters gestattet, welcher zwar nicht Magistrat ist, aber promagistratisch des Amtes waltet.

Unleugbar fordern diese dem städtischen Regiment gezogenen Schranken thatsächlich die Herrschaft des Friedens und der Gesetze und stehen insofern in einem gewissen Widerspruch zu dem früher entwickelten Princip, dass bei der Scheidung der beiden Amtkreise nur auf den Ort, nicht auf die Beschaffenheit der Amtshandlung gesehen wird. Für den Tag der Siegesfeier pflegt dem Magistrat durch Privilegium die nach Kriegsregiment ihm zukommende Gewalt auch innerhalb der Stadt eingeräumt zu werden, wobei zunächst an die Beile der Lictoren gedacht sein wird; um so mehr wird ein ähnlicher Ausnahmezustand da erfordert worden sein, wo Kriegsverrichtungen innerhalb des Mauerrings nothwendig wurden. Indess derartige Anordnungen sind nicht überliefert und die praktische Realisirung des ewigen Friedens innerhalb des römischen Mauerrings gehört zu den Glaubenssätzen des republikanischen Stolzes und der republikanischen Hoffart. Allerdings hatte die gefestete römische Republik einigermassen das Recht so Belagerung wie Bürgerkrieg zu ignoriren. Praktisch füllt die Lücke bis zu einem gewissen Grad unter dem früheren Magistratsregiment das Institut der auch im städtischen Regiment competenten Dictatur, welche wesentlich nichts ist als die von dessen Schranken befreite feldherrliche Gewalt; unter der Herrschaft des Senats das von diesem in Anspruch genommene Recht die fungirenden Magistrate im Stadtkreis mit exceptioneller Gewalt auszustatten.

Hand in Hand mit der principiellen Scheidung der städtischen und der feldherrlichen Function der Beamten geht das Princip der personalen Einigung beider Verrichtungen. Wie das Königthum also gedacht ist, sind auch die ältesten Magistrate der Republik, Consuln und Quästoren im Hause wie im Felde gleichmässig thätig und selbst wo von Haus aus der militärische Zweck überwiegt, wie bei dem Dictator, wird ihm das Stadtregiment damit keineswegs entzogen. Indess ändert sich dies im Laufe der Entwickelung und scheiden die beiden Amtskreise mehr und mehr sich auch personell. Die Vorsteher der Plebs, die allerdings zunächst nicht Magistrate sind, sind die ersten, welche nur für den Stadtkreis in Betracht kommen. Die Beschränkung der plebejischen Aedilen auf die Stadt übertrug sich dann auf deren jüngere patricische Halbcollegen. Von der Censur gilt, wie schon bemerkt ward, dasselbe. Im Oberamt und bei der Quästur führte die vermehrte Stellenzahl für eine Reihe von Posten die Beschränkung auf die städtische Function herbei, während rechtliche Beschränkung auf den Amtkreis *militiae* dem Wesen der römischen Magistratur zuwiderläuft und bis in späte Zeit mit verschwindenden Ausnahmen vermieden wird, so häufig auch einzelne Beamte vorzugsweise für solche Geschäfte verwendet werden. Die bei einigen Magistraturen vorkommende Bezeichnung *urbani* drückt, wie es scheint, nicht zunächst die städtische Amtsverwaltung aus, sondern die diesen Magistraten im Gegensatz zu ihren Collegen obliegende Verpflichtung während der Amtszeit Rom nicht zu verlassen.

4. Die Creirung der Beamten

Wie die Gemeinde ewig ist, fordert sie eine gleichfalls ewige ununterbrochene Gemeindevertretung. Völlig indess kann die begriffliche Forderung praktisch nicht realisirt werden: wenn die Gewalt der Thatsachen Unterbrechungen der rechtlichen Folge herbeiführt, tritt, wie in die Lücken des Rechtsschutzes die Nothwehr, so in die Lücken der geordneten magistratischen Reihe das Nothstandscommando. Im städtischen wie im militärischen Regiment ist, wo es an einem zur Führung berufenen Beamten fehlt oder der berufene Beamte versagt, ein jeder Bürger berechtigt an die Spitze der übrigen zu treten und diejenigen Massregeln anzuordnen, welche die Nothlage erheischt, wobei die angeseheneren Männer, in der Stadt die Senatoren, im Lager die Offiziere vorzugsweise zur Führung berufen sind. In den militärischen Verhältnissen ist dies, zumal da es den Römern an einer geordneten Offiziershierarchie gebricht, bei den nach dem Wegfall des regelmässig einzigen Imperienträgers führerlos gewordenen Truppenabtheilungen häufig vorgekommen; aber auch im eigentlichen Regiment haben solche Lücken und freihändige Deckungen derselben sich eingestellt, zum Beispiel bei dem Erscheinen Hannibals vor den Mauern Roms und bei den Katastrophen der Gracchen und ähnlichen revolutionären Vorgängen, wobei freilich, wie bei aller Nothwehr, Gebrauch und Missbrauch in einander laufen. Die Rechtsordnung der Gemeinde kann dergleichen exceptionelle und regelmässig transitorische Zustände nicht schlechthin ignoriren; darzustellen aber hat sie nur die geordneten Abwandelungen der Gemeindevertretung, die Normen für den Wechsel der Magistrate.

Die ununterbrochene Folge, welche die Gemeindevertretung fordert, beschränkt sich auf das ständige Oberamt, in welchem ja die Vertretung eigentlich und wesentlich beschlossen ist. Hier ist sie unabhängig von dem Wechsel der Person, mag diese bei Lebenslänglichkeit des Amtes regelmässig durch den Tod oder, wie bei dem Jahramt, regelmässig durch den Ablauf der Amtsfrist eintreten; unabhängig nicht minder von dem Wechsel der Benennung, indem die verschiedenen Inhaber des Oberamts, die Könige, die Zwischenkönige, die Consuln und die dafür zeitweise eintretenden Beamten consularischer Gewalt eine lückenlos zusammenschliessende Reihe bilden. — Die ständigen Unterbeamten, wie die Quästoren und Aedilen bilden zwar eine ähnliche Reihe; doch ist dieselbe, zumal da während des Interregnum die Unterämter ruhen, keineswegs lückenlos und braucht es nicht zu sein, weil die Stetigkeit der Gemeindevertretung an diesen Nebenämtern nicht haftet. — Mit dem Volkstribunat verhält es sich insofern anders, als die Plebs ein Staat für sich zu sein prätendirt und darum auch eine stetige Staatsvertretung fordert; indess fehlt es dafür an einer dem Interregnum analogen Institution und ist die Stetigkeit des Tribunats nach der durch den Decemvirat herbeigeführten Unterbrechung nur durch sorgfältige Ordnung und Handhabung der Nachfolge thatsächlich erreicht worden. — Bei den nicht ständigen ordentlichen so wie bei allen ausserordentlichen Magistraturen ist die Folge entweder unterbrochen oder überhaupt ausgeschlossen.

Die Continuität des Oberamts der Gemeinde und, was dasselbe ist, die gesicherte Wiederbesetzung desselben ruht auf dem patricischen Senat, welcher eben zu diesem Behuf unverändert in die patricisch-plebejische Gemeindeordnung übergegangen ist. Indem wir für dessen Zusammensetzung auf das fünfte Buch (Abschn. 2) verweisen, genügt es hier darauf hinzuweisen, dass diese stetig ergänzte und auf ewige Dauer angelegte Körperschaft das Königthum so zu sagen in sich trägt. Allerdings können, da die königliche Gewalt die Einheitlichkeit der Person fordert (S. 65), die Mitglieder dieser Körperschaft nicht insgemein als Könige betrachtet werden; aber bei erledigtem

Königthum sind sie sämmtlich einer nach dem andern zur Nachfolge berufen, wobei zugleich die Herrschaft eines jeden auf fünftägige Dauer begrenzt ist. Die Reihenfolge der in die Vacanz eintretenden Personen wird entweder durch das Loos bestimmt oder, was späterhin Regel war, der erste Zwischenkönig wahrscheinlich durch Abstimmung, der jedesmal folgende durch das Belieben des Vorgängers an seine Stelle gesetzt, nachdem dieser die Auspicien desswegen befragt und sich der Zustimmung der Gottheit zu dieser Wahl versichert hat. Da die Bestellung des ersten Zwischenkönigs rechtlich gedacht worden sein muss als der Zeit nach anschliessend an das erledigte Imperium und es eine Zeitgrenze für diese Porcedur nicht giebt, so war damit für die Verwesung des Amtes und die Lückenlosigkeit der Reihe hinreichend Sorge getragen.

Aber die eigentliche Nachfolgercreirung war dies nicht, sondern, wie dies schon die Benennung des fünftägigen Herrschers ausdrückt, eine interimistische die Bestellung des neuen Vorstandes vorbereitende Einrichtung. Die Rechtsform dabei ist die Ernennung durch den derzeitigen Inhaber der obersten Gewalt; der Magistrat erschafft den Magistrat. Von diesem fundamentalen Princip ist das römische Staatsrecht ausgegangen und es ist auch in der späteren Entwickelung wohl verdunkelt, aber niemals aufgegeben worden. Indess hat dies Ernennungsrecht dem lebenslänglichen Herrscher schwerlich anders zugestanden als wenn er zugleich die Herrschaft niederlegte; eine ursprünglich betagte Nachfolgeernennung verträgt sich weder mit der allgemeinen Rechtsanschauung der Römer noch lässt sie sich mit dem Interregnalverfahren vereinigen. Auch mag dabei die religiöse Vorstellung mitgewirkt haben, dass durch den nothwendigen Untergang der individuellen Herrschergewalt und den Uebergang des Regiments auf den patricischen Gesammtsenat die etwa von dem einzelnen Herrscher begangene Verschuldung unter- und auf den neuen Gemeindevorstand das Imperium rein und verjüngt übergeht. Dagegen ist der Zwischenkönig recht eigentlich für diesen Act bestimmt. Allerdings wird der erste desswegen ausgeschlossen, weil für eine Einsetzung die vorherige Zustimmung der Götter nicht hat eingeholt werden können. Aber der zweite und jeder folgende ist befugt und verpflichtet unter Beobachtung der Auspication den Eintritt der ordentlichen Magistratur baldmöglichst herbeizuführen, welche, so wie die Ernennung vollzogen ist, sofort in Function tritt und dem Interregnum ein Ende macht. — Die ausschliessliche Creirung des Magistrats durch den Zwischenkönig, auf welche die Ordnungen der Königszeit hinführen, ist in der republikanischen, vielleicht schon von Anfang an, aufgegeben und die reguläre Nachfolgerernennung mit entsprechender Betagung als einiger Ersatz für die verlorene Lebenslänglichkeit des Amts dem Oberbeamten selber übertragen worden, womit zugleich sich die Befugniss verband bei partieller Erledigung des Amtes den Collegen zu creiren. Subsidiär kam die Interregnalordnung auch ferner noch zur Anwendung. Der Begriff der Vacanz, auf dem sie beruht, ist dabei auch gegenüber der späteren Vielfältigkeit und Zersplitterung der Magistratur in der alten Unbedingtheit festgehalten worden. Die Magistratur gilt nicht als erledigt, so lange auch nur ein einziger wirklicher Magistrat vorhanden ist und es wird dieser Begriff hier in dem späteren weiteren Sinne verstanden, so dass zwar nicht die Promagistrate und die Magistrate der Plebs, wohl aber auch die niederen Aemter sämmtlich erledigt sein müssen, bevor das Interregnum vorhanden ist. Allerdings wird durch diese hyperbolische Principienstrenge das Wesen und der Zweck der Institution zerstört; wenn die Consuln fehlen und Prätoren oder auch bloss Quästoren vorhanden sind, so fehlt es nicht bloss an einer zur Creirung der Consuln competenten Stelle, bis es dem letzten jener Beamten beliebt hat niederzulegen, sondern es ist auch die Continuität des Oberamts wenigstens in dem letzteren Falle unterbrochen.

Nach dem hier zunächst für die Succession im Oberamt entwickelten Princip sind alle im römischen Gemeinwesen vorgenommenen magistratischen Berufungen vollzogen worden; die ordentlichen wie die ausserordentlichen, die höheren wie die niederen Magistrate werden alle creirt durch das Oberamt. Nur der Consul einschliesslich der im Stadtregiment für ihn eintretenden gleichgestellten Gewalten, der Decemvirn und der Kriegstribune, ferner der Dictator so wie der Interrex und der Prätor sind zur Creirung von Magistraten befugt, jedoch auch sie nicht in gleichem Umfang. Unbeschränkt haben dieses Recht nur der Consul und der Dictator, so dass sowohl dieser jenen wie jener diesen creiren kann. Der Interrex ist nur competent zur Creirung von Consuln. Dem Prätor steht nur die Creirung von Beamten niederen Rechts zu, so dass er streng genommen — Ausnahmen sind vorgekommen — weder einen Dictator noch einen Consul noch auch nur einen Prätor bestellen kann. Ausserordentliche Beamte für magistratische Creation sind nur einmal in den Wirren nach Caesars Ermordung und ohne Frage verfassungswidrig bestellt worden, da die Verknüpfung der Beamtencreirung mit dem ordentlichen Oberamt offenbar als eine auch die Comitien bindende Verfassungsnorm betrachtet ward. In wie weit unter dem Principat dem Princeps das Recht der Beamtenernennung oder doch ein gesetzlich fixirter Einfluss auf die Wahlen zusteht, wird zweckmässig in den von dem Principat und dessen Gehülfen handelnden Abschnitten erörtert.

Bei diesem Act cessirt die Collegialität schlechthin: wie sie bei der ältesten Bestellungsform durch den Interrex selbstfolglich ausgeschlossen war, wird auch die consularische und die prätorische Creirung immer nur von einem einzelnen Beamten vollzogen, wie dies allerdings bei scharfer Festhaltung des Creationsprincips nothwendig geschehen musste. Dem Collegen steht hier nicht einmal die Intercession zu. Die Entscheidung, von wem die Creation vorzunehmen ist, giebt, wenn die Collegen sich darüber nicht vergleichen, das Loos. Auch ist die Creirung namentlich von Collegen und Nachfolgern ursprünglich wahrscheinlich mehr als Recht denn als Pflicht des Beamten angesehen worden; es giebt kein verfassungsmässiges Mittel ihn zur Vornahme dieser Acte anzuhalten und es scheint von Rechtswegen dem competenten Beamten freigestanden zu haben bei unvollständigem Collegium die Nachwahl zu unterlassen und hinsichtlich der Nachfolgerbestellung das Interregnum herbeizuführen. Von besonderer Wichtigkeit ist die Anwendung dieser Regel auf die Dictatur; obwohl der Consul, der diesen Act vollzieht, damit eine ihm sowohl wie seinem Collegen übergeordnete Magistratur schafft, ist es dennoch immer anerkannt worden, dass es verfassungsmässig kein directes Mittel giebt den Consul dazu zu zwingen. — Alle übrigen Beamten können weder sich selbst Collegen oder Nachfolger noch andere Beamte creiren. Selbstverständlich aber nehmen bei der plebejischen Quasimagistratur die Tribune für die Creation dieselben Rechte in Anspruch wie bei der wirklichen die Consuln.

Wir wenden uns zu der Frage, seit wann und wie weit das magistratische Ernennungsrecht an den Beschluss der Bürgerschaft gebunden und wie und in welchem Umfang die Creirung der Beamten der Sache nach von der Magistratur auf die Comitien übergegangen ist. Die Abnahme des Treuwortes (S. 105), durch welches die dem Bürger obliegende Pflicht dem Magistrat zu gehorchen nach der Creation eines neuen Oberbeamten von jeher bestärkt worden ist, kann als Mitwirkung der Bürgerschaft bei der Beamtenernennung nicht angesehen werden, wenn sie gleich zeigt, dass von Haus der Gehorsam des Bürgers gegen den Magistrat nicht der des Sclaven ist, sondern der des freien wohl staatlich verpflichteten, aber auch selbst sich verpflichtenden Mannes. Jene Verfassungsänderung ist principiell wie praktisch von entscheidendem Gewicht. Die Magistratur steht auf sich selbst, so lange der Vormann den Nachfolger ernennt; indem das Ernennungsrecht auf die Comitien übergeht, werden diese die Repräsentation der Gemeindegewalt und der Magistrat ihr Auftragnehmer. Der Schwerpunct des Regiments wird also damit von der Magistratur in die Comitien verlegt; die souveräne Stellung der Bürgerschaft hängt in erster Reihe an der Einführung der comitialen Beamtenwahl.

Wenn unsere Ueberlieferung die Bindung des magistratischen Ernennungsrechts durch vorherige Befragung der Comitien zurückführt auf den ersten creirten Magistrat, das heisst auf den König Numa, so gehört dies unzweifelhaft zu den in der Legende so zahlreichen Redatirungen späterer Institutionen hinauf in die geheiligte Urzeit. Ohne Zweifel ist die freie Creirung des Beamten durch den Beamten der Ausgangspunct der Entwickelung und ist der wirkliche römische König ebenso wenig aus wirklicher Volkswahl hervorgegangen wie der Zwischenkönig und späterhin der das Königthum formell repräsentirende Priester. Jene Bindung der Beamtencreirung ist vielmehr zunächst exceptionell, dem herrschenden Adel durch die patricisch-plebejische

Bürgerschaft von Stelle zu Stelle abgenommen und schliesslich so weit geführt, dass die Ausnahme zur Regel ward.

Auf das Oberamt insgemein ist diese Bindung insofern nicht erstreckt worden, als die Ernennung des Dictators durch den Consul ohne Mitwirkung der Comitien bis in die Epoche des hannibalischen Kriegs hinein festgehalten worden ist. Die zähe Vertheidigung dieser Bestimmung sowohl, welche allerdings bei der geradezu auf die zeitweilige Unterstellung der Stadt unter die Feldherrngewalt gerichteten Beschaffenheit des Amtes (S. 60 f.) begreiflich genug ist, wie das Fallenlassen der Institution selbst, als die Volkswahl von derselben nicht länger abgewehrt werden konnte, zeigt deutlich die ungemeine politische Wichtigkeit der Volkswahl. Aehnlich wie mit der Dictatur ist mit dem obersten Gehülfen des Dictators, dem Reiterführer und mit dem Stadtverweser *(praefectus urbi)* verfahren worden; beide Oberämter (S. 67) sind der Volkswahl nicht unterworfen, aber im Laufe der Entwickelung beseitigt worden, dass letztgenannte, von geringen Ueberresten rein formaler Beschaffenheit abgesehen, wahrscheinlich bei Einrichtung der dritten ständigen Oberamtsstelle oder der Stadtprätur, das Reiterführeramt mit der Dictatur, zu der es gehörte. Mit der Beseitigung dieser Aemter war allerdings, vom Zwischenkönigthum abgesehen, das Oberamt schlechthin unter die Comitialwahl gezogen. Wann dies für das ordentliche Oberamt, das Consulat wie die Prätur festgesetzt worden ist, lässt sich nicht entscheiden. Da unsere Ueberlieferung die Comitialwahl der Magistrate bis in die Königszeit hinein erstreckt und die freie Creirung bei dem ordentlichen Oberamt überhaupt nicht kennt, so kann sie nicht als Zeugniss dafür gelten, dass die erstere mit der Republik selbst aufgekommen ist; der Wechsel ist vielleicht erst später, aber auf jeden Fall vor der Epoche der eigentlichen historischen Ueberlieferung eingetreten. — So wenig wie für die Consuln lässt sich für die Volkstribune die Frage entscheiden, ob die Bürgerschaft von jeher bei ihrer Wahl mitgewirkt hat; wir wissen nur, dass späterhin, während bei jeder Wahl zum Oberamt, selbst bei der Ergänzung der unvollzähligen Magistratur die Comitien mitwirken, den Volkstribunen eine Zeitlang das Recht zugestanden hat in diesem Fall die fehlenden Collegen frei zu creiren oder, wie dies hier bezeichnet wird, zu cooptiren.

Aber die Bindung des Oberamts durch die Mitwirkung der Comitien bei der Bestellung von Collegen und Nachfolgern hat sich bald weiter auf die Bestellung der Amtsgehülfen erstreckt. Diese Tendenz der republikanischen Entwickelung hat die ursprünglich freie Gehülfenwahl in steigender Progression eingeschränkt und schliesslich für die den höheren Ständen angemessenen Gehülfenstellungen so gut wie beseitigt. Den ersten Schritt auf dieser Bahn bezeichnet die Bindung der Quästorencreirung um die Zeit des Decemvirats; für die weiteren ist auf die Einzeldarlegung im folgenden Buch zu verweisen. Dass hiemit der ursprüngliche Begriff der Magistratur sich verschiebt, der

Inhaber des Imperium, bis dahin der alleinige unmittelbare Gemeindevertreter und für alle einzelnen öffentlichen Functionäre der Auftraggeber, fortan nur noch der vornehmste unter den Mandataren der Gemeinde ist und der frühere Gegensatz des Amtes und der Gehülfenstellung sich in den des Oberamts mit und des Unteramts ohne Imperium umwandelt, ist hinsichtlich der Terminologie des Wortes *magistratus* bereits ausgeführt worden (S. 67) und wird sachlich in dem folgenden Buch im Einzelnen darzulegen sein.

Die Creirung der republikanischen Beamten, die unter Augustus den Comitien verblieben war, wurde von Tiberius auf den Senat übertragen und kann, da dieser damals aus den gewesenen Gemeindebeamten gebildet ward, als Cooptation bezeichnet werden, in welche indess, wie in einem späteren Abschnitte (Buch 5 Abschn. 5) zu zeigen sein wird, kaiserliche mehr oder minder directe Verleihung sei es des Amtes selbst, sei es der an das geführte Amt geknüpften Rechte in weitem Umfang eingriff. Die unter dem Principat neu geschaffenen Aemter, über welche in dem Abschnitt von den kaiserlichen Unterbeamten (Buch 3 Abschn. 12) gehandelt ist, werden durchgängig vom Kaiser besetzt; indess ist für einen grossen Theil derselben die Bekleidung eines der republikanischen Gemeindeämter die rechtliche Qualification, und die effective Bedeutung der Wahlen namentlich zur Prätur und zum Consulat beruht unter dem Principat weniger auf den Aemtern selbst als auf diesen damit verknüpften Anwartschaften.

Der Form nach erfolgt die Mitwirkung der Bürgerschaft bei der Aemterbestellung, ebenso wie die ältere bei der Gesetzgebung, durch Frage des Magistrats und Antwort der einzelnen Bürger, auf welche Rogation dann die Ermittelung des Ergebnisses und dessen Verkündigung, die Renuntiation folgt. Die Rogation aber hat wahrscheinlich insofern den Inhalt gewechselt, als der Wahlvorschlag zuerst in die Frage, später in die Antwort gelegt ward. Obwohl unsere Ueberlieferung davon nichts weiss, ist allem Anschein nach bei dem Aufkommen der Befragung der Bürgerschaft die Initiative dem zur Ernennung berufenen Beamten in der Weise geblieben, dass er die für das Amt in Aussicht genommenen Personen den Bürgern bezeichnet und diese dieselben annehmen oder ablehnen. Aber in historischer Zeit vollzieht der Wahlact sich vielmehr in der Form, dass der Fragende nur das zu besetzende Amt bezeichnet und die Auswahl der Personen bei dem einzelnen Bürger steht. Ueber das Verfahren im Einzelnen kann auf die im fünften Buch entwickelte Comitialordnung verwiesen werden; hier sei nur erwähnt, dass die öffentliche und mündliche Stimmabgabe lange Zeit in Uebung geblieben und erst im J. 615 d. St. (139 v. Chr.) durch die geheime Abstimmung ersetzt worden ist. Damit ist das Recht des Beamten den Beamten zu creiren im Wesentlichen herabgedrückt zu dem Recht die Comitialwahlen zu leiten, wenn gleich, wie im folgenden Abschnitt gezeigt werden soll, dem wahlleitenden Beamten, namentlich in der Befugniss die Qualification des Bewerbers und den Verlauf des Wahlacts zu controliren, auch jetzt noch ein wesentlicher Einfluss auf den Ausfall der Wahl verblieb. Die Renuntiation nach gültig vollzogener Wahl ist für den wahlleitenden Beamten obligatorisch, obwohl es allerdings kein Mittel giebt ihn dazu zu zwingen und in einzelnen Fällen die Renuntiation verweigert worden ist.

Der Zeit nach schliesst bei allen nicht nach dem Princip der Annuität geordneten Aemtern an die Creation der Amtsantritt unmittelbar *(ex templo)* sich an. Es gilt dies für den König, den Dictator, die Censoren, die zur Coloniegründung bestellten Beamten und so weiter, ebenso für die Jahresämter, wenn ausnahmsweise deren Besetzung bis in das Amtsjahr hinein verzögert worden ist. Eine Zwischenzeit zwischen Ernennung und Antritt begegnet hier nur in seltenen Ausnahmsfällen. Die Ernennung der Jahresbeamten unterliegt dagegen von Rechtswegen der Anticipation oder, nach dem römischen Ausdrucke, es tritt hier die Creation auf als Designation und es liegt zwischen dieser und dem Antritt eine Zwischenzeit. Hinsichtlich der Dauer derselben scheint verfassungsmässig nur festgestanden zu haben, dass sie kürzer sein muss als ein Kalenderjahr; Designation mit längerem Intervall, wie sie seit der caesarischen Dictatur einzeln vorkommt, widerstreitet schon darin der bestehenden Ordnung, dass sie das Ernennungsrecht des nachfolgenden Oberbeamten beeinträchtigt. Wenigstens üblich war es die Ernennungen für das Folgejahr erst in der zweiten Hälfte des Vorjahrs vorzunehmen, also die Anticipation auf höchstens sechs Monate zu beschränken. Die weitere Festsetzung der Termine steht, so weit nicht Specialordnungen eingreifen, im Ermessen des ernennenden Magistrats. Die Jahrbeamten sind in älterer Zeit gewöhnlich nach der Rückkehr der Beamten aus dem Sommercommando, also meistens nicht lange vor Ablauf des Amtsjahrs bestellt worden; nachdem später, wahrscheinlich seit der sullanischen Zeit, die Conuln regelmässig das ganze Jahr in der Stadt functioniren, werden die Wahlen der Jahrbeamten der Regel nach so früh wie möglich, das heisst im Juli vorgenommen. In ähnlicher Weise vollziehen sich auch die plebejischen Wahlen.

5. *Die Qualification für die Magistratur*

Wenn eine Verpflichtung zur Uebernahme des Gemeindeamts in der römischen Republik wenigstens in der uns geschichtlich bekannten Zeit nicht anerkannt ward (S. 64), so fällt die Berechtigung dazu von Haus aus zusammen mit dem Bürgerrecht; an sich haftet an diesem wie das Stimmrecht so auch die Wählbarkeit. Aber im Laufe der Zeit entwickelten sich zahlreiche Disqualificationen, die auch bei vorhandenem Bürgerrecht die Creirung entweder nichtig machten oder den creirenden Beamten verpflichteten oder mindestens berechtigten sie abzulehnen. Die hierin angedeutete rechtliche

Verschiedenheit der Hinderungsgründe offenbart sich namentlich hinsichtlich der Entbindung von denselben. Einzelne darunter sind so absolut, dass Dispensation dabei überhaupt ausgeschlossen ist; von anderen kann durch besonderen Volksschluss Entbindung eintreten, wobei übrigens die Regel gilt, dass der Wahlact selbst dafür nicht genügt; noch andere endlich berechtigen wohl den wahlleitenden Beamten zur Ausschliessung des Candidaten, genügen aber nicht zur Vernichtung der sonst gültig vollzogenen Wahl. Indess gestattet unsere Ueberlieferung nicht die Distinction zwischen diesen Kategorien im Einzelnen zu verfolgen und müssen wir uns bescheiden, die verschiedenen Disqualificationen lediglich zusammenzustellen.

1. Auf das Fehlen oder die Mangelhaftigkeit des Bürgerrechts lässt sich der Ausschluss der Wählbarkeit zurückführen bei Unfreien und Ausländern; bei den Frauen; bei den Knaben bis zu derjenigen Altersgrenze mit welcher die Wehrfähigkeit und das Stimmrecht erworben wird, das heisst bis zum vollendeten siebzehnten Jahr; bei den Bürgern ohne actives Stimmrecht (S. 43), da das passive an diesem hängt; bei denen, denen strafrechtlich die Wählbarkeit entzogen ist, was in der späteren Republik vereinzelt vorkommt.

2. Auf die ständischen Gegensätze geht es zurück, dass der Plebejat in älterer Zeit für das Gemeindeamt disqualificirt wie der Patriciat für die plebejische Quasi-Magistratur. Ueber die fast vollständige Beseitigung des erstgenannten Ausschlussgrundes ist im vorigen Buch (S. 30) gehandelt worden. Es gehört ferner hieher die Unfähigkeit des Opferkönigs zur Uebernahme eines Gemeindeamts, weil der patricische König für dasselbe nicht taugt. Zusammenstellen lässt sich damit aus der Epoche des julisch-claudischen Principats die Disqualification der Transalpiner und vielleicht der Nicht-Italiker überhaupt,

3. Mangelnde Ehrenhaftigkeit steht der Wählbarkeit im Wege. Es wird davon Anwendung gemacht auf die gewesenen Sklaven und deren Kinder ersten Grades sowie auf die unehelich Geborenen (S. 42); auf die Personen, deren Lebensstellung, insbesondere wegen Betrieb eines Gewerbes mit der Beamtenthätigkeit unvereinbar erscheint; auf die wegen sittlichen Makels bescholtenen Personen. Die Handhabung aber dieser sowohl in ihrem Umfang wie hinsichtlich der Constatirung schwankenden Normen wird hauptsächlich vom Herkommen und weiter von der Willkür des creirenden Beamten abgehangen haben. Der Ausschluss derjenigen Bürger von der Wahl, welche nicht einen freien Vater und einen freien Grossvater aufzuweisen vermochten, ist durch Gesetz oder gesetzgleiche Gewohnheit festgestellt. Derjenige des Lohnarbeiters, in welchem die volle Hoffart des Sklavenregiments, aber auch der volle Stolz der unbesoldet regierenden Aristokratie zum Ausdruck kommt, ist wohl auch thatsächlich durchgeführt worden, aber vielleicht nicht so sehr im Wege der formalen Abweisung als vermittelst der thatsächlichen Aussichtslosigkeit derartiger Candidaturen. Für die Ausschliessung des

bescholtenen Mannes fehlt in republikanischer Zeit die formale Grundlage; erst unter dem Principat ist der Begriff der *infamia*, wie er im Civilrecht bei Gelegenheit der prozessualischen Stellvertretung sich fixirt hatte, als disqualificirend auch für das Staatsamt anerkannt worden. Die Verurtheilung wegen Diebstahls oder ähnlicher ehrloser Handlungen, die censorischen Tadelsvermerke, die militärische Degradation und ähnliche Momente werden bei dem Ausschluss von der Candidatur in Erwägung gekommen sein; schliesslich aber kann nur in jedem einzelnen Fall das Ermessen des creirenden Beamten nach beiden Seiten hin den Ausschlag gegeben haben.

4. Wahrscheinlich auf Grund des villischen Aemtergesetzes vom J. 574 d. St. (180 v. Chr.) wird der dienstpflichtige, das heisst weniger als 46 Jahre alte und körperlich taugliche Bürger zum Aemterbewerb nur zugelassen, nachdem er die gesetzlich vorgeschriebene Zahl von Dienstjahren geleistet oder doch sich zur Leistung gemeldet hat. Späterhin, vielleicht seit Sulla, wurde davon abgesehen, obwohl herkömmlich auch jetzt noch dem Eintritt in die Aemterlaufbahn ein Jahr des Soldaten- und ein zweites des Offizierdienstes voraufging. Seit Augustus wird vor Uebernahme der Quästur Ableistung des Offizierdienstes verlangt.

5. Gleichzeitige Bekleidung zweier ständiger Aemter ist unstatthaft; die Wahl zur Prätur also disqualificirt für die Aedilenwahlen desselben Jahres. Nicht ständige ordentliche sowie alle ausserordentliche Aemter können sowohl mit ständigen wie unter sich cumulirt werden.

6. Bekleidung desselben Jahramts in zwei unmittelbar auf einander folgenden Jahren ist wohl von jeher als Umgehung der Annuität gemissbilligt worden. Die Iteration mit Zwischenfrist, anfänglich gestattet, wird seit dem Anfang des 5. Jahrh. für das Consulat durch deren Normirung auf mindestens zehn Jahre beschränkt und weiter für die Censur am Ende des 5., für das Consulat in den ersten Jahren des 7. Jahrh. gänzlich untersagt, wogegen Sulla für dieses wieder auf das zehnjährige Intervall zurückkam. — Bei den niederen Aemtern ist die Iteration wahrscheinlich rechtlich nicht beschränkt worden, aber factisch ausser Gebrauch gekommen, da man sich in späterer Zeit um diese hauptsächlich nur bewarb, um damit die Staffel für die höheren zu gewinnen. — Bei dem Volkstribunat wird bei sonst mangelnder Bewerbung nicht bloss die Iteration, sondern selbst die Continuation gestattet. — Bei den ausserstädtischen Imperien wird in der späteren Republik die nicht intervallirte Iteration häufig zugelassen in der Form der Prorogation (S. 78).

7. Die Bekleidung verschiedener patricischer Jahrämter ohne Zwischenfrist scheint im Anfang des 6. Jahrh. untersagt worden zu sein; diese Frist ist dann durch das villische Gesetz auf mindestens zwei Jahre normirt worden.

8. Eine rechtlich feste Aemterfolge kennen die älteren Ordnungen nicht, obwohl selbstverständlich regelmäßig die Gehülfenstellungen vor den Imperien übernommen wurden. Der Kriegstribunat ist noch am Ende des

6. Jahrh. nicht selten nach dem Consulat geführt worden und überhaupt die Verwaltung des niederen Amts nach dem höheren nur ungewöhnlich, nicht unzulässig. Umgekehrt dagegen wird, wahrscheinlich seit dem villischen Gesetz vom Jahre 574 (180 v. Chr.), bei den ordentlichen patricischen Aemtern die Bekleidung der Quästur als Bedingung für die Prätur, die der Prätur als Bedingung für das Consulat gefordert. Augustus hat, jedoch nur für die Plebejer, zwischen Quästur und Prätur die drei Aedilitäten und den Volkstribunat alle vier zu einer Stufe zusammengefasst, ferner als unterste für die Quästur bedingende Stufe eine Anzahl unter dem Namen der Zwanzigmänner zusammengefasster Anfangsämter eingeschoben. Da in den beiden untersten Stufen der Virgintivirn und der Quästoren gleichmässig zwanzig, in der dritten ädilicisch-tribunicischen sechzehn, in der vierten prätorischen mindestens zwölf Stellen zu besetzen sind, so muss, um die Quästorenwahl überhaupt möglich zu machen, eine Aushülfsmassregel hinzugetreten sein und ist auch für die übrigen Stufen das Wahlrecht kaum effectiv zu nennen; es scheint der Zweck dieser Anordnung gewesen zu sein unter Beibehaltung der Wahlform der Sache nach das Durchlaufen der Aemterstufen bis zur Prätur als normale Ordnung herbeizuführen. Auf das Consulat hat sich dies auch, aber in minderem Grade erstreckt, da nach der unter dem Principat eintretenden Jahrtheilung (S. 103) in jedem Jahr zuerst vier, später häufig sechs, freilich auch nicht selten mehr Consuln creirt wurden. — Bei den ordentlichen nicht ständigen Aemtern, der Dictatur und der Censur hat sich wohl nicht durch Gesetz, aber durch allmählich sich fixirende Uebung die Regel festgestellt, dass sie nur nach bekleidetem Consulat übernommen werden. — Die nach der augustischen Ordnung dem Senat vorbehaltenen Aemter sind, wie schon bemerkt ward (S. 86), durchgängig der durch jene Staffeln gegebenen Qualification unterworfen. Umgehung dieser Qualification durch fictive Beilegung des bedingenden Amtes (*adlectus inter praetorios* u. s. w.) kommt erst unter dem Principat auf, ist aber unter diesem sehr häufig gebraucht worden, namentlich um die durch die eben erwähnte Qualification der kaiserlichen Beamtenernennung gezogenen Schranken zu durchbrechen.

9. Die über die Dienstpflicht (4) so wie über die nothwendige Folge (8) und die Intervallirung der Aemter (7) gegebenen Vorschriften zogen für die beiden Stufen des Oberamts, Prätur und Consulat gewisse Altersgrenzen nach sich. Directe Festsetzungen über das Amtsalter hat wahrscheinlich erst Sulla in Folge der Beseitigung der militärischen Qualification getroffen und zwar für die Zulassung zur Quästur das laufende 37. und damit folgeweise für die Prätur das laufende 40. und für das Consulat das laufende 43. Lebensjahr als Minimalalter vorgeschrieben. Thatsächlich durchgeführt worden sind aber nur die beiden letzten Grenzen; es scheint, vielleicht um für die in der obligatorischen Reihe nicht stehenden, aber gewöhnlich nach der Quästur verwalteten Aemter der Aedilität und des Volkstribunats Raum zu schaffen,

denen, die eines dieser Aemter oder beide zu übernehmen sich bereit erklärten, gestattet gewesen zu sein die Quästur schon im laufenden 31. Lebensjahr zu übernehmen, und dies ist factisch die Regel geworden. Augustus hat die Altersgrenzen herabgesetzt und wahrscheinlich als Minimalalter für die Quästur das laufende 25., für Aedilität und Tribunat, die er, wie gesagt, in die obligatorische Folge aufnahm, das 27., für die Prätur das 30., für das Consulat das 33. Lebensjahr angesetzt.

Nach diesen Regeln war also festzustellen, ob der einzelne Bürger bei der fraglichen Creirung in Betracht kommen könne oder nicht. Die Entscheidung zweifelhafter Fragen — in den meisten Fällen werden die in Betracht kommenden Momente notorisch gewesen sein oder waren doch die Belege leicht zu beschaffen — steht nicht der Wahlkörperschaft zu, sondern es hat darüber der wahlleitende Beamte im Wege des Administrativverfahrens zu befinden. Darauf offenbar bezieht sich die schon früh aufkommende Meldung und Zulassung des Candidaten *(nomen accipere),* wobei, da die Frage, welchem Beamten die Vollziehung der Wahl oblag, oft erst unmittelbar vorher entschieden ward, irgend welche Gemeinschaftlichkeit des Prüfungsverfahrens angenommen werden muss. Wer die Meldung unterliess und sich der Zulassung nicht vorher vergewisserte, konnte selbstverständlich von dem wahlleitenden Beamten als nicht qualificirt behandelt werden; aber es stand diesem nicht minder frei ihn zuzulassen, wenn er an der Qualification keinen Zweifel hegte; auf diese Weise sind Abwesende selbst ohne ihr Vorwissen nicht selten gewählt worden. Erst in der letzten republikanischen Zeit ist die bis dahin übliche Meldung den Candidaten in der Weise gesetzlich vorgeschrieben worden, dass dieselbe mindestens 24 Tage vor der Wahl bei dem Magistrat einzureichen sei; noch später, vielleicht im J. 692 d. St. (62 v. Chr.), dass sie diese Einrichtung persönlich in Rom vorzunehmen hätten. — Die Ablehnung des Candidaten durch den wahlleitenden Beamten wird dadurch effectuirt, dass er die auf ihn etwa fallenden Stimmen als nicht abgegeben behandelt.

Unter dem Principat ist die Qualification für das Gemeindeamt radical umgestaltet worden durch die Bildung einer allein zur Amtbewerbung berechtigten Pairie. Bereits unter dem Senatsregiment waren die Aemter trotz der comitialen Wahlform in den grossen Familien factisch erblich geworden; der Eintritt in die politische Laufbahn und das Ersteigen der dafür geordneten Stufen war für diese bis zu einem gewissen Grade durch die Verhältnisse gegeben und wurde der Quästor, ja einigermassen auch der Prätor und der Consul mehr geboren als gewählt, wenn gleich die gesetzliche Wahlfähigkeit jedes unbescholtenen Bürgers zum Gemeindeamt principiell in Kraft blieb und auf Grund derselben zu dem erblichen Bestand stetig einzelne neue Elemente hinzutraten. Augustus hat aber jenes republikanische Princip beseitigt und das passive Wahlrecht, das für die höheren Aemter längst durch die gesetzliche Aemterfolge den Nichtsenator ausschloss, auch für die niederen als Regel auf die agnatischen Nachkommen der Senatoren beschränkt und damit den für die Aemterbewerbung privilegirten, zugleich aber auch zu dieser gesetzlich verpflichteten senatorischen Stand geschaffen. Der Eintritt in diese Pairie konnte aber ausser durch die senatorische Herkunft auch erfolgen durch kaiserliche Verleihung des senatorischen Standesrechts *(latus clavus)*, und namentlich jüngeren durch Geburt und Vermögen zum Eintritt in die Pairie geeigneten Personen ist ausnahmsweise, aber häufig also die politische Laufbahn eröffnet worden. — Auch für die jetzt neu hinzutretende zweite Aemterklasse wurde als Qualification das Ritterpferd gefordert, welches allerdings von der freien kaiserlichen Verleihung abhing und insofern die kaiserliche Beamtenwahl nicht einengte.

6. *Collegialität und Collision der Beamten*

Die magistratische und sacerdotale Collegialität des römischen Rechts — durchaus verschieden von dem heute unter diesem Namen gehenden Begriff — bezeichnet den an sich einheitlichen, aber mehreren Personen gleichmässig ertheilten staatlichen Auftrag. Wie *legatus* der Träger der *lex* ist, der staatliche Auftragnehmer, so sind *conlegae* die staatlichen Sammtmandatare. Ausser der Staatlichkeit und der formalen Gleichmässigkeit des Auftrags ist dafür wesentlich die Vollziehung desselben nicht durch Gesammthandlung der Beauftragten, wie diese der militärischen Truppe obliegt, sondern durch den einzelnen Beauftragten ohne Mitwirkung der übrigen. Das Privatrecht kennt nicht den Namen, aber in der überhaupt der Magistratur correlaten Tutel da, wo mehrere Vormünder mit gleicher Berechtigung neben einander stehen, ein gleichartiges Sammtmandat. Am reinsten tritt uns die Institution entgegen in ihrer ältesten Form, den grossen Priestercollegien: die Vögelschau für den Staat vollzieht der einzelne Augur und jede derartige Handlung kann von jedem Mitglied gleichmässig geleistet werden. Der Begriff ist namentlich in sacraler Anwendung früh verflacht und die Collegialität auf solche Gemeinschaften angewandt worden, welche, wie zum Beispiel die Salier, nicht einzeln functioniren; nach dem älteren strengeren Sprachgebrauch aber sind Collegien magistratisch wie sacral nur solche Gemeinschaften, bei welchen jedes Mitglied zunächst zur Einzelhandlung berufen ist, was natürlich nicht ausschliesst, dass sie unter Umständen auch gemeinschaftlich rathen und thaten.

Den ursprünglichen römischen Ordnungen ist die Collegialität fremd; sie sind beherrscht von der Einheitlichkeit des Gemeinwesens. Die Einheitlichkeit des ursprünglichen Regiments tritt vor allem in dem Interregnum mit voller Schärfe zu Tage, zumal da es hier so nahe lag den patricischen Senat als

Sammtkönigthum zu fassen. Sie ist ferner in dem sacralen Regiment der Republik durchgeführt namentlich in dem Oberpontificat, welche Stellung, dem Ursprung wie dem Inhalt nach von der Mitgliedschaft des Collegiums verschieden in der Republik die königliche Sacralgewalt fortsetzt. Auch im Privatrecht ist die eigentliche Hausgewalt über den Freien einheitlich und bei der Tutel, welche eine ihrer Formen ist, die Mehrstelligkeit nicht eigentlich beabsichtigt, sondern nur bei concurrirender Gleichberechtigung zugelassen. So weit in den patricischen Institutionen die Collegialität begegnet, in den Priesterschaften der Pontifices und der Augurn, in der Körperschaft der ursprünglichen Reiterobersten, ist sie wohl uralt, aber nicht ursprünglich, sondern Consequenz des ältesten Synökismus, der Umwandlung der einigen Zehncurien- in die dreieinige Dreissigcuriengemeinde (S. 8), welche einen Rest oder doch eine Erinnerung an die in die Gemeinschaft aufgegangenen Sondergemeinden nicht im Regiment selbst, aber in der mehrfachen Besetzung der wichtigsten sacralen und militärischen Hülfsstellungen bewahrt hat. Immer aber liegt in diesen Einrichtungen der Beweis dafür, dass die römischen Rechtslehrer die Einheitlichkeit der staatlichen wie der privatrechtlichen Vertretung nicht unbedingt an die personale Ausschliesslichkeit knüpften, sondern eine Mehrzahl gleichberechtigter Vertreter zuliessen, obwohl dies der alten strengen Gewaltidee zuwider und vielleicht weniger eine einfache Consequenz des Rechtsgedankens als eine Concession an die realen Verhältnisse war.

Die Anwendung der Mehrstelligkeit auf das Oberamt und weiter auf das Amt und die öffentliche Thätigkeit überhaupt bezeichnen wir als die Abschaffung des Königthums und die Einführung der republikanischen Ordnung. Die beiden Romuluslegenden, sowohl die Zwillingserzählung wie das römisch-sabinische Doppelkönigthum sind aufgestellt worden, um den Rechtssatz zu erweisen, auf dem die neue Ordnung ruht, dass die Mehrstelligkeit auch mit dem Oberamt verträglich sei, und wenn sie einmal zugelassen ward, konnte allerdings die Beschränkung auf die Hülfsstellungen wohl praktisch, aber nicht logisch gerechtfertigt werden. Die Kämpfe sind verschollen, die um die Einführung der neuen Ordnung wohl ebenso mit dem Schwert wie mit den Waffen des Geistes geschlagen worden sein mögen; für unser Wissen erscheint das Princip der Collegialität als unbestritten anerkanntes Fundament des republikanischen Staatsrechts, das mindestens durch ein halbes Jahrtausend wohl in erkannter Unwirksamkeit, aber daneben in anerkannter Wirksamkeit die Geschicke des mächtigen Staates mit bestimmt hat und dessen Zusammenbruch in der Wiederaufnahme des einheitlichen Regiments, der caesarischen Dictatur und dem augustinischen Principat auch äusserlich den Untergang der Republik kennzeichnet. Von der Behandlung der Collegialität in den sacerdotalen Ordnungen ist bereits die Rede gewesen (S. 70); hier wenden wir uns dazu die Anwendungen der magistratischen Collegialität zu entwickeln.

In der Magistratur wurde die Collegialität nicht eingeführt in die aus der älteren Ordnung herübergenommenen und praktisch nicht wesentlich eingreifenden Institutionen, das Interregnum und die Stadtpräfectur. Dagegen ist sie für die mit oder in der Republik entstandenen Aemter durchgängig zur Anwendung gekommen, sowohl für das ordentliche Oberamt, das sogar von ihr die übliche Benennung erhalten hat, wie für alle übrigen höheren und niederen, ordentlichen und ausserordentlichen Magistraturen; selbst bei der Creirung von Beamten für solche Einzelhandlungen, die nur ein einzelner Mann vollziehen kann, wie die Judication im Hochverrathsprozess und die Dedication, wird in der Form der Bestellung die Collegialität gewahrt. Von diesem starren Festhalten an der consecrirten Formel macht unter den republikanischen Aemtern Ausnahme allein die Dictatur nebst dem Reiterführeramt, und selbst diese sind vielleicht unter den weiterhin zu erörternden Begriff der ungleichen Collegialität gezogen worden. Auch in die nicht magistratische Hülfsthätigkeit hat dies Princip Eingang gefunden. Zwar bei der Rechtspflege, die überhaupt demselben sich am wenigsten gefügt hat, hat der alte Einzelgeschworene sich stets behauptet und auch das ohne Frage auf Majoritätsfindung gestellte Recuperatorengericht gehört nicht hierher, aber die Sechszahl der Legionsführer und die Doppelbesetzung des Centurionats sind nichts als Anwendungen desselben Princips.

Die im Wesen der Collegialität liegende Mehrstelligkeit lässt die Zahl der Stellen frei, und für diese giebt es daher auch keine allgemein gültige Regel. Die dreistellige Collegialität der patricischen Ordnungen wird bedingt durch die Dreieinigkeit des patricischen Rom. In dem patricisch-plebejischen Gemeinwesen herrscht zunächst als der einfachste Ausdruck der Mehrstelligkeit die Doppelung; im Consulat ist diese für alle Zeiten geblieben und die übrigen ordentlichen patricischen so wie die plebejischen Aemter sind von der Zweistelligkeit ausgegangen, wenn gleich dazu meistentheils später weitere Stellen hinzugetreten sind. Insbesondere bei dem Collegium der Volkstribune, dessen ewige Dauer nicht auf organischem Wege fundamentirt war (S. 81), ist zur Sicherung des Amtes gegen zufällige Erledigung die Stellenzahl früh und stark vermehrt worden. In der späteren Republik überwiegen bei den neu eingerichteten oder den ausserordentlichen Aemtern in Folge des Glaubens an die glückbringende Imparilität die Drei- und die Fünfzahl.

Dem Princip entsprechend, dass bei dem mehrstelligen Amte jeder Inhaber für sich allein jede Amtshandlung zu vollziehen befugt ist, kommt das zufällige Fehlen eines oder mehrerer Collegen rechtlich nicht in Betracht. Wenn bei dem Antritt nur eine der Stellen besetzt oder wenn während der Amtszeit durch Tod oder Rücktritt eine der Stellen erledigt wird, kann der einzeln stehende Beamte zwar die Ergänzung herbeiführen (S. 83), aber auch allein stehend ist er im Vollbesitz der Amtsgewalt.

Principiell fordert die Collegialität die Gleichberechtigung der neben einander stehenden Beamten, also gleichen Titel und gleiche Amtsbefugnisse *(par potestas)*, und in der Anwendung auf die Consuln, Aedilen, Quästoren, Volkstribune und überhaupt die meisten ordentlichen und ausserordentlichen Beamten wird sie in dieser Weise gehandhabt. Collegialität mit ungleicher Macht oder ungleicher Competenz ist genau genommen ein Widerspruch im Beisatz. Nachdem das Bürger- und das Fremdengericht unter zwei verschiedene Prätoren gestellt sind, kann von einem Sammtmandat an beide nur in so weit gesprochen werden, als mit diesen Stellungen andere in der That beiden gemeinschaftliche Befugnisse verbunden sind, nicht aber hinsichtlich der Jurisdiction.

Wenn weiter Collegialität angenommen wird zwischen den Imperienträgern verschiedener Stärke *(maior* und *minor potestas)*, wenigstens zwischen dem Consul und dem Prätor, vielleicht auch zwischen dem Dictator und dem Consul, so haben die römischen Staatsrechtlehrer dies wohl hauptsächlich gethan, um die principielle Allgemeinheit der magistratischen Collegialität, welche bei dem Prätor wie bei dem Dictator der Sache nach fehlte, wenigstens dem Namen nach festzuhalten. Auch die Verschiedenheit der Titulatur, die den Dictator von dem Consul von jeher geschieden hat und die auch bei den Prätoren verschiedener Competenz so wie in Beziehung auf den Consul und den Prätor früh sich eingestellt hat, spricht nicht für die Einreihung dieser Verhältnisse in den Kreis der Collegialität. Es wird bei der weiteren Erörterung im Auge zu behalten sein, dass der Begriff der Collegialität nicht durchaus in seiner ursprünglichen Schärfe festgehalten wird.

Da die Collegialität zugleich das Festhalten und die Aufhebung der amtlichen Vollgewalt bezweckt, so ist damit schon ausgesprochen, dass sie ihr Ziel nicht hat erreichen können und dieses republikanische Ideal nur annähernd realisirt worden ist. Es zeigt sich dies in der dabei eintretenden Geschäftsbehandlung. Diese kann dreifacher Art sein: entweder Cooperation, oder Turnus mit Hinzunahme der Loosung und des Intercessionsrechts, oder endlich Geschäftstheilung durch Festsetzung von Competenzgrenzen. Was wir darüber erfahren, bezieht sich hauptsächlich auf das Oberamt; die ohne Zweifel wesentlich analogen Bestimmungen über die niederen Aemter sind so wenig bekannt, dass wir davon hier absehen.

Die Cooperation würde der vollkommene Ausdruck der Collegialität sein, wenn sie nur möglich wäre. Mehrere Magistrate können dasselbe befehlen, aber nur einer diesen Befehl zur Ausführung bringen; wo das Zwangsrecht des Magistrats zur Anwendung kommt, hört die Cooperation auf. Es wird dies auch praktisch dadurch anerkannt, dass die Cooperation im Feldherrnregiment schlechthin und im städtischen bei den wichtigsten Functionen, der Jurisdiction und der Beamtencreirung ausgeschlossen ist. Wenn zu dem Edict, dem Gesetzvorschlag, der Senatsberufung, der Aushebung alle oder mehrere Collegen sich vereinigen, so werden auch dabei die Grenzen des Zusammenhandelns ungebührlich ausgedehnt; indess hat dies, abgesehen von dem dem römischen Staatsrecht überhaupt eigenen Zurschautragen dieses Palladiums der Republik, den praktischen Zweck, dass die weiterhin zu erörternde collegialische Intercession durch den der Handlung selbst inhärirenden Anschluss des Collegen in wirksamster Weise ausgeschlossen ward. Auch Etikettenfragen, zum Beispiel über den Wechsel des Vorsitzes im Senat, mochte wohl durch dieses Verfahren die Spitze abgebrochen werden.

Den eigentlich praktischen Ausdruck findet die Collegialität in der Regel, dass die der Zeit nach theilbaren Geschäfte nach wechselnden Fristen, die also nicht theilbaren nach Loosung von dem einen oder dem andern Collegen vollzogen werden, wozu die den Collegen freigegebene Vereinbarung *(comparare)* so wie die später zu erörternde Intercession ergänzend hinzutreten.

Der Wechsel begegnet im ältesten militärischen Regiment wie in der ältesten Jurisdiction. Wenn auf dem gleichen Kriegsschauplatz zwei gleich berechtigte Commandoführer neben einander stehen, so wechselt der Oberbefehl von Tag zu Tag. Allerdings wird von dieser Regel, deren Einhaltung Rom die Niederlage von Cannae verdankt, praktisch wenig Gebrauch gemacht worden sein. Abänderung dieses Wechsels durch Vereinbarung war zulässig und ist wahrscheinlich häufig zwischen den beiden Consuln dahin getroffen worden, dass der eine die Reiterei, der andere das Fussvolk und damit den Oberbefehl übernahm. Sodann ist das Institut der Dictatur recht eigentlich dazu bestimmt die militärische Unzweckmässigkeit des Doppelcommandos zu beschränken und in älterer Zeit ist davon, wo es Noth that, wohl regelmässig in diesem Sinne Gebrauch gemacht worden. Endlich hat die weiterhin zu erörternde Theilung der Truppen und der Kriegsgebiete wahrscheinlich schon früh bewirkt, dass zwei gleichberechtigte Feldherren nicht leicht in die Lage kamen neben einander zu commandiren. — Von grösserer praktischer Bedeutung ist der Turnus im städtischen Regiment gewesen. Die Jurisdiction geht um nach gewissen der Zahl der betheiligten Beamten angepassten Zeitfristen und da damit auch die Lictoren wechseln, wird dieser Wechsel auf die gesammte Amtsthätigkeit in der Stadt zu beziehen sein. Die Civiljurisdiction wurde durch das licinische Gesetz vom J. 387 (367 v. Chr.) anders geordnet; im Uebrigen ist der Wechsel wenigstens als Regel wohl geblieben. Vereinbarung und Loosung werden in der städtischen Amtsthätigkeit hauptsächlich nur zur Anwendung gekommen sein, um die Folge der also successiv fungirenden Beamten festzustellen. Nicht zu übersehen ist die qualitative Verschiedenheit des Wechsels im militärischen und im städtischen Imperium; der zur Zeit zurückstehende Beamte hat dort zu gehorchen, hier nur sich der Function zu enthalten. — Ueber die Vollziehung derjenigen Amtshandlungen, welche weder Cooperation noch Wechsel zulassen, zum Beispiel die Creirung der Nachfolger, entscheidet schliesslich das Loos, wofern nicht nach Vereinbarung der Concurrent zurücktrat.

Die dritte Form der Geschäftsbehandlung, die Theilung nach Competenzen hebt die Collegialität der Sache nach auf oder beschränkt sie mindestens auf die für die Beschränkung auf die engeren Amtkreise erforderliche Uebereinkunft. Diese ist den Collegen nicht unbedingt erlaubt; es hat vielleicht kein Gesetz, aber eine gesetzgleiche Gewohnheit es den Consuln untersagt sich dahin zu vereinbaren, dass der eine das städtische, der andere das Feldherrnregiment übernimmt. Gemäss der früher (S. 79 f.) erörterten verfassungsmässigen Zusammenschliessung der beiden Imperien vertauschen die beiden Consuln das städtische mit dem feldherrlichen zwar nicht nothwendig gleichzeitig, sind aber doch regelmässig in dieser wie in jener Function neben einander thätig. Mit dieser Einschränkung scheint, wie über Abänderung des Wechsels und über Ausschliessung der Loosung, so auch über gleichzeitige, aber getheilte Geschäftshandhabung die Vereinbarung freigestanden zu haben, wobei auch zunächst durch Vereinbarung die Theilung festgestellt und dann um diese Theile geloost werden konnte. Besonders häufig ist im Kriegsregiment also bei den Truppen und wieder bei den Commandobezirken *(provinciae)* ein simultanes, aber gesondertes Obercommando herbeigeführt worden. Bei diesen Abmachungen, die mit den zwischen den Beamten und dem Gemeinderath jährlich zu vereinbarenden militärischen und politischen Massnahmen im engsten Zusammenhang standen, hat der Gemeinderath auf die sachliche Theilung früh entscheidenden Einfluss gewonnen, während er in die personale nach festem Herkommen nicht eingriff, sondern es den Consuln überliess darüber sich zu vergleichen oder zu loosen.

Wenn die auf Vereinbarung beruhende Geschäftstheilung zwar nicht der vollkommenste Ausdruck der Collegialität, aber doch auf diese basirt war, so wird dagegen durch gesetzliche Feststellung der Competenz die Collegialität illusorisch. Dies trat bei dem Oberamt ein, als durch die licinische Gesetzgebung eine dritte Stelle geschaffen und diese insbesondere für die Rechtspflege bestimmt ward, und setzte sich weiter fort, als successiv weitere Stellen für den gleichen Zweck der hauptstädtischen oder der überseeischen Rechtsplege eingerichtet wurden, wobei es keinen wesentlichen Unterschied machte, ob diese Specialcompetenz den Beamten schon durch die Comitialwahl selbst zugewiesen ward, wie dies bei der Einrichtung der dritten Stelle geschah, oder ob, was bei den weiteren beliebt ward, die Wahlen auf die Jurisdictionen allgemein gestellt und die einzelnen dann durch das Loos unter die gewählten Beamten vertheilt wurden. Das Fundament der oberamtlichen Collegialität, das volle Imperium eines jeden Oberbeamten wurde allerdings auch bei diesen Einrichtungen nominell festgehalten, indem man den beiden ersten Stellen nicht die Jurisdiction selbst, sondern nur deren Ausübung untersagte, noch weniger den später hinzutretenden Oberbeamten das Commando nahm, sondern nur durch die Vorschrift die Stadt während der Amtszeit nicht zu verlassen oder auch von dem Commando nur in dem überseeischen Sprengel Gebrauch zu machen dasselbe neutralisirte oder localisirte. Aber die effective Collegialität des Oberamts war nichts desto weniger durch diese Anordnungen beseitigt; es entstand damit die schon früher (S. 94 f.) bezeichnete sogenannte ungleiche, richtiger nominelle Collegialität.

Bei der Einführung der Mehrstelligkeit in das Amt wird die praktische Erwägung nicht gefehlt haben, dass die Stockung der Geschäfte bei Behinderung des Magistrats, welche namentlich bei der fast gänzlich mangelnden Vertretung schwer empfunden werden musste, durch die Zweiherrschaft ferner gerückt ward. Aber das hauptsächliche Motiv für deren Einführung ist zweifellos die negative Consequenz gewesen, die Schwächung des übermächtigen Königthums, die damit ermöglichte Brechung des Imperiums und überhaupt der Amtsgewalt durch sich selbst. In der That war bei personeller Einheitlichkeit des Oberamts das Recht der Gemeinde sowohl wie die bürgerliche Sicherheit des Einzelnen durch die ursprüngliche Fülle der königlichen Gewalt so gefährdet, dass eine dagegen gerichtete principielle Reform sich wohl erklärt. Die Mehrstelligkeit liess die Fülle unverändert und machte die Brechung wenigstens möglich. Das Verhältniss der privatrechtlichen Sammtmandatare zu einander ist nicht gleichmässig geordnet; bei der testamentarischen Tutel genügt die Erklärung eines einzelnen Vormundes, bei der agnatischen wird diejenige aller Vormünder gefordert. Bei der magistratischen Collegialität ist der Mittelweg eingeschlagen: der Befehl des einzelnen Magistrats genügt, aber der Widerspruch auch nur eines der Collegen hebt ihn auf. Die monarchische Vollgewalt ist dadurch ohne qualitative Schwächung in den Stand gesetzt sich selbst zu beseitigen, das Unrecht, welches sie anrichten kann, durch die gleichberechtigte Controle abzuwenden.

Die Collision zweier magistratischer Befehle, die Ausserkraftsetzung eines solchen durch Gegenbefehl eines anderen Magistrats oder nach dem römischen Ausdruck die Intercession kann vorkommen entweder zwischen zwei im Verhältniss der Ueber- und der Unterordnung zu einander stehenden Beamten *(maior* und *minor potestas)* oder zwischen zwei gleich berechtigten Beamten. Beide Formen gehören erst der republikanischen Epoche an.

Ueber- und Unterordnung der Magistraturen ist mit der ursprünglichen Einheitlichkeit des Amtes unvereinbar; die Ausserkraftsetzung des von einem Gehülfen des Magistrats erlassenen Befehls durch diesen selbst gehört so wenig hierher wie die Zurücknahme des Befehls durch denselben Magistrat, da das Befehlsrecht des Gehülfen aus dem seines Mandanten abgeleitet ist. Die Unterordnung eines Magistrats unter einen anderen tritt zuerst auf in dem Institut der Dictatur, insofern das Imperium des Dictators dasjenige des Consuls bricht; späterhin wiederholt sich die gleiche Abstufung gegenüber dem Consul bei Einrichtung der Prätur. Im Feldherrnregiment kann auch die hier zulässige Stellvertretung zu dem gleichen Ergebniss führen; wo ausnahmsweise die Stellvertretung neben der gleichartigen wirklichen Magistratur fortbesteht, ist sie schwächer als diese, weicht der Proconsul dem Consul. Auf einem anderen Wege entsteht die Unterordnung durch die Umwandlung der Gehülfen des Oberamts in Magistrate: der Quästor gehorcht dem Consul ebenso wie der Kriegstribun, aber nachdem jener sein Mandat unter Mitwirkung der Comitien empfängt, ist dies Gehorchen die Unterordnung des niederen Magistrats unter den höheren.

Das Verhältniss der gleichen Gewalten ist die eben entwickelte Collegialität. Danach hat der Consul die Intercession gegen den Consul wie der Quästor gegen den Quästor; zwischen Gewalten ungleicher Competenz findet sie nicht statt. Rangverschiedenheit ist nicht Unterordnung; der Censor ist angesehener als der Quästor, aber nicht ihm vorgesetzt und kann seine Anordnung nicht cassiren.

Wesentlich erweitert wird der Kreis der zur Intercession berechtigten Beamten durch das älteste verfassungsmässig anerkannte Sonderrecht der Plebs, das Intercessionsrecht ihrer Tribune. Obwohl der Tribun damals nicht und streng genommen niemals den Gemeindemagistraten zugezählt worden ist und demnach das magistratische Befehlsrecht ihm abgeht, wird ihm gegen jeden magistratischen Befehl das Verbietungsrecht beigelegt und es ist diese tribunicische Intercession in solchem Umfang und mit solchem Nachdruck geübt worden, dass die effective magistratische dagegen zurücktritt.

Die Intercession ist wohl davon ausgegangen, dass für den in Frage stehenden Act beide betheiligte Beamten competent sind; und insofern das Unterlassen der Intercession als Zustimmung aufgefasst werden kann, lässt sich sogar die collegiale Intercession unter den allgemeinen Begriff der Cooperation bringen. Aber es bleibt doch zweifelhaft, ob der zur Zeit nicht fungirende Beamte als competent angesehen worden ist; und auf die Intercession der stärkeren Gewalt passt diese Auffassung überall nicht. Auch der Dictator, welcher die Civiljurisdiction nicht ausübt und der Consul, nachdem er gesetzlich von deren Ausübung ausgeschlossen ist, behalten dem Prätor gegenüber das Recht der Intercession, was sowohl auf das Recht der stärkeren Gewalt wie auf die virtuell unverlierbare Fülle des Imperium zurückgeht. Dem Volkstribun endlich fehlt die Competenz ebenso schlechthin wie die Intercession ihm zukommt.

Die Intercession wird im Feldherrnregiment anders gehandhabt als in der Stadt. Die Abstufung der Gewalten, die Unterordnung des Prätors wie des Quästors unter den Consul kommt auch in jenem und sogar vorzugsweise zur Anwendung; aber die collegialische und die tribunicische Intercession finden in demselben keine Stätte. Wenn ausnahmsweise zwei gleichberechtigte Feldherrn neben einander stehen, so tritt verfassungsmässig ein von dem städtischen qualitativ verschiedener Turnus ein, welcher die Intercession ausschliesst (S. 97). Insofern kann die Intercession mit Recht als eine dem städtischen Regiment eigene Institution aufgefasst werden.

Auch in der Stadt sind der Intercession, deren absolute und rein negative Wirkung große Unzuträglichkeiten und Gefahren in sich schliesst, bestimmte allgemeine und zahlreiche specielle Schranken gezogen. Bei der Zulassung der tribunicischen Intercession wurde sie dem Dictator gegenüber ausgeschlossen, bei welchem die collegiale von selber wegfiel; indess richtete sich begreiflicher Weise vor Allem dagegen der politische Ansturm und es scheint von diesem Privilegium der Dictatur, wenn es auch ausdrücklich abgeschafft ward, kaum jemals nachhaltiger Gebrauch gemacht worden zu sein. Von grösserer praktischer Bedeutung war die Umgrenzung des der Intercession unterstehenden Gebiets. Alle nicht magistratischen Acte unterliegen ihr nicht, namentlich nicht der Geschwornenspruch wahrscheinlich selbst dann, wenn er von den grossen Geschwornengerichten des späteren Rechts unter magistratischem Vorsitz gefällt wird; ebensowenig diejenigen magistratischen Acte, welche den einzelnen Bürger nicht beschweren, wie die Auspication, die Bestellung des Zwischenkönigs und des Dictators, die Bestätigung der Volksacte durch den patricischen Senat; selbst die censorische Schätzung und die censorische Notirung werden, wohl weil ihnen die unmittelbare Rechtskraft fehlt, nicht unter dieselbe gezogen. Dagegen unterliegen derselben die Vereinbarung des Magistrats mit dem Senat nebst allen den Senatsbeschluss vorbereitenden Handlungen, wobei indess einzelne Fälle, zum Beispiel die Senatsbeschlüsse über die den Consuln in der Kriegsfunction zuzutheilenden Provinzen, durch Specialgesetz ausgenommen sind; weiter alle die Verhandlungen mit der Bürgerschaft einleitenden magistratischen Anordnungen, nur dass bei den Magistratswahlen wohl die tribunicische, aber nicht die collegialische Intercession zulässig ist. Gegen den gefassten Beschluss der Bürgerchaft, Gesetz wie Wahl, kann nicht intercedirt werden. In diesen Festsetzungen tritt das Bestreben hervor die Intercession als Nomophylakie zu gestalten, aber nicht minder sie durch die ständischen Kämpfe hervorgerufene willkürliche Absteckung ihrer Grenzen. Bestimmter zeigt sich namentlich bei der tribunicischen Intercession die Tendenz auf diese Weise dem Missbrauch der Amtsgewalt zu steuern, indem dem durch einen magistratischen Befehl beschwerten Bürger auf Anrufen *(appellatio)* Rechtshülfe *(auxilium)* gewährt wird. Dahin gehören sämmtliche Acte der Civiljustiz so wie die des Administrativverfahrens bei der Aushebung und der Steuereinziehung, endlich die gesammte städtische Criminalrechtspflege und die Coercition. Wenn indess der Beamte bei einem solchen Verfahren Rathmänner *(consilium)* zugezogen hat, so ist die Intercession, wenn auch vielleicht zulässig, doch nicht üblich, da alsdann nicht wohl Beamtenwillkür angenommen werden kann.

Das Verfahren bei der Intercession ist die einfache Ausserkraftsetzung des magistratischen Acts. Befugt dazu ist jeder einzelne der zur Intercession berechtigten Beamten und der Widerspruch der Collegen ist rechtlich gleichgültig, da die Ausserkraftsetzung nicht wieder ausser Kraft gesetzt werden kann. Einer Motivirung bedarf die Intercession nicht; in welcher Weise der Beamte, welcher sie einlegt, sich von der Zweckmässigkeit derselben überzeugt hat, kommt rechtlich nicht in Frage. Der Zeit nach soll die Intercession an den Act, den sie ausser Kraft setzt, sich unmittelbar anschliessen; eine Maximalgrenze für das Intervall muss, wenn nicht durch Gesetz, so doch durch Herkommen fixiert gewesen sein.

Eine directe Nöthigung des Beamten, gegen den die Intercession gebraucht ward, sich ihr zu fügen liegt in der Intercession an sich nicht; als sie mit der Collegialität ins Leben trat, nahm der intercedirende Consul dem Spruch des Collegen eben nur die Rechtskraft. Es ist wahrscheinlich auch der ursprüngliche Zweck der Institution gewesen insbesondere den ungerechten Richterspruch lediglich ungeschehen zu machen. Die tribunicische Nomophylakie ruht auch auf der einfachen Cassation. Indess die bloss cassatorische Wirkung reicht schon im Civilprocess namentlich im Schuldverfahren praktisch nicht aus und gegenüber der Coercition und der Aushebung und zahlreichen anderen magistratischen Handlungen war sie illusorisch, selbst wenn, wie wahrscheinlich, der Ungehorsam gegen die Intercession von je her als Verletzung der Amtspflicht criminell strafbar war. Es ist daher, als die durchaus von dem revolutionären Element getragene tribunicische Intercession zu der collegialen hinzutrat, dem intercedirenden Tribun das Recht oder was der Plebs als Recht erschien beigelegt worden den Ungehorsam des Beamten ebenso zu brechen wie dieser den des Bürgers brach. Dasselbe gilt in allen Fällen, wo die Intercession auf Grund der stärkeren Gewalt erfolgte, da dieser gegenüber der niedere Beamte dem Privaten gleichsteht. Für das Weitere verweisen wir auf den Abschnitt über das Zwangs- und Strafrecht (Buch 4 Abschn. 2).

7. Amtsantritt und Rücktritt

Das römische Amt ist der Anlage nach lebenslänglich; das neben der ältesten Magistratur mit fünftägiger Betagung auftretende Zwischenkönigthum charakterisirt sich als Aushülfsstellung insbesondere dadurch, dass dem Zwischenkönig das Treuwort nicht geleistet wurde. Alle übrigen in der Königszeit zurückreichenden magistratischen und priesterlichen Stellungen sind rechtlich der Gehülfenthätigkeit zuzuzählen und insofern wohl aufzufassen als von Rechtswegen nicht fest betagt, aber jederzeit widerruflich; eigentlich transitorisch ist nur die für die Abwesenheit des Königs eingesetzte Stadtpräfectur.

Die Abschaffung des Königthums bestand wesentlich, neben der Beseitigung der Einheitlichkeit, in derjenigen der Lebenslänglichkeit der Magistratur, und ebenso wird das Ende der republikanischen Ordnung bezeichnet durch die Wiederaufnahme wie des einheitlichen so auch des lebenslänglichen Regiments. Zum Wesen des republikanischen Amtes, des hohen wie des niederen, des ordentlichen wie des ausserordentlichen gehört eine von der Willkür des Beamten unabhängige zeitliche Begrenzung. Wenn bei den ausserordentlichen mit constituirender Gewalt ausgestatteten Aemtern, in älterer Zeit dem Decemvirat für die Gesetzgebung, späterhin der sullanischen Dictatur für Gesetzgebung und Constituirung des Gemeinwesens und den analogen Ordnungen der caesarischen und der Triumviralzeit entweder die Einhaltung der Zeitgrenze von dem Belieben des Beamten abhängig gemacht ist oder der Endtermin ganz fehlt, so sind diese exceptionellen Zustände eben nichts als Suspensionen der bestehenden Staatsordnung und bestätigen nur die principielle Bedingtheit der Republik durch die Befristung der Magistratur.

Die Befristung kann bei ausserordentlichen Aemtern sich auf die Uebertragung eines transitorischen Geschäfts beschränken, zum Beispiel der Weihung eines Tempels, der Gründung einer Colonie, der Uebertragung eines Commandos. Da indess in diesem Fall die Beendigung des Amtes bis zu einem gewissen Grade von der Willkür des Beamten abhängt, so wird diese Form für sich allein nur bei politisch unwesentlichen Mandaten gebraucht, dagegen bei wichtigeren Aufträgen, namentlich bei der Uebertragung eines Commandos vermieden oder in der Form der Promagistratur angewandt, deren Inhaber abzuberufen jederzeit möglich war.

Bei den ordentlichen Aemtern durchaus und meistens auch bei den ausserordentlichen tritt die Befristung auf als Betagung. Bei den nicht ständigen ordentlichen und den ausserordentlichen wird die Betagung häufig mit dem transitorischen Mandat in der Weise verbunden, dass der Beamte entweder bei dessen Erledigung oder bei Ablauf der Frist ausser Function tritt. So tritt schon der Zwischenkönig ausser Function nach Vollziehung der Creirung des Königs oder nach fünftägiger Amtsführung; der Dictator nach Erledigung seines Auftrags oder nach sechs Monaten; die Censoren, wenn sie die Schatzung vollzogen haben oder nach achtzehn Monaten. Hier also ist die Betagung eine maximale. Die ständigen Beamten dagegen fungiren regelmässig bis zu dem Endtermin, obwohl es ihnen nicht verwehrt ist vor demselben das Amt niederzulegen (S. 64). Dass die Befristung zwar sowohl für das städtische wie für das Kriegsregiment zur Anwendung kommt, die Fortführung indess nicht des Amts, aber der Amtsfunction über den Endtermin hinaus im städtischen Regiment schlechthin ausgeschlossen, im feldherrlichen theils vorgeschrieben, theils wenigstens zugelassen ist, ist bereits gezeigt worden (S. 78 f.).

Obwohl für die Amtsfristen eine allgemeine Regel nicht besteht, überwiegt dabei die Annuität in der Weise, dass diese bei den ständigen Aemtern durchaus zur Anwendung kommt und dass bei exceptioneller Verlängerung der Feldherrngewalt ein längerer fester Endtermin unzulässig ist. Die über diesen

Termin hinausgreifenden Imperien des Pompeius und der späteren Machthaber bezeichnen die Agonie des republikanischen Regiments.

Das Amtjahr so wie die Amtfristen überhaupt werden nach dem officiellen Kalender in der Weise berechnet, dass weder dessen Neujahr (1. März) noch die thatsächliche Ungleichheit der Kalendermonate und der Kalenderjahre berücksichtigt, also jede Frist vom Tage der Uebernahme des Amtes an bis zu dem gleichbenannten des späteren Monats oder Jahres berechnet wird. Bei Ergänzung eines unvollständigen Collegiums galt indess der Endtermin des am frühesten eingetretenen Beamten auch für die nachgewählten Collegen, und ebenso scheint der Antrittstag der Consuln der Regel nach auf die übrigen Jahrbeamten mit bezogen worden zu sein, so dass die Prätoren und wohl auch die Aedilen und die Quästoren, wenn sie ausnahmsweise nicht mit den Consuln zugleich, sondern erst nach deren Antritt ihre Function übernahmen, doch mit ihren Consuln zurücktraten, wogegen in dem selbständigen Antrittstag der Magistrate der Plebs, wenigstens der Tribune ein Ueberrest dieses alten Staats im Staate sich dauernd erhalten hat. Kalendarische Fixierung des Antrittstages ist bei dem Volkstribunat früh eingetreten; bei der aus dem früher bezeichneten Grunde (S. 81) nach dem Sturz der Decemvirn nicht mehr unterbrochenen Folge der Tribune ist dafür von da an der 10. December stetig eingehalten worden. Im Oberamt dagegen verschob sich die Amtjahrsberechnung von Rechtswegen durch jedes verspätete Antreten oder verfrühte Zurücktreten eines Consulpaars und es bildeten also die Amtjahre weder eine feste Reihe, da zwischen ihnen die Interregnalfristen ausfielen, noch eine Reihe gleicher Einheiten; die im Consulat zusammengefassten Abschnitte zweier Kalenderjahre konnten verschiedener Länge sein und waren dem Anfang nach unbestimmt, ausser etwa dass nach Herkommen die Consuln ihr Amt regelmässig entweder mit dem Monatsanfang *(kalendae)* oder mit der Monatsmitte *(idus)* antraten. Diese eigensinnige Handhabung des Amtjahres muss, namentlich in Verbindung mit der rechtlichen Jahrbezeichnung durch die Namen der Beamten, grosse chronologische Verwirrung angerichtet und auch sonst arge Uebelstände herbeigeführt haben, zumal da die an die gute Jahreszeit geknüpften ständigen Feldübungen und Feldzüge der Bürgerschaft einen Wechsel des Oberbefehls während der Sommermonate kaum vertrugen. Indess scheint bis auf den Beginn des hannibalischen Krieges principiell hierin nichts geändert zu sein: damals wurde der Antrittstag wenigstens thatsächlich auf den 15. März fixirt, dieser aber dann abermals im J. 601 (153 v. Chr.) zwei und einen halben Monat zurück auf den 1. Januar geschoben. Von da an werden die Interregna dem Amtjahr zugezählt und aus der Zeitrechnung beseitigt und tritt, wenn im Laufe eines Amtjahrs beide Consulstellen erledigt werden, für den noch übrigen Jahresrest ein nachgewähltes Consulpaar ein. Die Theilung des consularischen Amtjahrs unter mehrere Collegien ist in republikanischer Zeit exceptionell, seit dem

Beginn des Principats aber Regel und es wird unter diesem die Dauer der Function in ungleichmässiger, aber stetiger Steigerung verkürzt. Es ist dies geschehen, um die Zahl der Consulare zu vermehren, namentlich bei den auf solche beschränkten kaiserlichen Ernennungen für die Auswahl weiteren Spielraum zu gewinnen; das Wesen des consularischen Jahres wird dadurch nicht betroffen und die eben erwähnte consularische Datirung hat sehr bald von der Function abgesehen und das ganze Jahr nach den Consuln des 1. Jan. benannt. — Das also fixirte Amtsjahr mit dem Neujahr des 1. Jan. ist weiter unter Beseitigung des alten Märzneujahrs zuerst thatsächlich und bald auch rechtlich zum Kalenderjahr geworden, wie es dann sich weiter auf die Nachwelt vererbt hat und heute als Weltneujahr besteht. Dasselbe gilt gleichmässig auch für die Prätur und die Aedilität, wogegen die Quästoren, wir wissen nicht seit wann, schon an dem vorhergehenden 5. December ihr Amt übernahmen; es mochte zweckmässig erscheinen, dass die neu eintretenden Oberbeamten diese ihre hauptsächlichsten Gehülfen bereits angetreten vorfanden und sofort ihre Dienste in Anspruch nehmen konnten. Der Antritt des Beamten erfolgt immer von Rechtswegen, ohne dass es dazu eines besonderen Willensacts desselben bedarf. Anfänglich durchaus und principiell auch später fällt er mit der Creirung zusammen und tritt er das Amt, nach dem römischen Ausdruck, von der Wahlstätte aus *(ex templo)* an. Bei betagter Creirung indess muss der Eintritt des Termins abgewartet werden und bei den ordentlichen ständigen Beamten der Republik bildet dies die Regel.

Die an den Antritt des Oberbeamten sich knüpfenden bürgerlichen und religiösen Sollemnitäten, die Aufnahme der Fasces, die Lösung der für das Gemeinwohl von Jahr zu Jahr den Göttern geleisteten Opfergelübde und deren Erneuerung, die Abhaltung der ersten Senatssitzung auf dem Capitol, die Ansetzung und Vollziehung der latinischen Nationalfeste in Lavinium und auf dem Albanerberg haben staatsrechtlich keine wesentliche Bedeutung. Aber drei andere den Antritt des Amtes begleitende Acte, die Einholung der göttlichen Zustimmung zu der beginnenden Amtführung, die Abnahme des Treuworts der Bürgerschaft und die Ableistung des Beamteneides müssen hier erörtert werden. Ihnen allen ist es gemein, dass der Beamte nicht erst durch Vollziehung derselben in seine Function eintritt, sondern sie vielmehr den geschehenen Antritt voraussetzen und der Beamte nur verpflichtet ist baldmöglichst dazu zu schreiten.

Die Zustimmung der Götter zu der beginnenden Amtsführung holt der Beamte ein in der Stadt Rom bei Tagesanbruch durch Zeichenschau *(auspicia)*. Es gilt diese Vorschrift für alle eigentlichen Beamten ohne Unterschied des Ranges und es ist dieser Act also ein äusseres Kriterium der Magistratur; den Gehülfen, die keine eigenen Auspicien haben, steht diese Zeichenschau nicht zu und ebenso wenig den plebejischen Quasi-Magistraten. Die Zeichenschau muss, wie es im Wesen des Acts liegt, baldthunlichst vorgenommen werden, also, wo Creation und Antritt nicht zusammenfallen, am Morgen des ersten Amtstags, wo beide zusammenfallen, wahrscheinlich am Morgen des Folgetags. Verspätete Einholung wird möglichst vermieden worden sein, wo dies aber nicht möglich war, wie zum Beispiel bei der Creirung eines von Rom abwesenden Dictators, kann sie die Amtsführung nicht suspendirt haben. Das Versagen der Zeichen kann in der Theorie nur für den Beamten eine Gewissenspflicht begründet haben das Amt niederzulegen; praktisch ist davon nicht bloss kein Beispiel bekannt, sondern der Segen der Götter ist in der Weise obligat geworden, dass, so weit uns von diesem Act berichtet wird, die Götter das überhaupt günstigste Zeichen, den bei heiterem Himmel von links nach rechts streichenden Blitz, von Jahr zu Jahr sämmtlichen Beamten gewähren, so dass die Vögelschau rechtlich zur Himmelsschau *(de caelo servare)* geworden ist.

In ähnlicher Weise ist der Magistrat gehalten der Bürgerschaft, welcher er vorzustehen hat, das Treuwort abzunehmen. Es geschieht dies in den für die Vereinbarung, die *lex* zwischen Magistrat und Bürgerschaft überhaupt gewiesenen Wegen durch Frage und Antwort, wozu die Bürgerschaft in der Stadt oder innerhalb der Bannmeile in der Regel nach den bürgerlichen Abtheilungen der Curien *(lex curiata)*, ausnahmsweise, insbesondere für die Schatzungsbeamten, nach den militärischen der Centurien *(lex centuriata)* zusammentritt. Erforderlich ist dies Treuwort eben wie die Auspicien für jeden wirklichen Magistrat, während es weder dem nur interimistisch fungirenden Zwischenkönig noch dem Priester noch den Vorständen der Plebs geleistet wird; diejenigen Beamten, welche befugt sind die Bürgerschaft zu berufen, nehmen es dieser ab sowohl für sich selbst wie für die nicht zur Berufung befugten Beamten. Gerichtet ist die Frage auf die Leistung des durch die amtliche Function geforderten Gehorsams und es kann die bejahende Antwort nicht verweigert werden, da der Bürger zu diesem Gehorsam schon durch die Creation selbst verpflichtet ist, derselbe auch dem vom Treuwort ausgeschlossenen Zwischenkönig ebenso geleistet werden muss wie den zu diesem Bestärkungsact befugten Magistraten. Darum wird dieser Act auch, nachdem die effective Legislation den Curien genommen ist (S. 64), dennoch regelmässig von diesen vollzogen. Es gehört zu dem Götzendienst der Formen, welcher mit dem realen Zusammenbrechen der alten Ordnungen Hand in Hand ging, dass am Ausgang der Republik den Beamten das Recht bestritten ward vor Abnahme des Treuworts die Bürgerschaft für die Wahlen zu berufen und das militärische und jurisdictionelle Imperium auszuüben. Gleichzeitig erscheint der Act insofern als reine Formalität, als er nicht bloss für alle Jahresbeamten zusammengefasst, sondern auch die einzelne Stimmabtheilung dabei ständig durch einen der magistratischen Officialen repräsentirt wird.

Einen eigentlichen Beamteneid kennen die römischen Ordnungen nicht.

Dass nach entschiedener Wahl der wahlleitende Beamte, bevor er die Creirung vollzog, dem Gewählten den Eid auf gewissenhafte Führung des Amtes abnahm, war gebräuchlich, aber nicht rechtlich erforderlich. Eidesleistung nach dem Amtsantritt kommt in den letzten beiden Jahrhunderten der Republik in der Weise auf, dass einzelne Volksschlüsse den künftigen Beamten vorschreiben binnen fünf Tagen nach dem Antritt sich auf die Einhaltung eidlich zu verpflichten unter dem Präjudiz des Amtsverlustes. Diese in einen Act zusammengefasste Vereidigung auf eine gewisse Anzahl gesetzlicher Vorschriften hat allmählich den Charakter eines Beamteneides angenommen, namentlich nachdem zuerst Caesars Verfügungen und weiter die der Kaiser allgemein in diesen Eid einbegriffen wurden.

Der Rücktritt vom Amt erfolgt, wenn er durch den Ablauf der Amtfrist erfordert wird, ebenso von Rechtswegen wie der Antritt, wogegen, wenn der Beamte wegen Erledigung des ihm aufgetragenen Geschäfts oder aus anderen Gründen vor der Zeit abtritt, selbstverständlich er die Niederlegung des Amtes öffentlich zu erklären hat. Dass auch im ersten Falle der Beamte unmittelbar vor dem Rücktritt sich förmlich von der Bürgerschaft verabschiedet und zugleich eidlich versichert wissentlich nicht gegen die Gesetze gehandelt zu haben, ist üblich, aber nicht nothwendig und Rechtsfolgen knüpfen daran sich nicht. Wider seinen Willen kann der Beamte nicht genöthigt werden sein Amt vor Ablauf der Frist niederzulegen; wenigstens sind vor dem Jahrhundert, der republikanischen Agonie die Beamten wohl öfter aufgefordert worden vor der Zeit abzutreten, aber zu einer förmlichen Amtsentsetzung ist es nicht gekommen; auch die ursprüngliche Gleichstellung der Magistratur und der Bürgerschaft fordert principiell die Unabsetzbarkeit wenigstens der Oberbeamten. Die spätere Republik freilich hat in folgerichtiger Entwickelung der comitialen Souveränetät die Abrogation des Amts auf diesem Wege in der Theorie zugelassen und einzeln auch davon thatsächlichen Gebrauch gemacht. Auch dem niederen Beamten kann der höhere wohl die Amtsführung untersagen, aber das Amt, das nicht er ihm verliehen hat, ihm nicht nehmen; nur den Reiterführer, dessen Stellung überhaupt zwischen der magistratischen und der Hülfsthätigkeit schwankt, weist der Dictator an von seinem Amte zurückzutreten.

An den Rücktritt des Beamten knüpfen sich die Fragen, wie weit dadurch seine Amtshandlungen ihre Gültigkeit verlieren und inwiefern er administrativ der Rechnungslegung und gerichtlich der Verantwortlichkeit für dieselben unterliegt.

Selbstverständlich berührt der Rücktritt des Beamten die von ihm gültig vollzogenen Amtshandlungen im Allgemeinen nicht, da dieselben ja im Rechtssinne Handlungen der Gemeinde sind. Aber ausgenommen sind davon die rechtlich gestatteten, aber nicht vorgeschriebenen Acte persönlicher Willkür. Das Ladungsrecht und das Recht der Stellvertreterernennung erstrecken ihre Wirkung nicht über die Amtsfrist des Magistrats hinaus; ist der ladende Beamte an dem betreffenden Tage ausser Function, so wird die Ladung nicht auf den Nachfolger bezogen und ebenso wenig ist der Stellvertreter des abgegangenen Beamten der Stellvertreter des nachfolgenden. In gleicher Weise haftet die Anordnung, welche der Beamte ohne gesetzliche Grundlage vorgenommen hat *(quae imperio continentur)*, an seiner Person und bindet den Nachfolger nicht. Jede von der Willkür der Beamten ausgehende Norm, also jedes Edict muss, um nach seinem Rücktritt weiter zu gelten, von dem Nachfolger wiederholt werden. Es ist dies namentlich für die Entwickelung des römischen Civilprozesses von Wichtigkeit geworden, da der gerichtsleitende Magistrat nach römischer Auffassung in der Determinirung und selbst in der Ausdehnung der gesetzlichen Anordnungen eine weitgehende, aber durch diesen ihren personalen Charakter wiederum wesentlich eingeschränkte Competenz gehabt hat.

Verflichtung zur Rechnungslegung widerstreitet dem Wesen der römischen Magistratur. Weder das Königthum noch die Dictatur sind derselben unterworfen und auch das ordentliche Oberamt nur indirect. Von Rechtswegen verpflichtet dazu sind die Quästoren als Verwalter der Staatskasse und zwar ursprünglich ohne Zweifel in der Weise, dass sie nur ihren Mandanten, also den Oberbeamten Rechnung legten. Aber seitdem die Quästoren nicht mehr von diesen allein, sondern unter Mitwirkung der Comitien ernannt wurden, hat die Rechnungslegung insofern ihren Charakter verändert, als die städtischen Kassenführer ihren Nachfolgern, die mit der Führung der Kriegskassen beauftragten Quästoren der städtischen Hauptkasse Rechnung zu legen hatten und in dieser Form die Rechnungen des Vorjahrs zunächst durch die Beamten des Folgejahrs und weiter durch den Senat controlirt wurden. Da der Quästor für den Oberbeamten und nach dessen Anweisung die Kasse führte, so lief die nominell quästorische Rechnungslegung der Sache nach hinaus auf eine solche des Oberbeamten; da sie sich indess nur auf die aus der Stadtkasse entnommenen Beträge erstreckte und die in anderer Weise, namentlich aus dem Kriegsgewinne dem Oberbeamten zufliessenden Gelder nicht nothwendig an die Quästoren gelangten, so blieben insoweit die Oberbeamten in ihrer feldherrlichen Stellung von dieser Controle frei.

Verantwortlich ist der Beamte für seine Amtshandlungen zunächst nicht mehr und nicht weniger und kaum anders als jeder Privatmann für sein Thun und sein Lassen.

Der auf die Provocation hinauslaufende ältere Criminalprozess, sowohl der ursprüngliche wesentlich quästorische wie das durch den Volkstribunat entwickelte Rechenschaftsverfahren werden auf das im Laufe der Amtsführung begangene Verbrechen ebenso bezogen wie auf jede Privathandlung, wenn auch begreiflicher Weise namentlich das letztere am häufigsten gegen gewesene Beamte zur Anwendung kam. Die Befreiung des Censors von der politischen Rechenschaftslegung für seine Amtshandlungen ist eine Consequenz des zum Wesen dieser Magistratur gehörigen freien Ermessens und überdies kein gesetzliches Privilegium, sondern lediglich thatsächliche Uebung.

Dasselbe gilt von dem Civilverfahren in seinem ganzen die sogenannten Privatdelicte einschliessenden Umfang; *furtum* und *iniuria* in ihrem weiteren römischen Sinne kann jeder Bürger oder Nichtbürger auch gegen den Beamten einklagen und bis auf den Anfang des 7. Jahrh. d. St. wird formell in dieser Hinsicht kein Unterschied gemacht zwischen dem Taschendieb und dem erpressenden Consul. Damals ist für die Beamtenerpressung eine verschärfte Form des Civilverfahrens aufgekommen und in der weiteren Entwickelung dieser allmählich das alte Criminalverfahren ersetzenden Prozessform ist die Verschärfung des Delicts durch die Beamteneigenschaft des Verbrechers ein leitendes Motiv — auch das Verfahren wegen Unterschleifs öffentlicher Gelder, die *quaestio peculatus* und dasjenige wegen Landesverraths und was daran sich anschliesst, die *quaestio maiestatis* richten sich vorzugsweise gegen Amtsmissbrauch.

Nur in Beziehung auf den Zeitpunct, in welchem der Schuldige rechtlich zur Verantwortung gezogen werden kann, haben die Consequenzen der magistratischen Hierarchie früh eine Scheidung zwischen dem Beamten und dem Privaten herbeigeführt. Der Beamte kann weder bei sich selbst noch bei einem Magistrat niederer oder gleicher Gewalt, derjenige Beamte also, der keinen höheren bei sich hat, überhaupt erst nach seinem Rücktritt zur Verantwortung gezogen werden. Für den niederen Beamten galt dies nicht; indess auch gegen ihn wird einer solchen Klage regelmässig nur dann stattgegeben, wenn er selber es wünscht, da der allgemeine Schutz der mit öffentlichen Angelegenheiten beschäftigten Personen vor Behinderung durch Prozesshändel ihm regelmässig zur Seite steht.

8. Die magistratischen Ehrenrechte und Emolumente

Von den Abzeichen und Ehrenrechten, welche die Magistrate der Gemeinde dem Bürger gegenüber charakterisiren, können in dieser kurzen Uebersicht nur die drei wichtigsten, die Ruthen und Beile, der Purpur am Gewand und der Amtsstuhl berücksichtigt werden. Dass dieselben, wenn auch in beschränktem Umfang, den Priestern mit den Magistraten gemein sind, ist schon erwähnt worden (S. 69).

Die Ruthen und Beile, in Bündel *(fasces)* zusammengeschlungen, sind der sinnliche Ausdruck des magistratischen Imperium, des Anrechts auf Gehorsam und bei Versagung desselben der Befugniss denselben zu erzwingen *(coercitio)* nöthigenfalls an Leib und Leben; die Träger derselben *(lictores)* gehen darum dem Imperieninhaber von Rechtswegen voraus und sind von dem öffentlichen Erscheinen desselben untrennbar. Diese Fasces sind zugleich, insofern in republikanischer Zeit der Consul nur als Feldherr und in der Stadt nur der Dictator die Beile führen darf, das Distinctiv zwischen dem militärischen und dem ordentlichen städtischen Imperium (S. 77 f.). Auch die Abstufungen der Amtsgewalt finden in den Lictoren ihren greifbaren Ausdruck. Die normale Zahl von zwölf Trägern — das ältere Decimalsystem ist in diesen Ordnungen nicht vertreten — drückt die Vollgewalt des Königs wie des Consuls aus und kommt nach augustischer Ordnung auch dem Princeps zu. Die Doppelzahl ist in republikanischer Zeit der Ausdruck der eminenten Gewalt des Dictators und späterhin nach der charakteristischen Neuerung Domitians derjenigen des Kaisers. Die Hälfte der Normalzahl bezeichnet die ebenfalls oberamtliche, aber schwächere Gewalt des Reiterführers und des mit militärischem Imperium fungirenden Prätors; die Fünfzahl in der Kaiserzeit ein abgemindertes prätorisches Commando; die Zweizahl das städtische Imperium des Prätors und in der Kaiserzeit dasjenige einer Reihe neu für Rom und Italien geschaffener Beamten. Allen aus der Gehülfenschaft entwickelten Beamten, selbst den Censoren und um so mehr den Quasi-Magistraten der Plebs mangelt wie das Imperium so auch der Lictor.

Das Gewand ist dem Magistrat mit dem Bürger gemein; aber die rothe Farbe des Gewandes ist das Vorrecht und das Kennzeichen der Magistratur. Befugt zu dieser Auszeichnung sind alle zur Führung von Lictoren berechtigten Beamten und von den niederen die Censoren und die curulischen Aedilen, nicht aber die im Rang unter diesen stehenden Gemeindebeamten und ebenso wenig die Vorsteher der Plebs. Der Gegensatz des militärischen und des städtischen Imperium findet in republikanischer Zeit seinen Ausdruck auch in der Tracht, insofern das rothe Gewand, welches der König wohl wie im Felde so auch in der Stadt getragen haben mag, jetzt auf das militärische Imperium beschränkt ist; hier hat aus dem kurzen purpurfarbigen Kriegskleid sich die Feldherrnschärpe *(paludamentum)* entwickelt und daraus ist, als die Feldherrngewalt zum kaiserlichen Reservatrecht ward, der Kaiserpurpur geworden. Aus der Stadt war die rothe Amtstracht verbannt; die überhaupt zur Führung des Purpurs berechtigten Magistrate trugen dort nur an dem weissen Bürgergewand den rothen Saum *(toga praetexta)*. Nur bei dem Aufzug des siegreichen Magistrats auf das Capitol durfte das rothe Kriegskleid und der volle Krieger- und Siegerschmuck in der Stadt sich zeigen.

Für den Verkehr zwischen dem Beamten und dem Bürger gilt im Allgemeinen die Regel, dass, wo die Beschaffenheit des Acts es gestattet, der Beamte sitzt und der Bürger steht. Dies erstreckt sich selbst auf die öffentliche Hülfsthätigkeit, wie sie der Geschworne leistet, und auf die plebejischen Quasi-Beamten; wo diese indess in der Mehrzahl thätig sind, sitzen sie auf Bänken *(subsellia)*. Der Einzelsitz dagegen ist das Kriterium der Magistratur und kommt selbst dem Quästor in seiner amtlichen Thätigkeit zu. Die höheren Ordnungen werden ausgezeichnet durch die Form des Einzelsitzes. Zwar der Lehnsessel, der vielleicht als Königssitz in Gebrauch gewesen ist, ist in republikanischer Zeit verschwunden; aber der curulische Stuhl, ein transportabler Elfenbeinstuhl ohne Lehne von bestimmter Form kommt gleich dem Purpursaum den Imperienträgern so wie den Censoren und den patricischen Aedilen zu.

Die magistratischen Ehrenrechte haften, wie der Amtstitel, nicht an der Person, sondern an dem Amt und in republikanischer Zeit wird im Allgemeinen weder dem gewesenen Beamten die Fortführung noch dem Nichtbeamten die Führung derselben gestattet. Indess ist wohl schon früh hiervon die Ausnahme gemacht worden, dass bei öffentlichen Festlichkeiten, wobei die Bürger die von Gemeindewegen ihnen verliehenen Dekorationen, insbesondere die Ehrenkränze führten, den gewesenen Magistraten ebenfalls gestattet wurde das früher getragene magistratische oder Triumphalgewand wiederum anzulegen, und insofern kann die Führung der Praetexta als lebenslängliches Ehrenrecht aufgefasst werden. In noch weiterem Umfang ist das Magistratsgewand als Todtenkleid für die Bestattung zugelassen worden. — Beilegung der Ehrenrechte des Amts ohne dieses selbst ist in republikanischer Zeit nur insofern vorgekommen, als, wenn Volksfeste, wie sie die Magistrate zu geben pfiegten (S. 73), von einem Privaten angerichtet wurden, dem Festgeber die Führung zwar nicht des magistratischen Titels, aber der magistratischen Insignien, selbst der Lictoren für die Dauer der Festlichkeit verstattet zu werden pflegte. In der Kaiserzeit ist es aufgekommen Personen, die das Amt nicht geführt hatten und häufig nicht einmal führen durften, die nach dessen Führung dem gewesenen Beamten verbleibenden Ehrenrechte (*ornamenta* z. B. *praetoria*) ausnahmsweise beizulegen.

Die Dienerschaft der Beamten ist namentlich für den städtischen Amtkreis fest geordnet. Verwendung von Sclaven für öffentliche Leistungen hat bei den Wasserleitungen, bei dem Löschdienst, bei Hausdienerthätigkeit und sonst stattgefunden; freie Nichtbürger schlechtesten Rechts *(Bruttiani)* sind in der späteren Republik ausserhalb Roms als Subalterne gebraucht worden. Aber für die Beziehungen zwischen den Magistraten und den Bürgern werden Unfreie und Fremde nicht verwendet; sogar bei der Kasse, deren Verwaltung in dem römischen Hauswesen der historischen Epoche durchgängig Sklaven anvertraut wird, da diese zu strengerer Verantwortung gezogen werden können, werden nach den Ordnungen der Gemeinde, ohne Zweifel nach dem Muster der alten ehrbaren Hausordnung, so viel wir wissen ausschliesslich, freie Leute verwendet. Gewesene Sklaven freilich sind von diesem Gemeindedienst nicht ausgeschlossen, welcher gelöhnt wird und wie anderer Lohndienst in geringem Ansehen steht (S. 88); aber schon die Art der Stellenbesetzung bringt es mit sich, dass die Freigelassenen des fungirenden Magistrats dabei keineswegs berücksichtigt werden, ausser dass dem Oberbeamten gestattet ist einen seinem Hausgesinde entnommenen Freigelassenen, den Accensus, seinem Amtsgesinde einzuverleiben. Der Contract, auf dem dieser Dienst beruht, wird auf das Amtsjahr gestellt und durchgängig von den abtretenden Beamten für das Folgejahr abgeschlossen, so dass der antretende Beamte die Subalternen bereits vorfindet und nur den Accensus selber bestellt. Wiederannahme derselben Person ist nicht bloss zulässig, sondern in dem städtischen Subalterndienst früh Regel geworden, woraus sich dann die factische Lebenslänglichkeit, ja die Verkäuflichkeit der hauptstädtischen Officien und die corporative Geschlossenheit ihrer Officialen entwickelt hat. Ausser den schon erwähnten Lictoren erscheinen unter diesen Subalternen besonders die Boten *(viatores)*, zunächst bestimmt für die Ueberbringung der magistratischen Kundgebungen an die einzelne Person, und die Ausrufer *(praecones)*, zunächst zur Verkündigung der für das Publicum insgemein bestimmten obrigkeitlichen Mittheilungen; daneben finden sich für die sacralen Verrichtungen Flötenbläser *(tibicines)*, Hühnermänner *(pullarii)*, Eingeweidebeschauer *(haruspices)* und andere Lohngehülfen mannichfaltiger Art. Die wichtigste und angesehenste Kategorie aber bildeten die bei dem Aerarium fungirenden Schreiber *(scribae)*, welche von ihren nächsten Vorgesetzten, den Quästoren und den curulischen Aedilen den Namen tragen, in der That aber, insofern sie nicht bloss die Staatsrechnungen führen, sondern die öffentlichen Listen und die öffentlichen Urkunden insgesammt unter sich haben, der Magistratur überhaupt und in erster Reihe den Consuln Hülfsdienst leisten. Das gesammte öffentliche Rechnungswesen ist, namentlich in Folge der Behandlung der Quästur als Jahr- und als Anfangsamt, diesen factisch dauernden Subalternen anheimgefallen; in welchem Grade dies der Fall war, tritt deutlich darin hervor, dass zur Verrechnung der grossen aus dem Aerarium den Provinzialstatthaltern vorschussweise gezahlten Summen ausser den den Statthaltern zugeordneten Quästoren noch einem jeden zwei quästorische Schreiber beigegeben wurden, um in den Provinzen die Verausgabung und Verrechnung dieser Gelder zu beaufsichtigen.

Bezahlung für die ihr gemachten Leistungen gewährt die Gemeinde, insoweit dieselben auf besonderem Vertrag beruhen, zum Beispiel dem Unternehmer öffentlicher Arbeiten und dem Lictor. Weiter ist für den Kriegsdienst wohl jeher durch die einzelnen Bezirke und schon früh aus dem Gemeindesäckel selbst Vergütung gewährt worden. Auch dem Beamten mag, insofern er zugleich Kriegsdienst leistet, von Rechtswegen der Sold, und zwar der höhere des Reiters zugekommen sein; aber einen besonderen Offiziersold kennt die römische Ordnung nicht und vielleicht war derjenige Offizier, der zugleich Magistrat war, eben darum gehalten den Dienst unentgeltlich zu leisten. Ueber den Sold hinaus soll der Gemeindedienst dem Leistenden vermögensrechtlich weder Einbusse noch Vortheil bringen. Thatsächlich indess ist für den Beamten beides vielfältig eingetreten und zwar überwiegend Aufwendung bei der städtischen, Nutzung bei der auswärtigen Amtsführung.

In der städtischen Amtführung wird im Allgemeinen die Regel durchgeführt, dass was für die Amtführung gebraucht wird, die Gemeindekasse belastet und was die Amtführung einbringt, für die Gemeinde zu verwenden ist. Aber in Betreff der Volksfeste, so weit diese von den Beamten auszurichten waren (S. 73), ist diese Regel bald bei Seite gesetzt worden. Es kam früh auf oder galt vielleicht von jeher, dass ihnen dafür eine feste Summe aus der Gemeindekasse überwiesen und weder Rechnungslegung und Restzahlung gefordert noch Nachschuss gewährt ward, etwaiger Gewinn und Verlust also den ausrichtenden Beamten persönlich traf. Wenigstens in historischer Zeit ist diese Summe so niedrig bemessen, dass der Beamte damit nicht ausreichte, vielleicht nicht ausreichen konnte und Zuschuss aus eigenen Mitteln, wenn auch formell als Munificenz gefasst, vielmehr im Wesen der Institution lag. Bei dem immer steigenden Wettbewerb um die Aemter und bei dem mehr und mehr sich einbürgernden Missbrauch den persönlichen Zuschuss zu den Volksfesten und die Wahl zum Gemeindeamt gewissermassen als Leistung und Gegenleistung zu behandeln ist dies einer der hauptsächlichen Hebel der Plutokratie der späteren Republik geworden. Die Kaiserzeit machte dieser ungesunden Ambition ein Ende.

Die ausserhalb Rom fungirenden Beamten oder Beauftragten der Gemeinde erhielten was sie brauchten theils durch Geldzahlung aus der Gemeindekasse, welche meistens vorschussweise geleistet ward und je nach Umständen die Verrechnung ein- oder ausschloss, theils ergänzend mittelst des ihnen zustehenden Requisitionsrechts, wobei also der Anlage nach auch sie weder verloren noch gewannen. Thatsächlich aber wurde die letztere Befugniss, auch von eigentlichen Erpressungen abgesehen, durchaus zum Vortheil der römischen Beamten gehandhabt. Es kam hinzu, dass in grosser Ausdehnung den Beamten überlassen ward die Bedürfnisse sich selber zu beschaffen gegen eine hier durchgängig zu ihrem Nutzen hoch gegriffene Geldentschädigung. Dahin gehört das den Gesandten der Gemeinde ausgeworfene Reisegeld *(viaticum)*, die dem Statthalter zugebilligten Ausrüstungsgelder *(vasarium)*, die den Unterbeamten und Gehülfen von ihren Vorstehern ausgesetzten Tagegelder *(cibaria)* so wie die analogen geradezu als Gratificationen auftretenden Salz- *(salarium)* und Weingelder *(congiarium)*, welche dem Oberbeamten gestattet ward bei der Rechnungslegung zu liquidiren. Hauptsächlich auf diesem Wege hat der römische Beamtenadel die politische Machtstellung des Staats für seine private Bereicherung ausgenutzt und in Gemeinschaft mit der kaufmännischen Speculation die finanzielle Uebermacht der herrschenden Nation herbeigeführt. Auch hier aber hat der Principat ernstlich eingegriffen und das ältere an sich fehlerhafte und durch schweren Missbrauch herabgewürdigte

System dadurch ersetzt, dass für die ausserhalb Roms fungirenden Beamten die principielle Unentgeltlichkeit aufgegeben und hoch gegriffene Besoldungssätze dafür eingeführt wurden.

9. Stellvertreter — Gehülfen — Rathmänner

Das Befehlsrecht des Beamten dem Bürger gegenüber kann ebenso unmittelbar ausgeübt werden wie durch Vermittlung, durch Mandat. Auf diesem beruht einerseits die Hülfsthätigkeit bei der Magistratur, andererseits die magistratische Stellvertretung. Ohne Verwendung von Gehülfen kann Amtführung überall nicht gedacht werden. Die römischen Ordnungen unterscheiden, nicht terminologisch, aber sachlich, die Gehülfen höheren und niederen Ranges oder, genauer gesprochen, die unentgeltlich fungirenden Gehülfen, bei deren Thätigkeit die Erfüllung der Bürgerpflicht vorwaltet, wie die Geschwornen und die Offiziere, und die bezahlten, bei welchen das Lohnverhältniss wenigstens mit in Betracht kommt, wie die Apparitoren und die Soldaten. Die hier eingreifenden Ordnungen sind freilich mit der speciellen Organisation des Gemeinwesens so verwachsen, dass sie in dem allgemeinen Staatsrecht keinen Platz finden können, die Geschwornenordnung zum Beispiel dem Prozess, der Soldatendienst der Darstellung des Kriegswesens verbleiben muss. Die höheren Gehülfenstellungen ferner sind zum guten Theil in anderer Verbindung zu erörtern, da aus ihnen die niedere des Imperiums entbehrende Magistratur hervorgegangen ist. Dennoch wird die Behandlung des mittelbaren Befehlsrechts auch in der allgemeinen Darstellung der Magistratur nicht übergangen werden dürfen. Die Bindung derselben einerseits durch die gesetzliche Untersagung, andererseits durch die gesetzliche Anordnung der Mandirung gehört zu den ältesten und eingreifendsten Schranken der Beamtengewalt; hauptsächlich auf diesem Moment ruht der Gegensatz der königlichen Gewalt und derjenigen der republikanischen Magistratur, wie die Römer sie auffassten; und ebenso findet der Gegensatz des städtischen und des militärischen Imperium praktisch vor Allem seinen Ausdruck in der verschiedenen Behandlung der Stellvertretung und der Gehülfenschaft. Auch für das Verhältniss, in welchem die magistratische Selbstthätigkeit und die Macht der Gehülfenschaft, das heisst die Bureaukratie in dem römischen Gemeinwesen zu einander gestanden haben, ist es nothwendig das mittelbare Befehlrecht von allgemeinerem Standpunct aus zu betrachten. Wenn in republikanischer Zeit die Bureaukratie nicht zur Entwickelung gelangt ist, so beruht dies, neben der durch das unfreie oder halbfreie Gesinde verstärkten Macht des Individuums, vor allem darauf, dass der Gehülfenstellung die Ständigkeit ebenso wenig zukam wie der Magistratur, Berather, Geschworne, Offiziere mit dieser selbst stetig wechselten. So wie dieser Wechsel wegfiel, wie dies bereits in republikanischer Zeit bei den magistratischen Schreibern eintrat, beginnt sofort das bureaukratische Element sich zu entwickeln und unter dem Principat, wo derselbe mehr und mehr zurücktrat, ist es allmählich zu derjenigen Macht erstarkt, die schliesslich im Byzantinismus das eigentliche Regiment lahm legt.

Stellvertretung im vollen Sinne des Worts durch Mandat des Magistrats mag in der Königszeit allgemein zulässig gewesen sein, das heisst dem König freigestanden haben bei Behinderung namentlich durch Abwesenheit oder Krankheit seine Amtsthätigkeit einem Vertreter zu übertragen. In der republikanischen Ordnung erscheint ein derartiger Stellvertreter nur in einem einzigen Falle und zwar hier entwickelt aus dem Gegensatz des städtischen und des militärischen Imperium und der nothwendigen Continuität des ersteren. Wenn der oder die Oberbeamten die Grenze des ursprünglichen Stadtgebietes überschreiten und das städtische Amt länger als einen Tag factisch vacant ist, muss, wer zuletzt aus dem Gebiet austritt, für die Dauer der Abwesenheit von der Stadt einen Stadtverweser *(praefectus urbi)* bestellen, um überhaupt die oberamtlichen Befugnisse auszuüben, vornehmlich aber die Jurisdiction ohne Unterbrechung wahrzunehmen. Diese Institution weist sowohl durch ihre monarchische Gestaltung wie durch ihre Anlehnung an die älteste Gebietsgrenze in die Königszeit zurück, und daraus wird es sich auch erklären, dass der Stadtverweser, obwohl sein Imperium ein abgeleitetes ist, dennoch als Magistrat betitelt und behandelt wird. Aber sowohl die Stellvertretung durch freies Mandat wie nicht minder die Ausübung magistratischer Gewalt durch ein ohne Mitwirkung der Comitien ernannte Person ist nicht im Einklang mit der republikanischen Entwickelung und in Folge dessen diese Stadtmeisterstellung in ähnlicher Weise wie die Dictatur früh ausser Kraft gesetzt worden. Schon dem Consulartribunat wurde das consularische Recht der Stellvertreterernennung versagt und bei der Beseitigung jener Magistratur dasselbe auch den Consuln entzogen. Die Continuität insbesondere der Jurisdiction wurde durch die Stellenvermehrung bei dem Oberamt erreicht, indem von den Kriegstribunen immer einer in Rom zurückblieb und bei deren Abschaffung den beiden Consuln ein dritter speciell für die Rechtspflege bestimmter und für die ganze Amtszeit an Rom gebundener College zugegeben ward. Nur während des in dem ehemaligen Gebiet von Alba gefeierten latinischen Festes, dessen Ritual die Anwesenheit der gesamten römischen Magistratur erforderte, wurde noch nach altem Herkommen ein Stadtverwalter ernannt. Davon abgesehen ist im städtischen Regiment das ursprünglich dem Oberamt zustehende Recht sich durch freies Mandat einen Vertreter zu bestellen seit Einrichtung der Stadtprätur verfassungsmässig beseitigt. Selbst wenn die Stadtprätur durch den Tod des Inhabers erledigt war oder der Stadtprätor ausnahmsweise ausserhalb Roms functionirte, griff man nicht zurück auf die alte consularische Mandirung, sondern lies das Amt vacant.

Zulässig ist dagegen im städtischen Regiment die collegialische Mandirung; seit in demselben mehrere Prätoren mit getheilter Competenz neben einander fungiren, können diejenigen, die nicht so wie der Stadtprätor von Rechtswegen an die Hauptstadt gefesselt sind, diesem ihre städtische Amtsthätigkeit übertragen, da diese Stellvertretung wohl eine Verschiebung der Amtsgeschäfte, aber keine Uebertragung derselben an Nichtbeamte herbeiführt. Durch diese Anordnungen in Verbindung mit der stricten Durchführung des Annuitätsprincips und des Interregnalsystems im städtischen Amtsgebiet ist die entwickelte Republik dahin gelangt, dass die Amtsthätigkeit, wie sie verfassungsmässig feststeht, in der Stadt lediglich durch wirkliche Beamte ausgeübt wird oder, wie dies auch ausgedrückt werden kann, dass in der Stadt die Promagistratur (S. 68) nicht functionirt.

Wenn also in der Stadt das Imperium allgemein nicht mandirt werden durfte, so gilt für die einzelnen auf dem Imperium beruhenden Handlungen in derselben das Gesetz, dass der Imperienträger den Act entweder selber vollziehen muss oder ihn selber nicht vollziehen darf, die amtliche Hülfsthätigkeit also entweder gesetzlich ausgeschlossen oder gesetzlich nothwendig ist. Wenn nach der allerdings weniger auf Tradition als auf Construction beruhenden römischen Rechtsanschauung es dem König freisteht im Strafverfahren wie im Civilprozess selber den Spruch zu finden und die Hülfsthätigkeit bei ihm facultativ gedacht wird, so erscheint das Regiment mit also rechtlich gebundener Mandirung als das eigentliche Wesen der republikanischen Amtführung, als *imperium legitimum* oder *iustum*. Wesentlich ist dabei die Normirung der von dem Magistrat zu verwendenden Gehülfen nach Zahl und Art. Dass die zunächst zur Unterstützung seiner persönlichen Thätigkeit ihm beigegebene Dienerschaft insbesondere für den städtischen Amtkreis nach festem Schema geordnet war, ist bereits (S. 110) ausgeführt worden; analoge Bestimmungen für die nicht auf diese Weise vollziehbaren Amtsgeschäfte werden weiterhin entwickelt werden.

Es erscheint nothwendig die Behandlung der Hülfsthätigkeit im städtischen Amtsgebiet für die wichtigsten Zweige der magistratischen Thätigkeit zu specialisiren.

Der Verkehr mit den Göttern im Wege der Auspicien so wie die Verhandlung mit der Bürgerschaft und dem Senat können überall nicht mandirt werden. Eine Ausnahme in Betreff der Bürgerschaft wird sogleich bei der Strafgewalt erwähnt werden.

Die in dem Imperium enthaltene Zwangsgewalt ist selber ebenfalls der Mandirung entzogen, während die Execution derselben, insofern sie die Vergewaltigung des Ungehorsamen *(coercitio)* erfordert, an die geordnete Form der Apparition gebunden ist. Dagegen unterliegt die Strafgewalt, insofern sie Leib und Leben des Bürgers angreift, der obligatorischen Mandirung, indem der Imperienträger weder selbst das Urtheil finden darf noch im Fall der eingelegten Provocation dasselbe gegenüber der Bürgerschaft vertritt. Vielmehr hat er hiefür, und zwar nach festen Formen, Mandatare zu bestellen, aus denen früh, in Folge der darauf erstreckten Volkswahl, untergeordnete Beamte geworden sind, wie dies bei der Strafrechtspflege (Buch 4 Abschn. 2) weiter darzulegen sein wird. In diesem Fall ist auch die Berufung der Bürgerschaft durch die eben bezeichneten Mandatare zulässig und geboten, und nicht minder ist der Consul verpflichtet für die Handhabung der den Centurien vorbehaltenen Capitaljurisdiction dem für deren Berufung von Amtswegen nicht competenten Volkstribun auf dessen Verlangen das erforderliche Mandat zu ertheilen.

Die Rechtspflege bei Streitigkeiten zwischen Privaten theilt sich in die Prozessregulirung *(iuris dictio)* und die Urtheilsfindung *(iudicium);* bei jener ist die Mandirung im Allgemeinen ausgeschlossen, bei dieser geboten. Indess bedürfen beide Regeln näherer Bestimmung.

Die Jurisdiction steht im städtischen Regiment bei dem oder den in Rom dafür thätigen Prätoren und den curulischen Aedilen; Mandirung ist, abgesehen von der collegialischen (S. 114), dabei ausgeschlossen. So weit dagegen die Regel, dass es, von den Provinzen abgesehen, kein römisches Gericht giebt ausserhalb Rom, in der späteren Republik durchbrochen ist durch die Volksschlüsse, welche in einer Anzahl italischer Ortschaften die Einsetzung von Gerichtsverwesern *(praefecti iure dicundo)* anordneten, tritt die obligatorische Mandirung ein: der Prätor ernennt, zum Theil späterhin nach Befragung der römischen Comitien, diese seine Vertreter. In gleicher Weise ist wahrscheinlich die nach der Aufnahme ganz Italiens in den römischen Bürgerverband den einzelnen Städten eingeräumte beschränkte Jurisdiction (S. 61) rechtlich aufgefasst worden als prätorische durch die municipalen Comitien gebundene Mandirung.

Dass die Urtheilfindung den Magistraten schlechthin entzogen ist, gehört zu den Palladien der republikanischen Ordnung; es erstreckt sich dies sogar auf denjenigen hauptstädtischen Civilprozess, bei welchem beiden Parteien das Bürgerrecht mangelt und auf den späteren aus dem Civilrecht entwickelten republikanischen Criminalprozess *(quaestiones perpetuae),* denn wenn gleich bei diesem vielfach der Magistrat den Prozess nicht bloss regulirt, sondern auch leitet, so ist er darum nicht weniger von der Urtheilsfindung ausgeschlossen. Die Auswahl der Richter steht dem Magistrat zu und wenn bei dem Freiheitsgericht der Zehn- *(decemviri litibus iudicandis)* so wie bei dem Diebstahlsgericht der Dreimänner *(tres viri nocturni),* wahrscheinlich auch bei dem Erbschaftsgericht der Hundertmänner *(centumviri)* die magistratische Auswahl durch die Mitwirkung der Bürgerschaft gebunden worden ist, so sind bei den Prozessordnungen für die Bestellung des Einzelgeschworenen *(iudex unus)* und der Geschwornencollegien *(recuperatores)* dem magistratischen Ernennungsrecht nur bestimmte Directiven gegeben. Der Untergang der Urtheilfindung durch Private und die unter dem Principat allmählich dafür eintretende magistratische sind der rechte Ausdruck des Endes des republikanischen Gemeinwesens.

Die Verzeichnung der dienstpflichtigen und die Einschätzung der steuerpflichtigen Bürger hat nach älterer Ordnung der Imperienträger nothwendig selbst zu vollziehen, wogegen späterhin eigene Unterbeamte dafür eintreten, bei welchen, da sie von Haus aus durch die Comitien bezeichnet werden, der oberamtliche Auftrag nicht hervortritt, obwohl ohne Zweifel im Rechtssinn auch sie als obligatorische Mandatare der Consuln zu fassen sind, die ihre Wahl bewirken. Die ursprüngliche Ordnung hat sich insoweit auch später behauptet, als die in dieser Competenz enthaltenen continuirenden Amtsgeschäfte dann, wenn eigene Schatzungsbeamte nicht vorhanden sind, den Consuln obliegen und, wo bei der Coercition die censorische Competenz versagt, die Consuln sie ergänzen.

Die Aufstellung des Bürgerheeres, welche gleichfalls den Normen des städtischen Amtkreises unterliegt (S. 76), ist der Mandirung ebenso entzogen wie die Jurisdiction und die Schatzung. In der Auswahl der Offiziere wie der Soldaten hat der Imperienträger im Allgemeinen freie Hand und auch die Comitien haben nur in beschränktem Umfang in die Ernennung der ersteren eingegriffen; allgemein aber ist der Inhaber des Imperiums gebunden durch die Ordnungen, welche die Zahl und die Grade der höheren wie der subalternen Offiziere und in gewissen Grenzen auch die Zahl der Mannschaften ein für allemal feststellen. Wie bestimmt hier das Herkommen den Magistrat band, zeigt die dem Dictator obliegende, bei dem Consul nicht einmal zulässige Bestellung eines obersten Gehülfen für das Sammtcommando der Reiter. So weit hier radicale Umgestaltungen eingetreten sind, wohin zum Beispiel die Auflösung der alten einheitlichen Legion in eine wechselnde Zahl gleichbenannter Truppenkörper gehört, sind diese schwerlich durch einfaches magistratisches Belieben in Kraft getreten.

Von der Steuerhebung ist die Manipulation wenig bekannt; sicher aber ist auch sie ähnlich wie die Heeresbildung durch Anordnung des Imperienträgers und eine fest geordnete Gehülfenschaft in Vollzug gesetzt worden.

Die Kassenverwaltung ist wahrscheinlich nebst der Criminaljustiz am frühesten der Selbstthätigkeit des Imperienführers im Wege der obligatorischen Mandirung entzogen worden. Es kann auf die Einführung der Republik selbst zurückreichen, dass die Consuln angewiesen wurden, die Gemeindekasse nach ihrem freien Ermessen, aber nicht selbst zu verwalten, sondern durch zwei Gehülfen höherer Ordnung verwalten zu lassen, für deren Auswahl dann, vielleicht nicht lange nachher, die Einwilligung der Comitien gefordert ward. Bei Vacanz der Quästur, die allerdings nicht wie bei der Censur regelmässig eintrat, sondern nur ausnahmsweise vorkam, mögen ihre Geschäfte durch freies consularisches Mandat übertragen worden sein und es ist diesen Mandataren vielleicht selbst in der Stadt die promagistratische Titulatur eingeräumt worden.

Die Amtführung ausserhalb Rom ist zwar nach denselben Principien geordnet, die Regeln aber dennoch wesentlich verschieden.

Stellvertretung ist im Allgemeinen auch dem Commando fremd. Der in seinem Amtkreis verweilende Commandoführer kann dies Commando nicht beliebig durch Mandat übertragen und selbst bei eintretender Handlungsunfähigkeit und im Todesfall giebt es keinen verfassungsmässig vorgezeichneten Weg die Lücken zu füllen; es bleibt nichts übrig als das Nothstandscommando dessen, der sich dessen unterwindet und Anerkennung findet (S. 80). Aber wie nach ältester Ordnung die in das Ausland sich begebenden Oberbeamten einen Stadtverweser mit magistratischem Recht bestellen, so hat der Commandoführer, wenn er seinen Commandobezirk verlässt, das Recht und die Pflicht einem Privaten, welchem der niedere Beamte in dieser Hinsicht gleichsteht, sein Imperium interimistisch zu übertragen. Dieses im städtischen Regiment factisch beseitigte Verfahren ist im militärischen in Kraft geblieben. Es kommt dasselbe auch in der modificirten Form vor, dass der in der Stadt verweilende Imperieninhaber das militärische Commando, welches er hat, aber nicht ausüben kann, einem Stellvertreter überträgt; indess ist dies nur zulässig, so weit es nicht mit der Regel collidirt, dass der Nachfolger im Commando dasselbe von dem Vorgänger persönlich übernehmen muss (S. 78 f.) und dieser also bis zum Eintreffen des Nachfolgers in seiner Stellung verbleibt. Der in Rom verweilende Consul oder der Stadtprätor kann also nur ein nicht besetztes Commando einem Stellvertreter übertragen. Qualitativ ist die Stellvertreterernennung insofern beschränkt, als der Stellvertreter, auch wenn ein Consul ihn bestellt, doch nie ein höheres Imperium als das prätorische führt.

Die Hülfsthätigkeit bei dem militärischen Imperium ist überhaupt und namentlich in älterer Zeit vor der Einrichtung der Provinzen in enge Grenzen gewiesen. Von den vorher aufgeführten Kategorien der städtischen Amtsthätigkeit kommt bei der feldherrlichen als ständige nur die Kassenführung in Betracht. Die Regel, dass diese einem Gehülfen übertragen werden muss, gilt auch für den Feldherrn und die Einwilligung der Comitien wird auch für diese Quästoren erwirkt; hier aber ist es ausser Zweifel, dass der Quästor zunächst ebenso wie der Feldherr und wie jeder Offizier seine Function auch nach Ablauf der Amtfrist fortführt, wenn aber dem Feldherrn der Quästor fehlt, er wie berechtigt so verpflichtet ist einen Privaten zum Proquästor zu machen.

Wenn die Aufstellung der Truppen in der Stadt Rom den ständigen Ordnungen namentlich auch in der Offiziersernennung sich streng conformirt, so wird im feldherrlichen Amtsgebiet das effective Hülfscommando zwar unter Schonung der also gegebenen Normen, aber doch thatsächlich mit grosser

Freiheit behandelt. Die Unterordnung des einen Offiziers unter einen andern in der formalen Hierarchie zwar nicht unter ihm, aber doch ihm gleichstehenden und selbst die Verwendung eines im Lager anwesenden Nichtoffiziers für die Befehlsführung sind wohl von jeher im Feldherrnrecht enthalten gewesen und in späterer Zeit ist von der letzteren Befugniss namentlich für die bei dem Heere befindlichen Senatsboten in weitem Umfang Gebrauch gemacht worden.

Rechtspflege im militärischen Amtsgebiet hat erst begonnen, nachdem in den Provinzialpräturen besondere Jurisdictionen für das überseeische Gebiet eingerichtet worden waren. Die Scheidung der Prozessregulirung und der Urtheilfindung und überhaupt die bei der hauptstädtischen Rechtspflege geordneten Schranken der Amtsgewalt sind auch für diese Nebengerichte massgebend gewesen. Aber wenn im städtischen Regiment die Jurisdiction nicht mandirt werden kann, so scheint diese Mandirung hier keiner Beschränkung unterlegen zu haben und namentlich in Bezug auf den Quästor häufig vorgekommen zu sein. Auch ist es mindestens zweifelhaft, ob bei Rechtssachen, an denen römische Bürger nicht betheiligt waren, der Statthalter gesetzlich verpflichtet war sich der eigenen Urtheilsfindung zu enthalten; vielleicht hat diese wohl immer mehr als Administrativact aufgefasste Rechtsprechung dem Geschwornenzwang nicht unterlegen.

Die rechtliche Stellung des Gehülfen ist im Wesentlichen hiermit gegeben. Innerhalb der für die einzelne Kategorie zur Anwendung kommenden verfassungsmässigen Normen steht dem Imperienträger die Ernennung des Gehülfen frei wie auch, da das Mandat jederzeit widerruflich ist, dessen Entlassung; indess ist er in zahlreichen Fällen bei der Ernennung an die von ihm oder einem anderen Imperienträger erwirkte Zustimmung der Comitien gebunden, und so weit dies der Fall ist, kann er den Gehülfen auch nicht einseitig aus seiner Stellung entfernen. Die Competenz des Gehülfen giebt das Mandat. In der Geschäftsführung bleibt der Gehülfe, mag er ohne oder durch die Comitien bestellt sein, abhängig von dem Willen des Mandanten; der Quästor leistet Zahlung, der Lictor vollstreckt den Spruch nach Anweisung des Consuls und die Verantwortlichkeit trägt nicht der Mandatar, sondern der Mandant. Auch Handlungen, zu denen der magistratische Gehülfe als Magistrat befugt ist, zum Beispiel die Einholung von Auspicien, die Abhaltung einer Volksversammlung kann der Vorgesetzte untersagen. Ebenso kann der Mandant die Handlung des Mandatars, insoweit er selbst zur Vollziehung derselben berechtigt ist, cassiren und rectificiren; darauf beruht es, dass der städtische Magistrat den Spruch des von ihm eingesetzten Geschwornen abzuändern nicht befugt ist, wohl aber, so weit Mandirung der Jurisdiction zulässig ist, von dem durch den Mandatar herbeigeführten Spruch an den Mandanten Berufung eingelegt werden kann, woraus im Laufe der Zeit sich das Institut der Appellation entwickelt hat. Aeussersten

Falls kann der Mandant sogar dem magistratischen Gehülfen alle Amtshandlungen verbieten, also ihn vom Amt suspendiren.

Hülfsthätigkeit und eigene Amtsgewalt schliessen also logisch und praktisch einander aus; wer ein fremdes Imperium kraft des Mandats seines Inhabers diesem ausüben hilft, kann eigenes nicht haben. Wie indess diese Regel für die königliche Gewalt schwerlich gegolten hat und sicher für die Dictatur nicht gilt, da dem vom Dictator ernannten Reiterführer eigenes Imperium so wie Titel und Insignien der Magistratur beigelegt worden, so wird sie auch bei der Rückkehr zur Monarchie ausser Kraft gesetzt. In dieser Hinsicht wie auch sonst mehrfach knüpft die Beseitigung des republikanischen Princips an Pompeius an: das ihm im J. 687 (67 v. Chr.) durch das gabinische Gesetz eingeräumte Recht den von ihm für den Piratenkrieg ernannten Unterbefehlshabern eigenes Imperium und magistratische Insignien zu verleihen eröffnet das bald darauf in dem Principat durchgeführte System des militärischen Reichsregiments durch von dem Monarchen ernannte und dennoch mit eigenem Imperium ausgestattete Offiziere *(legati Augusti pro praetore)*.

Es bleibt übrig von einer besonderen Form der Hülfsthätigkeit bei der Magistratur, dem *consilium* zu handeln.

Es ist in Rom herkömmlich gewesen wichtige in die Willkür des Einzelnen gestellte Entscheidungen zunächst anderen zu diesem Zweck zusammenberufenen Personen vorzulegen und erst nach Einholung der Ansichten dieses *consilium* den endgültigen Entschluss zu fassen. Auf diese Weise ist die hohe und freie Stellung des Hausvaters zugleich aufrecht erhalten und einigermassen vor dem Ueberschlagen in leidenschaftliche Action und gewissenlose Willkür bewahrt worden. Wie die Magistratur der Hausgewalt überhaupt nachgeschaffen ist, hat sie auch diese Institution aufgenommen und damit Aehnliches erreicht.

Die Rathseinholung findet nur statt, wo die Entscheidung gegründetem Zweifel unterliegt; bei einfacher Anwendung der gesetzlichen Norm, zum Beispiel bei Annahme der ordnungsmässig eingebrachten Klage ist für sie kein Raum. Ebenso ist dieselbe wenigstens nicht üblich, wo die zu treffende Entscheidung nicht definitiv ist; so nicht bei dem durch das Rechtsmittel der Provocation anfechtbaren Criminalurtheil, vielleicht nicht einmal bei der magistratischen Entscheidung, gegen welche tribunicische Intercession erbeten werden kann. Unanwendbar ist sie ferner, wo die Entscheidung durch Majorität gefunden wird. Im Civilprozess zieht der Einzelgeschworne häufig Rathmänner zu, nicht aber thun dies die Recuperatoren. Schon aus diesem Grunde, dann aber auch, weil die Zusammensetzung der befragten Versammlung hier nicht von dem Befragenden abhängt, kann die Befragung des Senats durch den Magistrat nicht hieher gezogen werden, wie denn auch dem Senat die Benennung *consilium* nicht als technische beigelegt wird. Noch weniger gehören in diesen Kreis die grossen Geschwornenhöfe des Erbschaftsgerichts und der criminalrechtlichen Quästionen, obwohl sie ebenfalls *consilia* heissen, da die hierin ermittelte Majorität den prozessleitenden Beamten bindet.

Je mehr die Entscheidung der Willkür des dazu Berufenen Spielraum giebt, desto mehr eignet sie sich für dieses Vorverfahren. In dem Verhältniss zwischen der Magistratur und dem Bürger gilt dies vornehmlich theils von der Schätzung, theils von den nicht auf der allgemeinen Bürgerpflicht beruhenden vermögensrechtlichen Ansprüchen der Gemeinde an den Bürger und umgekehrt. Da nach der ursprünglichen Ordnung der Bürger civilrechtlich die Gemeinde nicht verklagen kann und auch umgekehrt eine analoge Forderung der Gemeinde an den Bürger nicht leicht zur Civilklage führt, sind diese Controversen regelmässig auf magistratische, also formell einseitige Entscheidung angewiesen und hier vor Allem ist die Zuziehung von Rathmännern zweckmässig und üblich. Die Auswahl derselben hat selbstverständlich diejenige Person, welche den Rath erbittet; wenn dies ein Beamter ist, sind dies in erster Reihe die ihm gleich oder nahe stehenden Beamten. Einzelbefragung ist kein Consilium; Zusammentreten mehrerer Personen und mündliche Verhandlung vor denselben gehört zum Begriff, nicht aber nothwendig Majoritätfindung. Selbstverständlich thut die Nichtzuziehung des Consilium der Rechtskraft der Entscheidung auch da keinen Abbruch, wo die Zuziehung angezeigt und üblich ist, und noch weniger ist der von den Zugezogenen ertheilte Rath für den Berathenen obligatorisch; er folgt dem Rath nur wenn und so weit er will und bleibt für die Entscheidung auch dann verantwortlich, wenn sie dem Rathe gemäss gefasst ist.

Drittes Buch

DIE EINZELNEN AEMTER

An die Darstellung der Magistratur in ihrer Allgemeinheit schliessen wir in diesem Buch diejenigen der einzelnen Aemter der Gemeinde einschliesslich derjenigen der Plebs, in dem folgenden diejenige der einzelnen Amtskreise an. Da jedes Amt eine Institution mit eigener Entwickelung und eigener Geschichte ist, die Competenz des einzelnen Beamten aber mehr oder minder in verschiedene Competenzkreise eingreift, so kann die staatsrechtliche Entwicklung dieser Incongruenz nur Rechnung tragen durch eine doppelte von jenem zwiefachen Standpunct aus durchgeführte Darstellung, wobei Wiederholungen nach Möglichkeit vermieden, allerdings aber unvermeidlich sind. In diesem Buch soll, so weit nicht die Verweisung auf die allgemeine Darstellung des vorigen Buches ausreicht, für jedes einzelne Amt dargelegt werden die Benennung; die Entstehung und Entwickelung; die Stellenzahl; die ständische Qualification; der Platz in der magistratischen Hierarchie; die Bestellungsform; die Amtsdauer; der örtliche Kreis; die mit dem Amt verbundenen Ehrenrechte. Ueber die Competenz wird am Schluss eines jeden Abschnitts eine kurze Zusammenfassung gegeben, welche wesentlich auf die Ausführungen im folgenden Buch verweist.

Die Spaltung der Magistratur, wie sie hier dargestellt wird, ist dem ursprünglichen Wesen derselben fremd: es giebt zunächst nur einen Beamten und viele Gehülfen. Herbeigeführt worden ist sie einerseits durch die innerhalb des Imperium eintretenden Modificationen, welche es rathsam machen Consulat, Dictatur und Prätur in der Darstellung zu sondern, obwohl diese Imperienträger auch und vielleicht mit besserem Recht als Inhaber eines und desselben wesentlich gleichartigen Amts gefasst werden dürfen, andererseits durch die Entwickelung der des Imperiums entbehrenden oder, wie wir sie bezeichnen wollen, der Unterämter, welche Entwickelung sich vollzogen hat theils durch Umwandlung ursprünglicher Gehülfenstellungen in derartige Magistraturen, wie dies der Fall ist bei der Quästur, theils durch Uebertragung einzelner Zweige der oberamtlichen Thätigkeit auf eigene des Imperiums entbehrende Beamte, auf welchem Wege zum Beispiel die Censur entstanden ist. Allerdings hören diese Unterämter durch die Aufnahme unter die Magistraturen nicht auf Gehülfenstellungen zu sein und die Abhängigkeit von dem Vorgesetzten wird wenigstens in der Theorie durch den magistratischen Charakter nicht gemindert, wie dies die aus magistratischen und nicht magistratischen Stellen gemischten Kategorien der Kriegstribune und der prätorischen Gerichtsverweser *(praefecti iure dicundo)* deutlich darthun.

Dennoch tritt der magistratische Charakter auch in dem Unteramt deutlich zu Tage. Die Creirung des Beamten unter Mitwirkung der Comitien versetzt, wenigstens nach der späteren republikanischen Anschauung, den also Gewählten, mag seine Befugniss noch so unbedeutend sein, unter die Träger der souveränen Gewalt der Gemeinde, und dem entsprechend hat auch der Inhaber des Unteramts eigene Auspicien und zwar nicht eigenes Imperium, aber doch eigene Potestas. Auch kann der Vorgesetzte den ihm untergeordneten Gehülfen, wie er ihn einseitig ernennt, so auch beliebig entlassen, nicht aber den ihm unterstellten Magistrat. Es werden daher in dieser Uebersicht die sämmtlichen Ober- und Unterämter aufgeführt werden, so weit sie wichtig genug sind, um in einem allgemeinen Ueberblick Platz zu finden.

Hinsichtlich des Umfanges der Amtsthätigkeit besteht ein ursprünglicher Unterschied zwischen dem Ober- und dem Unteramt nicht; das ursprüngliche Oberamt, das Königthum und das älteste Consulat, kennen die Spaltung so wenig wie das ursprüngliche Unteramt, die Quästur. Erst im Laufe der Entwickelung hat sich in beiden die Specialcompetenz ausgebildet und allerdings im Unteramt schärfer als im Oberamt accentuirt; denn wenn die Spaltung des ersteren in Consulat und Prätur nur sehr bedingt als Spaltung des militärischen und des jurisdictionellen Imperium aufgefasst werden darf, so hat dagegen die Specialcompetenz sowohl in der Quästur Platz gegriffen wie alle Unterämter jüngerer Entstehung von Haus aus beherrscht.

1. Das Königthum

Schon in den Berichten, die uns über das ursprüngliche Königthum zugekommen sind, überwiegt allem Anschein nach die rechtliche Construction die geschichtliche Ueberlieferung, und unsere Forschung geht nothwendig den gleichen Weg. Die Benennung *rex*, welche keine einzelne Function des Imperium, sondern dessen Sammtbegriff ausdrückt; die Ursprünglichkeit des Amtes, das die Tradition älter macht als die Stadt selbst; die in dem Zwischenkönigthum bis in die späteste Zeit der Republik hinab festgehaltene Einheitlichkeit des Amtes unter Ausschluss nicht bloss der Collegialität (S. 92), sondern auch der Unterbeamten (S. 83. 114 f.); die Creirung des Königs durch den ihm vorhergehenden Zwischenkönig unter Ausschluss der Bürgerwahl (S. 82); die gleichmässige Function innerhalb und ausserhalb der Bannmeile (S. 77); die Lebenslänglichkeit des Amtes (S. 101); von Ehrenrechten die Amtswohnung am Markt (S. 64) und die Führung des rothen Gewandes (S. 109) fassen ungefähr zusammen, was wir bei dem Namen Romulus und Numa uns zu denken vermögen. Der Zuständigkeit nach mag die königliche Gewalt über das republikanische Imperium hinaus enthalten haben das sacrale Herrenrecht (S. 69); die schrankenlose Gehülfenernennung mit der Befugniss das Imperium wenigstens dem Stellvertreter als dessen eigenes zu verleihen (S. 113 f.); die freie Handhabung des Strafverfahrens wie des Schiedsgerichts (S. 115) mit nur facultativer Anwendung in jenem der Provocation an die Bürgerschaft, in diesem der Zuziehung von Geschwornen; endlich die freie Verfügung auch über den Grundbesitz der Gemeinde (S. 145).

2. *Consulat und Consulartribunat*

Die gangbarste Benennung der an die Stelle des Königthums eintretenden Magistratur *con-sules*, die „Mitspringer", ist entlehnt von dem Moment, das sie von der älteren am sichtlichsten unterschied, der Collegialität, wobei, eben wie in der Bezeichnung *rex*, der Sammtbegriff des Imperium zu Grunde liegt. Daneben werden sie nach den beiden hauptsächlichen Seiten desselben bezeichnet als *praetores*, wahrscheinlich die Führer, und *iudices*, die Rechtsprecher; indess sind beide Benennungen früh abgekommen und nur die erst erwähnte in Gebrauch geblieben. Die Führung des Imperatortitels kommt dem Inhaber des Imperium nach Herkommen nur dann zu, wenn er entweder von den Soldaten auf der Wahlstatt oder von dem Senat als Sieger begrüsst worden ist, in welchem Fall der eigentliche Amtstitel abgelegt zu werden pflegt. — Die Zweizahl ist, wie mit dem Consulat aufgekommen, so dafür bis in die späteste Zeit festgehalten worden. — Das Amt, zunächst den Patriciern vorbehalten, ist im J. 387 (366 v. Chr.) zwischen den beiden Ständen getheilt, dann im J. 412 (342 v. Chr.) auch die zweite Stelle den Plebejern eröffnet worden, die indess thatsächlich zuerst im J. 582 (172 v. Chr.) von einem zweiten Plebejer bekleidet worden ist (S. 30). Die rechtliche Anknüpfung der Fähigkeit zur Uebernahme dieses höchsten Gemeindeamts an die Bekleidung eines niederen oder gar an ein bestimmtes Alter ist der älteren republikanischen Ordnung fremd, ja die erstere Qualification schon durch das Zahlenverhältniss der verschiedenen Aemter ausgeschlossen: erst nachdem bei dem Festhalten der Zweizahl für das Consulat die Zahl der prätorischen und der quästorischen Stellen diese um das Drei- bis Vierfache überstieg, ist in der zweiten Hälfte des sechsten Jahrh. der Stadt diese Reihenfolge der Gemeindeämter gesetzlich fixirt worden. — Die Ernennung des Consuls und später die Leitung der Consulwahlen kann allein der Consul oder der Dictator oder im Fall der Vacanz der Zwischenkönig vornehmen (S. 83) und es kann dieselbe nur in Centuriatcomitien vollzogen werden. — Oertlich ist das consularische Imperium zwar durch den Gegensatz des städtischen und des feldherrlichen Regiments gebunden, aber sowohl insofern allgemein, als jeder Consul successiv zuerst jenes und dann dieses führt, als auch vor Allem in der Hinsicht, dass dem militärischen Imperium dieses höchsten Beamten die örtliche Allgemeinheit von Rechtswegen zukommt und die Sprengelschranken, wie sie dem sonst gleichartigen prätorischen von Rechtswegen gesetzt sind, für das consularische nicht bestehen. Dieses umfasst gleichmässig Italien und die Provinzen so wie das Ausland und die Beschränkung auf einen engeren Kreis, welche thatsächlich auch hier die Regel bildet, die consularische Provinz, ruht in vorsullanischer Zeit auf dem freien wenn gleich in Uebereinkunft mit dem Collegen und unter Einwirkung des Senats gefassten Entschluss des höchsten Beamten selbst. — Die Dauer unterliegt zunächst dem Gesetz der Annuität nach den über den Anfangstermin früher (S. 102 f.) entwickelten Regeln, wobei indess unter dem Principat die Fristen mehr und mehr verkürzt wurden und die Consuln oft nur einige Monate fungirten. Andererseits tritt je nach Umständen, aber früh und häufig im ausserstädtischen Amtkreis nach den Regeln der Prorogation Erstreckung ein. Durch Sulla ist dieselbe zur Regel und das Amt in der Weise zweijährig geworden, dass das Amtsjahr hindurch der Consul als solcher in Rom die Geschäfte führt und im Folgejahr als Proconsul eine der festen örtlich begrenzten Statthalterschaften übernimmt. Im Anschluss an eine im J. 703 (51 v. Chr.) getroffene Einrichtung ist seit Augustus die Continuität der städtischen und der provinzialen Function aufgehoben und zwischen Consulat und Proconsulat ein mindestens fünfjähriges, regelmässig noch längeres Intervall gesetzlich vorgeschrieben. Durch die rechtliche Fixirung der Prorogation und durch die Intervallirung, welche beide gleichmässig auf Consulat und Prätur sich erstrecken, nimmt die Provinzialstatthalterschaft, für welche die zweite Amtfrist bestimmt ist, den ursprünglich ihr mangelnden Charakter eines selbständigen Amtes an, für das auch, in Folge der bei der Verwaltung der prätorischen Provinz sich einstellenden titularen Steigerung, die Benennung *proconsul* zum allgemeinen Amtstitel wird.

Hinsichtlich der Ehrenrechte kann in Betreff der Fasces, des Purpurs an Gewand und des Amtstuhls auf den allgemeinen Abschnitt (S. 108) verwiesen werden. Hinzu tritt der Triumph, der feierliche Aufzug des siegreichen Magistrats auf das Capitol, und die Eponymie. Eine officielle und allgemein gültige Jahresbezeichnung giebt es in dem römischen Staat nicht; im Privatverkehr wird sie gewohnheitsmässig vertreten durch die Namen der zur Zeit, oder, nach dem Eintreten der verkürzten consularischen Function, der am 1. Januar eines jeden Jahres *(consules ordinarii)* fungirenden Consuln, weshalb das Verzeichniss dieser Jahresbenennungen zu den Tagesnamen als zweiter Theil des Gemeindekalenders *(fasti)* hinzutrat.

Eine consularische Competenz giebt es insofern nicht, als der Sammtbegriff der magistratischen Gewalt, die Concentrirung des obrigkeitlichen Befehlsrechtes in einer und derselben Person bei dem Consulat, vom sacralen Regiment abgesehen, ebenso zu Grunde gelegt wird wie bei dem Königthum.

Auch der ursprüngliche Consul ist der Gemeindeherr im Gericht wie im Felde gleich dem König und insofern der einzige Beamte, als ihm nur von ihm ernannte und ihm gehorsamende Gehülfen zur Seite stehen. Dieser Vollgewalt thut es wohl thatsächlich, nicht aber begrifflich Eintrag, dass im Laufe der Zeit wichtige consularische Amtsgeschäfte entweder an Gehülfen abgegeben werden, wie der Capitalprozess und die Kassenverwaltung an die Quästoren und die Schatzung an die Censoren, oder auch an mindere Collegen, wie die Jurisdiction an die Prätoren; diese Einschränkungen, von denen übrigens die letztere da, wo der Consul oder Consular als Statthalter einer festen Provinz fungirt, ausser Kraft tritt, verhalten sich zu dem consularischen Imperium wie im Civilrecht die Servituten zum Eigenthum und dem letzteren bleibt immer die Vollständigkeit insofern, als jedes amtliche Geschäft in ihm enthalten ist, über das nicht ein Specialgesetz anderweitig verfügt hat. Thatsächlich liegt dem Consul hauptsächlich ob in dem städtischen Regiment die Leitung der Verwaltung und der Polizei so wie die Verhandlung mit dem Senat und der Bürgerschaft, ausserhalb die Amtführung in Italien ausschliesslich der Jurisdiction und die gesammte Kriegführung, so weit sie nicht innerhalb der einzelnen Provinz erledigt werden konnte. Begrenzte Commandobezirke werden in der früheren republikanischen Zeit, wie oben gesagt ward, unter Einwirkung des Senats durch Vereinbarung der Collegen festgestellt, in der späteren aus den Statthalterschaften durch den Senat ausgewählt. In der Kaiserzeit ist dem Senat diese Auswahl entzogen und sind die beiden nach den Erdtheilen benannten Statthalterschaften Asia und Africa ein für allemal den Consuln als Folgeämter überwiesen. Ueber die Vertheilung der beiden unter die beiden zur Statthalterschaft gelangenden Consulare entscheidet die Vereinbarung oder das Loos.

In der früheren republikanischen Epoche, vielleicht seit dem Decemvirat, ist das Oberamt häufig, aber immer exceptionell statt an die regelmässigen zwei Gemeindevorsteher an die sechs Offiziere des damaligen Sammtheeres in der Weise gegeben worden, dass diese nicht, wie es Regel war, von den Consuln des laufenden Jahres, sondern im Vorjahr unter Mitwirkung der Comitien creirt wurden und dann sie die Geschäfte des Oberamts, nöthigenfalls neben ihrer militärischen Function, als *tribuni militum pro consulibus* oder *consulari imperio* verwalteten. Nicht selten fungiren statt der sechs Vorsteher nur drei oder vier, wahrscheinlich nur desswegen, weil die erforderliche Majorität nur für eine Minderzahl sich ergab und das Recht der collegialischen Ergänzung diesen Tribunen nicht so wie den Consuln zustand. Immer aber sind ihrer mehr als zwei und damit hängt es zusammen, dass bei dieser Vorsteherschaft der Stadtverweser wegfällt (S. 114) und einer der Tribune in Rom zur Erledigung der Justizgeschäfte zurückbleibt, was ohne Zweifel wenigstens eines der Zwecke dieser Einrichtung gewesen ist. Zunächst aber ist diese Institution wohl hervorgegangen aus den ständischen Kämpfen, indem zum Tribunat auch der Plebejer zugelassen werden musste, also auf diesem Wege das Oberamt sich der Plebs erschloss. Dazu passt es wohl, dass der Tribun nicht wie der Consul zu der höchsten der Amtsehren, dem Triumph zugelassen ward und auch die sonstigen namentlich bei den Senatsabstimmungen an die Bekleidung des Oberamts geknüpften Vorrechte dem gewesenen Tribun nicht eingeräumt wurden. Ebenso passt es dazu, dass mit der Zulassung der Plebejer zum Consulat selbst diese Institution verschwand.

3. Die Dictatur

Es ist, wahrscheinlich bereits bei der Beseitigung der Einherrschaft selbst, die Möglichkeit vorgesehen worden sie transitorisch zurückzuführen, indem jedem Gemeindevorsteher, dem Consul wie dem Consulartribun, das Recht beigelegt ward unter Beseitigung der collegialischen Intercession nach seinem Ermessen einer dem ernennenden sowohl wie seinem oder seinen Collegen übergeordneten Oberbeamten zu ernennen und auf diese Weise die Collegialität bis weiter zu beseitigen. Die Benennung dieses Beamten ist *magister populi,* das heisst der Heermeister oder später gewöhnlich *dictator,* für welche Bezeichnung es an einer genügenden Erklärung fehlt. — Ohne Frage ist auch dies Amt wie das Consulat zunächst den Patriciern vorbehalten gewesen, den Plebejern aber wahrscheinlich zugleich mit dem Consulat zugänglich geworden. — Dass es in der Beamtenhierarchie die höchste Stelle einnimmt, folgt aus seiner Stellung über dem Consulat; darum ist auch späterhin wer nicht Consul gewesen war, nicht leicht zum Dictator bestellt worden, obwohl die Consularität nicht rechtlich als Qualification für dies Amt bezeichnet werden darf. — Vor der Creirung des Dictators werden die Comitien nicht befragt und besonders aus diesem Grund hat der Kampf der Bürgerschaft um die souveräne und der Magistratur überlegene Stellung sich hauptsächlich um dieses Amt bewegt; die Erstreckung der Comitienwahl auf die Dictatur um die Zeit des hannibalischen Krieges machte der Institution rasch ein Ende, da sie damit ihre politische Bedeutung verlor und nur die Gehässigkeit blieb. Die später unter dem gleichen Namen eintretenden ausserordentlichen Gewalten gehören nicht in diesen Zusammenhang. — Oertlich kann die Dictatur ebenso im städtischen wie im militärischen Amtkreis verwendet werden. Die Zeitgrenzen sind, wie schon gesagt ward (S. 102), für dieselbe enger gezogen als für das reguläre Oberamt; der Dictator ist angewiesen nach Vollziehung des ihm übertragenen Geschäfts sein Amt niederzulegen, und sowohl bei dem Rücktritt des Consuls, der ihn ernannt hat, wie auch mit Ablauf des sechsten Monats nach seiner Ernennung erlischt dasselbe von Rechtswegen. — Die Ehrenrechte theilt er nicht bloss mit dem Consul, sondern er führt die doppelte Zahl der Fasces (S. 109), mehr also als einst der König. — Eigenthümlich, aber aus der Ausserordentlichkeit des Amtes erklärlich, ist neben der staatsrechtlichen Vollgewalt die factisch damit verbundene Competenz. Während der Dictator von Rechtswegen jedes consularische Amtsgeschäft zu vollziehen befugt ist — der Ausschluss von der Jurisdiction gilt, seit er für den Consul besteht, auch für ihn —, wird er in jedem einzelnen Fall eingesetzt für ein bestimmtes Geschäft. Höchst wahrscheinlich hat dabei die Kriegführung bei weitem vorgewogen; bei dieser mussten zumal bei den älteren engeren Verhältnissen die Nachtheile der Collegialität am empfindlichsten sich geltend machen und die durch die Dictatur gegebene Abhülfe ist dafür sicher weit häufiger in Anwendung gekommen, als dies in unserer Ueberlieferung hervortritt. Dies zeigt schon die Benennung *magister populi*, namentlich verglichen mit der correlaten des *magister equitum*, und mehr noch die Ordnung, dass jeder Dictator gehalten ist diesen bei dem Consulat nicht vorkommenden Reiterführer zu creiren. In der Competenz tritt die Tendenz hervor den Dictator, wie er der Collegialität nicht unterliegt, so auch von den übrigen der republikanischen Magistratur gesetzten Schranken zu entbinden und ihn dem König zu nähern: der Reiterführer, obwohl von ihm ohne Mitwirkung der Comitien ernannt, gilt doch als Träger eigenen Imperiums gleich dem Stadtverweser; der Dictator ist befreit von der durch die Quästur herbeigeführten mittelbaren Rechnungslegung; ebenso ist er ursprünglich in dem städtischen Zwangs- und Strafrecht weder durch das Provocationsrecht noch durch die tribunicische Intercession gebunden, welche letztere weitgehende Befreiung allerdings schon in früher Zeit, wie es scheint um die Mitte des fünften Jahrh. d. St. beseitigt ward. Die Dictatur ist immer, und nicht mit Unrecht, von beiden Seiten als eine monarchische Institution innerhalb der republikanischen Ordnung angesehen worden und auch die Rückkehr zur Monarchie hat, wenn gleich mehr nominell als thatsächlich, an sie angeknüpft.

4. Die Prätur

Die Prätur tritt formell nicht auf als selbständiges Amt, sondern als Erweiterung des Consulats durch Errichtung neuer Stellen über die Zweizahl hinaus mit modificirter Competenz. Der Sache nach indess wird die Auffassung der Prätoren als minderer Collegen *(collegae minores)* der Consuln überwogen durch die factische Selbständigkeit des Amts. Es zeigt sich dies schon in der Benennung: es ist dies wohl diejenige, die bis zur Errichtung der Prätur die Consuln neben der ihnen später verbliebenen geführt haben, aber sehr bald stellt der Sprachgebrauch sich dahin fest, dass den höheren Beamten ausschliesslich die Bezeichnung *consules* gegeben wird, wie sie denn auch für die monarchisch geordnete niedere Kategorie nicht passt, und die Benennung *praetor* allein der letzteren verbleibt. Die bei dem Consulat ausgeschlossene, mit der Prätur aber gesetzlich verknüpfte Sondercompetenz findet ihren titularen Ausdruck darin, dass von der Einsetzung des Amtes an dieser Beamte von seinen den gleichen Titel führenden höheren Collegen als bestimmt für die städtische Amtführung sich durch die Benennung *praetor urbanus* unterschied, und nachher bei Einrichtung weiterer Stellen eine jede derselben von der ihr zugewiesenen Competenz benannt ward. — Hervorgegangen ist die Prätur aus der Verselbständigung der Jurisdiction. Der ursprünglichen Ordnung nach gehörte diese zu der Amtsthätigkeit des Königs und der Consuln und war vermuthlich deren Ausgangs- und Angelpunct. Aber die personale Verknüpfung derselben mit dem Feldherrnamt muss bald ihre Nachtheile fühlbar gemacht haben, denen weder durch die Institution des Stadtverwesers genügend abgeholfen ward noch durch das nicht ständige Consulartribunat (S. 125); ebenso kann die Collegialität für die Civilrechtspflege kaum von Vortheil gewesen sein. In Folge dessen wurde durch das licinische Gesetz vom J. 387 (367 v. Chr.) eine dritte Stelle des Oberamts zunächst für diesen Amtzweig eingerichtet und dem entsprechend deren Inhaber insoweit von der Collegialität entbunden und zu stetiger Ausübung seiner Amtsthätigkeit, also zu dauerndem Verbleiben in Rom angewiesen. Ueber ein Jahrhundert ist dies Tribunal das einzige geblieben; erst in den letzten beiden Jahrhunderten der Republik sind weitere derartige Stellen eingerichtet worden, theils durch Theilung der hauptstädtischen Prozesse nach bestimmten Kategorien, theils durch Einrichtung eigener Obergerichte für die überseeischen Gebiete. In jener Reihe hat die Theilung der zwischen Bürgern geführten Civilprozesse und derjenigen, bei welchen eine oder beide Parteien das Bürgerrecht nicht hatten (*praetor inter cives et peregrinos*, abusiv *praetor peregrinus*), kurz nach dem ersten karthagischen Krieg um das J. 512 (242 v. Chr.) den Anfang gemacht; im letzten Jahrhundert der Republik sind dann für das nun die Stelle des Criminalprozesses vertretende Anklageverfahren eine Reihe von besonderen nach den einzelnen Verbrechen geschiedenen Tribunalen errichtet worden (*praetor repetundis* u. s. w.), bei denen der Prätor, dem sie zugewiesen wurden, häufig ausser der eigentlichen Jurisdiction auch noch die Prozessleitung übernahm. Für das abhängige Gebiet ist, da in Italien ausser den in Rom functionirenden Prätoren nur deren municipale Stellvertreter (S. 116), aber keine Beamten mit eigenem Imperium die Rechtspflege übten, das älteste eigene Tribunal das sicilische (*praetor Siciliae*): dieses ist, nachdem ein Versuch das consularisch-quästorische Regiment, wie es in Italien bestand, auf Sicilien zu erstrecken gescheitert war, wenig später als die Fremdenprätur um das J. 527 (227 v. Chr.) eingerichtet worden, hauptsächlich für die Civilprozesse, bei denen römische Bürger betheiligt sind und die füglich weder alle nach Rom gewiesen noch den örtlichen Gerichten anheimgegeben werden konnten. Mit der Ausdehnung des überseeischen Besitzes sind weitere Präturen eingerichtet worden; jedoch ist in der republikanischen Epoche die Zahl der zu besetzenden Stellen fast immer grösser gewesen als die Zahl der jährlich creirten Prätoren und sind also Aushülfsmassregeln stetig erfordert worden. Die Zahl hat vielfach geschwankt. Vor Sulla sind jährlich sechs Prätoren gewählt worden, nach seiner Ordnung acht, unter Caesar bis zu sechzehn, unter dem Principat bis zu achtzehn, oft indes auch weniger. Indess hat diese Stellenvermehrung dem durch das Wesen der Jurisdiction gegebenen monarchischen Charakter der Prätur keinen Abbruch gethan; es giebt wohl später zahlreiche Oberrichter, aber keiner von ihnen hat in seinem eigentlichen Amtsbereich einen Collegen.

Da die Prätur zugleich mit der Eröffnung des Oberamts für den Plebejer ins Leben trat, so kann der Patriciat für dieselbe von Haus aus nicht gefordert worden sein; auch ist bereits im J. 417 (337 v. Chr.) ein Plebejer zu dieser Stellung gelangt. — Für die Creirung gelten die für das Consulat aufgestellten Regeln (S. 83), so dass die Prätorenwahlen nur von dem Consul, nicht vom Prätor selbst abgehalten werden können. Creirung des Prätors durch den Interrex ist insofern ausgeschlossen, als die Creirung des Consuln durch den Interrex dem Interregnum ein Ende macht und die stets nachfolgende Prätorenwahl also dem Consul obliegt. — In der Hierarchie steht die Prätur unter den Oberämtern an letzter Stelle, aber vor allen Aemtern ohne Imperium.

Wie aus dem Gesagten sich ergiebt, ist dieser Form des Oberamts eigen die gesetzliche Beschränkung des Prätors entweder auf den städtischen Amtkreis oder auf einen anderweitig örtlich abgegrenzten Sprengel.

Für die zeitliche Dauer der Prätur gelten die Normen des Consulats (S. 102). Die von Sulla für das Oberamt eingeführte gesetzliche Zweijährigkeit tritt bei der Prätur in der Form auf, dass der Beamte in seinem Amtjahr als Prätor eine städtische Jurisdiction, im Folgejahr als Proprätor oder, mit der schon in republikanischer Zeit üblichen, später ständigen Rangerhöhung als (prätorischer) Proconsul, eine Statthalterschaft übernimmt. Die Intervallirung zwischen dem städtischen Amt und der Statthalterschaft ist unter dem Principat bei der Prätur ebenso geordnet wie bei dem Consulat.

Die prätorischen Ehrenrechte sind im Allgemeinen dieselben wie die consularischen und der Prätor kann wie der Consul zum Triumph gelangen und hat Antheil an der Eponymie. Indess führt er statt der consularischen zwölf Fasces nur deren sechs, worin auch das titulare Proconsulat nichts ändert, und die Eponymie ist nicht bloss auf die beiden ältesten Präturen beschränkt, sondern auch bei diesen früh ausser Gebrauch gekommen.

Die Competenz des Prätors, wo derselbe neben dem Consul amtirt, der consularischen untergeordnet, so dass er in diesem Falle trotz seines eigenen Imperium als Gehülfe des höheren Collegen functionirt. Im Uebrigen ist sie rechtlich der consularischen wesentlich gleich, insofern, mit Ausnahme der Befugniss consularische und prätorische Wahlcomitien abzuhalten, dem Prätor kein consularisches Amtrecht mangelt, ja sie reicht insofern weiter, als die den Consuln entzogene Jurisdiction dem Prätor zugetheilt ist. Es hat dies zur Folge, dass, wenn die Consuln in Rom nicht anwesend sind, was bis auf Sulla in der zweiten Hälfte der Amtzeit die Regel war, der Prätor, und zwar immer, auch als dort mehrere Prätoren fungirten, der *praetor urbanus* den Vorsitz im Senat und die sonstigen consularischen Geschäfte versah, was nicht eigentlich als Vertretung der Consuln gefasst werden darf, sondern darauf beruht, dass die Befugnisse des schwächeren Collegen factisch so lange ruhen, als er neben dem stärkeren steht und also nur in dessen Abwesenheit zur Geltung kommen. Die zum Wesen des Oberamts gehörige rechtliche Totalität und örtliche Universalität wird durch die Beschränkung der Prätur auf einen gesetzlich begrenzten Sprengel eingeschränkt, aber nicht aufgehoben. Auf jenem Grundbegriff beruht es, dass der einzelne Prätor successiv verschiedene Sprengel verwalten kann und dass er ausnahmsweise, aber nicht selten, vor Uebernahme seiner Sondercompetenz anderweitig verwendet wird oder auch nach Uebernahme derselben sie wechselt. Vor Allem aber ruht es auf jener Totalität, dass der Prätor zwar zunächst für die Jurisdiction bestimmt ist, dennoch aber keinem Prätor das Commando fehlt. Die Provinzialprätoren haben dasselbe von Rechtswegen in ihrem Sprengel, wenn gleich in wichtigen Fällen das consularische Feldherrnamt auch in diesem eintreten kann, und selbst die an Rom gefesselten Prätoren können von da aus diejenigen Befugnisse des militärischen Imperium ausüben, die mit dem Aufenthalt in Rom vereinbar sind. Nichts desto weniger beruht der wesentlichste Gegensatz zwischen Consulat und Prätur darauf, dass von Rechtswegen jenes den Competenzbegriff aus-, diese ihn einschliesst. Allerdings werden, seit es mehrere Prätoren giebt, von den Comitien nur die Stellen überhaupt besetzt, nicht aber die Competenzen vergeben, sondern diese gewöhnlich erst nach dem Amtsantritt durch das Loos unter die erwählten Prätoren vertheilt, was dem Senat eine Zeitlang ermöglicht hat im Wege der Fixirung der Loose die Aemtervertheilung willkürlich abzuändern. Indess ist das freie Schalten des Senats mit den prätorischen Competenzen wohl nichts als ein Missbrauch und wie der älteren Epoche vor Einrichtung der weiteren Prätorenstellen nothwendig fremd, so auch im letzten Jahrhundert der Republik wesentlich beseitigt, während im sechsten davon in grossem Umfang Gebrauch gemacht worden ist. Bei der Vertheilung der prätorischen Provinzen concurriren die Consuln anfangs nicht, sondern es sind diesen das italische Commando und die auswärtigen Kriege vorbehalten; weiterhin aber nimmt der Senat mit Erfolg das Recht in Anspruch bei der Feststellung der consularischen Commandogebiete nach seinem Ermessen in die Vertheilung der Statthalterschaften einzugreifen, wo dann die den Consuln zugewiesenen für die prätorische Loosung ausfallen. Augustus hat, wie schon bemerkt ward (S. 126), als consularische Provinzen ein für allemal Asia und Africa festgesetzt, so dass um die übrigen, so weit sie nicht nach der Ordnung des Principats unter ausschliesslich kaiserlicher Verwaltung stehen, die Prätoren das Loos ziehen.

5. Der Tribunat der Plebs

Ueber die Entstehung des Tribunats der Plebs kann auf die im ersten Buch gegebene Darstellung (S. 40) verwiesen werden. Derselbe ist aus den ständischen Kämpfen hervorgegangen und der Ausgangspunct der Constituirung der nicht adlichen Bürgerschaft als eines Staats im Staate; die überlieferte Ansetzung, dass die ersten Tribunate im sechzehnten Jahre der Republik eingetreten seien, hat keine geschichtliche Gewähr, aber die Entstehung dieser Vorstandschaft fällt in die jenseit unserer Ueberlieferung liegende Anfangsepoche des Ständekampfs. Die Benennung scheint nicht unmittelbar den Tribus entlehnt zu sein, zu welchen diese Tribune in keiner näheren Beziehung stehen, sondern übertragen zu sein von der alten Titulatur der Offiziere des Bürgerheers, zu welcher Stellung die Plebejer, seit sie als Bürger anerkannt waren, haben gelangen können (S. 30). — Der Zahl nach bestand die Vorstandschaft der Plebs, entsprechend derjenigen der Bürgerschaft, aus zwei gleich den Consuln collegialisch neben einander stehenden Personen; indess ist, da der von ihnen erwartete Rechtsschutz durch Vervielfältigung der Stellenzahl stieg oder doch zu steigen schien, diese bald auf vier, sodann noch vor dem Zwölftafelgesetz auf zehn vermehrt worden, bei welcher es geblieben ist. — Der durch die Entstehung geforderte Ausschluss des Patriciers vom Tribunat ist stets festgehalten worden. Die Rechtsungleichheit der gewesenen Sklaven und der sonstigen zurückgesetzten Bürger (S. 42) hat recht eigentlich ihren Ausgang genommen von ihrer Nichtzulassung zum Volkstribunat. Die Wahl der Tribune wird unter Ausschluss der Patricier von der Gesammtheit der Plebejer anfänglich nach den Curien, später nach den Tribus, im Uebrigen nach dem Muster der Consulwahlen durch die Tribune selbst vollzogen; die in den Anfängen des Tribunats vorkommende freie Cooptation bei mangelnder Vollzahl des Collegiums ist früh beseitigt worden und auch bei dem Tribunat die Nachwahl eingetreten. Ein Surrogat für das Interregnum giebt es nicht; indess ist, so viel wir wissen, nach dem Decemvirat, während dessen der Volkstribunat ruhte, die Continuität des Amts nicht wieder unterbrochen worden. — Ein fester Platz in der Hierarchie kommt dem Tribun zunächst nur in so weit zu, als er dem plebejischen Vorsteher minderen Rechts, dem Aedilen vorgeht. Auch nachdem die Plebejer zum passiven Wahlrecht zugelassen sind, bleibt der Tribunat ausserhalb der Reihe der Gemeindeämter und kann von dem Plebejer an jeder beliebigen Stelle in der Aemterlaufbahn übernommen oder auch übergangen werden. Factisch nimmt er nach dem Ende des Ständehaders in der politischen Laufbahn eine untergeordnete Stellung ein; meistens ist er als eine der ersten Stufen derselben und in der Regel vor der Prätur, ja sogar vor der plebejischen Aedilität verwaltet worden. Obligatorische Uebernahme und fester Platz in der Hierarchie hat erst Augustus dem Volkstribunat gegeben; seitdem wird der Tribunat in electiver Verbindung mit den drei Aedilitäten von dem Plebejer zwischen Quästur und Prätur verwaltet. — Oertlich functionirt der Tribun ausschliesslich im städtischen Amtkreis; das militärische Imperium kennt ihn nicht. — Der Zeit nach folgt der Tribunat dem Muster des Consulats; indess hat sich, nach dem eben Bemerkten, der Amtsantritt schon seit dem Sturz der Decemvirn nicht eigentlich rechtlich, aber ununterbrochen auf den 10. December fixirt.

Die magistratischen Ehrenrechte, Fasces, Prätexta und Amtstuhl kommen dem Tribun der Plebs nicht zu, da er nicht als Gemeindebeamter eingesetzt und formell dies auch später nicht geworden ist. Nur das Sitzrecht, die tribunicische Bank (S. 109) ist ihm eingeräumt.

Magistratische Competenz ist dem Tribun weder bei der Einrichtung des Amtes zugetheilt worden noch hat er sie in formeller Allgemeinheit späterhin erworben. Aber er greift in die magistratische Thätigkeit ein durch die Befugniss innerhalb der in anderem Zusammenhang bezeichneten Grenzen (S. 99) das consularische Imperium durch sein Einschreiten *(intercessio)* ebenso zu entkräften, wie wenn von den beiden Consuln der eine dem andern entgegentritt. Weiter wird er in Betreff der Herbeiführung von Volks- und Senatsschlüssen im Verlauf der Entwickelung dem Oberbeamten insoweit gleichgestellt, dass dergleichen Acte zwar als exceptionelle gelten, aber ebenso statthaft sind wie die regulären und mehr und mehr häufig werden. Die Verhandlung mit der patricisch-plebejischen Bürgerschaft blieb ihm allerdings verschlossen; aber das von je her ihm zustehende Recht für Wahlen oder Gerichte oder sonstige Beschlussfassung die Plebejer zu berufen wurde dem consularischen Comitialrecht dadurch gleichgestellt, dass, wahrscheinlich durch das hortensische Gesetz um die Zeit von 465/8 (289/6 v. Chr.), dem Beschluss der Plebs dieselbe Rechtskraft beigelegt wurde wie dem der patricisch-plebejischen Gemeinde. Die Berufung des Senats und das Recht mit diesem Beschlüsse zu vereinbaren ist dem Tribun ungefähr um dieselbe Zeit eingeräumt worden. Hinzu tritt endlich die aus der alten und keineswegs aufgegebenen tribunicischen Selbstvertheidigung (S. 40) und dem damit verbundenen selbst dem consularischen Imperium überlegenen Zwangs- und Strafrecht entwickelte Criminaljudication; es ist schon bemerkt worden, dass die Handhabung des politischen Rechenschaftsprozesses wesentlich in der Hand der Volkstribune liegt (S. 108) und selbst das Oberamt verpflichtet ist den den Centurien gesetzlich vorbehaltenen Capitalprozess den Tribunen durch mandatarische Berufung der patricisch-plebejischen Bürgerschaft zu ermöglichen (S. 116). — Wenn während der ständischen Kämpfe das tribunicische Criminalverfahren hauptsächlich gegen die Patricierherrschaft sich richtete, so hat es nachher, in Verbindung mit dem tribunicischen Intercessionsrecht, vorzugsweise dazu gedient die Magistrate in der Botmässigkeit des Senats zu halten und den unrechtmässigen Widerstand derselben unter die Herrschaft der Oligarchie zu beugen. Allerdings blieb der Volkstribunat auch in den Händen des Senats eine revolutionäre Waffe und ist, je nach den Wechselfällen der politischen Parteiung, auch gegen die Adelsherrschaft gebraucht worden. Erst Sulla hat den gefährlichen tribunicischen Capitalprozess dadurch wenigstens im wesentlichen beseitigt, dass er die politischen Prozesse *(quaestio maiestatis)* einem der grossen Geschwornengerichte überwies. — Trotz der in der Theorie weitgreifenden politischen Bedeutsamkeit auch des späteren thatsächlich in die Gemeindeordnung eingefügten Tribunats ist dies Anfängeramt nur ausnahmsweise zu bedeutender Wirksamkeit gelangt, hauptsächlich weil regelmässige Amtsgeschäfte darin nicht enthalten waren und dieses der Zahl nach stärkste der römischen Beamtencollegien seine Thätigkeit entweder in ausserordentlichen Eingriffen oder gar nicht äusserte. Dadurch ist es auch herbeigeführt worden, dass den Volkstribunen bei der Bestellung von Vormündern, bei der Getreidevertheilung und sonst durch Specialgesetz mancherlei Geschäfte überwiesen worden sind, die ihrer eigentlichen Stellung fern liegen.

6. Die Censur

Der *census,* wörtlich das „Ermessen", die Feststellung der zu einer bestimmten Zeit der Gemeinde angehörigen Personen und ihrer Habe zur Regulirung der einer jeden obliegenden bürgerlichen Leistungen, also vorbereitend zugleich für die Heerbildung wie für die Bürgerschatzung, gilt den Römern, und sicher mit Recht, als ursprüngliches Attribut des Oberamts. Aus diesem gelöst in der Weise, dass die Vornahme dieses Actes den Consuln schlechthin untersagt ward, wurde die Censur der Ueberlieferung zufolge im J. 311 (443 v. Chr.), wahrscheinlich aber erst einige Jahre später im J. 319 (435 v. Chr.), vielleicht hauptsächlich desshalb, weil die Consuln nicht länger im Stande waren das weitläufige und einen Wechsel der Leitung nicht wohl zulassende Geschäft neben ihren anderen Obliegenheiten innerhalb ihrer Amtfrist genügend zu verrichten; in den latinischen Gemeinden ist dasselbe stets dem Oberamt verblieben. — Die Gestaltung des Amtes ist wesentlich dem Consulat nachgeschaffen: die Censoren sind immer zwei und sie werden gleich den Consuln unter consularischer Leitung in Centuriatcomitien gewählt. Da die Einsetzung eigener Censoren vor die Epoche fällt, in welcher die Magistratur den Plebejern zugänglich ward, so ist sie ursprünglich ins Leben getreten als patricische Institution. Ob die Zulassung des Plebejers zum Consulat im J. 387 (367 v. Chr.) sich auf die Censur mit erstreckt hat, ist zweifelhaft; thatsächlich hat der erste plebejische Censor im J. 403 (351 v. Chr.) fungirt und ist bald darauf vorgeschrieben worden, dass der eine der Censoren Plebejer sein müsse. Den den Census abschliessenden sacralen Act, das Lustrum hat ein plebejischer Censor zuerst im J. 474 (280 v. Chr.) vollzogen, zwei plebejische Censoren zugleich zuerst im J. 623 (131 v. Chr.) fungirt. — In der magistratischen Hierarchie ist die Censur zunächst nur das höchste unter den das Imperium entbehrenden Aemtern und wird nicht selten vor dem Consulat übernommen; allmählich aber steigt das Amt, dem von jeher die Besetzung der Ritterstellen zustand und dem auch die der Senatorenstellen früh übertragen ward, welches ferner thatsächlich über die politischen und die Ehrenrechte des einzelnen Bürgers ohne Appell entschied, in der öffentlichen Geltung so, dass es mehr und mehr gilt als die höchste Staffel der magistratischen Laufbahn und nicht leicht an andere vergeben wird als an gewesene Consuln.

Der Census kann nur im städtischen Amtkreis vollzogen werden und die Amtsthätigkeit der Censoren ist, ähnlich wie die des Stadtprätors, an Rom gebunden, obwohl sie dies nicht hindert finanzielle Anordnungen auch über das ausserhalb der Stadt belegene Gemeindegut zu treffen.

Hinsichtlich der Dauer unterliegt die Censur eigenartigen Regeln. Es ist die Aufgabe der Censoren den Personal- und den Vermögensstand der Bürgerschaft für den Moment zu fixiren, in welchem nach Erhebung der erforderlichen Thatsachen der eine von ihnen vor der versammelten Bürgerschaft mit der Sühnung *(lustrum)* durch das Schwein-Schaf-Stieropfer *(suovetaurilia)* den Census abschliesst; hieran wird mit solcher Strenge festgehalten, dass alle von Rechtswegen in dem Census enthaltenen Amtshandlungen durch diesen Act rechtlich bedingt sind und, wenn er unterbleibt, nicht zur Geltung gelangen. Streng genommen also üben sie nicht eine fortlaufende amtliche Thätigkeit aus, wie dies im Allgemeinen von den Magistraten gilt, sondern haben einen bestimmten Moment gestellten Einzelact zu vollziehen. Allerdings steht diese Auffassung des Amtsgeschäfts mit dem Wesen desselben insofern im Widerspruch, als der factische Bestand der Gemeinde nothwendig in stetigem Flusse ist und schon bei der Fixirung auf das Lustrum die zwischen der Erhebung der Thatsachen und diesem eingetretenen Veränderungen ignorirt werden; in noch höherem Grade gilt dies für diejenigen, die zwischen dem Lustrum und der praktischen Anwendung des Census sich ereignen. Die Folge von beidem ist, dass der Census überall nur als vorbereitender Act betrachtet wird und niemals anders als mit Hinzunahme der nachträglich eingetretenen Modificationen zur Anwendung kommen kann. Damit ist weiter von selbst gegeben, dass jede Schatzung so lange verwendet wird, bis eine folgende für sie eintritt. Es liegt also zwischen den verschiedenen Schatzungen nothwendig ein bei der Weitläufigkeit des Geschäfts nicht allzu kurz zu bemessendes Intervall. In Rom ist dies Intervall, so viel wir wissen, niemals gesetzlich fixirt worden, hat aber anscheinend normal anfänglich vier, später fünf Jahre betragen. Die Fixierung für den einzelnen Fall hat wohl in älterer Zeit insofern bei dem Oberamt gelegen, als dieses zur Anfertigung neuer Listen dann schritt, wenn die bisherigen nicht länger brauchbar erschienen; späterhin wird darüber factisch der Senat entschieden haben. Gesetzlich fixirt worden ist dagegen die für die Vorbereitungshandlungen dem mit diesem Geschäft beauftragten Collegium gewährte Frist; wenn, so lange dasselbe den Consuln oblag, ohne Zweifel die dazu schreitenden Beamten den Census auch selber zu vollenden hatten und wenn dies nicht geschah, die Nachfolger ihn wohl wieder aufnehmen, aber nicht fortsetzen durften, so sind nach der Verselbständigung des Amtes die Censoren, ähnlich wie der Dictator, angewiesen worden entweder mit Vollziehung des Lustrum oder spätestens binnen achtzehn Monaten nach dem Antritt vom Amt zurückzutreten, so dass zwischen den einzelnen censorischen Functionen immer mehrere Zwischenjahre lagen. Der Antrittstag ist rechtlich unbestimmt, fiel aber thatsächlich meistens in das Frühjahr, das Lustrum in den zweitfolgenden Sommer.

Die dem Censor zuständigen Ehrenrechte stehen unter dem Einfluss der hierarchisch und herkömmlich verschiedenartigen Schätzung des Amtes. Die Fasces kommen ihm nicht zu und auch der curulische Stuhl von Rechtswegen nicht; dagegen wird wenigstens bei der Bestattung dem Censor allein von allen Beamten das Ganzpurpurgewand eingeräumt.

Die Competenz der Censoren ist von geringerer Intensität als die in dem oberamtlichen Census enthaltenen. Den Bürger, der die Schatzung unterlässt oder falsche Angaben macht, konnte der Consul selber an Leib und Leben strafen, der Censor dagegen, dem die volle Coercition fehlt, nur durch den Consul zur Verantwortung ziehen; die Einrichtung also dieses Amts ist nicht bloss, wie die der Prätur, eine Spaltung, sondern eine noch intensivere Schwächung der Magistratur. Dieselbe Discrepanz zwischen dem censorischen Geschäft an sich und der Befugniss der selbständigen Censoren tritt darin hervor, dass dem Censor zwar das Imperium fehlt, er aber dennoch zum Zweck der Lustration das Bürgerheer beruft. — Ueberall und nothwendig trägt jeder censorische Act, wie dies schon aus dem Gesagten hervorgeht, den Stempel der Vorläufigkeit in sich. Durch die Censoren wird wohl das Bürger- und das Stimmrecht zu- oder abgesprochen, die Dienst- und die Steuerpflicht so oder anders geregelt; aber alle diese Festsetzungen sind im Rechtssinn nur Vorschläge für diejenigen Magistrate, für deren Amtsthätigkeit sie in Betracht kommen. Wie sie die nach Aufnahme der fraglichen Liste eingetretenen thatsächlichen Veränderungen zu berücksichtigen haben, so können sie auch aus anderen Gründen über die censorischen Aufstellungen sich hinwegsetzen, ohne das Recht damit zu brechen, und noch weniger sind spätere Censoren an das „Ermessen" ihrer Vorgänger gebunden.

Die Competenz der Censoren beschränkt sich nicht auf dasjenige Geschäft, von dem sie den Namen führen, auf die Verzeichnung der dienst- und steuerpflichtigen Bürger, wovon die Bildung der Bürgerreiterei oder der späteren Ritterschaft ein integrirender Theil ist, sondern es liegt ihnen weiter die Regulirung des Gemeindehaushalts in Einnahme wie in Ausgabe ob, so weit diese für längere Fristen thunlich ist, während die dafür erforderliche ständige Thätigkeit nicht so, wie der Census selbst, dem Oberamt entzogen ist, vielmehr in den Pausen der Censur von den Consuln wahrgenommen wird. Im Uebrigen ist dafür auf die Darstellung der Behandlung des Gemeindevermögens im folgenden Buch zu verweisen. — Die Bestätigung oder Ernennung der Senatoren, welche den Censoren erst im 5. Jahrhundert durch das ovinische Gesetz beigelegt worden ist, wird in dem Abschnitt vom Senat näher entwickelt werden.

Einer besonderen Erörterung bedarf das censorische Ehrengericht. Es ist hervorgegangen aus der censorischen Ordnung des Bürgerheeres; dabei wurden aus den Centurien der Reiter wie der zu Fuss den ordentlichen Wehrdienst leistenden Bürgerschaft die bescholtenen Personen ausgeschlossen, womit sie zugleich, da die Bürgerschaft nach der gleichen Ordnung abstimmte, das Stimmrecht verloren. Wesentlich gesteigert wurde dies Ehrengericht, als der senatorischen Stellung die Lebenslänglichkeit entzogen und die Aufstellung der Senatsliste mit dem Census verknüpft ward, indem von da an die Censoren verpflichtet waren den bescholtenen Mann in die neue Senatsliste nicht wieder aufzunehmen. Dieses Ehrengericht erstreckt sich, seinem militärisch-politischen Wesen gemäss, lediglich auf Männer. Die rechtlichen Folgen machen sich namentlich geltend bei den privilegirten Ständen durch die Ausscheidung aus der Ritterschaft oder dem Senat; den übrigen Bürgern kann der Censor nur das Stimmrecht entziehen oder schmälern und sie im Heerdienst zurücksetzen, und auch in dieser Hinsicht ist der Magistrat mit Imperium nicht formell an die censorische Festsetzung gebunden.

Ins Auge gefasst wurde bei dem Ehrengericht zunächst das Verhalten des Bürgers hinsichtlich seiner staatlichen Pflichten; aber auch die Ehrbarkeit des Privatlebens unterlag der magistratischen Würdigung. Welche Handlungen als unehrenhaft und welche Beweise dabei als genügend anzusehen sind, ist gleichmässig in das Gewissen der Magistrate gestellt; factisch sind dabei häufig prozessualische Formen angewendet worden. Formalen Beschränkungen unterliegt dies völlig auf das sittliche und politische Ansehen seiner Inhaber gestellte und in der besseren Zeit der Republik auch in diesem Sinne gehandhabte Ehrengericht nur insoweit, dass bei der Aberkennung der Ehre die Begründung in die Liste eingetragen werden musste und dass ausdrückliche Uebereinstimmung beider Collegen erfordert ward. Definitiv ist der Spruch so wenig wie überhaupt ein censorischer Act; vielmehr verliert er bei jeder Erneuerung des Census von selber seine Kraft und muss, um ferner zu gelten, von den neuen Censoren ausdrücklich wiederholt werden.

Das römische Censorenamt gehört insbesondere in seiner späteren dem Senat gewissermassen übergeordneten Gestaltung zu den eigenartigsten Organen des römischen Gemeinwesens, aber auch zu denen, die am frühesten abgestorben sind. Nach Sulla ist die Censur, obwohl nicht eigentlich abgeschafft, nur noch ausnahmsweise in Anwendung gebracht worden. Es haben dabei verschiedene Momente zusammengewirkt: der factische Wegfall der Bürgersteuer, die veränderte statt der alten Aushebung überwiegend auf freiwillige Meldung gestellte Heerbildung, die Abneigung des strengen Optimatenregiments gegen das freie Schalten der Censoren mit den nur factisch lebenslänglichen Senatorenstellen, vor allem aber die durch die Umwandlung des alten stadtrömischen in ein Reichsbürgerrecht nothwendig bedingte Verlegung des Census in die den Reichsbürgerverband bildenden Municipien. Der Reichscensus konnte seitdem nicht viel anderes sein als eine Zusammenfassung dieser particularen Erhebungen, und bei der Lässlichkeit der kaiserlichen Verwaltung und ihrem Mangel an straffer Einheitlichkeit ist diese praktisch nicht unentbehrliche Zusammenfassung bald unterblieben, während die in republikanischer Zeit mit dem Census verknüpfte Verwaltung des Gemeindevermögens an besondere stetig functionirende Aemter überging und die Zusammensetzung des Senats und der Ritterschaft auf andere Basen gestellt ward.

7. Die Aedilität

Wenn der *aedilis* sprachlich nichts bezeichnen kann als den Hausmeister und Gebäudeherrn, so ist die rechtliche Beziehung dieser Benennung uns ebenso wenig mit Sicherheit bekannt wie der ursprüngliche Geschäftskreis der also benannten Beamten. Es giebt deren drei Kategorien, die nicht, wie die verschiedenen Präturen, als verschiedene Competenzen derselben Magistratur aufzufassen sind, sondern als schon bei der Comitienwahl selbst geschiedene Aemter: die mit dem Tribunat der Plebs zugleich (S. 40) aus dem ständischen Hader entwickelten *aediles plebis* oder *plebeii;* die im J. 387 (367 v. Chr.) zugleich mit der Prätur als Beamte der patricisch-plebejischen Gemeinde eingesetzten *aediles curules,* welche von dem ihnen beigelegten und den Collegen mangelnden Gerichtsstuhl den Namen führen: die erst von dem Dictator Caesar geordneten seit dem J. 711 (43 v. Chr.) fungirenden *aediles plebis Ceriales,* deren Benennung von der ihnen insbesondere obliegenden Aufsicht über die Getreidespenden entlehnt ist. Der Zahl nach werden für jede Kategorie zwei bestellt; sie hat nicht gewechselt. Ständisch sind sowohl die plebejischen wie die Ceresädilen stets der Plebs entnommen worden. Die curulische Aedilität ist, wenn die Ueberlieferung nicht trügt, als patricisches Amt ins

Leben getreten, jedoch schon im zweiten Jahr auch den Plebejern in der Weise geöffnet worden, dass, offenbar um die Eintracht in dem Collegium nicht zu beeinträchtigen, abwechselnd in den varronisch ungeraden Jahren zwei Patricier, in den varronisch geraden zwei Plebejer das Amt verwalten, bis dann im Laufe des 7. Jahrhunderts d. St. dasselbe beiden Ständen gleichmässig zugänglich wird, weiter Augustus auch von dieser Aedilität die Patricier ausschliesst oder vielmehr befreit. — Hierarchisch müssen die plebejischen Aedilen, so lange es nur solche gab, den Tribunen nach und ähnlich zu ihnen gestanden haben wie die Quästoren zu den Consuln. Bei der Einrichtung der curulischen Aedilität hat diese in der Reihe der Gemeindeämter ihren festen Platz über der Quästur und unter der Prätur erhalten und es hat sich dies, wenn auch vielleicht erst allmählich, auf die plebejische Aedilität ebenfalls erstreckt; indess sind beide Aemter in republikanischer Zeit facultativ, so dass, wer sie übernimmt, dies in der bezeichneten Reihenfolge thut, aber die Uebernahme auch unterbleiben kann. Gegenüber dem Tribunat hat sich die Stellung der plebejischen Aedilität in der Weise verschoben, dass dieselbe höher als die formell überlegene Stellung geschätzt und regelmässig, wenn jemand beide verwaltete, nach dieser übernommen wird, wie dies die facultative Uebernahme beider Aemter rechtlich gestattet. Obligatorisch sind, wie schon bemerkt ward (S. 90), die Aedilenstellen in Verbindung mit denen der Volkstribune durch Augustus geworden, so dass seitdem der Bewerbung des Plebejers um die Prätur die Bekleidung entweder einer der sechs Aedilen- oder einer der zehn Tribunenstellen voraufzugehen hat. — Gewählt werden die beiden curulischen Aedilen von den patricisch-plebejischen Tribuscomitien unter Leitung eines Consuls oder eines Prätors, die plebejischen, wenigstens die beiden älteren, von der plebejischen Tribusversammlung unter Leitung eines Volkstribuns.

Oertlich functioniren alle drei Aedilitäten lediglich im städtischen Amtkreis.

Die Annuität gilt für die Aedilitäten wie für das Consulat und den Volkstribunat. Der Antrittstag ist für die curulische Aedilität und wahrscheinlich auch, wenigstens in späterer Zeit, für die beiden plebejischen derjenige der Consuln.

Von den magistratischen Ehrenrechten kommen den curulischen Aedilen der Gerichtsstuhl und die Praetexta zu, aber schwerlich Lictoren. Die plebejischen entbehren dieselben eben wie die Tribune der Plebs (S. 133).

Ueber die ursprüngliche Competenz der Aedilität fehlt es an jedem genügenden Zeugniss. Vermuthen darf man, dass die Aedilen den Tribunen allgemein als Gehülfen dienten, zunächst vielleicht hauptsächlich bei den Frohnden den Plebejer vor Unbill beschützten, ferner die im Cerestempel aufbewahrten die Rechte der Plebs verbriefenden Urkunden unter Oberaufsicht der Tribune in ihrer Obhut hatten, bei Capitalklagen dem Tribun, dem ja Quästoren und Lictoren fehlten, hülfreiche Hand leisteten und Klagen auf

Geldbusse auch selbständig an die Plebejerversammlung brachten, wie denn die durch den Plebejereid gewährleistete Unverletzlichkeit wie die Tribune so auch die Aedilen schützte. Insofern mag die ursprüngliche Aedilität sich zu einer polizeilichen Aufsichtsbehörde entwickelt haben und es darauf beruhen, dass dann, als die patricisch-plebejische Aedilität zu ihr hinzutrat, das Doppelamt, in sichtlichem Anschluss an die hellenische Agoranomie, zunächst als Markt- und Strassenpolizei auftritt. So weit an diese die Rechtsprechung sich anknüpft, musste dieselbe den curulischen Aedilen vorbehalten werden, da den plebejischen Quasi-Collegen rechtlich der magistratische Charakter abging. Die denjenigen Aedilen, welche Gemeindebeamte sind, eingeräumte Jurisdiction so wie die denselben zustehenden Insignien fordern einen Antheil derselben an dem Imperium, also in gewissem Sinne die Auffassung derselben als mindere Collegen der Oberbeamten; und deutlich tritt diese Rechtstellung in der Municipalordnung hervor, welche die beiden Oberbeamten und die beiden Aedilen in der Form des Quattuorvirats als Collegen wenn gleich ungleichen Ranges zusammenfasst. Indess in den eigentlich römischen Ordnungen ist, wahrscheinlich weil in dieser neben den curulischen die plebejischen Aedilen standen, die Aedilität nach dieser Richtung nicht entwickelt, sondern in der Reihe der Unterämter belassen worden. — An die Aufsichtführung bei den Volksfesten, welche in der polizeilichen Competenz der Aedilen nothwendig begriffen war, hat sich weiter die Uebertragung der Ausrichtung der Feste selbst so wie die Ueberweisung der dafür bestimmten öffentlichen Gelder angeknüpft, worauf, da dies der formell legale Weg war, um durch Aufwand für die Menge deren Gunst und damit die Wahlstimmen zu erlangen, die spätere politische Wichtigkeit beider Aedilitäten und der Zudrang zur Bewerbung um dieselben vorzugsweise beruht. — Zweifelhaft ist es, worauf die Befugniss aller Aedilen beruht nicht bloss überhaupt zu multiren und zu pfänden, sondern auch, wenn dabei die Provocationsgrenze überschritten und Berufung eingelegt ward, das oberamtliche Recht der Berufung der Bürgerschaft und der Vertheidigung des Spruches vor dieser auszuüben, während sonst der Aedilis weder die Comitien noch den Senat berufen kann. Vielleicht hat die Betheiligung der ursprünglichen Aedilen an der plebejischen Justiz dazu geführt; wahrscheinlicher aber ist es, dass diese comitialen Multklagen nicht auf specieller ädilicischer Competenz beruhen, sondern auf der zahlreichen Strafgesetzen der republikanischen Epoche angehängten Clausel, dass zur Verhängung der darin ausgesprochenen Geldstrafe und zur Vertheidigung dieses Spruchs vor der Bürgerschaft jeder überhaupt zur Coercition befugte Magistrat competent sein solle, wovon dann die vier Aedilen als die niedrigste hiedurch aufgerufene Kategorie vorzugsweise Gebrauch gemacht hatten.

8. Die Quästur

Die Benennung der Quästoren kann sprachlich nur zurückgeführt werden auf ihre strafrechtliche Thätigkeit *(quaerere)* und da diese in ihrer Eigenart erst nach der Beseitigung des Königthums sich gebildet haben kann, so ist die Quästur schwerlich älter als die Republik, wahrscheinlich aber zugleich mit dieser eben durch die Abminderung des Königthums zum Consulat entstanden. Auch die Ueberlieferung knüpft zwar nicht die Entstehung der Quästur, aber die der obligatorischen Provocation im Criminalprozess, welche die Quästur fordert, an die Abschaffung des Königthums an, und das Fehlen der Quästur neben der Dictatur beweist dafür, dass jene mit dem vollen Imperium unvereinbar und als Schranke desselben ins Leben getreten ist. — Die Zahl der Quästoren ist bedingt durch ihre Gehülfenstellung zu dem Oberamt, wenn auch nicht schlechthin mit der Zahl der Oberbeamten identisch. Vielmehr gilt dies nur für die älteste Zeit; späterhin werden theils dem einzelnen Consul mehrere derartige Gehülfen zugeordnet, theils den auf städtische Function beschränkten Prätoren Quästoren nicht beigegeben. Auf diese Weise sind zuerst im J. 333 (421 v. Chr.) jedem Consul zwei Quästoren, der eine für die städtische, der andere für die militärische Amtführung beigegeben, dann im J. 487 (267 v. Chr.) für die consularische Verwaltung Italiens vier weitere Quästorenstellen eingerichtet worden, wodurch die Zahl der Quästoren auf acht stieg. Als bald darauf die überseeischen Oberämter eingerichtet wurden, geschah dies in der Weise, dass neben jedem Inhaber eines solchen ein Quästor zu fungiren hatte; indess hat die Einrichtung neuer Quästorenstellen mit diesem Princip wahrscheinlich nur unvollständig Schritt gehalten und ist dabei vielfach die in dem militärischen Imperium enthaltene Befugniss in Ermangelung des comitialen Quästors einen Proquästor mit gleicher Function zu creiren (S. 118) zu Hülfe genommen worden. Wenn Sulla die Zahl der jährlich zu creirenden Quästoren auf zwanzig geordnet hat und, nachdem die von dem Dictator Caesar verfügte Verdoppelung durch Augustus wieder abgeschafft war, daran unter dem Principat festgehalten worden ist, so ist dies weniger mit Rücksicht auf die verschiedenen Zweige der quästorischen Amtsthätigkeit geschehen als um, nachdem der Eintritt in den Senat durch die Quästur sich festgestellt hatte, auf diesem Wege die Ergänzung des Senats rechtlich zu fixiren.

In ständischer Hinsicht ist die Quästur, da sie zunächst wie der Kriegstribunat Gehülfenstellung ist, wohl dem Plebejer von je her zugänglich gewesen und es gilt dies auch für die magistratische Quästur, wahrscheinlich von Anfang an, sicher seit der Verdoppelung der Quästorenzahl. — Dass hierarchisch die Quästur unter den Magistraturen an letzter Stelle steht, folgt schon aus der ihr von Haus aus eigenen Hülfsthätigkeit; nachdem sich eine feste Folge der Magistraturen entwickelt hat, gilt die Quästur als die erste Stufe der politischen Laufbahn, woraus sich später die wichtige Consequenz entwickelt hat, dass mit der Quästur die lebenslängliche Senatorenstellung verknüpft ist.

Dass sich die Quästur aus der Gehülfenstellung zur Magistratur entwickelt hat, anfänglich also die Quästoren von den Consuln frei gewählt worden sind, ist bereits hervorgehoben worden. Wann dieselben hierin durch die Vorbefragung der Bürgerschaft beschränkt worden sind, ist ungewiss; wahrscheinlich sind die Quästoren um die Zeit des Decemvirats aus Amtsgehülfen in Magistrate umgewandelt worden. Die Befragung richtet sich an die patricisch-plebejischen Tribuscomitien und erfolgt selbstverständlich durch die Consuln oder ausnahmsweise durch die Prätoren.

Oertlich ist der Amtkreis des ältesten Unteramts ebenso schrankenlos wie der des ältesten Oberamts und functionirt der Quästor wie der Consul zunächst successiv zuerst bei der städtischen, dann bei der militärischen Amtführung. Bei der Vermehrung der Stellenzahl indess sind, wie aus dem früher Bemerkten hervorgeht, die in der Stadt und die ausserhalb derselben functionirenden Quästorenstellen von einander getrennt worden. Die beiden für die städtischen Geschäfte bestimmten Quästoren werden seitdem als *quaestores urbani* von den übrigen unterschieden.

Hinsichtlich der Amtfrist gelten gleichfalls die Regeln des Oberamts auch für die Quästoren, nur dass in der Epoche, wo die Consuln am 1. Januar antraten, die Quästoren bereits an dem vorhergehenden 5. Dec. ihr Amt übernahmen (S. 104). Dass die ausserhalb Rom fungirenden Quästoren den Regeln der Prorogation (S. 78) unterliegen, versteht sich von selbst.

An den magistratischen Ehrenrechten hat der Quästor keinen Antheil (S. 109), wie ihm denn auch das eigene Imperium und die magistratische Coercition mangeln und er in gewissem Sinne auch späterhin mehr als Gehülfe behandelt wird denn als Gemeindeherr.

Hinsichtlich der Competenz kommt in Frage theils die Zugehörigkeit oder Nichtzugehörigkeit des Quästors zu dem einzelnen Oberbeamten, theils die Feststellung der ihm zugewiesenen Geschäftskreise.

Die enge Verknüpfung des einzelnen Quästors mit dem einzelnen Oberbeamten liegt im Wesen der Gehülfenstellung; das in den römischen Ordnungen einzig dastehende und selbst gesetzlich anerkannte Nahverhältniss des Provinzialquästors zu dem Statthalter gehört sicher zu dem ursprünglichen Wesen der Quästur überhaupt. Indess hat sich dies nur da behauptet, wo das Oberamt unbeschränkt durch die Collegialität functionirt; im städtischen und selbst im italischen Regiment functioniren die Quästoren wohl als Unterbeamte der Consuln, aber ohne dass in historischer Zeit die Unterordnung des einzelnen Quästors unter den einzelnen Consul hervortritt; ja in dem städtischen Regiment äussert sich die Tendenz das Oberamt durch dies Unteramt zu beschränken vor allem darin, dass die personale Unterordnung, wie sie bei der Abwesenheit der Consuln von Rom nothwendig wegfiel, so auch während ihres Verweilens daselbst sei es rechtlich, sei es thatsächlich beseitigt worden ist.

Wenn das Wesen der Gehülfenstellung zu fordern scheint, dass die quästorische Competenz sich wenigstens ursprünglich so weit erstreckt hat wie die consularische, so trifft dies nur in beschränktem Masse zu. Der Quästor wird wohl von Haus aus für sehr verschiedenartige Geschäfte verwendet, aber keineswegs für alle consularische; ja in der städtischen Amtsthätigkeit ist umgekehrt die consularische Function dem Quästor und die quästorische Function dem Consul entzogen. Bei der privaten Jurisdiction, welche anfänglich die wesentlichste städtische Function der Consuln gewesen ist und dann auf die Prätur überging, haben die Quästoren niemals Verwendung gefunden, wohl aber theils bei der criminellen Coercition und Judication, so weit sie der Provocation an die Comitien unterliegt, theils bei der Verwaltung der Gemeindekasse, welche beide Amtsthätigkeiten der directen Handhabung durch die Oberbeamten gesetzlich entzogen sind. In der sonstigen städtischen Amtführung tritt die Hülfsthätigkeit freier zu Tage; insbesondere bedienen sich die Oberbeamten der Quästoren bei Erfüllung der gegen die Gäste der Gemeinde ihnen obliegenden Pflichten. Dieselben Principien kamen im militärischen Imperium zur Anwendung; da die Provocation hier ausgeschlossen ist, dient der Quästor dem Feldherrn hauptsächlich als Verwalter der Kriegskasse und ist als solcher auch hier rechtlich unentbehrlich (S. 118). Daneben indess hat die freie Hülfsthätigkeit hier breiteren Spielraum und fungirt der Quästor thatsächlich regelmässig als der oberste unter den dem Feldherrn unterstehenden Offizieren; es können aber auch andere Geschäfte, selbst die Jurisdiction ihm durch Mandat überwiesen werden. Im Uebrigen wird die quästorische Criminaljudication, wonach die beiden ältesten Quästoren als *quaestores parricidii* bezeichnet werden, bei der Strafrechtspflege, die Kassenverwaltung bei dem Gemeindevermögen, die Betheiligung an der Verwaltung Italiens und der Provinzen in den betreffenden Abschnitten des folgenden Buchs zur Sprache kommen. Ueber die Verwendung der Quästoren als Gehülfen des Princeps, der *quaestores Augusti,* nicht bei den provinzialen, aber bei den hauptstädtischen Geschäften ist der Abschnitt von den kaiserlichen Unterbeamten zu vergleichen.

9. Die übrigen ordentlichen Beamten der Republik

Ausser den bisher erörterten Magistraturen der römischen Republik hat es namentlich am Ausgang derselben noch eine Reihe anderer geringeren Ranges und untergeordneter politischer Bedeutung gegeben, bei denen zu verweilen für die gegenwärtige Darstellung nicht erforderlich ist. Sie sind überwiegend aus der Hülfsthätigkeit hervorgegangen. Es scheint am Ausgang der Republik üblich, vielleicht sogar gesetzlich vorgeschrieben gewesen zu sein sowohl eine der hierher gehörenden Offizierstellen wie auch eines der Civilämter vor der Bewerbung um die Quästur zu verwalten. Unter dem Principat sind diese Offizierstellen bald aus den comitalen Aemtern ausgeschieden, dagegen die Civilämter dieser Kategorie unter dem Sammtnamen der Sechsundzwanzig- oder später nach Beseitigung einer Anzahl derselben der Zwanzigmänner als Vorstufe der senatorischen Quästur behandelt worden. Es gehören dahin die folgenden Stellungen.

Im militärischen Commando ist für einen Theil der Kriegstribunate seit dem J. 392 (362 v. Chr.) die comitiale Creirung angeordnet worden. Die Zahl der Stellen betrug anfangs sechs, späterhin vierundzwanzig; indess haben sowohl diese Ziffern geschwankt wie vor allem mit der Zahl der von je sechs Kriegstribunen befehligten Legionen deren Gesammtzahl. Mit dem Eintritt des Principats scheinen diese comitialen Kriegstribune zunächst vom effectiven Dienst ausgeschlossen worden zu sein und sind dann überhaupt beseitigt worden.

Bei der Criminaljurisdiction sind die drei Richtherren *(tres viri capitales)* zunächst bestimmt zur Aufsichtführung über das Gefängniss und die Vollziehung der Todesurtheile, so weit sie im Kerker vollstreckt wurden, womit sich weiter ein namentlich nächtlicher Sicherheitsdienst verbindet. Die Institution selbst geht ins fünfte Jahrhundert zurück, die Comitialwahl aber ist vielleicht erst ein Jahrhundert später auf diese Stellen erstreckt worden.

Bei der Jurisdiction werden von den Stellvertretern, die in Italien einzusetzen dem Prätor obliegt, die vier für Capua und Campanien bestimmten in späterer Zeit durch die Comitien ernannt. Nachdem die prätorische Stellvertretung durch die municipale Jurisdiction überflüssig geworden war, hat Augustus diesen Quattuorvirat abgeschafft.

Bei der Judication ist insbesondere für den Freiheitsprozess schon früh ein ständiges Zehnmännercollegium *(decemviri litibus iudicandis)* eingesetzt worden, das thatsächlich Geschwornendienst thut, aber, nachdem die Comitialwahl darauf erstreckt war, in republikanischer Zeit unter den Magistraten seinen Platz hat, den diese Zehnmänner unter dem Principat behaupten, aber mit geänderter Competenz, als Leiter der dem Centumviralgerichtshof überwiesenen Erbschaftsprozesse. Ausserdem sind auch die oben erwähnten drei Richtherren bei dem Civilprozess verwendet worden theils als Hülfsbeamte für Beitreibung der Prozessbussen, theils in Geschwornenfunction für gewisse formell civile, der Sache nach delictische Klagen.

Die Strassenreinigung wird unter Oberleitung der Aedilen in der Stadt durch vier, in den Vorstädten durch zwei Beamte beschafft, von welchen die letzteren durch Augustus in Folge der Neuordnung des italischen Wegewesens aufgehoben worden sind.

Die städtische Münzprägung, welche in der früheren Republik der Competenz der ordentlichen Beamten entzogen gewesen und immer durch ausserordentliche Anordnung vollzogen worden zu sein scheint, ist in der letzten republikanischen Epoche drei eigenen Beamten *(tresviri aere argento auro flando feriundo)* übertragen worden.

10. Die ausserordentlichen Magistraturen der Republik

Ausserordentliche, das heisst auf dem gewöhnlichen Wege durch Zusammenwirken der Magistratur und der Bürgerschaft, aber für den einzelnen Fall creirte Beamte können in dreifacher Beziehung vorkommen: theils für die in der Competenz keines ordentlichen Amtes liegenden und insofern als Reservatrechte der Gemeinde aufzufassenden Geschäfte; theils für ordentliche, aber aus irgend einem Grunde den beikommenden Beamten entzogene Verrichtungen; theils endlich für Umgestaltung des Gemeinwesens überhaupt. Die erste Kategorie dieser Magistraturen ist wohl ausserordentlicher Art, aber principiell im Wesen der Gemeindeordnung gegeben; die zweite ist ein Bruch, die dritte die Suspension der bestehenden Gemeindeordnung.

Die ausserordentlichen Aemter der ersten Kategorie betreffen diejenigen Verrichtungen, welche die Gemeinde keinem Beamten generell übertragen hat, sondern zu deren Vornahme es immer eines Gemeindebeschlusses für den einzelnen Fall bedarf. Dieser Beschluss kann zugleich die dafür bestimmten Personen bezeichnen; regelmässig aber fällt derselbe mit dem Wahlact der betreffenden Magistrate nicht zusammen, sondern ordnet diesen an. Nach ältester republikanischer Ordnung — für das Königthum hat diese Beschränkung schwerlich bestanden — unterliegen dieser exceptionellen Behandlung theils die politischen Prozesse *(perduellio)*, theils die unentgeltliche Weggabe von Gemeindeboden sei es an einen Gott *(duoviri aedi dedicandae)*, sei es an Bürger oder Bundesgenossen (Beamte *agris dandis adsignandis*). Auch für einzelne andere wichtige über die Competenz der Magistratur hinausgehende Geschäfte, für den Abschluss von Friedensverträgen, für die Gewährung von Darlehen aus der Staatskasse an Private, auch wohl für die Münzprägung, bevor dafür ständige Beamte bestellt wurden, ist durch Comitialbeschluss die Wahl von Specialbeamten angeordnet und ihnen die Vollmacht normirt worden.

Wenn die Einsetzung von ausserordentlichen Magistraturen für die der ordentlichen Beamtencompetenz entzogenen Verrichtungen der Verfassung entspricht und die Comitien dabei nur von der ihnen zukommenden Befugniss Gebrauch machen, so ist dagegen die Uebertragung ordentlicher Amtsgeschäfte auf ausserordentliche Beamte insofern ein Rechtsbruch, als die ordentliche Magistratur dadurch in ihrem Recht verkürzt wird und liegt daher streng genommen ausserhalb der Machtsphäre selbst der Volksgemeinde. Allerdings gilt dies nur von dem Oberamt. Für Verrichtungen, die in die Competenz der Censoren und der Aedilen fallen, für grössere Bauten, für Massregeln in Betreff des Getreidemarktes und der Kornspenden, überhaupt für Hülfsgeschäfte jeder Art sind häufig specielle Curatoren erwählt worden, ohne dass in einem solchen Volksschluss eine Verfassungsverletzung gefunden wird. Aber wo das Imperium der Amtshandlung zu Grunde liegt, ist die Uebertragung derselben an einen andern als den verfassungsmässig beikommenden Beamten unzulässig. Im städtischen Imperium ist wohl der einzige dagegen verstossende Act die Bestellung von Zweimännern mit consularischer Gewalt zur Vornahme der Consulwahlen in dem Jahre nach der Ermordung des Dictators Caesar, welche Ausnahme nach Zeit und Art die Regel bestätigt. — Auch bei der feldherrlichen Amtführung zeigt sich in der Einhaltung des Princips, obwohl dieselbe hier in jeder Weise schwierig und oft gefahrvoll ist, die volle Strenge der politischen Zucht, auf welcher die Grösse und die Macht Roms schliesslich ruht. Die erste uns bekannte und vermuthlich die erste überhaupt vorgekommene Verletzung dieses Gesetzes ist die im J. 538 (216 v. Chr.) während des hannibalischen Krieges und unter ganz eigenartigen politischen Verhältnissen erfolgte Uebertragung consularischer Gewalt auf M. Marcellus. Diese wurde überdies dadurch gemindert, dass derselbe das prätorische Imperium in ordentlichem Wege besass; und von solcher Ausstattung des Prätors mit der Titulatur und theilweise auch mit den Insignien des höheren Oberamts ist bei der wesentlichen Gleichheit der beiden Aemter von da an sehr häufig Gebrauch gemacht worden. Aber wenn der *praetor pro consule* nur im formalen Sinne gegen jenes Gesetz verstösst, so ist wirkliche Verletzung desselben, Verleihung des militärischen Imperium an einen Privaten in eigentlich republikanischer Zeit nur ein einziges Mal vorgekommen und zwar ebenfalls während des hannibalischen Krieges, als unter noch schwererem politischen und personalen Druck im J. 543 (211 v. Chr.) das Commando in Spanien von den Comitien dem Sohn des dort gefallenen Feldherrn, dem amtlosen Jüngling P. Scipio übertragen ward. Mehr als ein Jahrhundert verging, bis die sullanische Oligarchie dem jungen Pompeius im J. 673 (81 v. Chr.) wieder ein ähnliches Mandat gab. Bald darauf machte der durch die kurzsichtigen sullanischen Ordnungen herbeigeführte Mangel eines ordentlichen allgemein competenten Commandos, wie es das ältere consularische gewesen war, dem Piratenwesen gegenüber die Einrichtung ausserordentlicher Imperien unvermeidlich, von denen das im J. 687 (67 v. Chr.) angeordnete wiederum einem Privaten und zwar demselben Pompeius übertragen wurde. Diese ausserordentlichen militärischen Imperien, durch die Comitien vergeben und rechtlich auf deren Vollgewalt gestützt, leiten nach Art und Zeit den Principat ein, dessen Wesen, wie seiner

Zeit dargelegt werden wird, eben in dem von der ordentlichen Magistratur losgelösten schrankenlosen Militärcommando besteht.

Die dritte Kategorie der ausserordentlichen Beamten bilden die Beamten constituirender Gewalt. Wir fassen unter diesem Namen zusammen den Decemvirat der Zwölftafelgesetzgebung, die sullanische und die caesarische Dictatur, welche mit der älteren nur den Namen gemein haben und den nach der Ermordung Caesars eintretenden Triumvirat. In die Darstellung des Staatsrechts gehören sie insofern nicht, als dieses nur die geordneten Institutionen zum Gegenstand hat, diese Aemter aber wenn nicht auf einer Negation, doch auf einer Suspension der bestehenden Einrichtungen beruhen und es ihre Aufgabe ist Gesetze zu geben *(leges scribere)* und das Gemeinwesen zu ordnen *(rem publicam constituere)*. Ihren Rechtsgrund haben sie weniger in den Comitialbeschlüssen, aus denen sie hervorgegangen sind, da nach der bei den Römern durchaus überwiegenden Auffassung die Verfassung auch die Comitien bindet, als in dem Nothstand, welcher allerdings jede Illegalität und jede Revolution legitimirt. Eine Definirung der constituirenden Gewalt lässt sich nicht geben; ihr Wesen ist die Schrankenlosigkeit und wir können nur das Fehlen jeder Macht wie jeder Zeitschranke exemplificiren. Die erstere tritt am bestimmtesten hervor in der Befugniss auch ohne Zustimmung der Bürgerschaft Gesetze zu geben und Beamte zu ernennen; in der der ordentlichen Magistratur schlechthin entzogenen Verfügung über den Grundbesitz der Gemeinde, woraus die sogenannten Militärcolonien der sullanischen und der caesarischen Zeit hervorgegangen sind; in der nicht bloss nicht durch das Provocationsrecht, sondern nicht einmal durch irgend welche Rechtsform eingeschränkten capitalen Coercition und Judication, wovon die sullanischen und die triumviralen Proscriptionen die folgerichtige juristisch unanfechtbare Consequenz sind. Wie dem Inhalte ist auch der Zeit nach die constituirende Gewalt rechtlich unbegrenzt; wenn bei der Uebernahme derselben ein Endtermin bezeichnet ist, so ist damit lediglich die Absicht des Inhabers ausgesprochen und steht es bei ihm diese zu ändern. Allerdings ist die constituirende Gewalt ihrem Wesen nach ephemer, insofern die Staatsordner verpflichtet sind, wenn sie ihrem Auftrag genügt zu haben glauben, ihr Amt niederzulegen und die neu geschaffene Ordnung walten zu lassen, wie dies die Decemvirn hätten thun sollen und Sulla und Augustus in der That gethan haben. Schwerlich hat Caesar die Dictatur in gleicher Weise aufgefasst, da er sie auf Lebenszeit übernahm; aber auch wenn, wie dies wahrscheinlich ist, er das Amt als bleibendes hat gestalten wollen, so kann doch auch seine Dictatur, da er über seinen Tod hinaus keine Verfügung getroffen hat, staatsrechtlich nur als ephemere Einrichtung betrachtet werden, nicht als auf Dauer angelegte Umgestaltung der bestehenden Ordnung.

11. Der Principat

Der Principat des römischen Gemeinwesens ist hervorgegangen aus einer der Formen der so eben entwickelten constituirenden Magistratur. Nachdem das nach dem Tode des Dictators Caesar zur Ordnung des Gemeinwesens eingesetzte Dreimännerregiment durch den Wegfall der beiden Collegen thatsächlich zur Einherrschaft geworden war, legte der allein übrig gebliebene Gewalthaber am 13. Jan. 727 (27 v. Chr.) diese Ausnahmegewalt nieder und setzte in Erfüllung des ihm gewordenen Auftrags die umgestaltete Gemeindeordnung in Kraft. Der Rechtsgrund derselben ist, wie derjenige der Zwölftafelgesetzgebung, die constituirende Gewalt ihres Schöpfers; die formale Bestätigung durch die herabgewürdigten Comitien dieser Epoche würde dem Werk des neuen Romulus nur den Stempel der Widerruflichkeit aufgedrückt haben und ist unterblieben. Die Rechtsbeständigkeit der neuen Ordnungen ist niemals angefochten worden.

Bevor die Institution selbst dargelegt wird, sind die Vorfragen zu erledigen, ob die Einführung eines Oberhauptes in die Gemeindeordnung, wie sie in den augustinischen Ordnungen enthalten ist, von ihm als bleibende Einrichtung oder als Uebergangszustand ins Leben gerufen ward und, wenn diese im ersteren Sinne beantwortet wird, ob sie als Magistratur in dem bisher damit verbundenen Begriff gefasst werden darf oder unter Aufgabe dieses Begriffs Rom damit zu der nicht magistratischen Monarchie gelangt ist.

Dass der Principat nicht als organische Institution dem Gemeinwesen eingefügt worden ist, muss vom staatsrechtlichen Gesichtspunct aus eingeräumt werden. Das Wesen der Republik beruht auf der Collegialität und der Annuität des Oberamts (S. 66) und beiden macht der Principat ein Ende. Diesen unausgleichbaren Gegensatz zu verschleiern, den neuen Wein in alte Schläuche zu fassen war die Tendenz des augustinischen Regiments. Aus dieser Ursache fehlt der neuen Oberhauptstellung sowohl die formale Einheit wie deren staatsrechtlicher Ausdruck, der Name, und vor allen Dingen die gesetzliche Norm für die Wiederbesetzung im Falle der Erledigung. Indem eine Successionsordnung, welche den formalen Bruch mit der zu Recht bestehenden Gemeindeverfassung ausgesprochen haben würde, nicht festgesetzt wird, stellt sich die Reihenfolge der Principate staatsrechtlich dar als eine Kette auf einander folgender und gleichartiger, aber ausserordentlicher Gewalten, und folgerichtig ist auch wie nach der Ermordung des Dictators so nach derjenigen des letzten unwürdigen Herrschers aus seinem Geschlechte die alte auf Annuität und Collegialität des Oberamts basirte Staatsform wieder in ephemere, aber rechtliche Wirksamkeit getreten. Die Verschiedenheit zwischen der caesarischen Dictatur auf Lebenszeit und dem augustischen Principat mag wohl hauptsächlich darin bestanden haben, dass von ihren Begründern jene nur wenige Tage, dieser über ein Menschenalter hindurch geführt worden ist.

Aber in dem Gang der Geschicke entscheiden die Thatsachen. Augustus hat eine dauernde Staatsform nicht bloss schaffen wollen, sondern geschaffen; diejenigen Momente, welche sie als Provisorium kennzeichnen, sind in der einen oder der anderen Weise bei Seite geschoben, selbst eine Quasi-Succession entwickelt worden. Insofern zählt der augustische Principat zu den staatsrechtlichen Institutionen des römischen Gemeinwesens und er darf in gewissem Sinne als Spitze und Vollendung der von dem Senatsregiment begründeten Weltherrschaft angesehen werden.

Die weitere Frage, ob der Principat als Magistratur im republikanischen Sinne angesehen werden kann, muss, wie gesagt, verneint werden, wenn dabei, der ursprünglichen römischen Auffassung entsprechend, die Collegialität und die Annuität des Oberamts zu Grunde gelegt wird; insofern ist der Principat die Beseitigung der Republik. Aber wenn, dem principiellen Standpunct der späteren Zeit entsprechend, die Magistratur gefasst wird als Ausfluss und Organ der Volkssouveränetät, so fällt unter diesen Begriff auch der augustische Principat; wenigstens ist von den drei überhaupt möglichen Constructionen der Monarchie, der Auffassung des Monarchen als des höchsten Vertreters der souveränen Staatsgemeinde, der Auffassung desselben als des Gottes auf Erden und derjenigen als des Herrn und Eigenthümers der reichsangehörigen Personen und Sachen dem augustischen Principat die erste wesentlich homogen, wenn gleich der einigermassen hybriden von gegensätzlichen Tendenzen beherrschten Institution weder der Monarch-Gott noch der Monarch-Herr schlechthin fehlen. Der Dictator Caesar hat sich bei seinen Lebzeiten als Gott anbeten lassen, und wenn Augustus als Gottessohn in das politische Leben eintrat und er nach seinem Tode wie auch regelmässig seine Nachfolger unter die Götter des Römerstaats eingereiht wurden, so ist dies die praktische Durchführung des von der Monarchie nicht wohl zu trennenden mystischen Moments, das den Herrscher auf die Scheide stellt zwischen Göttern und Menschen. Auch die rationellere, aber schroffere Gestaltung der Monarchie nach Analogie der hausherrlichen Gewalt, welche zu einem personalen Obereigenthum ihres Trägers an dem gesammten Reichsbestande hinführt, ist dem Principat nicht völlig fremd geblieben. Aber durchgeführt worden ist in demselben weder jene noch diese Anschauung; vielmehr liegt hier die Scheide des augustischen auf dem occidentalischen Gedankenkreis ruhenden Principats von der diocletianisch-constantinischen Monarchie des Ostens, in welcher, namentlich seit der Einfluss der christlichen Religion dem Monarchen-Gott hindernd in den Weg trat, der Monarch-Herr logisch und praktisch zu voller Entwickelung gelangte. Der Principat, wie Augustus ihn geordnet hat, ist der Anlage nach wesentlich Magistratur, und zwar nicht gleich der constituirenden eine über und ausser dem Gesetz stehende, sondern durch die Gesetze begrenzt und gebunden. Selbst den privatrechtlichen Gesetzvorschriften sind die Kaiser nicht minder als die Privaten unterworfen;

von den für Kinder- und Ehelose aufgestellten gesetzlichen Beschränkungen des Erbrechts haben die früheren Herrscher für ihre Testamente Befreiung bei dem Senat nachgesucht, und auch als späterhin das Recht von dem Gesetz im einzelnen Fall zu dispensiren als ein Attribut der kaiserlichen Gewalt betrachtet ward und die Rechtsgelehrten daraus mit Recht folgerten, dass jede privatrechtliche Festsetzung des Kaisers die etwa erforderliche Dispensation von Rechtswegen einschliesse, haben die Kaiser darum nicht aufgehört unter dem Gesetz zu stehen. Die criminelle Verantwortlichkeit ruht schon nach republikanischer Ordnung bei dem höchsten Magistrat während seiner Amtsführung und kann daher gegen den Kaiser nur nach seiner Amtsentsetzung oder nach seinem Tode wirksam werden. Für dieses wie für jenes Strafverfahren, die Aechtung des gestürzten Herrschers bei seinen Lebzeiten und nach dem Tode die Aechtung seines Gedächtnisses und die Cassation seiner Amtshandlungen fehlt es in der römischen Kaisergeschichte nicht an Beispielen. Wichtiger aber als die Belege für die Unterordnung des Kaisers unter die Gesetze ist für den magistratischen Charakter des Principats die Einhaltung der Competenzschranken, wie sie am Schlusse dieses Abschnitts dargelegt werden wird.

Die kaiserliche Titulatur ist von der magistratischen der Republik insofern principiell verschieden, als die letztere den Eigennamen unverändert lässt, dagegen die officielle Bezeichnung des neuen Staatsoberhauptes vorzugsweise in der Modification des Eigennamens ihren Ausdruck findet, worin das der Monarchie eigene personale Hinausheben des Monarchen aus der bürgerlichen Gemeinschaft allerdings zu scharfem und bezwecktem Ausdruck gelangt. In erster Reihe gilt dies von der Führung desjenigen Beinamens, welchen der Senat zum Dank für die Neuordnung des Gemeinwesens dem Urheber derselben beilegte: die Benennung *Augustus,* das heisst der hehre und göttergleiche, bildet von da an, der sonst für das Cognomen geltenden Erblichkeit entzogen, das Symbol der also geschaffenen Monarchie und auch gegenüber den minderen Theilhabern an derselben das Distinctiv der vollen Kaisergewalt. Hinzu tritt nicht allein für den Kaiser, sondern auch für die Glieder des kaiserlichen Hauses, also bereits in dynastischer Ausgestaltung, einerseits die Beibehaltung des Geschlechtsnamens lediglich für die aus der kaiserlichen abgeleitete Benennung von Personen oder Institutionen, unter Abwerfung desselben in der eigentlichen Namenführung, welche gleichfalls auf Augustus zurückgeht und, allerdings mit einigen Ausnahmen, bis auf Hadrian die männlichen Angehörigen des kaiserlichen Hauses von den übrigen Bürgern scheidet, andrerseits das von dem Dictator Caesar auf den Stifter der Monarchie vererbte Cognomen, welches nicht bloss unter der ersten Dynastie, sondern auch unter den nachfolgenden die männlichen agnatischen Angehörigen der Kaiserhäuser auszeichnet, bis es, wie weiter gezeigt werden wird, ebenfalls durch Hadrian auf den designirten Nachfolger beschränkt ward.

Neben der personalen Nomenclatur fehlt, wie gesagt, dem neuen Monarchen ein adäquater Amtstitel. *Princeps,* der erste Staatsbürger, heisst in der besseren Kaiserzeit das Staatsoberhaupt vorzugsweise und schon Augustus nennt sich selber so; aber nicht bloss drückt diese Bezeichnung nur die Rangstellung und nicht die Competenz aus, sondern sie wird auch lediglich enuntiativ, niemals titular verwendet. Die dem Monarchen als solchem zukommenden Amtsbenennungen sind, der weiterhin darzulegenden Doppelcompetenz entsprechend, verschieden für das städtisch-italische und für das provinziale Regiment. Für die erstere Competenz hat nach einigem Schwanken noch unter Augustus selbst die der Republik fremde Bezeichnung der tribunicischen Gewalt sich fixirt, welche seitdem als der die Monarchie am wenigsten inadäquat bezeichnende Amtstitel gilt; charakteristisch ist dabei, dass in der kaiserlichen Titelreihe die tribunicische Gewalt unter Augustus hinter den republikanischen oberamtlichen Titulaturen des Consulats und der feldherrlichen Acclamation, dagegen von Tiberius an vor diesen beiden an erster Stelle steht. Für das provinziale Regiment oder die feldherrliche Gewalt bot sich als titularer Ausdruck theils die proconsularische, theils die Imperatorentitulatur, welche beide die kaiserliche Militärgewalt in genügender Weise zum Ausdruck brachten. Die erstere indess eignete wegen ihrer Beschränkung auf die Nebengebiete zu titularer Verwendung sich nicht und ist daher von den früheren Kaisern titular überhaupt nicht, von den späteren von Traianus an nur dann geführt worden, wenn sie ausserhalb Italien verweilten. Aber auch die allgemeine Führung des Imperatortitels gab insofern Anstoss, als das republikanische Princip des Ausschlusses des militärischen Imperium von Rom und Italien auch in der augustischen Verfassung festgehalten ward. Um das Commando, das thatsächlich das Wesen des Principats in sich schloss, weder ohne Ausdruck zu lassen noch verfassungswidrig zum Ausdruck zu bringen, hat der Stifter der Monarchie schon in den ersten Stadien seiner politischen Laufbahn den Imperatortitel seines Adoptivvaters als Erbnamen behandelt und ihn unter Abwerfung seines eigentlichen als Vornamen geführt, worin seine Nachfolger, soweit sie sich nicht, wie insbesondere Tiberius that, der feldherrlichen Benennung überhaupt enthielten, ihm gefolgt sind. — Ausser diesen beiden Amtstiteln und dem von den meisten Herrschern, wenn auch häufig nicht von Anfang ihres Regiments an geführten Ehrenprädicat „Vater des Vaterlandes“ werden von den republikanischen Priesterthümern und Aemtern, die der Kaiser übernimmt, die vornehmeren, insbesondere der Oberpontificat, das Consulat, die Censur und die Feldherrnacclamationen auch von dem Kaiser, und zwar nach der Weise dieser Epoche die Aemter auch nach der Niederlegung unverändert, in der Titulatur geführt.

Wenden wir uns zu der Frage, in welcher Weise die monarchische Gewalt erworben wird, so tritt auch hier wieder die die gesammte Institution beherrschende Doppelcompetenz uns entgegen. Die Gewinnung des Commandos und diejenige der tribunicischen Gewalt fallen nicht nothwendig zusammen; wenn sie aber getrennt erworben werden, so geht die erstere nothwendig vorauf und es besteht das monarchische Commando ohne die tribunicische Gewalt, nicht aber diese ohne Commando. Auf jenes hat die Magistratscreirung nach republikanischer Ordnung keine Anwendung gefunden; vielmehr lehnt die Gewinnung des monarchischen Imperium äusserlich sich an diejenige Form an, durch welche der republikanische Oberbeamte den Imperatorentitel erhält, das ist thatsächlich entweder durch Zuruf der Truppen oder nach Aufforderung des Senats, rechtlich nach eigener freier, durch die bezeichneten Acte lediglich gerechtfertigter Willkür. Aber wenn nach der republikanischen Ordnung auf diesem Wege nicht das Commando erworben, sondern nur der Amtstitel geändert wird, so übernimmt nach der neuen monarchischen auf die gleiche Weise ein jeder, an den eine solche Aufforderung gerichtet und von dem sie aufgenommen wird, auch der amtlose Private das im ganzen Reich jedes andere ausschliessende Commando. Wohl wird dieses Imperium gedacht als hervorgehend aus dem Volkswillen; aber es drückt sich dieser dabei aus nicht in der geordneten Form der Comitien, sondern das Volk wird hier repräsentirt sei es durch das Heer oder einen beliebigen Heertheil, sei es durch den Gemeinderath. Hiermit wird also jede Auflehnung gegen den derzeitigen Inhaber der Gewalt insoweit legalisirt, dass für die Rechts- vielmehr die Machtfrage eintritt; folgerichtig aber ist diese staatsrechtliche Theorie, und die Geschichte des Principats ist ihr praktischer Ausdruck. Legitim ist jeder, der zum Augustus ausgerufen wird, wenn er auch nur vorübergehend zum Besitz der Macht gelangt, Galba ebenso wie Nero, Otho und Vitellius nicht minder als Galba. Die römische Logik verschmäht die Illusionen. Selbstverständlich macht das Bestreben sich geltend den Consequenzen dieser selbstmörderischen monarchischen Succession praktisch einigermassen dadurch auszuweichen, dass der zeitige Monarch für den Todesfall die Succession sichert; aber auch dies wird dadurch erschwert oder vielmehr verhindert, dass die Besetzung der höchsten Stelle rechtlich nicht anticipirt werden kann. Der in der Uebernahme des Imperium sich offenbarende Volkswille wirkt nothwendig unmittelbar. Designation des Nachfolgers ist bei dem Principat nicht einmal in der Form zulässig, dass der Princeps bei seinen Lebzeiten die Nachfolge feststellt; die dem Principat mangelnde Continuität schloss nicht die Wiederbesetzung aus, wohl aber deren Anticipation. Dennoch hat die dynastische Tendenz, welche bei der Begründung des Principats durch den Sohn des gewaltigen Caesar so mächtig mitgewirkt hatte, nicht bloss in dem Kaiserhause selbst, sondern auch bei den Getreuen der Monarchie dazu geführt, dass die Nachfolge des Vaters von Rechtswegen dem Sohne zu gebühren schien, und weiter, bei dem häufig eintretenden Fehlen leiblicher Söhne des Princeps und bei der nach römischer Sitte allgemein zulässigen Adoption, in dieser eigentlich privatrechtlichen Form zur factischen Wahl des Nachfolgers durch den Vorgänger im Principat. Selbst wenn ein Kaiser mit Hinterlassung mehrerer Descendenten gleichen Grades starb, ist die Bestimmung des Haupterben in seinem Testament gewissermassen als Präsentation für die Nachfolge auch in der Regierung aufgefasst worden, wobei allerdings die enge Verknüpfung des kaiserlichen Privatvermögens und der kaiserlichen Herrscherstellung mitgewirkt haben wird. Hadrian hat dann, wie schon gesagt ward, für die Bestimmung des zeitigen Herrschers hinsichtlich der Nachfolge einen formellen Ausdruck festgestellt in der Beilegung des Caesarnamens. Aber alle diese Auffassungen und Aeusserungen haben keinen weiteren Werth als die Constatirung der Ansicht und der Absicht des zeitigen Herrschers über den Regierungswechsel und ändern nichts an der Rechtsregel, dass die Fixirung der Succession nicht anticipirt werden kann. Es erstreckt sich dies sogar, wie weiterhin zu zeigen sein wird, auf die Uebertragung der nominellen Mitregentschaft. Abgesehen von der formell möglichen, aber dem Wesen der Monarchie zuwider laufenden und erst spät zur Anwendung gelangenden Sammtherrschaft giebt es keinen Rechtsweg die Succession in dem römischen Principat vorweg festzustellen.

Im Gegensatz zu dem militärischen Imperium wird die tribunicische Gewalt, ihrem bürgerlichen Charakter entsprechend, auf Grund der für diese Epoche überhaupt feststehenden legislatorischen Initiative des Senats durch die Comitien dem neuen Herrscher übertragen. Auch diesem Act aber fehlt diejenige rechtliche Continuität, welche das Kennzeichen der ordentlichen Magistratur ist und selbst bei den nicht ständigen Aemtern, wie Censur und Dictatur, eingehalten wird. Vielmehr folgt derselbe der für die ausserordentliche Beamtenernennung geltenden Norm: die gesetzliche Feststellung der Competenz und der Wahlact, aus welchen diese sich zusammensetzt, werden, wie dies ausnahmsweise auch in republikanischer Zeit geschehen ist (S. 145), hier zu einem Act zusammengefasst. Indem der Senat für jede einzelne Ernennung die Competenz zu normiren hatte, war die Handhabe gegeben mit dem an sich wenig bestimmten Begriff der tribunicischen Gewalt beliebige Specialclauseln zu verknüpfen; und wahrscheinlich sind diejenigen kaiserlichen Befugnisse, die nicht geradezu aus dem Imperium resultirten, auf diesem Wege legalisirt worden. Anticipation übrigens ist bei der Uebertragung der tribunicischen Gewalt ebenso ausgeschlossen wie bei derjenigen des Imperium; der Antrag richtet sich immer auf sofortige Uebernahme dieser Amtsgewalt.

Ausser diesen beiden dem neuen Herrscher die militärische und die bürgerliche Obergewalt verleihenden Acten werden für die Installation desselben in den Vollbesitz seiner Macht- und Ehrenstellung weiter gefordert die durch die dafür bestimmten Comitien zu vollziehende Wahl zum Oberpontifex, die Uebernahme des ordentlichen Consulats an dem auf den Antritt nächstfolgenden 1. Januar und der Eintritt in sämmtliche angesehene sacrale Collegien.

Die auf diesem Wege ihm erwachsenden Befugnisse sind, obwohl factisch ständig, doch rechtlich mit dem Principat nur personal verknüpft, welche Verbindung allerdings namentlich bei dem Oberpontificat auch politisch ins Gewicht fällt.

Eine rechtlich fixirte Qualification für den Principat wird durch die oben bezeichnete Bestellungsform ausgeschlossen; es giebt dafür keine Altersgrenze und es hat an Versuchen nicht gefehlt Frauen zu dieser Stellung zu erheben. Dennoch verdient es erwähnt zu werden, dass der Principat aus dem alten Adel hervorgegangen ist und dass, als nach dem Ausgang der Julier und der Claudier Plebejer dazu gelangten, diesen mit dem Amt auch der Patriciat verliehen wurde. Dem senatorischen Kreise sind die Kaiser der ersten zwei Jahrhunderte ohne Ausnahme entnommen worden; der erste aus dem Ritterstand hervorgegangene ist M. Opellius Macrinus (217 n. Chr.).

Die lebenslängliche Dauer des Amtes gehört zu seinem Wesen; weder das Imperium noch die tribunicische Gewalt sind jemals mit Endtermin übertragen worden. Dass ein wichtiger Bestandtheil der kaiserlichen Gewalt, die unmittelbare Verwaltung der kaiserlichen Provinzen zunächst in dieser Weise übernommen ward, gilt nur für die augustische Regierung selbst, und auch für diese nur formell, da diese Verwaltung ständig prolongirt ward. Allerdings aber liegt es in dem Gesagten, dass der Principat ausser durch den Rücktritt und den Tod des Inhabers auch dadurch beendigt werden kann, dass ein anderer sich zum Machthaber aufwirft und thatsächlich die Oberhand gewinnt; wie der durch die Truppen oder den Senat manifestirte Volkswille den Kaiser bestellt, so kann er auch durch die gleichen Organe abgesetzt werden; eine andere Legitimität als die der Thatsächlichkeit hat der Principat nicht entwickelt.

Die kaiserlichen Ehrenrechte und Insignien sind im Allgemeinen diejenigen der republikanischen Magistratur. Die persönliche Unverletzlichkeit und der von den Soldaten geforderte Treueid sind wesentlich schon in den früheren Ordnungen enthalten; neu ist nur die durch die dynastische Tendenz der Institution gegebene Erstreckung beider auf das Kaiserhaus. Gleich dem Consul trägt der Princeps als Amtsgewand die Toga mit dem Purpursaum. Die Zahl der Lictoren ist unter den früheren Herrschern die consularische; erst Domitian hat sie nach dem Muster der sullanischen Dictatur verdoppelt. Als Amtssitz dient dem Kaiser wie dem Consul der curulische Sessel; nur kommt ihm, wenn er mit den Consuln zusammen öffentlich erscheint, der Mittelplatz zu. Unter den dem Princeps eigenthümlichen Ehrenrechten verdienen Erwähnung die Führung des Loorbeerkranzes und die Bezeichnung der Münzen mit seinem Bilde, welche beide von dem Dictator Caesar auf die Kaiser übergegangen sind. Neben diesen dem bürgerlichen Regiment angehörigen Auszeichnungen führt der Kaiser auch die feldherrlichen, insbesondere den Degen und die rothe Feldherrnschärpe. Insofern das Commando dem provinzialen Amtkreis angehört, sind diese Insignien in Rom und Italien nicht am Platz; da aber der Kaiser daselbst von seiner Garde umgeben und sein Commando nicht unbedingt auf die Provinzen beschränkt ist, so macht mehr und mehr auch hier der Offizier sich geltend und namentlich in der sinkenden Kaiserzeit wird die bürgerliche Amtstracht durch jenen Feldherrnpurpur in den Hintergrund gedrängt. Die Behandlung der Eponymie ist charakteristisch für die unvollkommene Durchführung der monarchischen Idee in dem römischen Principat. Eine Zählung der Regierungsjahre ist in Anknüpfung an die tribunicische Gewalt schon unter Augustus eingetreten, aber der Muth sie an die Stelle der consularischen zu setzen hat ihm wie seinen Nachfolgern versagt. Mitgewirkt hat dabei zunächst der dem Principat anhaftende Mangel der rechtlichen Continuität und der dadurch herbeigeführte mit dem Wechsel der Regenten wechselnde Jahranfang; aber auch nachdem unter Nerva und Traianus die römischen Regierungsjahre an dem für den Amtsantritt der Tribune bestimmten 10. Dec. (S. 133) ein festes Neujahr erhalten hatten und sie so gut wie die ägyptischen Königsjahre zur Jahrbezeichnung verwendet werden konnten, hat dennoch die schwerfällige Jahrbezeichnung nach den Consuln des 1. Januar, so zu sagen der rechtliche Ausdruck des formalen Fortbestehens der Republik, sich die ganze Kaiserzeit hindurch im Reichsgebrauch behauptet und nur in den ehemaligen Staaten der Seleukiden und der Lagiden die provinziale Jahrbezeichnung sich an deren kaiserliche Nachfolger angeschlossen. Das tribunicische Kaiserjahr bleibt im praktischen Gebrauch beschränkt auf die Kaisertitulatur.

Die dem Principat beigelegte Amtsgewalt ist, wie dies schon mehrfach hervorgehoben worden ist, theils militärisches Commando, theils eine bürgerliche Machtstellung, wozu allerdings noch zahlreiche aus dem Begriff des Imperium nicht zu entwickelnde und auch mit der tribunicischen Gewalt wahrscheinlich nur äusserlich verknüpfte Befugnisse hinzutreten. Indem für das Eingreifen des Principats in die einzelnen Zweige des Regiments auf das folgende Buch verwiesen wird, sollen hier die Grundlagen jener Doppelcompetenz zusammengefasst werden.

Das kaiserliche Imperium ist organisch entwickelt aus der republikanischen Statthalterschaft, wie es denn auch mit deren Titulatur als proconsularische Gewalt bezeichnet zu werden pflegt. Die Collegialität ist bei der Statthalterschaft der Republik principiell ausgeschlossen; die Annuität hat bei ihr in Folge des Gebrauchs und des Missbrauchs der Prorogation nur unvollkommen functionirt. Die langjährigen mehrere Provinzen gleichzeitig umfassenden und den Statthalter von dem Verweilen in seinem Sprengel mehr oder minder dispensirenden Provinzialcommandos der letzten republikanischen Decennien und mehr noch die derselben Epoche angehörigen das gesammte Mittelmeergebiet umfassenden ausserordentlichen Militärcommandos gegen die Piraterie mit ihrem Hülfsbeamten magistratischer Qualification (S. 120. 146) stehen bereits dem kaiserlichen Imperium bei weitem näher als demjenigen des ursprünglichen Prätors von Sicilien. Insofern ist das kaiserliche Imperium, obwohl aus der Statthalterschaft der Republik hervorgegangen, doch in seiner Ausgestaltung eine Neubildung. Abgesehen von der Perpetuität des Amtes und der bei dieser seiner Form selbstverständlichen örtlichen Befreiung von der Vorschrift, dass der Inhaber des Imperium, um es auszuüben, sich innerhalb seines Sprengels befinden muss, ist dasselbe qualitativ nach drei Richtungen hin gesteigert: durch die Erstreckung auf das gesammte ausseritalische Gebiet *(imperium infinitum)*, während das republikanische Imperium durchaus örtlich begrenzt ist; durch die Ueberlegenheit über jedes andere Imperium bei eintretender Collision *(imperium maius)*, während unter den ordentlichen Imperien der späteren Republik in Folge ihrer Begrenzung die Collision principiell ausgeschlossen war; durch den ausschliesslichen Besitz eigener Truppen, indem sämmtliche Reichstruppen auf den Namen des Princeps vereidigt sind, während in republikanischer Zeit jeder Statthalter sein eigenes Heer hat oder doch haben kann. Die Schranke, dass Rom und Italien dem militärischen Imperium nicht unterliegen, ist für das kaiserliche Imperium ebenfalls massgebend und auch praktisch von grossem Einfluss geblieben, wenn gleich sie dadurch eingeengt wird, dass der regelmässig in Rom verweilende Princeps nicht ohne Leibwache und Italien bei seiner Lage nicht ohne Kriegshäfen bleiben konnte. Aber von der Garde und den beiden Flotten abgesehen, ist Italien bis zum Anfang des 3. Jahrh. n. Chr. nicht mit Truppen belegt worden. Formelle Ausschliesslichkeit kommt der kaiserlichen allgemeinen proconsularischen Gewalt nicht zu; vielmehr bleibt das Commando einem jeden der Proconsuln in seinem Bezirke. Aber da der Proconsul nicht bloss ein schwächeres Imperium hat als der Kaiser, sondern auch die eigenen Truppen ihm fehlen und er für sein militärisches Imperium auf geliehene kaiserliche Soldaten angewiesen ist, ist dies specielle Imperium von Haus aus ohne Bedeutung und wird sehr bald ein leerer Name. — Dabei hat noch eine andere Steigerung der kaiserlichen Befugnisse wesentlich eingegriffen. Nach der ursprünglichen augustischen Ordnung sollten sämmtliche Reichsprovinzen für Jurisdiction und Administration dem Senat und den aus der Consuln- und Prätorenwahl hervorgehenden Statthaltern unterstellt werden, während die in denselben stationirten Truppen dem Princeps unterstanden. Bis weiter indess behielt der Kaiser mehrere derselben in eigener Verwaltung und dieses Provisorium wurde nicht bloss zum Definitivum, sondern es wurde in kurzer Zeit durch Vertauschungen und andere Manipulationen bewirkt, dass alle mit Truppen belegten Provinzen auch unter unmittelbare kaiserliche Verwaltung traten, womit jenes formale Doppelcommando des Kaisers und des Proconsuls beseitigt war und das kaiserliche Commando zu voller Ausschliesslichkeit gelangte. Wie weit aber auch die Befugnisse desselben sich erstreckten, muss dasselbe dennoch, namentlich mit

Rücksicht auf die Ausnahmestellung Italiens, als ein gesetzlich begrenztes bezeichnet werden und es ist wesentlich schwächer als dasjenige, welches aus Caesars Dictatur sich hätte entwickeln müssen.

Auch die tribunicische Gewalt des Kaisers knüpft wohl an an den republikanischen Volkstribunat, ist aber wie titular so auch qualitativ eine neue zuerst dem Dictator Caesar und sodann dem Augustus und seinen Nachfolgern durch Volksschluss übertragene Befugniss. Die zeitlichen, örtlichen und collegialischen Schranken, welche dem Volkstribun gesetzt sind, fallen bei ihr ebenso hinweg wie der Ausschluss des Patriciers und ihr Inhaber muss bei Collision mit dem Volkstribun diesem überlegen gewesen sein. Sie eignete sich zum Ausdruck der neuen bürgerlichen Obergewalt theils durch die dem Volkstribunat anhaftende eminente und demokratisch geheiligte Unverletzlichkeit, theils durch die ideale Aufgabe des Volkstribuns ohne unmittelbare und stetige Amtsthätigkeit als ständiger Beschützer der Verfassung der Gemeinde sowohl wie der Rechte des einzelnen Bürgers überall als höchstes Correctiv, gewissermassen als verfassungsmässige Ausnahmegewalt einzugreifen. Von den ausser dem Recht der Intercession darin enthaltenen oberamtlichen Befugnissen kam für den Princeps nur etwa die der Verhandlung mit der Plebs und dem Senat in Betracht. Aber es ist schon darauf hingewiesen worden (S. 153), dass was unter dem Namen der tribunicischen Gewalt dem Princeps übertragen ward, durch die dem Vollmachtsgesetz einverleibten Specialclauseln weit hinausging über die aus dem alten Tribunat herzuleitenden Rechte. Erwiesenermassen ist das Recht des Princeps Krieg, Frieden und Vertrag zu schliessen auf diesem Wege legalisirt worden und dasselbe gilt wahrscheinlich von der obersten Criminal- und Civiljudication und von zahlreichen anderen Befugnissen, wobei die Regel, dass jede einem Princeps als solchem übertragene Befugniss für alle Nachfolger in Kraft bleibt, wohl schon früh zur Geltung gekommen ist. In dieser Uebersicht kann auf dergleichen Festsetzungen nicht weiter eingegangen werden; die wichtigeren derselben werden ihren Platz im folgenden Buch finden.

Wichtiger in diesem Zusammenhang als die Aufzählung einzelner positiver Befugnisse des Kaisers ist der Hinweis darauf, dass die Gemeinde ihre souveränen Rechte, namentlich die Beamtenernennung und die Gesetzgebung keineswegs verloren, sondern der Kaiser nur in rechtlich festen Grenzen in dieselben eingegriffen hat. Die Beamtenernennung ist unter dem Principat principiell von der Bürgerschaft oder dem derzeitigen Repräsentanten derselben, dem Senat vollzogen worden, so weit nicht specielle Ausnahmen gemacht worden sind (Buch 5 Abschn. 5). In gleicher Weise wird die allgemeine Gesetzgebung von den Comitien und späterhin von dem Senat gehandhabt. Auch die Privilegienertheilung steht von Rechtswegen bei dem Senat; in diese freilich haben die Kaiser seit dem letzten Flavier vielfach eingegriffen und dieselbe mehr und mehr an sich gezogen. Nur die Mitwirkung des

Senats und der Comitien bei Kriegserklärung und Staatsvertrag nahm mit dem Principat ein Ende, und weiter wird diejenige Gesetzgebung, welche die Comitien der Republik einzelnen Beamten zu delegiren pflegten, insbesondere die Ertheilung des Bürgerrechts und des Stadtrechts, jetzt allgemein und ausschliesslich vom Princeps geübt.

Es bleibt noch übrig die neben dem Principat erscheinende ungleiche Collegialität, die der kaiserlichen analoge, aber nachstehende Amtsstellung, die Mitherrschaft, so wie die gleiche Collegialität im Principat, die Sammtherrschaft zu erörtern.

Die ungleiche Collegialität im Principat, die Mitherrschaft, wie wir sie in Ermangelung einer allgemeinen Benennung bezeichnen, ist mit ihm zugleich aufgetreten, trägt aber noch in stärkerem Sinne als der Principat selbst den Charakter der ausserordentlichen Magistratur, insofern ihr Eintreten von den jeweiligen Verhältnissen abhängt und ihr Fehlen nicht als Vacanz erscheint. Es fehlt ihr auch an einer allgemein gültigen Norm; sie besteht in der Beilegung einer der beiden wesentlichen Bestandtheile der Kaisergewalt, der proconsularischen oder der tribunicischen oder auch beider vereinigt, aber unter allen Umständen mit Unterordnung unter den Princeps, wobei überdies die mit jenen Attributionen verbundene Competenz allem Anschein nach in jedem einzelnen Fall specieller Normirung unterlegen hat. Die Herbeiführung einer solchen Stellung und die Festsetzung der ihr zuzutheilenden Befugnisse hängt der Sache nach selbstverständlich von dem Willen des Princeps ab; formell scheint bei der proconsularischen Gewalt, da das Imperium selbst dafür keine Handhabe bietet, der souveräne Senat den Kaiser zu deren Ertheilung bevollmächtigt zu haben, während die tribunicische Gewalt des Kaisers vermuthlich mit dem verschollenen tribunicischen Cooptationsrecht ausgestattet ward. Die bei dem Principat ausgeschlossene zeitliche Begrenzung ist hier vorgekommen sowohl für den Anfang der secundären Gewalt in der Form der Designation wie für ihre Beendigung in der Verleihung auf Zeit. Die zum Wesen des Principats gehörige Verbindung der beiden Gewalten ist hier facultativ: bis auf Severus werden sie regelmäßig gesondert verliehen und zwar in der Weise, dass das proconsularische Imperium als das geringere gilt und gewöhnlich die Vorstufe bildet für die Verleihung der secundären tribunicischen Gewalt. Von da an scheint das proconsularische Imperium für sich allein nicht mehr vergeben worden zu sein; die Nebenherrscher des dritten Jahrhunderts treten durchaus auf als Inhaber der tribunicischen die proconsularische anscheinend einschliessenden Gewalt. Dem Inhalte nach haben diese secundären Stellungen mit der des Princips wohl die Beseitigung der Annuität und die Erstreckung auf das gesammte Reichsgebiet gemein und scheiden sich insofern principiell von der gewöhnlichen Magistratur; der Inhaber der secundären proconsularischen Gewalt hat eigenes Commando, derjenige der tribunicischen das Recht den Senat zu berufen.

Aber wie beiden weder der Principat noch der Augustusname zukommt und selbst die Benennung Imperator ihnen nur in einzelnen Fällen beigelegt worden ist, haben sie auch an den eigentlichen Kaiserrechten keinen Antheil. Eigene Truppen hat ein solcher Nebenherrscher so wenig wie der senatorische Proconsul; in den kaiserlichen Erlassen wird er in der besseren Kaiserzeit nicht mit genannt; an der Verwaltung der kaiserlichen Provinzen, an der Ernennung der kaiserlichen Beamten, an der Gerichtsbarkeit, an Kriegführung und Friedensschluss hat er von Rechtswegen keinen Antheil. Freilich kann mit dieser Stellung ein wirklicher Antheil an dem Reichsregiment verbunden sein; in dieser Gestalt ist die Institution zuerst bei Augustus und Agrippa ins Leben getreten und auch im dritten Jahrh. n. Chr. ist sie zuweilen in gleicher Weise verwendet worden. Aber dazu genügt die Stellung selbst keineswegs, sondern es müssen die besonderen Mandate hinzutreten. In der That ist bereits seit der späteren Zeit des Augustus der politische Zweck dieser Institution vielmehr die möglichste Sicherung der Nachfolge durch Creirung eines nominellen obersten Herrschaftsgehülfen und Herrschaftsgenossen. Darum nehmen diese Nebenherrscher thatsächlich überwiegend die Stellung machtloser Kronprinzen ein und die der Institution des Principats an sich fremde dynastische Tendenz gelangt vorzugsweise in dieser secundären Herrschergewalt zum Ausdruck. Allerdings war eine derartige Creirung nicht mehr als eine Anwartschaft, genau genommen die formelle Aeusserung des derzeitigen Herrschers über die von ihm gewünschte Nachfolge und es ist schon darauf hingewiesen worden, dass bei Erledigung der Herrschaft der nominelle Mitregent keineswegs von Rechtswegen succedirt. Thatsächlich indess ist die Uebertragung des Principats in der Regel durch diesen vorbereitenden Act bestimmt worden.

Wenn die ungleiche Collegialität, wie sie eben dargelegt worden ist, dem Wesen der Monarchie keinen Abbruch thut, so läuft dagegen die gleiche Collegialität, obwohl sie formell bei dem Principat ebenso herbeigeführt werden kann wie einstmals bei dem Königthum und bei der Dictatur, dem Wesen desselben zuwider. Eingetreten ist dieselbe, obwohl schon Augustus sie ins Auge gefaßt zu haben scheint, erst im J. 161, indem damals nach Pius Tode der von diesem in Aussicht genommene Nachfolger Marcus die Regierung übernahm unter Beigesellung des Bruders zu gleicher Machtbefugniss, weiter einige Jahre später derselbe nach des Bruders frühem Tode seinem unmündigen Sohn die gleiche Stellung übertrug. Ueberwiegend in der letzteren Gestalt, wo der eine der beiden Sammtherrscher durch seine Jugend vom wirklichen Antheil am Regiment ausgeschlossen, ihm aber für den Fall der Erledigung der Thron formell gesichert ist, ist die Institution in vordiocletianischer Zeit zur Anwendung gekommen und hat insoweit nach beiden Seiten hin ihren Zweck erfüllt, die Einheitlichkeit des Regiments nicht aufgehoben und den Regierungswechsel geordnet. Aber dass bei ernstlicher Gleichheit der

Herrscher die Sammtherrschaft entweder zum Bürgerkrieg oder zur Reichstheilung führt, erwies schon die Katastrophe nach Severus Tode, und in der nachdiocletianischen Epoche ist die Auflösung des Römerreichs zunächst durch das effectiv gleiche Sammtregiment herbeigeführt worden.

12. Die kaiserlichen Unterbeamten und Hausverwalter

Die repbulikanische Magistratur bleibt principiell auch unter dem Kaiser in Function: das kaiserliche Rom wird verwaltet von seinen Consuln, Prätoren und Aedilen, das kaiserliche Italien von seinen Municipalitäten, ein beträchtlicher Theil der Provinzen auch in der Kaiserzeit von den Proconsuln und ihren Quästoren und die Oberleitung bleibt in allen diesen Kreisen dem Senat. Thatsächlich aber macht das Eingreifen des neuen Staatsoberhaupts nach allen Seiten hin sich geltend, theils durch seine persönliche Thätigkeit, theils durch diejenige seiner Gehülfen und Diener.

Dem persönlichen Handlungskreis des Herrschers gehören an die kaiserliche Reichsfeldherrnthätigkeit, der kaiserliche Vorsitz im Senat, das Kaisergericht, die kaiserliche legislatorische Initiative, die kaiserlichen Constitutinen. Diese kaiserlichen Regierungshandlungen treten nach aussen hin als personale auf und die dabei verwendete Hülfsthätigkeit entzieht sich der Darstellung. Die beiden dem Kaiser wie dem Consul dieser Epoche beigegebenen Quästoren *(quaestores Augusti)* haben wohl gleichsam als Civiladjutanten ihn bei seiner hauptstädtischen Amtsthätigkeit unterstützt, aber eine feste Competenz lässt auch für sie sich nicht erweisen. Die alte römische Sitte vor wichtigen Entscheidungen geeignete Berather zu berufen und deren Meinung zu hören (S. 120) ist für politische Fragen wohl vorübergehend unter besonderen Verhältnissen zur Anwendung gekommen, aber als feste Einrichtung hat ein politischer Staatsrath nicht bestanden. Nur für das Kaisergericht und auch hier erst seit Hadrian ist ein festes Consilium gebildet worden, in welches angesehene Männer und insbesondere namhafte Rechtsgelehrte berufen wurden, um unter dem Vorsitz des Kaisers oder eines Vertreters desselben die an diese höchste Stelle gelangenden Rechtssachen zu behandeln. Dagegen ist das mittelbare kaiserliche Regiment, die von den Gehülfen und Dienern des Princeps ausgeübte öffentliche Thätigkeit hier eingehender zu entwickeln.

Die kaiserlichen Unterbeamten sind theils Gehülfen bei dem Commando, der Verwaltung und der Jurisdiction, theils Hausdiener. Die der ersten Kategorie werden durchaus den beiden privilegirten Ständen entnommen und auch innerhalb derselben ist die Qualification fest abgegrenzt, wodurch das kaiserliche Recht der Gehülfenbestellung in energischer Weise gebunden und insbesondere das Senatsregiment weniger beschränkt wird als durchgeführt.

In der hauptstädtischen Verwaltung haben Nichtsenatoren, von den bei der kaiserlichen Leibgarde und bei der städtischen Löschmannschaft fungirenden Offizieren und von dem mit der Beschaffung des für die Hauptstadt erforderlichen Getreides betrauten Finanzbeamten abgesehen, amtliche Thätigkeit unter dem Principat nicht ausgeübt. Die neuen für hauptstädtische Geschäfte vom Kaiser ernannten Beamten werden durchgängig aus dem Senat ausgewählt und auch die ihnen zugegebenen Subalternen nicht dem kaiserlichen Gesinde entnommen, sondern nach dem republikanischen Muster geordnet. Die Reichskasse blieb zunächst unter der Verwaltung der republikanischen Magistrate; erst Nero nahm sie diesen ab und stellte sie unter eine Vorsteherschaft kaiserlicher Ernennung. Augustus war allerdings damit schon insofern vorangegangen, als er bei Einführung neuer Steuern eine zweite Reichshauptkasse *(aerarium militare)* mit kaiserlicher Vorstandschaft eingerichtet hatte. Es wird darauf bei dem Finanzwesen (Buch 4 Abschn. 5) zurückzukommen sein.

Das Verpflegungswesen der Hauptstadt nahm Augustus, insoweit es sich dabei um die Beschaffung der Vorräthe handelte, wie so eben gesagt ward, auf seine Hauskasse und entzog sie damit der senatorischen Verwaltung. Aber die Vertheilung des Getreides wurde durch eine nach den republikanischen Regeln bestellte und geordnete Magistratur beschafft.

Das städtische Bauwesen und die Fürsorge für die italischen Landstrassen, beide seit dem Verfall der Censur verwaist, wurden den Curatoren für die städtischen Gebäude, für die städtischen Wasserleitungen, für die städtischen Kloaken und den Tiberstrom, für die italischen Landstrassen, neuen senatorischen Specialämtern kaiserlicher Besetzung angewiesen.

Von wesentlicher auch politischer Wichtigkeit ist die durch Tiberius unter dem Namen der verschollenen Stadtpräfectur ins Werk gesetzte Einrichtung eines hauptstädtischen Polizeidirectors, welcher mehr und mehr auch die Criminalsachen in der Hauptstadt in die Hand bekam und allmählich überhaupt an die Spitze der hauptstädtischen Verwaltung gelangte. Diese Institution nahm, obwohl der Präfect selbst nicht Offizier war, dadurch einen militärischen Charakter an, dass ihm eine ansehnliche Truppe von etwa 5000 Mann zur Verfügung gestellt ward.

Bei weitem weniger als in die hauptstädtische hat der Principat in die Selbstverwaltung der italischen Städte eingegriffen. Das neue Amt für die italischen Landstrassen kam mit diesen nur äusserlich in Berührung. Erst seit der traianischen Zeit begegnen, ohne Zweifel durch die bei jener Selbstverwaltung eingerissenen finanziellen Missstände herbeigeführt, Aufsichtsbeamte über die Vermögensverwaltung einzelner italischer Städte, vom Kaiser theils dem Senat, theils der Ritterschaft entnommen.

Wenn in Rom und Italien der Kaiser nicht kraft seiner militärischen Gewalt schaltete, so ruht dagegen sein Antheil am Provinzialregiment durchaus auf dem Imperium oder der proconsularischen Gewalt, und seine Gehülfen in diesem Bereich sind, in scharfem Gegensatz zu den italischen, durchgängig Offiziere. Dieselben zerfallen in drei Klassen: die kaiserlichen Adjutanten *(legati Augusti)* senatorischen Standes mit magistratischer Qualität *(pro praetore)*, die nicht magistratischen Adjutanten desselben Standes *(legati)* und die Offiziere von Ritterrang, die *tribuni* und *praefecti*. Dass ihnen allen eigenes Commando fehlt, kommt in der im Gebrauch unserer Adjutantur entsprechenden Bezeichnung *legatus* bei den höheren Kategorien zum Ausdruck. Im Wesentlichen ist diese Ordnung der Militärhierarchie der Republik entlehnt, in welcher der *legatus* der dem Feldherrn beigegebene und schon damals häufig, wie in der Kaiserzeit durchaus, als Corpschef functionirende Senator ist, der *tribunus* und der *praefectus* entweder ein Sammtcommando bei der Legion oder das Einzelcommando einer kleinen Truppe führt.

Die den Senatoren vorbehaltene magistratische Adjutantur oder nach römischer Bezeichnung die *legati pro praetore*, πρεσβευταὶ καὶ ἀντιστράτηγοι, welche nach dem Muster der dem Pompeius für den Piratenkrieg gewährten Ausstattung (S. 120) dem Kaiser beigegeben sind, stehen zu der republikanischen Ordnung in schärferem Gegensatz als irgend eine andere dem Principat angehörige Institution, weil damit der Kaiser in die Creirung der Magistratur eingreift und statt der Comitien das Imperium verleiht. Insofern ist es bemerkenswerth, dass in der ursprünglichen Gestaltung des Principats diese Kategorie bezeichnet wurde als künftig wegfallend; wenn Augustus seiner Verheissung entsprechend die vorläufig in seiner Verwaltung verbliebenen Provinzen bei Eintritt des vorgesehenen Termins dem Senat zurückgegeben hätte, so wären damit diese Beamten ausser Function getreten. Dazu aber ist es nicht gekommen und seit Tiberius erscheinen diese vom Kaiser besetzten Statthalterschaften als definitive Reichsinstitution. Der Competenz nach kommt einem solchen Statthalter in Commando, Rechtspflege und Verwaltung volles Statthalterrecht zu und die höheren unter diesen Statthalterschaften, die von Germanien, Syrien, Pannonien, Britannien werden, obwohl die Inhaber bloss proprätorischen Rang haben und im Gegensatz zu den sechs Lictoren führenden senatorischen Proconsuln nur fünf Fasces führen, ausschliesslich mit Consularen besetzt, die geringeren wenigstens nicht anders als nach der Prätur verwaltet. Thatsächlich bilden jene jetzt die höchsten Staffeln der militärisch-politischen Laufbahn. Die stärksten römischen Heere, in der früheren Kaiserzeit bis zu vier Legionen oder etwa 40 000 Mann, seit Severus allerdings nur bis zu der halben Stärke, stehen unter ihrem Commando und wenn der Princeps nicht, wie er allerdings eigentlich soll, selber als Reichsfeldherr functionirt, so pflegen grössere Reichskriege, so weit nöthig mit Erweiterung der Competenz, einem solchen General übertragen zu werden.

Ebenfalls senatorische, aber nicht mit magistratischer Befugniss ausgestattete Offiziere sind die kaiserlichen Corpschefs, die *legati legionis*, regelmässig Prätorier. Die Reichsarmee ist in der Hauptsache in Corps von durchgängig 10 000 Mann Stärke eingetheilt, von denen die Hälfte auf die Bürgerlegion fällt, die andere Hälfte aus den übrigen Reichangehörigen gebildet wird. Jurisdiction und Provinzialverwaltung haben sie nur dann, wenn eine Provinz mit einer einzigen Legion belegt ist, was in früherer Zeit vermieden wird; wo mehrere Legionen in derselben Provinz stationirt sind, sind deren Legaten dem proprätorischen der ganzen Provinz unterstellt und wie sie sich bei der Truppe befinden, sind sie zunächst für das Commando bestimmt, obwohl sie nach Auftrag des vorgesetzten Legaten auch für andere Geschäfte verwendet werden können. In einzelnen kaiserlichen Provinzen erscheinen auch Legaten gleichen Ranges und gleicher Unterordnung unter den der Provinz überhaupt vorgesetzten für die Handhabung der Rechtspflege *(legati iurdici)* oder, jedoch nicht ständig, für Revision der Einschätzungen *(legati censibus accipiendis)*. Es ist bezeichnend für den militärischen Charakter des kaiserlichen Provinzialregiments, dass auch diese Civilmandatare den Adjutantentitel führen.

Gegenüber diesen beiden Kategorien, welche etwa unserer Generalität verglichen werden können, stehen die Offiziere von Ritterrang, die sechs Tribune der Legion und die Tribune oder Präfecten der Auxilien, durchgängig als Einzelführer Abtheilungen 500 bis 1000 Mann vorgesetzt. Der Plebejer dieser Epoche (S. 39) darf als solcher ein derartiges Commando nicht führen, obwohl der Kaiser ihn durch Verleihung des Ritterpferdes jederzeit dazu qualificiren kann; ebenso ausgeschlossen von diesen Stellungen ist der Senator, obwohl der junge Mann senatorischen Standes, bevor er in den Senat eintritt, regelmässig derartigen Offiziersdienst thut. Der Regel nach sind diese Offiziere von Ritterrang den Offizieren senatorischen Ranges untergeordnet. Aber es werden hiervon Ausnahmen gemacht, die insofern von politischer Wichtigkeit sind, als darin die Tendenz zu Tage tritt die militärischen Vertrauensstellungen dem senatorischen Commando zu entziehen und sie vielmehr mit Männern von Ritterstand zu besetzen. Es gilt dies zunächst von der in Rom stehenden Leibgarde ungefähr von der Stärke eines legionaren Corps: diese wurde nicht als Legion formirt, sondern es standen die Tribune ihrer Abtheilungen anfangs unmittelbar unter dem Kaiser, seit den späteren Jahren Augusts aber unter dem Sammtcommando zweier rechtlich gleich gestellter Offiziere von Ritterrang, der *praefecti praetorio*. Ungefähr gleichzeitig wurde die militärisch reorganisirte Löschmannschaft der Hauptstadt einem auch dem Ritterstand entnommenen Befehlshaber *(praefectus vigilum)* unterstellt. Die Kriegsflotten in den beiden italischen Meeren wurden gleichfalls Offizieren von Ritterrang überwiesen. Wenn also, so weit in Italien überhaupt militärische Stellungen sich befanden, bei keiner derselben ein Mann senatorischen Ranges verwendet ward, so ist bei einer Reihe von Königreichen und Fürstenthümern, die unter dem Principat zum Reiche kamen, dasselbe geschehen und sind sowohl in Aegypten, welches kein Senator auch nur betreten durfte, wie auch in Noricum und den sonstigen zunächst an die Alpen grenzenden Landschaften die Mitglieder des an dem Reichsregiment betheiligten Senats von der Statthalterschaft ausgeschlossen worden. Selbstverständlich ist die finanzielle oder militärische Wichtigkeit dieser Gebiete dabei bestimmend gewesen; staatsrechtlich wurde dies Verfahren dadurch legalisirt, dass sie angesehen wurden als nicht eigentlich oder wenigstens nicht sofort mit dem römischen Imperium vereinigt, sondern, gewissermassen durch dynastische Succession der römischen Herrscher, in einer Art Personalunion mit demselben verknüpft. In diesen ehemaligen Königreichen und Fürstenthümern wurden die Befugnisse der Statthalterschaft an die weiterhin zu erwähnenden kaiserlichen Obersteuereinnehmer von Ritterrang gegeben und, so weit diese Statthalterschaften mit Truppen belegt waren, diese demselben unterstellt, in Aegypten, das mit Legionen besetzt ward, sogar diese selbst so wie ihre hier ebenfalls dem Ritterstand entnommenen Corpschefs. Durch diese zahlreichen und wichtigen Ausnahmen wurde die den augustischen Ordnungen zu Grunde liegende Regel, dass das Militärcommando in höherer Instanz dem Senator zukommt, wesentlich eingeschränkt, bis dann im Lauf des dritten Jahrhunderts der Senat allmählich aus allen militärischen Stellungen ausgeschieden wird.

Wenn die bisher aufgeführten höheren kaiserlichen Gehülfen, obwohl nur ausnahmsweise magistratischen Rechts, doch sämmtlich als Organe der Magistratur angesehen werden dürfen, so ist auch der niedere Kreis der Hülfsthätigkeit bei dem kaiserlichen Regiment in ähnlichem Sinn geordnet. Insofern diejenige Form der Monarchie, welche als Gemeindevertretung gefasst und der Magistratur zugerechnet werden darf, sich dadurch charakterisirt, dass sie den personalen Dienst bei dem Herrscher von dem Staatsdienst scheidet, so besteht der Principat auch in den von ihm verwandten niederen Hülfsleuten die Probe und macht den rechten Gegensatz zu dem späteren Byzantinismus. Insbesondere macht sich dies im Heerwesen geltend und zwar in steigender Progression durch Ausstossung des in den Anfängen des Principats dabei verwandten Gesindes. Die aus unfreien Mannschaften überwiegend germanischer Herkunft gebildete für den unmittelbaren Dienst bestimmte berittene Palastwache der früheren Herrscher wird seit Traian ersetzt durch eine der Reiterei peregrinischen Rechts entnommene Elitegarde. Die Mannschaften der italischen Flotten, unter den julischen Herrschern kaiserliche Sclaven, finden wir schon unter Claudius umgewandelt in eigentliche Soldaten und aus den Flottenführern die kaiserlichen Freigelassenen verbannt und dieselben sämmtlich dem Ritterstand entnommen. Ebenso werden bei den kaiserlichen Statthaltern die Subalternen nicht genommen aus dem kaiserlichen Gesinde, sondern ohne Ausnahme abcommandirte Soldaten dafür verwendet. In steigendem Masse scheinen Hadrians Verwaltungsreformen dem Uebergreifen des Kaisergesindes entgegengewirkt zu haben; charakteristisch dafür ist es, dass er die bis dahin von dem Gesinde der Gemeinde auf das kaiserliche übergegangene Ehrenauszeichnung der Zweinamigkeit dem letzteren entzog und den Kaisersclaven anwies sich gleich dem des Privaten mit einem einzigen Namen zu nennen. Es tritt diese auf Zurückdrängung des Gesindes gerichtete Tendenz mit besonderer Schärfe hervor in der Behandlung der kaiserlichen Correspondenz. Der dabei erforderliche Beistand gehört nach der Ordnung des römischen Hauswesens zu den Gesindeleistungen und wird auch bei der kaiserlichen zunächst überwiegend in dieser Weise behandelt, wenn gleich auch Personen besseren Standes, wie unter Augustus der römische Ritter Q. Horatius Flaccus, dazu berufen werden konnten. Aber indem allmählich der Gegensatz der amtlichen und der privaten Correspondenz sich geltend macht, insbesondere die Briefe *(epistulae)* von den Eingaben *(libelli)* geschieden werden, tritt das kaiserliche Secretariat aus den personalen Dienstleistungen in die amtliche Hülfsthätigkeit über, und es bezeichnet einen entschiedenen Fortschritt, dass mit Hadrian aus diesen Gehülfenstellungen die Freigelassenen verschwinden und die kaiserlichen Kabinetssecretäre fortan fast ohne Ausnahme dem Ritterstand angehören. Wohl hat daneben unter Claudius wie unter Domitian namentlich in der unmittelbaren Umgebung des Kaisers das Bedientenregiment gewaltet, wie ja denn jede schwache und jede nichtswürdige Regierung durch dasselbe gekennzeichnet wird; aber im Grossen und Ganzen überwiegt die reformirende Tendenz, und es hat die ehrbare Ordnung in dieser Hinsicht sich einigermassen behauptet, bis mit der Uebersiedelung des Regiments nach dem griechischen Osten der kaiserliche Kammerdiener unter die hohen Staatsbeamten eintrat.

Es bleibt noch übrig die Hülfsthätigkeit bei der kaiserlichen Vermögensverwaltung in ihrer Eigenart zu charakterisiren. Zu Grunde liegt dabei einerseits die strenge Scheidung des Staats *(populus)* und des Herrschers *(Caesar, fiscus)*, welcher vermögensrechtlich durchaus als Privater behandelt wird, andererseits der vollständige Ausschluss jeder finanziellen Controlirung des Staatsoberhaupts durch eine andere staatliche Behörde, ähnlich wie dies zum Wesen der alten Dictatur gehört (S. 107). Dies hat dazu geführt, dass die gesammte öffentliche Vermögensverwaltung, so weit sie in Einnahme wie in Ausgabe dem Staatsoberhaupt zufällt, rechtlich behandelt wird als zum kaiserlichen Hauswesen gehörig, und da sowohl die bedeutendsten Ausgaben, insonderheit sämmtliche Aufwendungen für das Heer und für die Verpflegung der Hauptstadt, unter dieselbe fielen wie auch dem entsprechend die wichtigsten Einnahmen entweder an sich schon in die kaiserliche Kasse flossen, wie namentlich die ägyptischen, oder dem Kaiser für Deckung jener Ausgaben überwiesen werden mussten, so hat die kaiserliche Vermögensverwaltung, obwohl formell eine private, die der Gemeinde der Sache nach von Haus aus überwogen und im Laufe der Zeit die letztere immer mehr in den Hintergrund gedrängt. Nicht das Staatsregiment überhaupt, wohl aber das Finanzregiment bildet unter dem Principat thatsächlich einen Theil des kaiserlichen Hauswesens.

Wenn es hiemit ausgesprochen ist, dass bei den kaiserlichen Finanzen das Kaisergesinde nicht in der Weise principiell ausgeschlossen war, wie dies von der Hülfsthätigkeit bei dem Commando und den sonstigen formell öffentlichen Geschäften der Fall ist, so ist dennoch die Hülfsthätigkeit auch bei jenen keineswegs den unfreien und halbfreien Kaiserleuten ausgeliefert. Wie von den grossen Privathäusern dieser Epoche für die Vermögensverwaltung neben dem Gesinde der Geschäftsführer *(procurator)* verwendet wird und in diesen Stellungen zum Beispiel bei den kaiserlichen Damen selbst Männer von Ritterrang gefunden werden, so ist noch entschiedener die kaiserliche Vermögensverwaltung von Haus aus so geordnet worden, dass, da die Senatoren selbstverständlich bei derselben nicht betheiligt werden konnten, alle der öffentlichen Thätigkeit angehörigen Stellungen mit Männern vom Ritterstand besetzt wurden und insbesondere, so weit diese Verwaltung mit den Bürgern in Berührung kam, das Gesinde dabei nicht zum Vorschein kommen durfte. Bei der ungeheuren Ausdehnung der kaiserlichen Finanzverwaltung hat sich hieraus, in Verbindung mit den nach dem früher Bemerkten dem Ritterstand vorbehaltenen Offiziers- und Statthalterstellen, eine zweite Beamtenhierarchie entwickelt, die durch das geregelte Avancement und mehr noch durch die hohen damit verbundenen Gehalte der senatorischen Hierarchie ebenbürtig an die Seite trat und für das nicht militärische Kaiserregiment mehr in Betracht kommt als die dem Senat angehörige Beamtenschaft. Den ersten Platz in dieser Reihe behaupten die für die einzelnen Provinzen bestellten kaiserlichen Obersteuereinnehmer. Den Offizierstitel *praefectus* führten von denselben nur diejenigen, welche wie oben (S. 164) bemerkt, zugleich die Statthalterschaft versahen und auch bei diesen überwiegt späterhin, von Aegypten abgesehen, die Geschäftsführertitulatur. Der neben dem Statthalter in jeder Provinz fungirende Obersteuereinnehmer, welcher sich als kaiserlicher Geschäftsführer *(procurator Augusti)* bezeichnen darf, wird, obwohl er nicht Offizier ist und keine eigene Truppe hat, doch insofern als Offizier behandelt, als regelmässig Soldaten zum Dienst bei ihm abcommandirt werden, und er gilt thatsächlich in der Provinz als der Zweithöchste, wie er denn auch bei Vacanz des senatorischen oder des kaiserlichen Vertreters interimistisch die Geschäfte zu führen pflegt. Von den sonstigen Finanzbeamten führt den Offizierstitel nur der Verwalter der hauptstädtischen Zufuhr *(praefectus annonae)*; die übrigen Aemter sind durchgängig niederen Ranges und gehen in absteigender Folge über in die Stellungen der kaiserlichen Freigelassenen und Sclaven. Aber auch in diesem Kreise macht das Bestreben die der Sache nach amtliche Thätigkeit dem Gesinde zu entziehen in steigender Intensität sich geltend. Die Verwaltung der kaiserlichen Centralkasse in Rom, in welche die gesammte kaiserliche Finanzwirthschaft rechnungsmässig ausgelaufen sein und die einigermassen den heutigen Finanzministerien entsprochen haben muss, liegt in der claudischen Zeit in der Hand eines dem Kaisergesinde angehörigen und rechtlich dem Kammerdiener gleichstehenden Rechnungsführers *(a rationibus)*, wobei die Oberaufsicht entweder des Kaisers persönlich oder eines von ihm bestellten amtlosen Specialmandatars vorauszusetzen ist, im zweiten Jahrhundert dagegen in den Händen des kaiserlichen Geschäftsführers für das Rechnungswesen *(procurator Augusti a rationibus)*, eines angesehenen römischen Ritters.

Wenige Seiten der Ordnungen des Principats verdienen so uneingeschränkte Anerkennung wie die weise geordnete und folgerichtig festgehaltene Selbstbeschränkung hinsichtlich der Auswahl der Unterbeamten und der Gehülfen bei der Durchführung der umfassenden dem Staatsoberhaupt zugetheilten Competenz. Wir haben wenigstens in den Grundlinien dargelegt, wie die rechtlich freie Auswahl gebunden ward durch nicht verbriefte, aber im Wesentlichen eingehaltene Qualificationsnormen; wie auch in den Gebieten, welche von Rechtswegen nicht staatlicher, sondern hauswirthschaftlicher Behandlung unterliegen, die unter den bestehenden Verhältnissen unvermeidliche Mitwirkung des halbfreien oder unfreien kaiserlichen Gesindes von Haus aus in feste Grenzen gewiesen und im Laufe der Jahrhunderte mehr und mehr eingeschränkt worden ist. Wesentlich auf diesem Wege ist unter dem Principat die Mitherrschaft des Senats und die Vorherrschaft der höheren Stände aufrecht erhalten und die alte Aristokratie mit der neuen Monarchie zu einem Gesammtbau vereinigt worden, dessen innere Festigkeit und äussere Dauer der republikanischen Weltherrschaft ebenbürtig zur Seite steht.

Viertes Buch

DIE EINZELNEN AMTSFUNCTIONEN

Nachdem im vorigen Buch die römischen Magistraturen in ihrer geschichtlichen Besonderheit ihren Hauptzügen nach entwickelt worden sind, sollen in diesem in sachlicher Zusammenfassung die einzelnen Amtsfunctionen dargestellt werden, in welche dieselben nach wesentlich nicht sachlich, sondern historisch bedingten, häufig geradezu zufälligen Normen sich theilen. Ausgeschlossen sind dabei diejenigen magistratischen Befugnisse, welche zweckmässig in anderer Verbindung behandelt werden, insbesondere das Recht der Bestellung von Nachfolgern, Gehülfen und Stellvertretern, welches im zweiten, und das Recht mit der Bürgerschaft Gesetzte und mit dem Senat Beschlüsse zu vereinbaren, welches im fünften Buch seine Stelle findet. Zur Darstellung kommt hier die magistratische Betheiligung am Sacralwesen (Abschn. 1); das Zwangs- und Strafrecht (Abschn. 2); die Rechtspflege im Privatprozess (Abschn. 3); die Heerbildung und der Heerbefehl (Abschn. 4); die Verwaltung des Gemeindevermögens und der Gemeindekasse (Abschn. 5); die Verwaltung Italiens und der Provinzen (Abschn. 6); die Behandlung der Beziehungen zum Ausland (Abschn. 7). Allerdings können diese Darlegungen im Rahmen des allgemeinen Staatsrechts den Gegenstand nirgends erschöpfen, sondern wesentlich nur bezeichnen, dass und wie die speciellen Ordnungen diesem sich einfügen.

1. Die sacralen Magistratsgeschäfte

Nachdem Magistratur und Priesterschaft sich von einander geschieden haben, liegen selbstfolglich die sacralen Geschäfte überwiegend bei den Priestern, deren sacrales Regiment bereits im zweiten Buch (S. 69 ff.) entwickelt worden ist. Indess ist die Verweltlichung der Magistratur keineswegs Ueberlieferung der staatlichen Götterverehrung an die Priesterschaft; es ist vielmehr das sacrale Regiment dieser in der Hauptsache entzogen. Für die weitere Darstellung werden die ordentlichen und ständigen ein für allemal angeordneten Sacralhandlungen und die nicht durch eine derartige Vorschrift gebotenen zu unterscheiden sein.

Nie hergebrachte oder dauernd neu hinzutretende Götterverehrung liegt nach Herkommen oder Festsetzung den Priestern ob, je nach dem Ritual Priestercollegien oder Einzelpriestern. Auch mit der Creirung der Priester, welche entweder durch collegialische Cooptation oder durch pontificale

Ernennung erfolgt, haben die Magistrate nichts zu schaffen so wie auch die Aufsichtführung über diese Verrichtungen vom sacralen Standpunct aus dem hiefür mit Coercition ausgestatteten Oberpontifex obliegt. Nur ausnahmsweise sind einzelne ständige Sacralacte bestimmten Magistraten aufgetragen, so das latinische Fest auf dem Albanerberg und das wenigstens factisch ständige bei Beginn des Amtsjahres für dessen glücklichen Verlauf den Göttern darzubringende Gelübde den Consuln, das Herculesopfer an der *ara maxima* dem Stadtprätor. Von staatsrechtlicher Wichtigkeit ist nur die schon erwähnte (S. 73) Ueberweisung der rechtlich den Sacralhandlungen zuzuzählenden ständigen Volksfeste der späteren Zeit an die Magistratur; sie ist wesentlich daraus hervorgegangen, dass deren Veranstaltung unter Zuschuss eigener Aufwendungen mehr und mehr als Wahlempfehlung behandelt ward, was sich auch deutlich darin zeigt, dass bei dem ansehnlichsten dieser Feste den schon zum Ziel gelangten Consuln der Vorsitz, den nach demselben strebenden curulischen Aedilen die Ausrichtung oblag. Ueberhaupt haben in der späteren Republik, abgesehen von den durch den Stadtprätor ausgerichteten apollinarischen Spielen, die vier Aedilen die Ausrichtung der Volksfeste beschafft; Augustus aber hat sie, wohl eben wegen des daran sich knüpfenden Ambitus, denselben entzogen und sie den Prätoren übertragen.

Aber eine wichtige und allgemeine Ausnahme macht die Mitwirkung der Götter bei dem einzelnen magistratischen Act. Sie tritt auf in zwiefacher Gestalt, entweder mit Initiative der Gottheit (*dirae*, auch *auguria oblativa*) oder als Antwort der Gottheit auf die Frage des Magistrats (*auspicia impetrativa*). In beiden Fällen kann die besonders für die Deutung der Götterzeichen bestellte Priesterschaft (*augures*) wohl um sachkundigen Rathschlag angegangen werden, aber das Zeichen oder die Antwort geht an den Magistrat und die Behandlung desselben liegt in seiner Hand.

Gegen jeden öffentlichen Act, wozu in diesem Fall auch die Acte der plebejischen Quasi-Magistrate gerechnet werden, kann die Gottheit Einspruch thun, das heisst dessen Unterlassung für den betreffenden Tag fordern, wogegen die Wiederaufnahme desselben an einem anderen dadurch nicht gehindert wird. Was der römischen Theologie als Warnungszeichen gilt, ist hier nicht zu erörtern; ein während der Volksversammlung sich entladendes Gewitter, Hinstürzen eines Epileptischen in derselben, Versprechen in der Gebetformel werden namhaft gemacht. Dabei ist es rechtlich gleichgültig, ob der den öffentlichen Act vollziehende Beamte das Zeichen selbst wahrgenommen hat oder durch Meldung (*nuntiatio*) eines der Anwesenden ihm davon Kunde wird. Es steht an sich im Ermessen des Magistrats, in wie weit er der Wahrnehmung Folge geben will oder nicht; indess wurde dies später dahin eingeschränkt, dass die Meldung berücksichtigt werden musste, wenn sie entweder von einem anderen, wenn auch niederen Magistrat kam, zum Beispiel dieser berichtete bei der Himmelsschau (*de caelo servare*) einen Blitz wahrgenommen zu haben, oder von einem bei dem Act anwesenden Augur. In der besseren Zeit der Republik, so lange diese Institution sich in ihren natürlichen Grenzen hielt, hat sie schwerlich wesentliche Bedeutung gehabt. In der uns allein bekannten Denaturirung der spätrepublikanischen Epoche, bei welcher neben üblem Herkommen auch dieses Herkommen sanctionirende und vielleicht erweiternde Volksschlüsse mitgewirkt haben und bei denen wesentlich der Zweck obwaltet, dem mit der magistratischen Initiative und der comitialen Allmacht getriebenen Missbrauch durch einen anderen formell noch grelleren Missbrauch zu steuern, wird die Realität der Wahrnehmung gänzlich ignorirt und läuft insbesondere die Nuntiation aus auf ein Einspruchsrecht gegen den Act, bis sie dann in den letzten Krisen der Republik allgemein untersagt ward.

Bei weitem wichtiger sind die magistratischen Auspicien, das heisst die Ordnung, dass der Magistrat der Gemeinde — nicht derjenige der Plebs — gehalten ist vor jedem wichtigeren öffentlichen Act durch entsprechende an die Gottheit gerichtete Frage sich ihrer Zustimmung zu der Vornahme desselben zu versichern. Dieser Act heisst die „Vogelschau" *(auspicia)*, die dabei zugezogenen Sachverständigen die „Vogelführer" *(augures)*, weil anfänglich diese Zeichen vornehmlich gefunden wurden durch Beobachtung der durch ein — auf dem Erdboden wie in der Luft mittelst gedachter Linien abgegrenztes — Schauquadrat *(templum)* fliegenden Vögel *(signa ex avibus)* oder durchlaufenden Thiere *(signa ex quadrupedibus)*. In historischer Zeit wurde diese Vögel- und Thierbeobachtung praktisch verdrängt durch gleichartige Betrachtung der Himmelszeichen *(signa caelestia)*, wobei unter Zuhülfenahme auch hier des bedenklichen Satzes, dass rechtlich nicht das Sehen gefordert werde, sondern die Behauptung gesehen zu haben, das überhaupt günstigste aller antwortender Zeichen, der aus heiterem Himmel von links nach rechts streichende Blitz, späterhin die Hauptrolle spielte. Diese drei Zeichenbeobachtungen, zusammengefasst als die „Schau" *(spectio)* dienen für die Götterbefragung im städtischen Amtkreis. Bei der gleichartigen Befragung im militärischen Gebiet tritt regelmässig dafür die Hühnerbeobachtung *(auspicia pullaria)* ein, indem dazu mitgeführten Hühnern Futter vorgeworfen und aus der Art des Fressens die Antwort der Gottheit erkundet wurde. In welcher Form die Götter die an sie gerichtete Frage verneinen, ist hier nicht weiter zu entwickeln; beispielsweise wird jedes die Schau störende Geräusch als Abmahnung betrachtet und es muss der Act abgebrochen, kann aber, wie bei der Warnung, an jedem folgenden Tage erneuert werden. — Unter den magistratischen Acten, für welche die Einholung der Auspicien gefordert wird, nehmen die schon erwähnten (S. 104) des Amtsantrittes den ersten Platz ein; sie sind zwar nicht für die Amtführung bedingend, sondern umgekehrt durch die Uebernahme des Amtes bedingt, wohl aber ist der Magistrat verpflichtet sich baldmöglichst des Wohlgefallens der Götter zu versichern und wie die Auspicien der Magistratur die religiöse Weihe geben, gilt auch das Recht sie zu nehmen als ihr legales Kriterium. Daher wiederholt sich in diesen Auspicien die Magistratur in allen ihren Eigenheiten so zu sagen in sacraler Spiegelung. Wie das Vollamt seinen Ausdruck findet in dem *auspicium imperiumque,* dem Recht die Götter zu befragen und den Bürgern zu befehlen, so zieht die Erweiterung des magistratischen Begriffs diejenige der Auspicien mit Nothwendigkeit nach sich und hat jeder Beamte der patricisch-plebejischen Gemeinde wie eine gewisse Gewalt über die Bürger so auch das Recht den Willen ihrer Götter zu erkunden. Das bis zur Bestellung des ersten Zwischenkönigs bestehende Interregnum wird gefasst als Uebergang der Auspicien auf den patricischen Senat *(auspicia ad patres redeunt),* die Collision der Beamten ungleicher Gewalt als Gegensatz der *auspicia maiora* und *minora,* die stellvertretende magistratische Gewalt als *auspicia aliena.* Indess beschränkt sich die Verpflichtung zur Götterbefragung keineswegs auf den Antritt des Magistrats; auch wenn er die Bürgerschaft oder den Gemeinderath beruft oder zur Uebernahme des Commandos aus der Stadt auszieht oder während der Führung desselben einen Fluss überschreitet oder ein Treffen liefert, hat er sich der Zustimmung der Gottheit auf diesem Wege zu versichern.

Bleibt die göttliche Warnung unbeachtet oder wird ein Act, für welchen Auspicien erfordert werden, ohne deren Beobachtung oder im Widerspruch mit denselben vollzogen, so wird nach den Ordnungen der ältesten Zeit, so weit er der Bestätigung des patricischen Senats *(patrum auctoritas)* unterliegt, diese verweigert. Wo der Act einer solchen Bestätigung nicht unterlag und, nachdem diese Institution nicht mehr functionirte, allgemein wurde derselbe behandelt einerseits als formell rechtsbeständig, andrerseits als behaftet mit einem Fehler *(vitium),* das heisst er konnte nicht ungeschehen gemacht werden, aber seine Folgen wurden, so weit thunlich, beseitigt. Wenn also Wahlcomitien unter einem solchen Präjudiz stattgefunden haben, so sind die also gewählten Beamten in ihrem Gewissen verpflichtet baldmöglichst niederzulegen und, indem also die Auspicien von den zu Unrecht bestellten Inhabern an die rechte Stelle und schliesslich in der Form des Interregnum an den Urquell zurückkehren, eine Erneuerung derselben *(renovatio auspiciorum)* herbeizuführen. Das fehlerhaft beschlossene Gesetz ist rückgängig zu machen, wozu nach strengem Recht wohl wiederum ein Volksschluss erfordert ward, nach der Auffassung aber des letzten Jahrhunderts der Republik die Constatirung des begangenen Fehlers durch den Senat ausreicht. Im Uebrigen konnte, abgesehen von der strafrechtlichen Verantwortung, die Ahndung des Frevels nur den Göttern anheimgestellt werden, wie dies zum Beispiel bei dem trotz der abmahnenden Zeichen von dem Consul Crassus angetretenen Abmarsch zum parthischen Krieg nach der Ansicht der frommen Gegenpartei mit gutem Erfolg geschah.

Aber wenn bei den durch das Ritual geordneten Culthandlungen, abgesehen von den eben bezeichneten Ausnahmen, die Magistrate nicht betheiligt sind, so liegt, wie schon gesagt ward (S. 72), jede sacrale Festsetzung, selbst wenn sie durch das Ritual vorgesehen ist, unter Ausschluss der Priesterschaft lediglich bei der Magistratur, je nach Umständen unter Mitwirkung des Senats und der Comitien. Dahin gehören die Aufnahme neuer Götter; die Erbauung neuer Gotteshäuser; die Einrichtung neuer Priesterthümer und die Festsetzung der dafür erforderlichen Qualification; die Gelübde mit ihren weitreichenden Consequenzen; die Festsetzung der ständigen, aber nicht kalendarisch fixirten Festtage so wie die Ansetzung neuer ständiger oder einmaliger Festtage und was dessen mehr ist. Die zuerst genannten Ordnungen gehören dem Kreise der Gesetzgebung an oder wenigstens, da man es vermied die Comitien in Glaubensangelegenheiten abstimmen zu lassen, zu der senatorischen Competenz. Die übrigen Geschäfte fallen unter die Befugnisse des Oberamts; insbesondere das Schenkungsversprechen an die Gottheit, das heisst das Gelübde *(votum)* und die dasselbe erfüllende Weihung *(dedicatio)* bleiben im Allgemeinen den Imperienträgern, welchen auch die ausserordentlicher Weise für den letzten Act creirten Zweimänner (S. 145) zuzuzählen sind. Indess werden seit der Mitte des 5. Jahrh. d. St. auch Censoren und Aedilen ausnahmsweise und nach besonderem Volksschluss ebenfalls zur Dedication zugelassen, nicht aber Beamte niedrigeren Ranges oder gar Private. Uebrigens greifen hier auch die Regeln über das Gemeindevermögensrecht ein. So weit Gelübde und Weihungen mit dem magistratischen Kriegs- oder Prozessgewinne bestritten werden können, ist das Schalten des betreffenden Magistrats nicht beschränkt; wo das eigentliche Gemeindevermögen dabei in Frage kommt, wird nicht selten die Einwilligung der Gemeinde, später regelmässig die Zustimmung des Senates eingeholt. Für den heiligen Lenz wurde sogar begreiflicher Weise durchaus die Zustimmung der Comitien erfordert.

Ueber die Stellung der Priesterschaft zu der öffentlichen Rechtspflege ist in dem Abschnitt vom sacralen Regiment (S. 74) gesprochen worden. Abgesehen von dem durch die Regeln des Hausgerichts bestimmten Strafverfahren des Oberpontifex gegen die Priesterinnen der Vesta und von der aus der sacralen Oberaufsicht desselben resultirenden Coercition gegen den unbotmässigen Priester greift das Priesterregiment in das öffentliche Strafverfahren nicht ein. Vielmehr ist, wo sonst das strafbare Unrecht eine Verletzung der Gottheit in sich schliesst, wie zum Beispiel bei dem Tempelraub, das Verfahren kein anderes wie bei Verletzung der Gemeinde; nur mag in gewissen Fällen, wo mehr die sacrale Sühnung als die eigentliche Justiz in Frage kam, insbesondere in der Beseitigung der Missgeburt und bei dem Frevel gegen den beschworenen Internationalvertrag, die Mitwirkung der Comitien ausgeschlossen gewesen sein und die Aussetzung und die Auslieferung allein von dem Gutfinden der Oberbeamten abgehangen haben. Noch weniger wird die magistratische Judication im Privatprozess durch die sacralen Befugnisse des Pontificats beschränkt.

2. Das Zwangs- und Strafrecht

Insofern die Gemeinde bei sich Herrenrecht übt, ist ihr Vertreter befugt und verpflichtet einerseits jede der Gemeindegewalt unterstehende Person zur Erfüllung der allgemeinen und besonderen Befehle anzuhalten und nöthigenfalls den Ungehorsam zu brechen, andrerseits die Verletzung der Gemeinde dem Urheber zu vergelten. Was in internationaler Hinsicht der Krieg ist, stellt innerhalb der bürgerlichen Ordnung sich dar in dem öffentlichen Zwangs- und dem öffentlichen Strafrecht. Das magistratische Zwangsrecht, die *coercitio* deckt sich einigermassen mit der Polizeigewalt unserer staatlichen Ordnungen, welche als besondere magistratische Function den römischen unbekannt ist, auch in keiner einzelnen römischen Magistratur verkörpert auftritt, wenn gleich die Aedilität mit einigem Recht als niedere Markt- und Strassenpolizei aufgefasst werden kann. In der That sind darunter begriffen alle präventiven oder coercitiven magistratischen Massregeln zum Schutz der öffentlichen Ordnung; die Unbestimmtheit und die Willkür, welche hierin enthalten ist, gehört zu ihrem eigensten Wesen. Das magistratische Strafrecht dagegen richtet sich gegen diejenigen Schädigungen der Gemeinde, wegen deren die Beamten derselben nach den bestehenden Satzungen verpflichtet sind ohne weiteres den Thäter zur Verantwortung zu ziehen. Begrifflich also lassen die beiden Kreise sich wohl von einander trennen: der Zwang soll auf den Willen des Ungehorsamen wirken, die Strafe an dem Frevler Rache nehmen; daher tritt auch die Verhaftung wohl als Zwangs-, aber nicht als Strafmittel auf und daher weicht, je mehr in diesem Verfahren das rechtliche Element zur Geltung kommt, namentlich in dem strenger formulirten Stadium der Provocation, das Zwangsverfahren zurück und überwiegt die Strafprocedur. Dennoch gehören systematisch beide Kreise zusammen und auch terminologisch schliesst das magistratische Zwangsrecht, die *coercitio* das öffentliche Strafrecht ein, für das es an einem allgemein gültigen Ausdruck gebricht; denn *poena* ist zunächst das Lösegeld des Privatrechts, *multa* beschränkt auf die öffentliche Geldbusse.

Dieses Zwangs- und Strafrecht soll hier dargestellt werden. Dem Privatrecht gegenüber charakterisirt es sich dadurch, dass, wie für dieses der Kläger gefordert wird, so dieser hier nothwendig fehlt und der Magistrat vielleicht auf Anregung eines Privaten, rechtlich aber immer von Amtswegen handelt; ferner dadurch, dass das Zwangs- wie das Strafrecht ausläuft auf die Provocation an die Comitien, der Privatprozess dagegen auf den Geschwornenspruch, während mit jenem die Geschwornen ebenso wenig zu schaffen haben wie mit diesem die Comitien.

Das Zwangs- und Strafrecht ist der praktische Ausdruck des Herrenrechts und insofern nicht Function dieser oder jener Magistratur, sondern allgemeine magistratische Function; es giebt nach römischer Auffassung keine Polizeibeamten, sondern der Beamte schlechthin hat mehr oder minder die Polizeigewalt. Der Vollbesitz desselben ist das Imperium, der Inhalt und das Kennzeichen des Oberamts; eben darum aber haben die Beschränkungen, durch die das Imperium allmählich abgemindert worden ist, hauptsächlich gegen diese Manifestation desselben sich gerichtet. Die im zweiten Buch dargelegte Scheidung des Imperium nach dem hauptstädtischen und dem militärischen Amtkreis findet ihren wichtigsten Ausdruck in der Beschränkung des Zwangs- und des Strafrechts in dem ersteren durch das Provocationsrecht, welche weiterhin bei der Darlegung der Procedur erörtert werden wird. Gegen den Spruch des Feldherrn hat allerdings niemals Provocation eingelegt werden können; indess wird weiterhin gezeigt werden, dass in der letzten republikanischen Zeit auch das feldherrliche Strafrecht in ähnlicher Weise beschränkt worden ist. Andererseits aber ist in dem weiten Kreis, der der Provocation nicht unterlag, namentlich gegen den Nichtbürger das Zwangs- und Strafrecht dem Oberamt unbeschränkt verblieben.

Hülfe leisten dem Oberbeamten namentlich bei seiner strafrechtlichen Thätigkeit im städtischen Amtkreis theils die beiden Quästoren ältester Creirung (S. 141), theils die Dreimänner für Capitalsachen (S. 144), jene seit dem Beginn der Republik, diese seit der Mitte des 5. Jahrh. d. St. in Function, jene wie diese ursprünglich von den Consuln ausgewählte Gehülfen, späterhin der Volkswahl unterworfen und damit eingetreten unter die Magistrate. Der ursprüngliche Wirkungskreis der Quästoren ist wenig bekannt; wahrscheinlich sind sie zunächst bestimmt gewesen die dem unmittelbaren Einschreiten der Oberbeamten unterliegenden gemeinen Verbrechen aufzuspüren — nach dem schwersten in diesen Kreis fallenden Verbrechen werden sie auch als *quaestores parricidii* bezeichnet — und, da sie selber Judication nicht hatten, der Aburtheilung durch das Oberamt zu unterstellen. Als dann später, wie wir weiter sehen werden, dem Oberamt die eigene Judication da, wo die Provocation zulässig war, entzogen ward, wurde diese Judication anstatt der Consuln von den Quästoren ausgeübt. — Die Dreimänner für Capitalsachen haben zunächst die Aufsicht über die Gefängnisse und damit auch über die Hinrichtungen, da diese, abgesehen von den tribunicischen und den feldherrlichen Todesurtheilen, regelmässig im Gefängniss oder vom Gefängniss aus vollstreckt wurden. Weiter sind sie verwendet worden für den öffentlichen Sicherheitsdienst, namentlich, aber keineswegs ausschliesslich, für den Nachtdienst, wesshalb sie auch die Nacht-Dreiherren *(tresviri nocturni)* genannt werden. Daran knüpfte sich die Befugniss Ruhestörer und Verdächtige vorläufig festzunehmen und Contravenienten ihrem Stande entsprechend abzumahnen oder zu züchtigen. Wie weit sie thatsächlich hierin gegangen sind, muss dahin gestellt bleiben; formale Criminaljudication haben sie selbst über den Sclaven nicht gehabt.

Für das schwerste aller Verbrechen, die Auflehnung gegen die Gemeinde *(perduellio)*, worunter vermuthlich Hochverrath und Landesverrath und überhaupt der politische Capitalprozess verstanden ward, sind nach republikanischer Ordnung, seit wann wissen wir nicht, weder die Consuln competent noch deren Mandatare, die Quästoren. Diese Judication ist in historischer Zeit durch Specialmandatare ausgeübt worden, welche anfangs wohl auch aus consularischer Ernennung hervorgegangen sein werden; späterhin wird dafür ein Specialgesetz erfordert und ordnet dieses dann die Creirung von Zweimännnern an (S. 145), welche wie die Quästoren die Judication ausüben.

Dem plebejischen Oberamt ist das Zwangs- und Strafrecht auf revolutionärem Wege, aber schliesslich in anerkannter Rechtsbeständigkeit erworben worden. Ausgehend von der Ahndung der dem unverletzlichen Volkstribun zugefügten Schädigung und überhaupt der Verletzung der der Plebs eingeräumten Sonderrechte erstreckt sich, nachdem der Ständekampf beendigt und der Tribun thatsächlich zum Gemeindebeamten und insbesondere zum Werkzeug des Senats geworden war, dessen strafrechtliche Competenz auf die unmittelbare Schädigung der Gemeinde allgemein, das heisst auf sämmtliche schwerere politische Prozesse und es hat insofern der tribunicische Strafprozess das alte Perduellionsverfahren thatsächlich ersetzt. Die Schrankenlosigkeit des Strafkreises und die Abhängigkeit dieser Rechtsverfolgung von den politischen Leidenschaften hat derselbe mit allen Hochverrathsordnungen gemein. Vorzugsweise richtet er sich gegen Verletzung der Verfassung und also hauptsächlich gegen Beamte, kann aber auch gegen Private, zum Beispiel den feigen Soldaten und den betrüglichen Lieferanten eintreten. Er ist dem consularischen nicht bloss qualitativ gleich, sondern insofern überlegen, als die Unzulässigkeit der Collision des consularischen Urtheils mit dem Spruch der Comitien für den Volkstribun nicht besteht und er also die Capitaljurisdiction direct handhabt.

Den Beamten ohne Imperium fehlt die höhere gegen die Person gerichtete Coercition durchaus. Die niedere auf Geldbusse und Pfändung beschränkte steht innerhalb der weiterhin zu erörternden Provocationsgrenze den Censoren und den Aedilen zu. Diese ihre Thätigkeit ist insofern von der Gehülfenschaft der Quästoren für den Strafprozess verschieden, als sie nicht auf consularischem Mandat, sondern auf der eigenen Gewalt dieser Beamten beruht, auch die Consuln dadurch keineswegs entlastet werden, sondern ihre Coercition mit derjenigen der niederen Beamten concurrirt. Diejenige der Censoren ist insofern secundär, als diese Beamten zunächst bestimmt sind das Gemeindegut in rechtem Stand zu halten und nur folgeweise und beiläufig, zum Beispiel in Betreff der Strassen und der Benutzung des öffentlichen Wassers, in den Fall kommen Uebergriffen von Privaten zu steuern. Dagegen ist die römische Aedilität, wie schon gesagt ward, zunächst bestimmt im Markt- und Strassenverkehr das niedere Zwangs- und Strafrecht zu handhaben. Wenn wir absehen von der älteren ausserhalb der Magistratur stehenden plebejischen Aedilität (S. 138) ist dieses Amt, wahrscheinlich in Nachbildung der hellenischen Agoranomie, am Ende des 4. Jahrh. ins Leben gerufen worden, um neben und unter dem Oberamt den Verkehr in der mächtig sich entwickelnden Stadt zu beaufsichtigen. Seiner Competenz sind also unterstellt alle auf offenem Markt sich vollziehenden Handelsgeschäfte, insbesondere Kauf und Verkauf von Sclaven und Vieh sowie der marktgängigen Esswaaren, woran sich die Aufsicht über Masse und Gewichte und die Handhabung der gegen den Tafelluxus ergangenen Gesetze anschlossen. Ueber die bei den curulischen Aedilen damit verbundene Jurisdiction wird im Abschnitt von der Rechtspflege die Rede sein. Weiter lag den Aedilen ob die Aufsicht über die Pflasterung und die Reinigung der Strassen der Hauptstadt, wobei ihnen am Ende der Republik sechs Beamte niederen Ranges, vier für die innere Stadt, zwei für die Bannmeile zur Hülfleistung beigegeben waren (S. 144), ferner die Freihaltung der Strassen von schädlichen Thieren oder sonst den Verkehr hemmenden Gegenständen. Auch das Löschwesen, ferner die öffentlichen Bittgänge, Leichenzüge und Schauspiele so wie die Associationen aller Art, weiter die sämmtlichen öffentlichen Gebäude so wie die dem Verkehr geöffneten Privathäuser, insbesondere Bäder, Speisehäuser und Bordelle standen unter der Aufsichtführung zunächst dieser Beamten. Für die Abwartung dieser weitläufigen Geschäfte wurde wenigstens am Ausgang der republikanischen Zeit die Stadt Rom in vier nach Loosung den einzelnen Aedilen unterstellte Amtsbezirke getheilt. Immer aber bleibt die ädilicische Function eine untergeordnete Hülfsthätigkeit; insonderheit die Sicherheitspolizei ruht durchaus in der Hand der höheren mit vollem Zwangsrecht ausgestatteten Beamten. Den Aedilen fehlt nicht bloss die capitale Coercition schlechthin, sondern auch Auflegung von Geldbussen mit Ueberschreitung der Provocationsgrenze ist ihnen, wie es scheint, nur da gestattet, wo durch Specialgesetz die Magistrate aufgefordert wegen gewisser gemeinschädlicher Handlungen dergleichen nach Ermessen zu erkennen, von welcher gesetzlichen Aufforderung vorzugsweise die patricischen und plebejischen Aedilen Gebrauch gemacht und alsdann ihren Spruch vor den Comitien vertreten haben. Die Quästoren und die diesen nahestehenden Beamten haben, abgesehen von ihrer Vertretung des consularischen, eigenes Strafrecht überhaupt nicht.

Dem Zwangs- und Strafrecht unterworfen ist wer in der Gewalt der römischen Gemeinde steht, der Bürger wie der Nichtbürger, wobei freilich in Betreff des letzteren das zwischen seiner Gemeinde und der römischen bestehende Vertragsverhältniss den römischen Beamten bindet. Gegen den Beamten selbst richtet sich dasselbe nach Massgabe der hinsichtlich der Collision der Magistraturen entwickelten Normen (S. 98); der Beamte schwächeren Rechts unterliegt dem stärkeren Zwangs- und Strafrecht gleich dem Privaten. In dem patricisch-plebejischen Gemeinwesen der historischen Zeit steht die Coercition dem Volkstribun unbedingt zu gegen jeden Beamten, selbst gegen den ursprünglich ausgenommenen Dictator, weiter dem Imperienträger besseren gegen den Imperienträger geringeren Rechts und gegen den Beamten ohne Imperium. Gegen den gleichstehenden Beamten kann die Coercition nicht angewendet werden und ebenso wenig von einem Unterbeamten gegen einen anderen Unterbeamten verschiedenartiger Competenz. In Anwendung dieser Coercition kann der höhere Magistrat dem niederen, auch wenn er nicht sein Gehülfe ist, die einzelne Amtshandlung wie die Amtführung überhaupt, ja sogar der in dieser Hinsicht höchstgestellte Volkstribun allen Beamten zugleich die Amtführung verbieten und die öffentlichen Geschäfte durch eine solche generelle Obstruction zum Stillstand bringen. Rechtlich genommen ist dies Verbot nichts als die Androhung der Einsperrung und der sonstigen Coercitionsmittel für den Fall des Zuwiderhandelns; wird dem Verbot keine Folge gegeben, so ist die gegen den Befehl vollzogene Handlung keineswegs nichtig, wohl aber kann der Magistrat mit dieser Drohung Ernst machen, falls er auf keine Intercession trifft.

Die dem Privatrecht eigene formale und rechtlich feste Abgrenzung des Unrechts ist dem öffentlichen Zwangs- und Strafrecht fremd. Es ist die Selbsthülfe der Gemeinde gegen den, der sich ihrem Befehl nicht fügt oder sie schädigt; auf dieser Grundanschauung ruht die Schrankenlosigkeit der Coercition.

Der Thatbestand des Ungehorsams gegen die Gemeinde entzieht sich der Determinirung: in dem Begriff selbst ist die Willkür nothwendig gegeben.

Was in dem an sich sehr verschiedener Auffassung fähigen Begriff der Schädigung der Gemeinde enthalten ist, ergiebt sich im Wesentlichen aus der Qualification der consularischen Gehülfen und der übrigen hierbei thätigen Beamten. Auflehnung gegen die Gemeinde *(perduellio)* steht dabei selbstverständlich an der Spitze. Dass in der Handhabung des politischen Prozesses sowohl in dem Perduellions- wie in dem tribunicischen Verfahren der Begriff des Staatsverbrechens sich auch nur zu der an sich beschränkten Bestimmtheit entwickelt hat, deren er fähig ist, darf bezweifelt werden; vermuthlich ist man dabei, zumal bei der weiterhin zu erörternden der formalen Fixirung ebenfalls widerstrebenden Beschaffenheit des Volksgerichts, über Usualsätze und Präcedenzfälle nicht hinausgekommen. Hinsichtlich der nicht politischen Unrechtfertigkeiten steht vor allem negativ fest, dass die Verbrechen, welche das römische Recht private nennt, insbesondere der Diebstahl in dem weiten römischen Sinne und die Körper-, Sach- und Ehrenschädigung, die römische *iniuria,* in den hier erörterten Kreis nicht gehören. Dagegen fehlt es im römischen Privatrecht an jeder Anknüpfung für die Ahndung des Mordes und es ist andererseits schon darauf hingewiesen worden (S. 143), dass die quästorische Criminalcompetenz wahrscheinlich von diesem Gebiet ausgeht. Sicher hat dieselbe den Mord allgemein umfasst, insoweit er in dem römischen Machtbereich an einem Bürger oder Nichtbürger begangen war, und es scheint der Begriff so weit ausgedehnt zu sein, dass falsches Zeugniss im Capitalprozess und vielleicht noch andere analoge Strafthaten darunter begriffen wurden. Auch die Brandstiftung, welche nicht weniger als der Mord adäquater Behandlung im Privatprozess unfähig ist, ist in gleicher Weise von Amtswegen verfolgt worden. Vielleicht ist dies auch bei Verletzung der Patronatspflichten und überhaupt da eingetreten oder doch zulässig gewesen, wo die Civilklage versagte. Das Feldherrnregiment ist hierin noch weiter gegangen; was unter die Lagerzucht gezogen werden kann, selbst solche Vorgänge, die nach civilen Normen nur eine Privatklage begründen würden, wie zum Beispiel der Diebstahl, werden hier gefasst als öffentliche Vergehen. — Für diejenigen Multklagen, welche thatsächlich als ädilicische auftreten, haben allem Anschein nach Specialgesetze über Korn- und Zinswucher, Stuprum, Päderastie und ähnliche als gemeinschädlich erachtete Handlungen den Thatbestand festgestellt. — Uebrigens darf nicht übersehen werden, dass diese ältere Form des römischen Strafverfahrens nur in der Epoche ihres Absterbens zu unserer Kunde gelangt ist; es ist nicht unwahrscheinlich, dass zur Zeit ihrer Vollwirksamkeit sie ihrem Zweck wenigstens ebenso sehr genügt wie der uns besser bekannte Quästionenprozess.

Hinsichtlich der Zwangs- und Strafmittel ist die Magistratur bei aller Willkür insofern beschränkt, als nicht jedes überhaupt denkbare Uebel in dieser Weise eintreten kann. Dass die Ehre wohl verloren, aber nicht durch einen magistratischen Act entzogen werden kann, ist allerdings mehr logische Consequenz als positive Satzung. Aber auch an solchen, wenn gleich mehr gewohnheitsrechtlichen als gesetzlichen, fehlt es nicht. Ausweisung aus dem Staat kann gegen den Ausländer, aber nicht gegen den Bürger ausgesprochen werden. Körperverstümmelung, dem ältesten privaten Srafrecht nicht unbekannt, ist, soviel wir wissen, im öffentlichen Verfahren niemals angewandt worden. Das Bürgerrecht und die persönliche Freiheit können allerdings auf diese Weise verloren gehen, aber nur wenn zugleich in rechtsbeständiger Weise die Unfreiheit im Ausland begründet wird (S. 19 f.). Gefängnis kann nach den Ordnungen dieser Epoche nie anders als bis weiter und also nicht mit festem Endtermin und niemals mit Erschwerungen nach Art der Zwangsarbeit angeordnet werden. Somit bleiben von allgemeinen Coercitionsmitteln — gewisse nur gegen den Soldaten anwendbare werden hier nicht berücksichtigt — nur die folgenden fünf, und auch diese, wie die folgende Auseinandersetzung zeigen wird, keineswegs mit allgemeiner Anwendbarkeit.

1. Lebensstrafe, womit von Rechtswegen die Confiscation des Vermögens verbunden ist. Die capitale Coercition beschränkt sich selbstverständlich auf die Oberbeamten einschließlich der Volkstribune.

2. Körperliche Züchtigung, in früherer Zeit wahrscheinlich auch im städtischen Regiment allgemein zulässig, ist in diesem, wie es scheint, in früher Zeit dem Magistrat dem Bürger gegenüber untersagt worden, während sie in der militärischen Disciplin auch später zugelassen wird.

3. Der Verlust des Bürgerrechts kann durch magistratischen Act, wie schon gesagt ward, nur dann eintreten, wenn durch Verkauf oder Uebergabe an das Ausland die ausländische Unfreiheit in rechtsgültiger Weise herbeigeführt wird, und wenigstens in historischer Zeit nur von dem zur capitalen Coercition befugten Beamten und auch von diesem nur wegen schuldhafter Nichtleistung der Diensapflicht oder wegen Verletzung des Völkerrechts.

4. Verhaftung *(prensio)*, ebenfalls nur dem zur capitalen Coercition ermächtigten Beamten gestattet, kann, wie gesagt, nur bis weiter angeordnet werden und wird bei der rechtlichen Unbestimmtheit der Grenze häufig gegen den Unghorsamen, aber niemals im Wege der delictischen Vergeltung angewendet. Etwanige Festsetzung einer Zeitgrenze bindet weder den Beamten, der sie verfügt, noch viel weniger seine Nachfolger. Allerdings kann eben wegen der Unbestimmtheit der Grenze thatsächlich auf diesem Wege ein längerer und selbst lebenslänglicher Freiheitsverlust herbeigeführt werden.

5. Die Pfändung *(pignoris capio)* besteht in einer dem Contravenienten durch Wegnahme und Zerstörung einer ihm zugehörigen Sache zugefügten Vermögensbeschädigung. Auch diese wird wie die Verhaftung nur dem Ungehorsamen gegenüber, nicht im Strafwege gehandhabt, steht aber allen überhaupt zur Coercition berechtigten Beamten frei.

6. Die durch magistratisches Ermessen auferlegten schweren Vermögensstrafen, das heisst diejenigen, welche die gleich zu erörternde Provocationsgrenze überschreiten, sind in älterer Zeit wohl nur als Milderung der capitalen Coercition vorgekommen und somit den Oberbeamten vorbehalten. Daneben treten sie auf bei den durch Specialgesetz angeordneten factisch ädilicischen Multklagen, bei denen übrigens die Gesetze nicht selten durch Maximalsätze, namentlich Beschränkung auf die Hälfte des Vermögens dem magistratischen Ermessen Grenzen gesetzt hatten. — Gesetzlich fixirte Geldstrafen, im Privatprozess früh und häufig auftretend, scheinen bei Contraventionen gegen die Gemeinde in älterer Zeit nicht üblich gewesen zu sein und werden, so weit sie vorkommen, lediglich als Forderungen der Gemeinde im Administrativ- oder auch im Civilweg beigetrieben, gehören also nicht in das öffentliche Strafrecht.

7. Die nach Ermessen des Magistrats unter dem zur Provocation berechtigenden Maximum von zwei Schafen und dreissig Rindern, in Geld ausgedrückt von 3020 schweren Assen (ungefähr 600 M.), auferlegte Geldbusse

ist das gewöhnlichste und allen überhaupt zu solchem Einschreiten berechtigten Magistraten gleichmäßig zustehende Mittel der Coercition.

Die Execution der personalen Zwangs- und Strafmittel erfolgt bei den Magistraten mit Imperium durch ihre Lictoren, während der Volkstribun, da seine Gewalt sich nicht auf die Subalternen überträgt, sie persönlich zu vollziehen hat. Die Geldstrafen werden, so weit nicht durch Specialgesetz darüber anders bestimmt ist, gleich den Gemeindeforderungen von den Vorstehern des Aerarium beigetrieben. Die bei dem Civilprozess schlechthin ausgeschlossene obrigkeitliche Nachsicht, die Begnadigung fordert im öffentlichen Verfahren ihren Spielraum; indess darf dies nicht allzu weit ausgedehnt werden, namentlich nicht, wo die Coercition nicht den Ungehorsam bricht, sondern den Frevel sühnt. Den Mörder hat der Magistrat zu verurtheilen und Gnade walten zu lassen steht nicht ihm zu.

Allgemeine Normen für die Auflegung dieser Zwangs- und Strafmittel giebt es nicht. Sowohl im Fall des Ungehorsams wie bei der Bestrafung, die rechtlich ungeschieden bleiben, wird für das Eintreten des Strafübels im Allgemeinen nichts gefordert als die irgendwie festgestellte Ueberzeugung des Beamten von dem geschehenen Unrecht. Wenn auch derselbe zu weilen dem Ungehorsamen, regelmässig den Straffälligen gegenüber Veranlassung hat eine Untersuchung des Thatbestandes *(cognitio)* vorzunehmen, bevor er den Spruch thut, so giebt es doch auch in diesem Fall keinen Kläger, keine formale Beweisführung, keinen gesetzlich regulirten Prozess, keine formale Strafbemessung. Es gilt dies principiell von dem Verfahren gegen den Bürger wie gegen den Nichtbürger; und wenn bei jenem da, wo die Comitialverhandlung eingreift, die Formlosigkeit beschränkt wird, so ist dieselbe dem Srafrecht sowohl in dem städtischen Amtkreis gegen den Nichtbürger geblieben wie auch allgemein im Feldherrnrecht der früheren Republik.

Eine festere Form erhält das Strafverfahren durch das Provocationsrecht, die Zulässigkeit der Berufung von dem magistratischen Spruch an die Comitien und deren Befugniss den Spruch zu annulliren. Die gleichartige Behandlung des Ungehorsams und des Verbrechens, die Willkür des magistratischen Einschreitens oder des Unterlassens der Ahndung, die freie Normirung der Strafe werden dadurch nicht geändert. Aber wenn die Provocation zugelassen wird, ist sie an prozessualische Normen gebunden. Bedingt ist sie theils durch den Personalstand der von dem Spruch betroffenen Person, theils durch den Amtkreis, in welchem derselbe ergeht, theils durch die Beschaffenheit des Strafübels nach den folgenden Normen.

1. Dem Personalstand nach ist zur Provocation an die Comitien nur berechtigt, wer diesen Comitien angehört, Nichtbürger also nur in Folge eines personalen Privilegiums. Wenn über den Besitz des Bürgerrechts Zweifel bestehen, muss die Entscheidung bei dem Magistrat gestanden haben, gegen dessen Spruch die Provocation eingelegt wird, zumal da es in vorsullanischer

Zeit keinen Rechtsweg giebt das zweifelhafte Bürgerrecht in objectiv bindender Weise festzustellen. — Frauen sind sonach, wo nicht Specialgesetze anders bestimmen, von der Provocation ausgeschlossen. Der Priesterin der Vesta und in Folge dessen auch dem männlichen Mitschuldigen steht die Provocation gegen die hier capitale Coercition des Oberpontifex nicht zu.

2. Die Provocation ist nur zulässig gegen den im städtischen Amtkreis ergangenen Spruch und auch hier ist nach der älteren Norm der Dictatur der Spruch des Dictators der Provocation nicht unterworfen. In späterer Zeit kommt nur den durch die Verfassung nicht gebundenen Magistraten constituirender Gewalt die Befreiung von der Provocation von Rechtswegen zu. Allerdings nimmt in dem Parteienkampf der späteren Republik die Oligarchie es als Befugniss des Senats in Anspruch den zeitigen Oberbeamten für revolutionäre Krisen mit der vollen dictatorischen Gewalt auszustatten und damit von der Provocation zu befreien; indess ist dies nicht bloss einseitige Auffassung der Optimatenpartei, sondern auch lediglich Anwendung des durch die Mitwirkung des Gemeinderaths gemilderten Nothwehrgedanken (S. 80) und liegt, wie die Nothwehr selbst, ausserhalb des Staatsrechts. Umgekehrt hat auch die entgegenstehende Partei in ähnlicher Weise ihren Tribunen die Befugniss vindicirt Angriffe auf ihre Unverletzlichkeit unter Ausschluss der Provocation sofort capital zu ahnden. Gegen den nach Feldherrnrecht gefällten Spruch tritt, auch nachdem ihm die Exequibilität entzogen ist, nicht Provocation ein, sondern es wird der vom Feldherrn Verurtheilte nach Rom geschickt und dort unter Beiseitesetzung des ersten Spruches ein neues Verfahren gegen ihn eingeleitet, das dann zur Provocation führen kann.

3. Dem Inhalt nach muss der Spruch, gegen den dies Rechtsmittel ergriffen wird, entweder auf Todes- oder auf eine die Provocationsgrenze übersteigende Geldbusse lauten. Der Verlust des Bürgerrechts, so weit derselbe im Strafverfahren herbeigeführt werden kann, berechtigt nicht zur Provocation und noch weniger gilt dies von den übrigen Coercitionsmitteln.

Wo hienach der magistratische Spruch nicht definitiv ist, sondern gegen dessen Vollstreckung an die Comitien Berufung eingelegt werden kann, besteht für beide Instanzen ein fest geordnetes Verfahren. Der patricische Oberbeamte unterliegt diesem Cassationsverfahren nicht; es fällt unter dasselbe der Spruch seiner in diesem Fall obligatorischen Vertreter, der Zweimänner für den Hochverrath oder der Quästoren, ebenso derjenige der plebejischen Quasi-Magistratur, welche alle befugt sind die capitale Coercition auszuüben, so wie die von dem Oberpontifex, dem Censor und insbesondere dem Aedilen, welchen allen die capitale Coercition fehlt, auferlegte schwere Geldbusse. Der Magistrat, der zu diesem Verfahren schreitet, hat zunächst darüber öffentlich *(in contione)* zu verhandeln, das heisst an drei nicht unmittelbar auf einander folgenden Tagen den Angeschuldigten vorzuladen, den Gegenstand der Anklage und die in Aussicht genommene Strafe anzugeben, als Inquirent fungirend Beweis und Gegenbeweis zu verstatten und erst nach der dritten Verhandlung *(anquisitio)* das Urtheil zu fällen, wobei er an den vorher in Aussicht gestellten Strafantrag nicht gebunden ist. Fällt das Urtheil zu Ungunsten des Angeschuldigten aus, so kann derselbe dagegen Berufung an die Bürgerschaft einlegen. Die Formen des Volksgerichts sind genau die des Volksgesetzes und auch die verschiedenen Gestaltungen der beschliessenden Gemeindeversammlung finden hier Anwendung. Lautet das Urtheil auf Tod, so müssen die Centurien einberufen werden, welche Einberufung für den Quästor und den Volkstribun, die beide selber dazu nicht befugt sind, durch einen Magistrat mit Imperium vermittelt wird und vermuthlich dem Quästor auch verweigert werden konnte. Lautet das Urtheil auf eine Geldstrafe, so geht die Provocation, je nachdem der erkennende Magistrat ein patricisch-plebejischer oder ein plebejischer ist, an die patricisch-plebejischen Tribuscomitien oder an das plebejische Concilium; den Beamten, die das Recht die Gemeinde zur Beschlussfassung zu berufen im Uebrigen nicht haben, zum Beispiel den Aedilen, ist es für diesen Fall beigelegt worden. In dem Schlusstermin scheint ein eigentlich contradictorisches Verfahren nicht stattgefunden, sondern der erkennende Magistrat wesentlich seinen Spruch zur Bestätigung vorgelegt zu haben, da durch die demselben voraufgehenden Verhandlungen vor der Gemeinde die abstimmende Bürgerschaft informirt war. Principiell wie praktisch wird dies Verfahren durchaus als Gnadeninstanz behandelt. Bei freisprechendem Erkenntniss erster Instanz ist es ausgeschlossen; wo es eintritt, soll es nicht bloss dem Unschuldigen Schutz gewähren, sondern auch dem Schuldigen die Möglichkeit eröffnen wegen der begangenen Verletzung der Gemeinde von dieser selbst Erlass der verwirkten und erkannten Strafe zu erbitten. Den patriotischen Schwestermörder muss der Richter erster Instanz verurtheilen, die Bürgerschaft kann ihm die That verzeihen. Wenn also dem Volksgericht die rechtliche Normirung noch im höheren Grade abgeht als dem magistratischen der ersten Instanz, was denn auch in den über seine Handhabung uns vorliegenden Berichten durchaus sich bestätigt, so erscheint dasselbe politisch als das rechte Kennzeichen der souveränen Volksgewalt, des Uebergewichts der Comitien über die Magistratur, wenn gleich der Ausschluss des directen consularischen Spruchs von diesem Verfahren dieses Uebergewicht einigermassen verschleiert, und insofern ist es vielleicht nicht historisch, aber sicher principiell zutreffend, dass das Eintreten der Provocation in der Legende an die Entstehung der Republik angeknüpft wird.

Ein principiell abgegrenztes Strafrecht hat aus der bisher geschilderten Coercition sich nicht entwickelt. Die derselben zu Grunde liegende Zusammenfassung des zwiefachen Moments der Erzwingung des Gehorsams und der Vergeltung des Unrechts ist in dem Provocationsverfahren wohl insofern zurückgetreten, als darin der letzte Gesichtspunkt überwiegt, aber keineswegs verschwunden. Aber auch wenn nur das letztere Moment ins Auge gefasst wird, schliesst die Beschränkung desselben auf den männlichen Bürger und auf den städtischen Amtkreis die principielle Regulirung geradezu aus; und wenn in der Beschränkung dieses Verfahrens auf diejenige Verletzung der Gemeinde, gegen welche der Magistrat von Amtswegen einzuschreiten hat, eine Abgrenzung der Coercition gegen den Administrativ- und den Civilprozess gegeben ist, unterliegt doch der Kreis der Handlungen, die zum Amtsverfahren berechtigen, darum nicht weniger der Willkür. In der That ist dies Verfahren ausser dem Einschreiten gegen Mord und Brandstiftung und dem politischen Prozess hauptsächlich abhängig von Specialgesetzen; und es ist daneben was wir Strafrecht nennen, zum grössten Theil im Wege des Administrativ- und des Civilverfahrens durchgeführt worden. Sulla hat dann dies Criminalverfahren beseitigt, allem Anschein nach, um dem Volkstribunat den politischen Capitalprozess zu entziehen, und wenn auch seine gegen den Tribunat gerichteten Anordnungen formell wieder abgeschafft wurden und der alte Comitialprozess bis ans Ende der Republik hie und da noch als Parteiwaffe verwendet worden ist, so blieb dennoch bei der vollständigen Desorganisation der Comitialmaschine die sullanische Ordnung negativ wie positiv im Wesentlichen in Geltung. Der Provocationsprozess ist seitdem thatsächlich antiquirt. Das magistratische Verfahren gegen den Nichtbürger wurde dadurch allerdings nicht geradezu getroffen, aber durch die Erstreckung des Bürgerrechts auf ganz Italien wesentlich in die Provinzen verschoben und auch als Statthalterrecht allmählich strenger formulirt.

Als Surrogat für den untergegangenen comitialen Strafprozess tritt praktisch das Quästionenverfahren ein; das *iudicium populi* wird ersetzt durch das *iudicium publicum,* welches letztere allerdings einen anderen und weiteren Kreis umfasst als das engbegrenzte ältere. Formell ist dies ein qualificirter Civilprozess, bei welchem, wie in jedem Civilverfahren, der private Kläger dem privaten Beklagten gegenüber steht und der Staat durch seine Magistratur und seine Geschwornen das Schiedsrichteramt ausübt; es wird dies daher im folgenden Abschnitt behandelt werden.

Aber mit dem Untergang der Republik tritt neben das Quästionenverfahren, welches als das ordentliche Criminalverfahren betrachtet wird, ein ausserordentlicher und befreiter Strafprozess einerseits vor den Consuln unter Bindung ihres Spruchs an die Urtheilfindung des Senats, andrerseits vor dem Princeps als dem alleinigen Richter. Es lehnt sich dies Verfahren an an die ursprüngliche nicht durch die Provocation gebundene magistratische Zwangs- und Strafgewalt, indem bei dem Verfahren vor den Consuln die Berufung an die Comitien ersetzt wird durch die Mitwirkung des Senats. Die rechtliche Gleichstellung des Princeps mit Consuln und Senat entspricht dem dyarchischen Grundgedanken des Principats.

Dieser ausserordentliche Strafprozess ist insofern facultativ, als sowohl der

Senat wie der Kaiser befugt sind jede Sache an sich zu ziehen und jede Sache abzulehnen und sie damit dem ordentlichen Gericht zu entziehen oder zuzuweisen, der Kaiser auch die Sache an den Senat weisen kann. Es ist beiden höchsten Stellen auch gestattet diese Befugniss zu mandiren und wenn der Senat von diesem Recht nur beschränkten Gebrauch gemacht hat, so beruht die volle Criminalgewalt über die römischen Bürger, wie sie unter dem Principat in den Provinzen die mit dem Schwertrecht bekleideten Statthalter, in Rom und Italien der Stadtpräfect und die Befehlshaber der Leibgarde ausgeübt haben, formell auf derartiger kaiserlicher Delegation.

Das Wesen dieser Strafjustiz ist ihre Schranken- und Formlosigkeit; es lässt sich dieselbe mehr erläutern als eigentlich definiren.

Jeder Reichsangehörige unterliegt dieser Justiz, der Bürger wie der Nichtbürger, der Plebejer wie der abhängige Fürst. Ausgenommen ist nur der Princeps selbst, insofern er als solcher nicht der senatorischen Justiz unterstellt ist. Umgekehrt hat die Befreiung des einzelnen Senators von dem Kaisergericht zwar weder principielle noch praktische Geltung gehabt; doch macht die dyarchische Tendenz sich geltend dem Kaiser die Capitaljurisdiction über den Senator zu untersagen und seit Nerva sind derartige Zusicherungen bei dem Regierungswechsel häufig gegeben, zuweilen auch mehr oder minder gehalten worden.

Jede Sache kann unter diese Strafjustiz gezogen werden. Diejenigen Verbrechen, welche nach den im folgenden Abschnitt zu erörternden Normen unter das formell private, materiell criminelle Quästionenverfahren fallen, können auch in dieser Weise strafrechtlich behandelt werden. Aber auch Handlungen, die ausserhalb der Strafordnungen stehen, unterliegen der Ahndung in diesen Gerichten. Zum Theil sind beide, insbesondere das Verfahren vor dem Senat gebraucht worden, um Mängel des ordentlichen Verfahrens zu beseitigen, zum Beispiel eine thatsächlich unter zwei verschiedene Gerichte fallende Strafhandlung einheitlich zu entscheiden. Ueberwiegend angewendet wird das Senatsgericht für schwere Beamtenvergehen und für Ehebruch so wie für politische Prozesse. Die kaiserlichen Hausbeamten hatten sich regelmässig vor dem Kaiser zu verantworten und Militärvergehen sind niemals im Senat abgeurtheilt worden.

Die Verhandlung *(cognitio)* vor dem Senat wie vor dem Kaiser erfolgt im Gegensatz zu dem ordentlichen Criminalprozess, durchaus unter Ausschluss der Oeffentlichkeit, was bei dem Senatsgericht seiner Beschaffenheit nach freilich nicht viel bedeuten will. An feste Formen waren beide Gerichte rechtlich nicht gebunden; indess bewegten sie sich der Regel nach in den für die Quästionen festgestellten, und eben das bedenklichste Moment des Quästionenprozesses, das Eintreten des Klägers und die Prämiirung desselben im Falle der erwirkten Verurtheilung, wurde in diesen Prozessen auf den die Klägerrolle übernehmenden Denuntianten angewandt.

Die Strafbemessung lag desgleichen von Rechtswegen in der Willkür der beiden mit der souveränen Staatsgewalt zugleich diese Criminaljustiz handhabenden Stellen. Wenn der Quästionenprozess, wie wir sehen werden, zu einer niedrigen dem Verbrechen vielfältig wenig adäquaten Strafansetzung geführt hatte und insbesondere die Todesstrafe aus demselben verbannt war, so hat in diesen ausserordentlichen Gerichten strenge und häufig übermässige Strafbemessung vorgewaltet. Die Wiederherstellung der Todesstrafe in diesen beiden Gerichten ist eins der hervorragendsten Momente der Umwandlung des Freistaats in die Monarchie.

So lange das königliche durch Augustus wiederhergestellte provocationsfreie Zwangs- und Strafrecht nur einerseits von Consuln und Senat, andrerseits von dem Princeps oder dessen Specialmandataren ausgeübt ward, behielt es den Stempel der Ausserordentlichkeit und functionirte nicht als ständiges Organ des Gemeinwesens. Dies wurde anders, als unter Tiberius, ebenfalls mit Anlehnung an die Ordnungen der Königszeit, in der Hauptstadt dafür ein ständiger kaiserlicher Stellvertreter, der *praefectus urbi* niedergesetzt ward. Mit der Einrichtung dieses Amtes war die monarchische Restauration vollendet. Allerdings wurde dasselbe nur an Senatoren verliehen und auch insofern mit Vorsicht gehandhabt, als es regelmässig an bejahrte am Ende ihrer politischen Laufbahn stehende Männer gegeben und der Inhaber nicht so häufig wie bei den übrigen kaiserlichen Aemtern gewechselt ward; aber der Competenz nach schloss es die volle königliche Gewalt ein. Die gesammte Polizeigewalt, wie sie den republikanischen Magistraten, den Aedilen wie ihren Vorgesetzten zugestanden hatte, und die volle Strafgewalt, wie sie nach der eben gegebenen Entwicklung dem Kaiser selbst zukam, bilden die Competenz des kaiserlichen Vertreters, welche also mit der eigenen des Kaisers so wie mit derjenigen seiner übrigen Mandatare concurrirt. Wie das unmittelbare Kaisergericht ist auch das des Stadtpräfecten schrankenlos und formlos. Räumlich wird dasselbe zwar vorzugsweise in der Hauptstadt gehandhabt, erstreckt sich aber über ganz Italien. Personale Befreiung von der Verantwortung vor dem Stadtpräfecten scheint nicht bestanden zu haben, obwohl ihm vorzugsweise die polizeiliche Thätigkeit zugewiesen war und er also auch als Strafrichter wenigstens in der früheren Kaiserzeit nur ausnahmsweise in die Lage kam Personen aus den privilegirten Ständen abzuurtheilen. Für die Aufrechthaltung der Ruhe in der Hauptstadt ist dem Stadtpräfecten, obwohl er selber nicht Offizier ist, ein Theil der städtischen Besatzung, drei Cohorten von je 1500 Mann zur Verfügung gestellt. Keine Institution der Kaiserzeit hat die Beseitigung des consularisch-ädilicischen Stadtregiments und der republikanischen Rechtspflege so energisch wie die Stadtpräfectur gefördert.

3. *Die Rechtspflege*

Es ist die erste und höchste Aufgabe des Staats innerhalb seines Machtkreises keine Vergewaltigung der einen Person durch die andere zuzulassen, sondern jedem, der gegen einen Staatsangehörigen einen Anspruch erhebt, dessen Geltendmachung nur zu gestatten, nachdem der Staat in den dafür festgestellten Formen und innerhalb der durch die Sachlage gewiesenen Grenzen sie zugelassen hat. Diese staatlich regulirte Geltendmachung des privaten Rechtsanspruchs, logisch und praktisch im scharfen Gegensatz zu dem auf der staatlichen Selbsthülfe ruhenden Zwangs- und Strafrecht, nennen wir die Rechtspflege. Sie löst den vorstaatlichen auf Vergewaltigung und Rache oder allenfalls auf Lösegeld *(poena)* auslaufenden Zustand der freien privaten Selbsthülfe ab und charakterisirt sich dem öffentlichen Zwangs- und Strafrecht gegenüber durch die nothwendige Anrufung der staatlichen Beilegung, das heisst durch die Nothwendigkeit des Klägers. Eigenthümlich überdies ist der Rechtspflege die regelmässige Vermittlung durch die dem Zwangs- und Strafrecht unbekannten Geschwornen, wogegen das bei diesem eintretende Bürgerschaftsgericht in der Rechtspflege nicht auftritt.

Es sollen hier die bei der Rechtspflege betheiligten Magistrate, die Geschworneninstitution, der Kreis der Rechtspflege und die Formen derselben in derjenigen Kürze dargelegt werden, welche die Behandlung dieser Fragen im Staatsrecht erfordert.

Dass die Magistratur in ihrer Ursprünglichkeit gefasst wird als der Inbegriff der Rechtspflege und des Heerbefehls, jene in dem städtischen, diese in dem militärischen Imperium ihren wesentlichen Ausdruck findet, ist früher (S. 76 ff.) auseinandergesetzt worden. Wenn die Scheidung der beiden Kreise ursprünglich hauptsächlich bedingt war durch das Verweilen des Oberbeamten entweder in der Stadt oder ausserhalb derselben, so ist dies in der republikanischen Epoche von Haus aus dadurch modificirt, dass der auch innerhalb der Stadt functionirende Dictator an dem jurisdictionellen Imperium keinen Antheil hat und weiter ist nach Einrichtung der dritten ordentlichen auf städtische Function allein angewiesenen Oberamtstelle auch den beiden Consuln dasselbe entzogen worden. Indess nimmt nach der römischen Interpretation die Beschränkung des an sich untheilbaren Imperium diesen Magistraten nur die Mitwirkung bei wirklichem Rechtsstreit; wo derselbe formaler Art ist und in der That zur Legalisirung einer von beiden Parteien gleichmässig beabsichtigten Rechtsänderung angewandt wird, wie dies der Fall ist bei der Manumission, der Emancipation und der Adoption, ist für diese, die sogenannte freiwillige Gerichtsbarkeit auch der Dictator und der Consul competent. Im Uebrigen gilt die Ausschliessung schlechthin und ohne Rücksicht auf das örtliche Verweilen des Consuls; dass gegen den jurisdictionellen Act des Prätors der Consul die Intercession einzulegen befugt ist

(S. 99), kann ebenso wenig als Ausübung der Gerichtsbarkeit angesehen werden wie die bei Ausübung der Lagerzucht vorkommende thatsächlich dem Privatprocess entsprechende Urtheilsfällung (S. 178).

Die Leitung der Rechtspflege hat selbstverständlich ursprünglich dem König zugestanden, jedoch unter der Beschränkung, dass, wenn er die ursprüngliche Landesgrenze überschreitet, er sie nicht mehr selbst ausübt, sondern durch einen von ihm ernannten Vertreter *(praefectus iure dicundo)*, welcher für den Fall der Abwesenheit der sämmtlichen Oberbeamten zur Feier des Latinerfestes bis in die Kaiserzeit fortbestanden hat. Abgesehen von der königlichen und der ursprünglichen consularischen Jurisdiction liegt seit der Einsetzung der Prätur und der curulischen Aedilität im J. 387 (367 v. Chr.) die Rechtspflege bei den folgenden Beamten, deren Amtkreise theils allgemein, theils örtlich oder sachlich begrenzt sind.

1. Die städtische Rechtspflege liegt in der Hand des in Rom verweilenden Prätors, seit dem Anfang des 6. Jahrh. d. St. der mehreren daselbst amtirenden Prätoren. Lange Zeit und in gewissem Sinne immer hat die römische Rechtspflege sich in der Stadtprätur concentrirt und ist, während die eben erwähnte freiwillige Gerichtsbarkeit an keinen Ort gefesselt ist, die Ausübung des jurisdictionellen Imperium auf die Stadt Rom beschränkt; ja es wird sogar als „rechter Prozess“ *(iudicium legitimum)* bis in die Kaiserzeit hinein nur der vor dem städtischen Gericht geführte angesehen. Ueber die theils nach dem Personalrecht der Parteien, theils nach dem Gegenstand der Klage abgegrenzten Competenzen der in den beiden letzten Jahrhunderten der Republik neben einander in Rom fungirenden Prätoren wird weiterhin gehandelt werden.

2. Mit der der Aedilität überwiesenen städtischen Polizei ist die zunächst damit verknüpfte Rechtspflege, die Erledigung der aus dem Geschäftsverkehr des Sclaven- und Viehmarktes und der aus der Belästigung des Strassenverkehrs entspringenden Rechtshändel ihr überwiesen, welche Jurisdiction indess, da die plebejischen Aedilen nicht als Magistrate gelten, allein von ihren mit der Prätur zugleich eingesetzten curulischen Collegen ausgeübt wird. Das jurisdictionelle Imperium muss also auch diesen beigelegt worden sein, obwohl sie nicht als Oberbeamte gelten. Wie man mit der sonst seit Einsetzung der Prätur in der Rechtspflege beseitigten Collegialität bei den Aedilen sich abgefunden hat, vermögen wir nicht zu sagen.

3. Die Provinzialstatthalterschaften sind davon ausgegangen, dass die Concentration der Jurisdiction auf die Stadt Rom für die in dem überseeischen Gebiet befindliche römische Bevölkerung sich nicht durchführen liess. Es wurden demnach für die in Rom durch die Prätur und die curulische Aedilität geleitete Rechtspflege dort Nebensprengel eingerichtet, deren beide Beamte, der Prätor und der Quästor, wenn auch der letztere unter Vermeidung des rein städtischen Aedilentitels, die gleichen Competenzen übernehmen. Diese

Competenz gilt für sämmtliche Provinzialvorsteher ohne Unterschied des Titels, also auch für die zur Verwaltung der Statthalterschaft in die Provinzen gesandten Consuln oder Consulare, während die bloss für das Feldherrnamt bestimmten Oberbeamten daran keinen Antheil haben, ferner für die eben deswegen den proprätorischen Titel führenden kaiserlichen Provinziallegaten und nach Specialgesetzen selbst für die Statthalter von Ritterrang, namentlich den kaiserlichen Präfecten für Aegypten. Für die ädilicische Competenz fehlte es in den kaiserlichen Provinzen an selbständiger magistratischer Vertretung. Indess hat die provinziale Jurisdiction nicht bloss insofern als ausserordentliche gegolten, dass, wie schon bemerkt ward, „gesetzlicher Prozess" im strengen Sinne nur der in Rom verhandelte ist, sondern sie hat auch praktisch der städtischen gegenüber in zwiefacher Hinsicht eine secundäre Rolle gespielt. Einerseits kann der in der Provinz domicilirte römische Bürger, wenn er in Rom verweilt, in Folge des allgemeinen Heimathrechts vor dem städtischen Gericht belangt werden, sofern er nicht durch Privilegium dagegen geschützt wird. Andrerseits hat wenigstens in republikanischer Zeit der Statthalter das Recht gehabt eine bei ihm angebrachte Klage, statt sie selbst zu entscheiden, an das hauptstädtische Gericht zu weisen. — Dass in Folge des ausserhalb des städtischen Amtsgebiets minder beschränkten Mandirungsrechts der Statthalter den ihm beigegebenen Gehülfen, insbesondere denen senatorischen Ranges die Jurisdiction häufig überträgt (S. 119), auch in den kaiserlichen Provinzen neben und unter den Statthaltern eigene Legaten mit jurisdictioneller Competenz vorkommen (S. 162 f.), ist bereits früher auseinandergesetzt worden.

4. Für die in Italien theils in geschlossenen Gruppen, theils zerstreut lebenden römischen Bürger ist die Concentrirung der Jurisdiction in der Stadt Rom seit dem Anfang des 5. Jahrh. gemildert worden durch die bei der Stellvertretung (S. 115 f.) erörterten Specialgesetze, die den Stadtprätor anwiesen für bestimmte Oertlichkeiten seine jurisdictionelle Competenz an von ihm theils frei, theils späterhin unter Mitwirkung der Comitien (S. 144) ernannte Mandatare zu übertragen. Wie weit die Jurisdiction dieser *praefecti iure dicundo* sich auf die Halb- und Nichtbürger erstreckt und ob sie für die Vollbürger der stadtrömischen gegenüber nicht durch eine Competenzgrenze beschränkt war, lässt sich nicht ausmachen; die Institution selbst verlor ihre Grundlage, nachdem ganz Italien in den römischen Bürgerverband eingetreten war und hat der entwickelten municipalen Jurisdiction Platz gemacht.

5. Die Anfänge der römischen Municipaljurisdiction liegen im Dunkeln. Den nicht völlig dem römischen Bürgerverband einverleibten Bezirken besseren Rechts ist eine eigene Magistratur mit einer wenn auch beschränkten Jurisdiction geblieben. Auch bei den Vollbürgergemeinden treten früh die Anfänge eigener Jurisdiction auf, namentlich hinsichtlich der Marktgerichtsbarkeit; Tusculum, unter den nicht aus Ansiedelung hervorgegangenen Bür-

gerstädten die älteste, hat offenbar mit der Ertheilung des römischen Bürgerrechts gleichzeitig eigene Aedilen erhalten, da diese hier späterhin als Oberbeamte fungiren. Allgemein ist die municipale Jurisdiction der Bürgergemeinde wahrscheinlich erst gewährt worden, als ganz Italien das Bürgerrecht empfing und die römische Bürgerschaft in einen Complex von Bürgergemeinden umgewandelt ward (S. 60). Damals ist vermuthlich einerseits durch Beschränkung der bis dahin mit voller Jurisdiction versehenen latinischen und sonstigen autonomen Bürgerschaften, andrerseits durch Ausstattung der bis dahin wesentlich unselbständigen Bürgergemeinden mit einer beschränkten Autonomie die spätere Municipaljurisdiction geordnet worden, deren staatsrechtliche Formulirung vermuthlich, ähnlich wie bei den Präfecturen, zu fassen ist als generelle Delegation des städtischen Prätors an die von den municipalen Comitien creirten Prätoren und Aedilen oder unter anderer Titulatur die gleichen Competenzen verwaltenden Magistrate. Indess erstreckt sich die Competenz dieser Beamten nicht auf diejenigen Acte, welche eine freiere magistratische Action in sich schliessen, und ist auch bei der eigentlichen Rechtspflege beschränkt theils durch den Ausschluss gewisser Prozesskategorien, theils durch Fixirung eines nicht hoch gegriffenen Maximums des Streitobjects.

Zur Vervollständigung des Bildes, das wir uns von der Handhabung der Rechtspflege in dem weiten römischen Reich zu machen haben, ist noch daran zu erinnern, dass dasselbe im Wesentlichen einen Complex von Gemeinden bildet und dass diejenigen derselben, welche das römische Bürgerrecht nicht besitzen, sowohl die formell autonomen, wie die latinischen und die föderirten, wie auch die nur mit geduldeter Autonomie ausgestatteten die eigene Rechtspflege behielten, so weit beide Parteien ausserhalb des römischen Bürgerverbandes standen, während, wo beide Parteien oder auch nur eine derselben zu diesem gehörten, der Regel nach die vorher genannten römischen Gerichte competent waren. Uebergriffe der römischen Behörden in diese autonome Jurisdiction sind, namentlich wo die Autonomie nur geduldet war, oft genug, aber doch lediglich als Acte der Willkür vorgekommen.

Nachdem die bei der Jurisdiction betheiligten Magistraturen dargestellt worden sind, ist der Kreis, den die private Rechtspflege umschreibt, theils sachlich abzugrenzen.

Dass die Rechtspflege zunächst ausgeht von dem Ausschluss der Selbsthülfe zwischen Bürger und Bürger, drückt sich darin aus, dass für das „rechte Urtheil" im strengen Sinn neben den früher bezeichneten Momenten für beide Parteien die Bürgerqualität gefordert wird, wobei selbstverständlich der in Rom heimathberechtigte Plebejer von jeher in den Bürgerbegriff eingeschlossen (S. 14), auch der Latiner ohne Frage von jeher dem Bürger gleichgeachtet worden ist (S. 48). Aber auch der einer andern Nation angehörende Ausländer ist, sei es auf Grund des mit seiner Heimathgemeinde bestehenden

Vertragsrechtes, sei es gemäss der den Ausländer wenigstens thatsächlich nicht als rechtlos behandelnden römischen Praxis vor dem römischen Gericht rechter Kläger und, wenn er dort verweilt, auch rechter Beklagter und es kann in dieser Weise selbst ein zwischen zwei Ausländern schwebender Rechtshandel vor einem römischen Gericht zur Entscheidung kommen. In welchem Umfang dies bei dem liberalen Verfahren des Staats gegen die Fremden und der Entwicklung seiner Machtstellung der Fall gewesen ist, zeigt die Theilung der Geschäfte der Prätur in Rom nach dem Personalrecht der rechtssuchenden Parteien im Anfang des 6. Jh. der Stadt (S. 129). Indess sind auch späterhin häufig dem zunächst für die Prozesse zwischen Bürgern bestimmten Prätor die übrigen mit überwiesen und ausserhalb Rom eine analoge Scheidung niemals vorgenommen worden.

Sachlich fällt unter die Rechtspflege zunächst und hauptsächlich die Rechtsforderung der einen Partei gegen die andere, einerlei ob die letztere dieselbe bestreitet, wobei es also zur Klage kommt, oder sie einräumt, aber sich ausser Stande erklärt dieselbe zu erfüllen, in welchem Fall diese Einräumung gleiche Kraft hat mit dem dem Kläger Recht gebenden Urtheil. Ein Unterschied hinsichtlich des Rechtsgrundes wird nicht gemacht; die Rechtsforderung wegen Diebstahl, Sachbeschädigung, Real- und Verbalinjurien wird im Allgemeinen in derselben Weise geltend gemacht wie diejenige wegen rechtlosen Innehabens einer Sache oder Nichterfüllung einer Forderung. Diejenigen Rechtsverletzungen aber, welche der Magistrat von Rechtswegen zu ahnden gehalten ist (S. 177), liegen ausserhalb der privaten Rechtsverfolgung. Ausnahmsweise kann, wie weiterhin zu erörtern sein wird, ein Anspruch der Gemeinde an den Privaten zwischen einem Vertreter derselben und dem Privaten in dieser Form zum Austrag kommen; in der Regel aber ist die Forderung der Gemeinde an den Privaten und immer die des Privaten an die Gemeinde, da der Privatprozess in dem staatlichen Schiedsgericht zwischen zwei streitenden Parteien besteht, solcher Behandlung nicht fähig und tritt dafür die in dem Abschnitt vom Finanzwesen zu erörternde staatliche Administrativjustiz ein.

Hinsichtlich der Theilung der Rechtspflege nach den verschiedenen Prozesskategorien unter die Magistrate kennt die ältere Zeit neben der allgemeinen Civiljurisdiction der beiden städtischen Prätoren als geschiedene Competenz nur die ädilicische Marktgerichtsbarkeit. Im letzten Jahrhundert der Republik treten mit den Specialordnungen für einzelne qualificirte Klagen entsprechende Specialpräturen, zum Beispiel für Erpressung *(repetundae)* ein, bis dann in der sullanischen Zeit mit der Zweijährigkeit der Prätur die Verwendung aller Prätoren im ersten städtischen Amtsjahr für die städtische Rechtspflege und deren Theilung in die beiden generellen Jurisdictionen und die Specialkategorien der Quästionen sich einstellt. In der Kaiserzeit wird auf diesem Wege noch weiter vorgeschritten und die Regulirung der Freiheitsprozesse, die Regulirung und der Vorsitz im Centumviralgericht und ähnliches mehr als prätorische Specialcompetenz gestaltet. Als die in Bittform ausgesprochenen letztwilligen Zuwendungen unter dem Principat aus Gewissens- in Zwangspflichten umgewandelt wurden, geschah dies unter Ausschluss des Geschwornenverfahrens im Wege einer anfangs den Consuln, späterhin einem oder mehreren Prätoren überwiesenen dem magistratischen Ermessen Spielraum bietenden Cognition.

Ueber die schiedsrichterliche Thätigkeit bei dem Privatstreit geht das Eingreifen der Magistratur in die privaten Verhältnisse insbesondere in älterer Zeit nicht hinaus. Charakteristisch dafür ist insbesondere die Behandlung der Vormünderbestellung: sie ruht nach den ursprünglichen Ordnungen lediglich auf allgemeinen gesetzlichen Normen oder auf dem gesetzgleichen Privattestament. Erst allmählich und ergänzend tritt die magistratische Ernennung des Vormundes hinzu und keineswegs als Ausfluss der Jurisdiction, da neben dem Prätor auch die Volkstribune und unter dem Principat anfänglich die Consuln dabei betheiligt sind. Erst unter diesem wird schliesslich die magistratische Thätigkeit bei der Vormundschaft als Nebengeschäft der Jurisdiction behandelt und dieselbe, ähnlich wie das Fideicommisswesen, einem eigenen Prätor übertragen.

Wenden wir uns weiter zu dem bei der Rechtspflege eingehaltenen Verfahren, so nähert sich die Regulirung des Klagerechtes durch den prozessleitenden Magistrat insofern der gesetzgebenden Gewalt, als derselbe zwar das bestehende Gesetz zu befolgen, aber das Recht hat oder sich nimmt dasselbe näher zu bestimmen und wo das Gesetz schweigt, von sich aus Anordnungen zu treffen, wobei die Vollziehung der Rechtsvorschrift in Erweiterung und selbst in Abänderung derselben umschlagen kann. Beispielsweise hat im Erbgang der Prätor an sich die landrechtliche Ordnung zur Ausführung zu bringen; aber wo nach dieser Erblosigkeit eintreten würde, lässt er im Wege des Besitzschutzes gesetzlich zur Erbfolge nicht berufene Personen als successionsberechtigt zu und sieht sogar in manchen Fällen, wo die landrechtliche Ordnung zu unbilligen Consequenzen zu führen schien, nicht bloss bei der Besitzregulirung von derselben ab, sondern verweigert sogar nachher dem nach Landrecht besser berechtigten Erben die Klage. Auch äusserlich findet dies darin seinen Ausdruck, dass in der späteren Republik die Magistrate mit Jurisdiction, die Prätoren in Rom wie in den Provinzen und die curulischen Aedilen bei Antritt ihres Amtes diejenigen Regeln, nach denen sie die Rechtspflege auszuüben beabsichtigen, zusammenfassend öffentlich bekannt machen; und diese von Rechts wegen kaum den Ansteller und noch weniger den Nachfolger bindenden Normen haben in thatsächlicher Fixirung allmählich sich zu einer specialisirten Civilprozessordnung ausgestaltet.

Der einzelne Prozess wird immer hervorgerufen durch das Anrufen der eine Rechtsschädigung geltend machenden Partei, durch die Klage. Wenn dazu principiell nur der Geschädigte selbst oder dessen rechter Vertreter berechtigt ist, so kann hier abgesehen werden von der Frage, wer vor Gericht als rechter Vertreter eines Privaten betrachtet wird; staatsrechtlich wichtig dagegen ist es festzustellen, in wie weit die Gemeinde in der Form der Civilklage vertreten werden kann. Im Allgemeinen gehört, wie schon bemerkt ward, der Anspruch der Gemeinde an einen Privaten nicht in diesen Kreis; Civilklagen dieser Art sind exceptionell und treten, wie es scheint, nur ein, wo entweder ein unter den Privatprozess fallendes Delict, insbesondere Diebstahl und Sachbeschädigung, gegen die Gemeinde verübt worden ist oder wo ein Specialgesetz für gewisse Fälle, namentlich für die auf diese oder jene Contravention gesetzte feste Geldstrafe, ein stellvertretendes Klagerecht anordnet. Bei der ersten Kategorie scheint der Regel nach jeder Bürger als klageberechtigt gegolten zu haben. Bei der zweiten ist häufig dasselbe geschehen, zum Beispiel jedem Bürger gestattet die auf öffentlichem Boden zu Unrecht vorgenommenen Privatbauten durch Civilklage zu beseitigen; nicht selten aber werden nur die Magistrate zur Klageerhebung in den Formen des Privatrechtes bevollmächtigt, welche Vollmacht auch electiv concurriren kann mit dem früher (S. 179) erörterten Recht der Auflegung einer arbiträren Mult mit Provocation an die Comitien. — Aus demselben Gesichtspunct des öffentlichen Interesses ist dann bei dem Quästionenprozess des letzten Jahrhunderts der Republik mit wenigen Ausnahmen die Klagevertretung dem Bürger ein für allemal freigegeben worden. Hochverrath und Mord konnten überhaupt nur unter Zulassung der Gemeindevertretung unter dies Klageverfahren gezogen werden, und auch die Bestrafung der Erpressung und der meisten übrigen gleichartig behandelten Verbrechen und Vergehen war in der That nicht bloss Sache des zunächst Verletzten, sondern lag im Interesse des Gemeinwesens. Es erwies sich sogar als nothwendig, da der Privatkläger bei allen diesen ebenso nothwendigen wie beschwerlichen und gehässigen Prozessen die Last und die Gefahr des Beweises auf sich nahm und die edleren Motive dabei meistentheils versagten, dem Kläger, wie dies bei bloss vermögensrechtlicher Schädigung des Gemeinwesens unbedenklich und seit langem üblich war, für den Fall des Obsiegens politische und vor allen Dingen materielle Vortheile in Aussicht zu stellen, wo dann freilich ein Uebel das andere ablöste oder auch beide sich mit einander verbanden.

Nach Einbringung der Klage und Anhörung des Beklagten erfolgt die magistratische Prozessregulirung. Sie besteht in der Bezeichnung des oder der Geschwornen und in der Aufstellung einer schriftlichen Instruction *(formula)* welche die Personen des Klägers, des Beklagten und des oder der Geschwornen namhaft macht, den Klaganspruch je nach der Art des einzelnen Falles feststellt und den oder die Geschwornen anweist diesen selbst so wie die etwa den Beklagten schützenden Momente in Erwägung zu ziehen und danach entweder den Beklagten zu verurtheilen, welche Verurtheilung an exceptionelle Bedingungen geknüpft und dem Umfang nach fest oder maximal determinirt werden kann, oder im entgegengesetzten Fall freizusprechen. Auf diese bedingte Urtheilsfällung läuft die magistratische Instanz des Privatprozesses immer im wesentlichen hinaus, während die Formen, in denen dies erreicht wird, sie häufig nur indirect enthalten.

Die älteste und vielleicht ursprünglich ausschliessliche Form des Privatprozesses knüpft an die Prozesssteuer an, die dem im Rechtsstreit Unterliegenden zum Besten der Opferkasse der Gemeinde auferlegte Vieh- oder Geldbusse *(sacramentum)*. Beide Parteien wurden vom Magistrat veranlasst diese Busse zu erlegen oder zu versprechen unter Vorbehalt der Rücknahme der Leistung oder des Wegfalls der Zusage im Fall des Obsiegens. Der Geschworne sprach alsdann formell sich nur darüber aus, welche Partei die Busse verwirkt habe. Dieses Verfahren ist noch für den ältesten Erpressungsprozess in Anwendung gekommen, aber in der Folgezeit mit wenigen Ausnahmen ausser Kraft getreten. Häufig aber begegnet im späteren Prozess die prätorische Wette, die im Wesentlichen auf dasselbe hinauskommt, nur dass die verwettete Summe hier nicht gezahlt, sondern nur durch den darauf gestellten Spruch des Geschwornen das Eigenthum oder was sonst der Gegenstand des Rechtsstreits ist der einen Partei zugesprochen wird.

Es kann auch die Entscheidung der Geschwornen wie an die Wette, so an den magistratischen an die Parteien gerichteten Befehl *(interdictum)* anknüpfen. Wenn beispielsweise der Magistrat beide Parteien anweist den bestehenden Besitz bis weiter gelten zu lassen oder auch eine derselben den nach der Behauptung der Gegenpartei auf incorrectem Wege gewonnenen Besitz aufzugeben, so stellt der Geschworne im ersten Fall fest, welche der Parteien thatsächlich im Besitz ist, im zweiten ob der fehlerhafte Besitz mit Recht oder mit Unrecht behauptet wurde und declarirt also, zu wessen Gunsten der Magistratsbefehl entschieden hat.

Die magistratische Regulirung des Klagerechts tritt häufig in vorbereitender Gestalt auf, namentlich in der Weise, dass für mehr oder minder in Aussicht stehende Prozesse die Parteirollen im Voraus geordnet werden. Dies ist insbesondere der Fall bei dem Wechsel des Gesammtvermögens hauptsächlich durch den Erbgang und durch den Concurs. Im Sterbefalle gestattet der Magistrat dem Erben, statt sich auf eigene Hand in den Besitz des Vermögens zu setzen, seinen Erbschaftstitel vor Gericht geltend zu machen und darauf hin vom Magistrat den Besitz des Vermögens sich zusprechen zu lassen, wodurch für den Fall, dass andere Personen dieselbe Erbschaft in Anspruch nehmen sollten, diese angewiesen sind als Nichtbesitzer aufzutreten. Es können auch verschiedene derartige einander ausschliessende Besitztitel gegen einander stehen, in welchem Fall durch Geschwornenspruch gemäss den von der Magistratur in dieser Hinsicht aufgestellten allgemeinen oder besonderen Normen dem Bestberechtigten der Besitz der Erbschaft zugewiesen wird.

Alle diese Regulirungen, selbst wenn Geschworne dabei mitgewirkt haben, sind insofern provisorisch, als der nach Landrecht besser berechtigte Erbe durch sie keineswegs ausgeschlossen, sondern nur in dem darauf hin beginnenden Rechtsstreit ihm die Klägerrolle zugetheilt ist. Aehnlich wird im Concurs verfahren. Wenn eine rechtlich anerkannte Forderung nicht erfüllt wird und dem Gläubiger danach das Recht zusteht, das Gesammtvermögen des Schuldners in Besitz zu nehmen, so hat er dafür bei dem Magistrat die Einweisung zu erbitten, wobei ebenfalls Concurrenz mehrerer Personen und Regulirung der Besserberechtigung durch Geschwornenspruch eintreten können, die Besitznahme selbst aber eben wie die der Erbschaft formell nur den Zweck hat für die etwa eintretende Civilklage die Parteirollen zu regeln. Noch deutlicher tritt die Regulirung des Klagerechts durch vorbereitenden Geschwornenspruch auf in dem sogenannten Praeiudicium: wenn eine Thatfrage, zum Beispiel ob jemand Sohn oder Freigelassener einer bestimmten Person sei, für einen in Aussicht stehenden Prozess von Belang ist, so kann, schon ehe dieser angestellt wird, der Magistrat dieselbe zur Entscheidung an Geschworne weisen.

Diese Andeutungen, deren Ausführung im Staatsrecht nicht gegeben werden kann, werden genügen, um einigermassen zur Anschauung zu bringen, dass die magistratische Regulirung des Klagerechts in ihrer praktischen Durchführung weit hinausgeht über die unmittelbare Festsetzung der Klagformel. Durch diese Ausdehnung wird die Mitwirkung der Geschwornen viel mehr erweitert als beschränkt, insofern jede dabei sich herausstellende zwischen den Parteien streitige Frage nicht durch magistratische Cognition, sondern durch eigenen Geschwornenspruch zu erledigen ist. Beispielsweise wird, wenn die Parteien sich verpflichtet haben an einem bestimmten Termin vor dem Magistrat zu erscheinen und für den Fall des Ausbleibens eine Busse *(vadimonium)* festgesetzt ist, die Entscheidung darüber, ob diese verwirkt ist, nicht vom Magistrat allein gefunden, sondern wieder von ihm an Geschworne gewiesen. Dabei hat allerdings die dem Magistrat obliegende Arbeitslast mitgewirkt, welche für eigene Untersuchung thatsächlicher Fragen geringen Spielraum liess; aber auch die politische Tendenz im Privatprozess durch das private Schwurgericht das magistratische Imperium möglichst zu binden, tritt deutlich hier zu Tage und hat die Schwerfälligkeit der republikanischen Rechtspflege thatsächlich zum guten Theil verschuldet.

Wenn die Leitung der Rechtspflege der Magistratur zusteht, so ist sie dagegen von der eigenen Ausübung derselben ausgeschlossen. Der Magistrat führt den Spruch wohl herbei, dieser selbst aber wird von Privaten gefunden. Dies ist die Geschworneninstitution, die fundamentale Ordnung der Republik, wie die älteste so die dauerndste Schranke des magistratischen Imperium. Die Einsetzung der Geschwornen durch König Servius Tullius galt den Römern als der Anfang des sich selbst regierenden Gemeinwesens; das Eintreten der

Magistratur in die Entscheidung, die Cognition in ihrem allmählichen Umsichgreifen unter dem Principat und ihre im dritten Jahrhundert n. Chr. feststehende Alleinherrschaft bezeichnet das Ende des Römerstaats.

Die Auswahl des oder der Geschwornen steht im Allgemeinen dem Magistrat zu und bildet einen Theil der ihm obliegenden Prozessregulirung. Vereinbarung der Parteien mag häufig vorgekommen, kann aber schon darum nicht rechtlich nothwendig gewesen sein, weil die Erledigung des Rechtsstreits nicht von dem Belieben einer Partei abhängig gemacht werden durfte. Der prozessleitende Beamte hat vielleicht ursprünglich bei der Auswahl insofern freie Hand gehabt, als jedem römischen Bürger dies Mandat übertragen werden konnte, und bei Prozessen, an denen Nichtbürger betheiligt waren, mögen selbst solche nicht ausgeschlossen gewesen sein. Aber in der uns besser bekannten Zeit ist in der Stadt Rom vor der Gracchenzeit Geschworner nur der Senator, so weit nicht specielle Regulative eingriffen oder, was wohl auch angenommen werden muss, die Parteien von der Qualification im einzelnen Fall absahen. Dieses senatorische Vorrecht, das allerdings weniger in der eigentlich privaten Rechtspflege als in den weiterhin zu erwähnenden factisch mehr oder minder criminellen Specialquästionen zur Anwendung kam, ist im letzten Jahrhundert der Republik der Mittelpunct der Parteikämpfe gewesen; durch C. Gracchus wurde für die Geschwornenernennung die censorische Ritterliste der Senatsliste substituirt, durch Sulla dieser wieder die alte Geltung zurückgegeben, endlich durch das aurelische Gesetz vom J. 684 (70 v. Chr.) eine gemischte Liste aufgestellt, welche aus dem Senat, aus der Ritterschaft und aus den Spitzen der ausserhalb der beiden privilegirten Stände stehenden Bürgerschaft durch den Stadtprätor zusammengestellt wurde. Unter dem Principat ist die gracchische Ordnung mit der Einschränkung wieder hergestellt worden, dass nicht die gesammte Ritterschaft dieser Epoche Geschwornendienst thut, sondern der Kaiser aus den Rittern die Geschwornenliste bildet. — In den Provinzen ist wenigstens in republikanischer Zeit für jede Gerichtsstätte ein Verzeichniss der zu dieser Function geeigneten Bürger aufgestellt worden; weitere Qualification als das römische Bürgerrecht scheint hier nicht verlangt worden zu sein. — Noch weniger können die hauptstädtischen Normen auf die municipale Jurisdiction Anwendung gefunden haben, schon darum, weil es in den Municipien eine der Ritterschaft vergleichbare Klasse nicht giebt; vermuthlich hat auch hier jeder in der Stadt wohnhafte römische Bürger als Geschworner bestellt werden können. — Neben diesen allgemeinen Normen haben die für die einzelnen Prozesskategorien aufgestellten Regulative regelmässig die Geschwornenqualification determinirt; die einzelnen Anordnungen sind uns sehr unvollständig bekannt und können, auch so weit sie bekannt sind, hier nur beiläufig berücksichtigt werden.

Die Geschworneninstitution tritt in verschiedenen Formen auf theils allge meiner Anwendbarkeit, theils speciell für gewisse Prozesskategorien, welche hier dargelegt werden sollen.

1. Die älteste und einfachste Form ist die Einsetzung des Einzelgeschwornen *(iudex unus);* sie gilt so sehr als der rechte Ausdruck der Institution, dass für den „rechten Prozess" neben der Führung vor einem städtischen Gericht auch die Entscheidung durch den Einzelgeschwornen gefordert wird.

2. Die nicht ursprüngliche, aber sehr alte Ueberweisung der Urtheilsfällung an eine niedrig gehaltene und immer ungleiche Zahl von Geschwornen, die *recuperatores* liegt ihrem Ursprung nach im Dunkel. Wahrscheinlich ist sie aus dem internationalen Rechtsverkehr hervorgegangen und ursprünglich auf die zwischen Bürgern obschwebenden Rechtshändel nicht anwendbar gewesen; wie wir indess die Institution kennen, besteht diese Schranke für sie nicht, sondern wird sie auf die verschiedensten Prozesskategorien angewandt und scheint es lediglich von der allgemeinen oder speciellen Anordnung des prozessleitenden Magistrats abzuhängen, ob im einzelnen Fall der Einzelgeschworne oder Recuperatoren entscheiden. Das Urtheil wurde ohne Zweifel durch Abstimmung und Ermittelung der Majorität gefunden. Die Leitung, die nicht gefehlt haben kann, scheint man der Vereinbarung der berufenen Geschwornen überlassen zu haben.

3. Für den Freiheitsprozess, dessen Einleitung vor dem Magistrat im Uebrigen den allgemeinen Ordnungen unterliegt, ist wie dies bei der politischen Wichtigkeit desselben für die aus der Unfreiheit hervorgegangenen Plebejer begreiflich ist, wahrscheinlich seit der Anerkennung der Plebs selbst die gewöhnliche Form der Geschwornenernennung beseitigt und die Entscheidung einem von Jahr zu Jahr allgemein dafür bestellten Geschwornencollegium von zehn nicht dem Senat angehörigen Männern, den *decemviri litibus iudicandis* überwiesen. Ob dieselben ursprünglich von dem Prätor ernannt oder wie sie sonst bestellt worden sind, wissen wir nicht; am Ende der Republik werden sie in Tribuscomitien gewählt und figuriren daher unter den Magistraten (S. 144). Dass auch andere Privatprozesse an sie kamen, wie man aus der Benennung schliessen möchte, ist nicht zu erweisen. Der Prozess wird unter Vorsitz, wie es scheint, eines der Zehnmänner vor diesen insgesammt geführt und daher wie alle vor grösseren Geschwornencollegien geführten Verhandlungen als *quaestio* bezeichnet. Augustus hat den Freiheitsprozess auf die Formen des gewöhnlichen Privatprozesses zurückgeführt und den Decemvirn eine andere Verwendung gegeben.

4. Aehnlich, aber erst in späterer Zeit, sicher erst nach dem J. 513 (241 v. Chr.) ist das Erbschaftsgericht geordnet. Auch hier tritt an die Stelle der Geschwornenbestellung für den einzelnen Fall das Geschwornengericht der sogenannten Hundertmänner. Es sind deren in republikanischer Zeit eigentlich 105, und zwar drei aus jeder der fünfunddreissig Tribus, in der Kaiserzeit 180; über die Ernennung ist nichts sicheres bekannt, doch sind sie

eher von den einzelnen Tribus als vom Prätor creirt worden. Ueber die Erbschaftsprozesse hinaus scheint ihre Competenz nicht gegangen zu sein; wahrscheinlich aber haben durch das Specialgesetz, das diese Institution ins Leben rief, die Centumvirn eine über die allgemeine Befugniss der Geschwornen hinausgehende Controle über die Testamente erhalten und kraft derselben unbillige oder sittlich tadelnswerthe Erbeseinsetzungen und Enterbungen cassirt. Obwohl sie für den einzelnen Prozess in Abtheilungen, anfangs vermuthlich drei von je 35, späterhin vier von je 45 Geschwornen geschieden waren und nur ausnahmsweise, vermuthlich um bei Prozessen gegen mehrere Erben widersprechende Urtheilsfindung abzuwenden, diese Abtheilungen combinirt functionirten, fiel dieses Verfahren noch mehr als der Freiheitsprozess in den Kreis der *quaestio* und stand auch, wie es bei dieser gewöhnlich ist, unter magistratischem oder quasimagistratischem Vorsitz, und zwar in republikanischer Zeit unter der der gewesenen Quästoren, nach den augustischen Ordnungen unter einem besonders für die Erbschaftsprozesse bestellten Prätor *(praetor hastarius)* und neben diesem unter den ihrer ursprünglichen Function enthobenen Decemvirn.

5. Die zunächst für die Aufsicht über die Gefänignisse und für die Handhabung der Nachtpolizei creirten Dreimänner haben zugleich für Diebstahl und analoge unter das Civilverfahren fallende Verbrechen die Urtheilsfällung (S. 144). Es muss indess dahingestellt bleiben, bis zu welchem Grade die Vorschriften des Civilrechts über die Klägerrolle und das Strafmass bei diesem Verfahren eingehalten worden sind und ob ihre Thätigkeit mehr als die eines Geschwornencollegiums oder mehr als Handhabung der Polizei aufzufassen ist; theoretisch mag der erste, praktisch der letztere Gesichtspunkt vorgewaltet haben.

6. Aehnlich wie für den Freiheits- und den Erbschaftsprozess ist im Laufe des letzten Jahrhunderts der Republik für eine Reihe von Rechtshändeln von politischer Wichtigkeit *(iudicia publica)* durch Specialgesetze zuweilen für den einzelnen Fall, meistens für eine bestimmte Kategorie ein Civilverfahren eingeführt worden, welches durch verstärkte Geschwornenzahl bei der Urtheilfindung und durch gesetzlich geordneten Vorsitz verschärft ist und das unter dem Namen des Quästionenprozesses zu gehen pflegt. Ausgegangen ist dies Verfahren von denjenigen Kategorien der Civilklage, bei denen der Staat als solcher interessirt war, zunächst von der Beamtenerpressung, für welches nach dem römischen System unter die Civilklage des Diebstahls fallende Verbrechen im Jahre 605 (149 v. Chr.) die erste derartige Prozessordnung erging. Aehnlich ist alsdann der Unterschleif behandelt worden. Späterhin, hauptsächlich durch Sulla, ist diese verschärfte Civilklage angewandt worden auf eine Reihe anderer Handlungen, die in der früheren Rechtspflege, so weit wir sie kennen, entweder nicht individuell hervortreten, wie Münzfälschung, Testamentsfälschung, Vergewaltigung, Ehebruch, Amts-

erschleichung, Anmassung des Bürgerrechts, oder nachweislich unter das öffentliche Strafverfahren fallen, wie der Landesverrath *(maiestas)* und der Mord *(quaestio de sicariis et veneficis)*. Insoweit also wird durch diese neue Form das nicht mehr genügend functionirende Provocationsverfahren ersetzt und auch sie scheint gleich diesem nur gegen römische Bürger zur Anwendung gekommen zu sein; wenn insofern nach der heutigen Auffassung des Gegensatzes von Civil- und Strafrecht des Quästionenverfahrens dem letzteren anzugehören scheint und materiell in der That ihm zugezählt werden muss, so kann doch formell dasselbe nur als qualificirter Privatprozess aufgefasst werden. Diese Qualification besteht, wie gesagt, wesentlich in der verstärkten Mitgliederzahl dieser Geschwornengerichte und in dem dadurch bedingten schärferen Hervortreten des Vorsitzes. Es kann der Vorsitzende ein dem Collegium selbst entnommener und mitstimmender Vormann *(quaesitor)* sein; in der Regel aber tritt die einzelne Quästion unter magistratische oder quasimagistratische Leitung, wobei der Vorsitzende selber nicht stimmt. Beispielsweise wurde der Erpressungsprozess zuerst unter dem Vorsitz des bisher für diesen Civilfall competenten Peregrinenprätors, seit dem Jahre 631 (123 v. Chr.) unter dem eines speciell für diese Quästion bestimmten Prätors verhandelt, während bei dem Mordprozess der Regel nach ein Gerichtsleiter *(iudex quaestionis)* ädilicischen Ranges als Vorsitzender functionirt, ähnlich wie den Erbschaftsprozess die Quästoren handhaben. Die Geschwornen pflegen hier dem Vorsitzenden gegenüber als dessen *consilium* bezeichnet zu werden, obwohl diese Bezeichnung streng genommen nicht passt (S. 120), da der Vorsitzende an die Majorität der Stimmen gebunden ist und gewöhnlich selber nicht mitstimmt. Im Uebrigen gilt hinsichtlich der Zusammensetzung des Consiliums im Allgemeinen das früher Gesagte, während weiter für jede Quästion das Specialgesetz darüber besondere Anordnungen trifft, unter denen die wichtigste vermuthlich die war, dass für die einzelnen Kategorien aus der allgemeinen eine besondere Geschwornenliste ausgesondert wird, hauptsächlich wohl um Collisionen der verschiedenen prozessleitenden Behörden in der Auswahl der Urtheilfinder zu verhindern. — Wenn diese Ordnungen zunächst für die hauptstädtischen Gerichte erlassen sind, so müssen auch für die italischen Municipien ähnliche ergangen sein; wenigstens Mord und Amtserschleichung sind, wenn ausserhalb der Stadt Rom verübt, nicht vor die hauptstädtischen Gerichte gezogen worden. In den Provinzen hat ein Quästionenverfahren schwerlich stattfinden können; auf die Handhabung der Criminalprozesse daselbst kommen wir weiterhin in dem Abschnitt vom Provinzialregiment zurück.

Bei dem Verfahren *in iudicio* ist der Geschworne selbstverständlich an die Instruction gebunden, im Uebrigen aber nicht minder für die Rechts- wie für die Thatfragen competent. Formale Vorschriften, abgesehen von der auch hierbei erforderlichen Oeffentlichkeit, bestehen dafür nicht; es bleibt dem

Geschwornen überlassen sei es durch Anhörung der Parteien, sei es durch eigene Fragestellung sich diejenige Ueberzeugung zu verschaffen, die seinen Spruch bedingt. Ueber den bei grösseren Collegien hinzutretenden Vorsitz, wo dann der einzelne Geschworne sich schweigend zu verhalten pflegt, ist bereits gesprochen worden.

Wie der Spruch des Schwurgerichts durch den Privaten herbeigeführt wird, so liegt auch, abgesehen von der Einziehung der dem Unterliegenden auferlegten Busse an die Opferkasse (S. 193), die Execution des Geschwornenspruchs nicht der Gemeinde ob, sondern dem obsiegenden Kläger. Dem Umfang wie der Rechtskraft nach steht derselbe dem öffentlichen Straferkenntniss nicht nach, ist ihm vielmehr insofern überlegen, als dieses in der Form der Provocation eine Gnadeninstanz zulässt, dem obsiegenden Kläger aber auch die Gemeinde nicht in den Arm fallen kann, wie denn in Rücksicht darauf ausdrücklich ausgesprochen wird, dass nach den römischen Ordnungen der Erntedieb des Civilrechts einen schwereren Stand hat als der Mörder des Strafrechts. Wenn bei dem Privatdelict der uns besser bekannten Zeit die adäquate Sühnung zurücktritt, so macht in der früheren Epoche diese vielmehr in der Strafbemessung in hervorragender Weise sich geltend. Nach Zwölftafelrecht wird der auf Diebstahl ergriffene Freie nach Ermessen des Prätors gezüchtigt und, wenn er erwachsen ist, dem Bestohlenen zu vollem Eigenthum zugesprochen, der Unfreie hingerichtet. Bei nächtlicher Aneignung der Ernte auf offenem Feld wird sogar der Freie, wenn er mündig ist, mit dem Tode bestraft. Die ebenfalls im ältesten Landrecht anerkannte Vergeltung der Körperverletzung durch gleichartige Verstümmelung geht hinaus über alle uns bekannten Strafen des öffentlichen Criminalrechts; und selbst die Verbalinjurie wird, wenn durch Absingung von Spottliedern auf offener Strasse verübt, mit dem Kopfe gesühnt. Mehr noch als die Schwere der Strafen verdient es Beachtung, dass deren Vollziehung, wenn sie auch im Allgemeinen wohl durch den Verletzten oder dessen Angehörige zu erfolgen hat, wie dies von der Körperverstümmelung ausdrücklich bezeugt ist, dennoch wenigstens Mitwirkung des Magistrats erfordert, trotzdem das Urtheil ohne sein Zuthun gefällt worden ist. Indess ist dieser mit der Staatsordnung schwer vereinbare Ueberrest der alten Selbsthülfe des einzelnen Bürgers in historischer Zeit beseitigt. Für den gewöhnlichen Diebstahl haben schon die Zwölftafeln, die ältere Ordnung wahrscheinlich nach solonischem Muster mildernd, dem Dieb die Lösung durch doppelten Ersatz *(poena dupli)* freigegeben; allmählich verschwanden durch Gesetz oder Gewohnheit jene das Leben oder den Körper treffenden Privatstrafen sämmtlich und wurde im Gegensatz dazu die Regel aufgestellt, dass jedes privatrechtlich verfolgbare Unrecht durch Geldleistung solle gesühnt werden können.

Wieder kam man mit diesem Satz, dass im Privatprozess über Werthersatz und Geldstrafe hinaus nicht erkannt werden könne, bei der Hineinziehung der im öffentlichen Interesse verschärften Quästionen ins Gedränge. Zwar bei der ältesten wegen Erpressung beschränkte der Spruch sich anfangs auf einfachen und dann auf doppelten Schadenersatz und hielt sich also innerhalb der Schranken des Privatprozesses, wobei bei dem Umfang, den die Beamtenerpressungen damals angenommen hatten, eine derartige Verurtheilung wohl meistens den Concurs nach sich zog. Aber bei Landesverrath und Mord reichte die Geldbusse nicht aus; es ist nicht sicher bekannt, welche Ahndung die sullanischen Ordnungen dafür festsetzten, doch dürfte dies die Verbannung aus Italien gewesen sein, womit erst der Dictator Caesar den Verlust des Bürgerrechts verbunden zu haben scheint. Auf die durchgängige Niedrigkeit der im Quästionenprozess eintretenden Strafen und das gänzliche Fehlen der Todesstrafe hat die dafür gewählte dem delictischen Thatbestand wenig adäquate privatrechtliche Form wesentlich eingewirkt.

Wenn die geradezu delictische Strafe aus dem Privatrecht früh verschwand, so hat dagegen die Privatexecution gegen den nicht zahlungsfähigen Schuldner, ohne dass der Rechtsgrund der Schuld einen Unterschied macht, nicht bloss von Haus aus einen capitalen Charakter gehabt, sondern diesen auch bis zum Ausgang der Republik behalten. Im Eigenthumsprozess kann die Privatexecution dadurch vermieden werden, dass der Geschworne angewiesen wird den besitzenden und im Unrecht befundenen Beklagten freizusprechen, wenn er auf den Zwischenentscheid hin vor dem endgültigen Spruch die Sache zurückstellt; dessgleichen dadurch, dass die bei der Prozessregulirung zum Besitz der Sache zugelassene Partei sich zugleich für den Fall des Unterliegens nicht dem Sieger, sondern der Gemeinde unter Bürgschaftsstellung zur Ablieferung der Sache verpflichtet. Aber der Privatexecution unterliegen nothwendig alle aus einer Schuldforderung oder überhaupt einem Contract resultirenden so wie alle auf Schadenersatz oder Geldbusse gerichteten Klagen, und auch die Eigenthumsklage kann zur Privatexecution führen, wenn der zu Unrecht besitzende Beklagte nicht vor dem Spruch die Sache zurückstellt und demnach von dem Geschwornen der erhaltenen Anweisung gemäss auf deren in Geld angeschlagenen Werth verurtheilt wird. Bei Nichterfüllung einer jeden durch Geschwornenspruch oder das diesem gleichstehende Geständniss rechtlich festgestellten Forderung ist der obsiegende Kläger befugt auf den Schuldner, wo er ihn trifft, die Hand zu legen und nöthigenfalls Gewalt gegen ihn zu gebrauchen. Zwar unterliegt diese rechtmässige Selbsthülfe wie die Klage selbst der magistratischen Regulirung. Der Kläger hat den Verurtheilten, auf den er die Hand gelegt hat, abermals vor den prozessleitenden Magistrat zu führen und erst wenn er vor diesem sich über den Sachverhalt ausgewiesen hatte, wobei unter Umständen wieder Geschworne zugezogen werden mussten, und wenn die dem Verurtheilten gesetzlich zustehenden Fristen abgelaufen waren, sprach der Magistrat dem Kläger den Schuldner so wie dessen Habe einschliesslich der in seiner Gewalt stehenden Kinder zum Eigenthum zu. Diesem addicirten Manne kam zwar die Regel zu Gute, dass innerhalb Latium kein Bürger einer dazu gehörigen Gemeinde unfrei werden kann (S. 19); aber der obsiegende Gläubiger war befugt ihn und die Seinigen bis weiter als Sclaven zu halten und zu behandeln und zu jeder Zeit durch Verkauf in das Ausland den provisorischen Verlust der Freiheit zum definitiven zu machen. Insofern ist der römische Privatprozess überhaupt bedingt capital und kostet bei Nichterfüllung der zugesprochenen Forderung dem Verurtheilten die bürgerliche Existenz. Allerdings ist dieses strenge Schuldverfahren, das auch bei den politischen Kämpfen eine wichtige Rolle gespielt hat, im Lauf der republikanischen Jahrhunderte wesentlich gemildert worden; aber die Abschaffung desselben und die Beschränkung der bei Zahlungsunfähigkeit eintretenden Rechtsfolge auf die Abtretung des Vermögens sind erst das Werk des Dictators Caesar.

Der Fundamentalsatz der republikanischen Rechtspflege, dass der Rechtsspruch durch den Magistrat herbeigeführt, aber von dem Schwurgericht gefällt wird, hat unter dem Principat sich insoweit behauptet, dass der Geschworneninstitution im Allgemeinen ihre Stellung bleibt und die souveränen Gewalten, Consuln und Senat einer- und der Kaiser andrerseits nur insoweit ihr Strafrecht reicht, mit derselben concurriren. Anstatt des Quästionenprozesses kann das exceptionelle Verfahren vor diesen höchsten Stellen eintreten; einen eigentlich privaten Rechtshandel können dieselben von Rechtswegen vielleicht nicht einmal an sich ziehen, obwohl dies für den Kaiser zweifelhaft ist und namentlich das Eingreifen des Stadtpräfecten in die civile Rechtspflege auch dieses zu fordern scheint, auf keinen Fall den im Privatprozess gefällten Geschwornenspruch cassiren. Dennoch ist schon bemerkt worden, dass die Geschworneninstitutionen unter dem Principat nicht eigentlich abgeschafft, aber ihr Gebiet allmählich verengt worden ist und dem ordentlichen Prozess mit magistratischer Einleitung und Urtheilsfindung durch das Spruchgericht das Verfahren mit rein magistratischer Entscheidung (*cognitio*) zunächst als ausserordentlicher Prozess an die Seite getreten und schliesslich der ordentliche diesem gewichen ist. Bei den erst unter dem Principat, aber bereits in dessen Anfängen in den Kreis des Privatrechts gezogenen Fideicommissen sind niemals Geschworne verwendet worden. Bei der kaiserlichen Hausverwaltung, die der Sache nach überall in die staatlichen Ordnungen eingreift, ist für das Geschwornenverfahren bereits unter Claudius die Cognition eingetreten. Diejenigen Rechtshändel, welche ein unmittelbares Eingreifen der Staatsgewalt erfordern, wie die sämmtlichen *iudicia publica* und weiter der Diebstahl, konnten unter dem strengeren Regiment der Monarchie nicht füglich bloss dann gerichtlich verfolgt werden, wenn sich ein freiwilliger Staatsanwalt für jene einstellte oder bei diesem der Bestohlene als Privatkläger auftrat. Zu der Beseitigung des Geschwornenverfahrens im eigentlichen Privatprozess hat auch die Umständlichkeit und Schwerfälligkeit desselben sicher wesentlich beigetragen. In seiner stufenweisen Entwicklung können wir den Wandel der Rechtspflege, welcher ohne Zweifel in den Provinzen sich früher vollzogen hat als in Rom und Italien, nicht genügend verfolgen und am wenigsten in dieser Uebersicht weiter auf ihn eingehen; am Ende des dritten Jahrhunderts ist er vollendet und giebt es keine andere Form des Rechtsspruchs als das magistratische Urtheil.

Aber wie das Eingreifen der mit dem Principat ins Leben tretenden Dyarchie das Strafrecht umgestaltet hat (S. 183), macht sich im Civilrecht eine gleichartige Einwirkung derselben geltend in der Appellation gegen das magistratische Decret. Der republikanischen Ordnung ist dieselbe bekannt in dem Verhältnis des Mandatars zu dem Mandanten (S. 119); aber erst seit in der neuen Ordnung des Staatswesens zwei höchste souveräne Gewalten, Consuln und Senat einer- und der Princeps andrerseits zur Geltung gekommen waren, wurde daraus die Regel entwickelt, dass von jedem magistratischen Decret an eine derselben oder an beide appellirt werden kann und zwar in dem engeren Machtgebiet, das durch kaiserliche Mandatare verwaltet wird, lediglich an den Kaiser, im Uebrigen sowohl an ihn wie an Consuln und Senat. Die Annahme der Appellation ist auch hier facultativ und lässt ebenfalls Stellvertretung zu. Die Appellation an den Senat scheint regelmässig durch die Consuln allein erledigt worden zu sein. Bei derjenigen an den Kaiser ist von jeher Delegation in weitem Umfang zu Hülfe genommen worden; doch haben in der besseren Zeit des Principats thätige Regenten sich dabei wesentlich auch persönlich betheiligt, woraus späterhin die scheinhaft personale, in der That von den Palastoffizieren gehandhabte kaiserliche Immediatjurisdiction hervorgegangen ist. Hinsichtlich der dieser Institution insbesondere durch kurze Befristung der Appellationseinlegung und durch Geldstrafen für Missbrauch derselben gesetzten Schranken und hinsichtlich ihrer sonstigen Modalitäten muss auf den Civilprozess verwiesen werden; hier heben wir nur noch hervor, dass die Appellation, da sie nur gegen das magistratische Decret, nicht aber gegen den Geschwornenspruch eingelegt werden kann, die unbedingte Herrschaft in dem Gebiet des Privatrechts erst durch die Beseitigung der Schwurgerichte gewann. Wenn die Appellation begründet erscheint, so cassirt der Consul oder der Kaiser nicht bloss das betreffende Decret, sondern er setzt ein anderes an seine Stelle und wahrscheinlich ist in diesem Falle regelmässig die Sache, auch wenn sie sonst vor Geschworne gehört hätte, im Wege der Cognition definitiv entschieden worden.

4. Das Heerwesen

Bürgerschaft und Bürgerheer fallen rechtlich und thatsächlich zusammen. Wehrpflicht und Stimmrecht sind correlat, Frauen und Knaben von beiden gleichmässig ausgeschlossen; die früher (S. 33) entwickelte Gliederung der Bürgerschaft gilt ursprünglich gleichmässig für den Kriegsdienst wie für die Tagungen der Gemeinde. Auch die Stetigkeit ist dem Bürgerheer ebenso eigen wie der Bürgerschaft; wenn der Act des „Ermessens", der Census (S. 134), die in längeren Zwischenräumen stattfindende Feststellung des Personal- und Vermögensstandes der Gemeinde oder, wie wir ihn eigentlich ungenau zu bezeichnen pflegen, die Schätzung kann wohl im gewissen Sinne als Heerbildung aufgefasst werden, hat aber in der That vielmehr den Zweck das bestehende Bürgerheer zu ordnen als ein solches zu schaffen und wird nur insofern als „Gründung" *(lustrum conditum)* bezeichnet, als er die ursprüngliche Gründung der Bürgerschaft erneuert. Von diesem Act ist hier auszugehen, von der Vorbereitung der Einberufung zum Heerdienst durch Feststellung der dafür in Betracht kommenden personalen Qualification. Die Zutheilung dieses Geschäfts an eigene bei der Einberufung nicht mitwirkende Beamte, die seit dem Anfang des 4. Jahrh. d. St. fungirenden Censoren hat diese Vorbereitung von der Einberufung selbst scharf gesondert; sicher im Zusammenhang damit erscheint der Census der historischen Zeit nicht so sehr als Vorbereitung für die Einberufung der Dienstpflichtigen denn als politisch Verzeichnung der stimmberechtigten Bürger. Gerichtet sind die censorischen Aufnahmen hauptsächlich auf Feststellung der folgenden vier Momente für den einzelnen Bürger.

1. Das Lebensalter ist für den Kriegsdienst schlechthin bedingend, insofern er vor vollendetem 17. Lebensjahr nicht geleistet werden darf und nach vollendetem 46. wenigstens nicht im Felde erfordert wird. Die Feststellung dieser Altersgrenzen ist, da sie auch das Stimmrecht bedingen, stets eine Hauptaufgabe der Schatzung geblieben.

2. Die körperliche Dienstfähigkeit hat bei der Reiterei beständig der censorischen Prüfung unterlegen und dies ohne Zweifel ursprünglich ebenfalls auf die zu Fuss dienende Bürgerschaft sich erstreckt. Innerhalb gewisser Grenzen mag auch schon bei dem Census festgestellt worden sein, welche Personen aus diesem Grunde der Einberufung nicht unterliegen. Im Allgemeinen aber ist die erforderliche körperliche Prüfung wohl auf den Act der Einberufung übergegangen, wobei namentlich mitgewirkt haben wird, dass die Dienstunfähigkeit wegen Alters oder körperlicher Gebrechen die Dienstberechtigung und also das politische Stimmrecht nicht aufhebt.

3. Die Vermögenslage kommt für die Dienstpflicht nicht an sich in Betracht, sondern nur insofern es sich um die Erfüllung derselben mit eigener Wehr handelt. Aber Heerdienst ohne Beschaffung eigener Waffen kommt in älterer Zeit ausser bei gewissen Gewerken nur vor in der Form der Einberufung für die unbewaffnete Ersatzmannschaft oder in besonderen Nothfällen; Selbstausrüstung ist durchaus die Regel und in diesem Sinne beschränkt sich die ordentliche Dienstpflicht in älterer Zeit auf die Grundbesitzer einschliess-

lich des Geschlechter- und später des Ascendentenbesitzes, seit dem 5. Jahrh. d. St. auf die Vermögensbesitzer überhaupt nach gewissen in der Beschaffenheit der Ausrüstung zum Ausdruck gelangenden Abstufungen, welche bereits in anderer Verbindung zur Sprache gekommen sind (S. 27). Insofern, und daneben allerdings mit Rücksicht auf die Vermögenssteuer, werden in dem Bürgerverzeichniss die für die Modalität der Dienstpflicht massgebenden Vermögensverhältnisse aufgeführt. Darum ergeht auch die Ladung für den Census zunächst an diejenigen Personen, welche selbständiges Vermögen haben oder doch haben können, so dass für die Kinder in der Gewalt der Vater eintritt. Die Frauen und die Unmündigen, so weit sie selbständiges Vermögen haben, werden, mit Vertretung durch ihre Vormünder, bei der Schatzung ebenfalls, aber in einer Nebenliste verzeichnet, welche insofern auch militärischen Zweck hat, als der Rittersold auf diese gelegt ist. — Auch nachdem durch Zulassung des Freiwilligendienstes ohne solche Qualification die Vermögenssätze ihre militärische Bedeutung verloren hatten, was indess erst im letzten Jahrhundert der Republik eintrat, haben im Stimmrecht jene Abstufungen und damit die censorischen Vermögensaufnahmen sich behauptet.

4. Die Ehrenhaftigkeit kommt ebenfalls nur für die ordentliche Wehrpflicht in Betracht, insofern es in älterer Zeit zu der Schatzung mit gehört aus dem Verzeichniss der zunächst dienstpflichtigen Grundbesitzer die bescholtenen Personen zu entfernen und sie in das der bloss steuerpflichtigen *(aerarii)* zu übertragen (S. 23. 137). Nachdem die ordentliche Dienstpflicht nicht mehr am Grundbesitz sondern am Vermögen haftete, ist zwar der Gegensatz der *tribules* und der *aerarii* beseitigt; indess gehört es immer noch zu den censorischen Aufgaben bei denjenigen Bürgern, denen das volle Ehrenrecht mangelt, zum Beispiel den Freigelassenen (S. 42) dies zu constatiren und der Einberufung derselben zum Dienst nach Möglichkeit vorzubeugen.

Aus der Schätzung ist ursprünglich die Bürgerschaft hervorgegangen als geordnetes Bürgerheer *(exercitus centuriatus)*, geschieden in Reiterei und Fussvolk, jene wie dieses gegliedert nach den militärischen Abtheilungen, den Centurien mit Centurionen an ihrer Spitze; auch Waffenschau und Waffenprüfung war damit verbunden. Dennoch kann die unmittelbare Verwendung dieses Heeres für den Dienst nur stattgefunden haben unter Hinzutreten gewisser uns nicht überlieferter Anordnungen hinsichtlich sowohl der nicht diensttauglichen wie der überzähligen Mannschaften; und in historischer Zeit ist auf jeden Fall das also in der Schatzung aufgestellte Heer unmittelbar nur für die Abstimmung verwendet, das Kriegsheer nicht damit identificirt, sondern in der weiterhin zu bezeichnenden Weise aus dem Bürgerheer entwickelt worden. Dass die Ordner des Schatzungsheeres, nachdem sie eigene Beamte geworden waren, das militärische Imperium nicht mehr besassen, wird damit in Zusammenhang stehen. Nur bei der Reiterei hat das ältere Verfahren Bestand gehabt.

Neben der Rechtspflege ruht die Magistratur auf dem Haftbefehl; aus beiden zusammen bildet sich der Begriff des *imperium,* der ursprünglichen Amtsgewalt und das Commando haftet noch ausschliesslicher als die Jurisdiction am Oberamt: es giebt kein Oberamt ohne Commando und kein Commando ohne Oberamt. Dass bei den verschiedenen Formen desselben das Imperium qualitativ dasselbe ist, tritt namentlich darin zu Tage, dass der höchste formale Ausdruck desselben, der Imperatorentitel und die Siegesfeier dem Dictator, dem Consul und dem Prätor gleichmässig zugestanden werden. Die für den Fall der Collision aufgestellte schon (S. 94 f.) entwickelte Regel, dass der Prätor dem Consul, der Consul dem Dictator weicht, ist mit der Gleichartigkeit ihrer Imperien wohl vereinbar. Allerdings aber besteht zwischen dem Dictator und dem späteren Consul einer- und dem Prätor andererseits insofern ein wesentlicher Gegensatz, als jene zunächst für die militärische Thätigkeit berufen sind, dieser dagegen, so weit seine Competenz nicht ausserordentlicher Weise anders normirt wird, zunächst für die Rechtspflege, was insbesondere bei der Heerbildung und bei der Festsetzung des Amtsbereichs weiterhin in Betracht kommen wird.

Die Einberufung der Bürger zum Kriegsdienst ist Recht des Magistrats, wie es Pflicht des Bürgers ist ihr Folge zu leisten. Der regelmässig von den einberufenen Bürgern auf den Namen des einberufenen Magistrats geleistete Treueid, vergleichbar dem der Bürgerschaft bei dem Amtsantritt abgeforderte Treuwort (S. 105), begründet nicht erst die Pflicht militärischen Gehorsams, sondern hat nur bestärkende Kraft. Die Einberufung kann, wo Gefahr im Verzug ist *(tumultus),* von jedem Imperienträger in der Weise vorgenommen werden, dass der Bürger, dem das Commando zur Kenntniss kommt, demselben unmittelbar Folge zu leisten hat, so weit er Waffen besitzt oder ihm diese zur Verfügung gestellt werden; ja bei eigentlichem Nothstand kann sogar jeder Private in gleicher Weise die Bürger unter die Waffen rufen. Die ordentliche Einberufung aber kann nur im städtischen Amtsbereich und nur durch die Consuln oder den Dictator vorgenommen werden; der Prätor ist dazu regelmässig nicht befugt, obwohl unter Umständen insbesondere nach Anweisung des Senats auch er dazu schreiten kann. Auch diejenigen Truppen, welche, wie dies vielfach der Fall ist, bestimmt sind unter prätorisches Commando gestellt zu werden, werden regelmässig von den Consuln einberufen. Die einrufenden Magistrate legen dabei die letzten censorischen Feststellungen zu Grunde, haben aber nicht bloss die in der Zwischenzeit eingetretenen Veränderungen zu berücksichtigen, sondern sind überhaupt nicht von Rechtswegen an diese Verzeichnisse gebunden. Ob die Centurien der für den Felddienst geeigneten Fusstruppen in der Form, wie sie aus der letzten censorischen Ordnung hervorgingen, jemals der unmittelbaren Einberufung unterlegen haben, kann bezweifelt werden, zumal da der Census nicht Jahr für Jahr stattfand und die letzte vorliegende Liste schon insofern mehr oder minder der Modification unterlag. Sicher folgt in historischer Zeit auf die an die censorischen Aufnahmen sich anschliessende Einberufung des Fussvolks die „Auswahl“ *(delectus)*, das heisst es werden beispielsweise aus den 40 Centurien der jüngeren Mannschaft erster Klasse die für diesmal erforderliche Anzahl von Mannschaften durch den Magistrat oder dessen Beauftragte ausgelesen, wobei sich dann die Aussonderung der minder tauglichen Leute von selber ergab, und diese Ausgelesenen ohne Rücksicht auf jene politische Centuriation nach militärischer Ordnung centuriirt. Nur die Centurien der ständigen Bürgerreiterei hatte der Feldherr so zu verwenden, wie die letzten Censoren sie geordnet hatten, und dass diese Ordnung oft eine Reihe von Jahren zurücklag, auch andere als rein militärische Rücksichten wohl bald in die Reiterwahl bedingend eingriffen, hat vermuthlich zu dem frühen Zurücktreten der Bürgerreiterei in der effectiven Kriegführung seinen Theil beigetragen. Nachdem die censorische Feststellung der Qualification zum Militärdienst gefallen war, lag die Auswahl für den Dienst unbeschränkt in der Hand des Feldherrn, was namentlich hinsichtlich der Annahme von Freiwilligen zur Anwendung kam, aber auch bei zwangsweisem Aufgebot nicht anders gehalten ward.

Die Bezeichnung der Offiziere und der Unteroffiziere ist ein integrirender Theil der Einberufung der Bürger zum Heerdienst und liegt bei dem Magistrat, der sie vornimmt, so weit nicht, wie dies bei den Kriegstribunen theilweise der Fall ist (S. 144), ihm seine Gehülfen durch die Comitien gesetzt werden.

Die Anzahl der jedesmal aufzubietenden Mannschaften und die Termine der Einberufung wie der Entlassung setzt von Rechtswegen allem Anschein nach der einrufende Magistrat fest. Der Bürgerschaft steht darauf keine Einwirkung zu, dem Senat nur innerhalb gewisser Grenzen. Früh scheint als Pflicht und Recht der ordentlichen Oberbeamten sich festgestellt zu haben, dass, so weit die Umstände es gestatteten, jeder Consul gehalten war ein angemessenes Corps — nach der späterhin geltenden Norm zwei Legionen jede von 4000 bis 5000 Mann — im Frühling einzuberufen und nach vollendeter Felddienstübung oder Kriegführung, wie es eben fiel, im Herbst wieder zu entlassen; sehr wahrscheinlich verdankt der Römerstaat seine militärischen Erfolge wesentlich dieser Stetigkeit der Einberufung der Mannschaften zu regelmässig sechsmonatlichem Dienst. Aufstellung einer grösseren Truppenzahl, sei es durch Einberufung einer grösseren Zahl von Dienstpflichtigen, sei es durch Erstreckung der Dienstzeit der früher Einberufenen ist dagegen immer als ausserordentliche Massregel behandelt worden, auch als sie dies der Sache nach längst nicht mehr war, und ist als solche von den Beschlüssen des Senats mehr oder minder abhängig gewesen, bei dessen Competenz wir darauf zurückkommen werden. Die Entlassung der Mannschaften soll verfassungsmässig von Jahr zu Jahr stattfinden und dies ist bis auf Augustus die Norm geblieben; aber der Dienst dauert, bis der einberufende Magistrat oder sein Nachfolger die Mannschaften entlässt. Von der hiemit gegebenen Befugniss den Dienst der unter Waffen stehenden Truppen nach Ermessen zu verlängern haben die Magistrate nicht bloss da, wo die Kriegslage dies forderte, sondern auch ohne solchen Zwang früh und umfassend Gebrauch gemacht, ohne dass jemals darin eine Verletzung der Amtspflicht gefunden worden wäre; und auch der Senat hat hiebei in das Ermessen des Feldherrn in minderem Umfang als bei der vermehrten Aushebung eingegriffen. Später hat zu der Verlängerung der Dienstzeit das Umsichgreifen des Freiwilligendienstes mitgewirkt, da diese Mannschaften nicht wie die eigentliche Bürgermiliz die Beendigung der Dienstpflicht zu beschleunigen bestrebt waren. Die Unregelmässigkeit der Entlassung hat selbstverständlich auf die der Einberufung zurückgewirkt; am Ausgang der Republik erfolgt auch diese schon exceptionell. Ueberhaupt ist die Ständigkeit des bürgerlichen Kriegsdienstes mit der Fixirung durchgängig zwanzigjähriger Dienstzeit, wie Augustus sie festgestellt hat, wohl eine der wichtigsten Neuerungen der beginnenden Monarchie, aber doch bereits in republikanischer Zeit vielfach vorbereitet und in mancher Hinsicht anticipirt.

Oertliche Grenzen sind, von der Stadt abgesehen, zunächst dem Imperium nicht gesetzt; wenn der Consul diese verlassend dasselbe übernommen hat, kann er es ausüben, wo immer sich das Bedürfniss dafür geltend macht. Dies wird allerdings verdunkelt durch die Conseqenzen der Collegialität (S. 97): sie hat dazu geführt, dass die beiden Oberbeamten die militärische Thätigkeit, die ihnen oblag, früh nach örtlichen Grenzen unter sich theilten. Auf die Verabredung hat auch der Senat eingewirkt und sie allmählich in eine den Consuln für ihre Amtsführung vom Senat ertheilte Instruction umgewandelt, welche dann durch ein von C. Gracchus veranlasstes Gesetz für die Consuln rechtlich verbindlich gemacht worden ist. Aber feste von Rechtswegen gültige Ortsgrenzen für das Commando sind erst aufgekommen mit den überseeischen Präturen. Jedem Statthalter wurde neben der in erster Reihe ihm obliegenden Rechtspflege in seinem Sprengel und durchaus in gesetzlicher Beschränkung auf diesen auch das Commando, je nach Umständen mit oder ohne Truppen, übertragen. Seitdem kam das allgemeine consularische Commando regelmässig nur zur Anwendung theils in Italien, theils gegen das Ausland; bei schwereren Kriegen indess, für welche das eigentlich exceptionelle prätorische Commando nicht genügte, haben die Consuln dasselbe auch in den Provinzen übernommen. Es ist schon aus einander gesetzt worden (S. 155), dass, nachdem Sulla den Gegensatz der von Fall zu Fall festgestellten consularischen Commandokreise und der rechtlich festen prätorischen Sprengel beseitigt und auch jene als förmliche Sprengel geordnet hatte, das Commando in dem eigentlichen Italien und überhaupt das oberste Reichscommando als ordentliche Institution wegfiel, bis dann unter dem Principat ein das gesammte Provinzialgebiet umfassendes militärisches Imperium ins Leben trat und das Sprengelcommando verschwand. Rom und Italien, jetzt in der Ausdehnung bis zur Alpengrenze, stehen noch unter dem Principat formell ausserhalb des geordneten magistratischen Commandos.

Es bleibt noch übrig kurz zu erinnern an die in anderer Verbindung behandelten in dem Commando enthaltenen Befugnisse in Beziehung auf die Rechtspflege, die Geldverwaltung und die Verhältnisse zum Ausland.

Dass in dem Commando das Zwangs- und Strafrecht enthalten ist und die das städtische Imperium fesselnden Provocationsschranken den Feldherrn erst in späterer Zeit und in minderem Umfange banden, ist in dem betreffenden Abschnitt entwickelt worden (S. 180). Der Ausschluss des Beamten mit zunächst feldherrlichem Imperium von der Jurisdiction gilt dagegen auch dann, wenn er im militärischen Amtsbezirk verweilt, so weit nicht der allerdings dehnbare Begriff der Lagerzucht darauf erstreckt werden kann (S. 187).

Die dem Oberamt dadurch gesetzte Schranke, dass dessen Inhaber die Gemeindekasse durch einen von ihm anfangs allein, sehr bald nach Vorschlag der Comitien ernannten Kassenführer, den Quästor, zu verwalten hat, ist im feldherrlichen Imperium zwar nicht auf die Dictatur, aber wohl auf Consulat und Prätur erstreckt worden. Wenn neben der obligatorischen Buchführung über die dem Feldherrn für die Kriegsbedürfnisse aus der Gemeindekasse überwiesenen Gelder und der daran hängenden Pflicht dieselben mit der Gemeindekasse zu verrechnen der Quästor regelmässig auch als Zweitcommandirender im Heer auftritt, so liegt dies nicht unmittelbar in der Institution, sondern beruht auf der ständigen Verwendung des freien militärischen Mandirungsrechts zu Gunsten des einzigen neben dem Feldherrn selbst bei dem Heer anwesenden Magistrats.

Den verbündeten auswärtigen Staaten gegenüber haben die Consuln das Recht und die Pflicht die vertragsmässig zugesagte Waffenhülfe einzumahnen, deren Umfang im Wesentlichen von ihrem Ermessen, wenn auch unter Mitwirkung des Senats abhängt (S. 45 f. 54). Aber wenn ein solcher Staat den bestehenden Vertrag gebrochen und damit den Landesfeinden sich gleichgestellt hat, steht die Kriegserklärung der Bürgerschaft zu, nicht der Magistratur, obwohl der Magistrat in die Lage kommen kann schon vor derselben die Kriegsführung zu beginnen. So wenig wie die Auflösung liegt der Abschluss eines Vertrags mit einem anderen Staate ausschliesslich in der Hand des Magistrats, sondern er bedarf dazu wenigstens nach strengem Recht der Mitwirkung anderer Factoren, wie dies in dem betreffenden Abschnitt weiter entwickelt werden wird. Dagegen steht nach rechtlicher Auffassung das nicht durch Vertrag verbundene Ausland mit der römischen Gemeinde von Rechtswegen im Krieg und der Inhaber des Imperium ist demnach selbst ohne besondere Vollmacht befugt gegen diese Landesfeinde *(hostes populi Romani)* die Waffen zu wenden, auch nach Kriegsrecht Waffenstillstand und sonstige militärische Conventionen zu schliessen so wie in diesem Ausland den Besitz der Gemeinde nach Vermögen zu mehren. Die dem Privatrecht fremde oder doch höchstens darin als Verjährungstitel zugelassene Occupation wird im öffentlichen Recht auf bewegliches wie unbewegliches Gut bezogen. Das im rechten Krieg gewonnene Gut, auch das bewegliche, wird Eigenthum der Gemeinde, nicht des Soldaten oder des Feldherrn, wenn gleich der Feldherr über dieses freier als über sonstiges Gemeindegut und häufig zu Gunsten der Soldaten verfügt. Ebenso wenig bedarf der siegreiche Feldherr für das Vorschieben der Grenze des stets nach den Regeln des *ager arcifinius* behandelten Stadtgebiets zu Gunsten Roms eines besonderen Auftrags, obwohl das Aufgeben oder das definitive Festhalten des gewonnenen Gebiets selbstverständlich nicht von dem einzelnen Magistrat abhängt.

Wenn das Commando zum Sieg in einer Feldschlacht geführt hat, so erlangt dadurch der Feldherr das Recht den bisher geführten Amts- mit dem Siegertitel *imperator* zu vertauschen (S. 67); und wenn er ferner nach siegreicher Beendigung eines rechten Krieges — was der Bürgerkrieg nicht ist — das Heer in die Stadt zurückführt, das Recht daselbst die Siegesfeier *(triumphus)* abzuhalten. Titel wie Feier haften durchaus an der Magistratur und es ist gleichgültig, ob der militärische Erfolg durch den Beamten persönlich oder durch seine Untergebene oder Stellvertreter herbeigeführt worden ist; diesen selbst wird, abgesehen von der caesarischen und der Triumviralzeit, weder der Titel noch die Feier gestattet. Sind bei dem Erfolg mehrere Magistrate betheiligt gewesen, so kommt der Triumph nach strengem Recht nur dem Höchstcommandirenden zu. Desshalb hat niemals ein Reiterführer triumphirt; indess ist bereits im ersten punischen Krieg der neben dem Consul commandirende Prätor zum Triumph zugelassen worden. Nach Ablauf der Amtszeit kann der Triumph unter der Voraussetzung gefeiert werden, dass der Feldherr durch Ausnahmegesetz für den Tag des Triumphs im Stadtgebiet von der Annuitätsschranke entbunden, der Proconsul also als Consul angesehen wird; auf ausserordentliche militärische Imperien aber, die nicht mit der rechten Magistratur begonnen haben (S. 146), wurde dies erst in der republikanischen Agonie erstreckt und bis auf Pompeius als Vorbedingung für den Triumph durchaus Dictatur, Consulat oder Prätur gefordert, selbst dem Consulartribun derselbe wohl desswegen versagt, weil diese dem Plebejer zugängliche Form des Oberamts nicht als rechte Magistratur angesehen ward (S. 68 f. 126). Ob die gewonnene Schlacht für Annahme des Titels, der erlangte Kriegserfolg für die Siegesfeier ausreiche, bestimmt nach formellem Recht der Feldherr selbst. Schicklich und üblich war es allerdings den Imperatorentitel nicht anders anzunehmen als nach dem Zuruf des siegreichen Heeres auf dem Schlachtfeld selbst oder auch nach dem Beschluss des Senats; indess darf beides nicht als Beilegung des Titels gefasst werden, sondern als das für den Entschluss des Feldherrn von seinem Recht Gebrauch zu machen bestimmende

Moment. Die Benutzung dieser für die Annahme des Imperatorentitels geltenden republikanischen Normen zur Formulirung des kaiserlichen Imperiums ist bei diesem (S. 151) auseinander gesetzt worden. Auch über den Triumph bestimmt von Rechtswegen der Feldherr mit gleicher Freiheit. Wenn er indess auf dem Capitol abgehalten wird, machen dabei, auch abgesehen von dem nach Ablauf der Amtfrist erforderlichen Volksschluss, die Schranken der städtischen Amtführung sich geltend: es konnte der Kostenbetrag vom Senat verweigert oder auch die tribunicische Coercition, die bis zur Verhaftung des Triumphators gehen kann, dagegen eingelegt werden; wesshalb in der mittleren Republik die Magistrate, welche sich dazu berechtigt hielten, aber Behinderung voraussahen, nicht selten die Siegesfeier ausserhalb der Stadt auf dem Albanerberge abgehalten haben. Thatsächlich kam die Entscheidung über die Bewilligung oder Versagung des Triumphs in späterer Zeit an den Senat, woneben übrigens mehrfach versucht ward dem einreissenden Missbrauch der Siegesfeier für geringfügige oder fingirte Erfolge durch Regulative des Senats oder Comitialgesetze Einhalt zu thun.

5. *Das Gemeindevermögen*

Wenn die Grundbegriffe des Vermögensrechts gleichmässig auf die Gemeinde wie auf den einzelnen Bürger bezogen werden, Eigenthum, Forderung, Erbschaft auch auf den Staat Anwendung finden, so steht die positive Ausgestaltung derselben in den beiden Rechtskreisen fast durchgängig mit einander in principiellem und praktischem Widerspruch. Wenigstens einige Grundlinien dieser nicht eigentlich im Staatsrecht darzustellenden Gegensätzlichkeit sollen hier gezogen werden. Im Eigenthum geht das Privatrecht aus von dem Vieh- und dem Sclavenstand und überhaupt dem beweglichen Gut, das Gemeindeeigenthum umgekehrt vom Bodenrecht. Der Eigenthumswechsel wird im Privatrecht hauptsächlich vermittelt durch den materiellen Wechsel des Besitzes, durch das Zusammenkommen des aus- und des eintretenden Eigenthümers an dem Ort, wo die Sache sich befindet; im Gemeinderecht hauptsächlich durch den einfachen Willensact der Gemeinde oder ihrer Auftragnehmer, die weiterhin näher zu erörternde Adsignation. Der Erwerbstitel der Occupation ist ausschliesslich dem Gemeinderecht, derjenige durch Verjährungsbesitz ausschliesslich dem Privatrecht eigen. Erbberechtigt ist die Gemeinde von jeher, obwohl nach den Normen des Privatrechts ihr zum Erbschaftserwerb die Fähigkeit fehlen würde. Im Forderungsrecht sind die hauptsächlichen Titel des Gemeinderechts dem Privatrecht fremd: die Frohnden haben in diesem schwerlich je eine Rolle gespielt und für die staatliche Zwangsanleihe, das heisst den *tributus*, fehlt es an jeder privatrechtlichen Analogie. Die private Besitzergreifung von öffentlichem Boden begründet für die Gemeinde eine der späteren Pachtung auf Dauer analoge Forderung, der im Privatrecht ebenfalls nicht Aehnliches entspricht. Schuld und Forderung sind privatrechtlich unübertragbar; im Gemeinderecht ist seit ältester Zeit nichts gewöhnlicher als bei der Gemeindeschuld die Substituirung eines anderen Schuldners, zum Beispiel der ältesten Soldzahlung zu Grunde liegt, bei der Gemeindeforderung die Substituirung eines anderen Gläubigers, wie sie zum Beispiel bei der Zehntenhebung üblich war. Anstatt des formalen Schuldvertrags des Privatrechts, des Nexum und später der Stipulation walten im öffentlichen Recht von jeher die thatsächlichen Rechtsverhältnisse, beruhend auf Herkommen und „guter Treue“ *(bona fides)*, der Kauf, die Pachtung, die Dienstmiethe, die Arbeitsübernahme. Endlich die personale Execution der Privatforderung, bei welcher der nicht zahlende Schuldner die Freiheit und mit der Freiheit die Habe verliert, ist dem Gemeinderecht fremd. Die Execution beschränkt sich häufig auf einzelne Theile des Vermögens theils in der Form des Verfalls des bei dem Abschluss des Vertrages der Gemeinde gestellten Pfandes *(prae[vi]dium)*, theils in der Form der Abpfändung von Sachen zum Zweck des Verkaufs (*pignoris capio*, nicht zu verwechseln mit der S. 179 erwähnten strafrechtlichen). Wo dies nicht der Fall ist, erfasst die Execution der Gemeindeschuld wohl die ganze Habe des Schuldners und seiner Bürgen *(prae[vi]des)*, aber nicht die persönliche Freiheit; Schuldsclaven hat so viel wir wissen, die Gemeinde nie gehabt noch je den zahlungsunfähigen Bürger ins Ausland verkauft. Nach allen Seiten hin bewegt sich das Gemeindevermögensrecht in denjenigen Formen, welche später hin im Privatverkehr das alte strenge Civilrecht verdrängt haben. Eine eigentliche Klage kennt dasselbe als Regel weder activ noch passiv. Im Privatverkehr steht die Gemeinde als Schiedsrichter über den Parteien; wenn da, wo sie selber Partei ist, ihr Recht ihr von dem Privaten nicht wird, bedient sie sich der Selbsthülfe; wo der Private sich von ihr in seinem Recht verletzt findet, kann er nur bei ihr selbst Abhülfe suchen. Durchaus fehlt wie die Sicherheit, so die Härte der privaten Ordnung; die Stelle des *ius* und des *iudicium* des Privatrechts nimmt hier von Haus aus die magistratische Cognition ein.

Die Führung des Haushalts der römischen Gemeinde, welche hier darzustellen ist, scheidet sich in zwei scharf von einander gesonderte Kreise: die Verwaltung des liegenden oder beweglichen Guts der Gemeinde und die Verwaltung der Kasse derselben mit Einschluss ihrer Geldforderungen und Geldschulden. Diese Scheidung, die auch der privaten Haushaltführung nicht fremd ist, hat sich in der Gemeindeökonomie dadurch mit besonderer Schärfe entwickelt, dass beide Kreise zwar ursprünglich in derselben Hand vereinigt sind, aber schon in der frühen Republik unter Zurücktreten in beiden Kreisen der oberamtlichen Einwirkung die Haushaltordnung auf die Censoren, die Kassenführung auf die Quästoren übergeht.

In die Verwaltung des Gemeindevermögens eingreifende Acte kann jeder Magistrat vornehmen, dessen Geschäfte einen solchen erfordern, zum Beispiel subalterne Gehülfen gegen Lohn annehmen. Die Centralverwaltung des Gemeindevermögens aber ist ein integrirender Theil der oberamtlichen Competenz. Indess ist, wie eben bemerkt ward, die periodische Regulirung des Gemeindehaushalts, wahrscheinlich gleich bei der Einsetzung eigener Schatzungsbeamten, dem Oberamt genommen und den Censoren übertragen worden. Dies hat zur Folge gehabt, dass, während bei dem Privathaushalt durchgängig die Jahrfrist zu Grunde gelegt wird, im Gemeindehaushalt so weit möglich die Verträge von Schatzung zu Schatzung laufen. Diejenigen Geschäfte der centralen Vermögensverwaltung, welche nicht mittelst der periodischen Regulirung erledigt werden können, sind für die zwischen den Censuren liegenden Zeiten dem Oberamt verblieben und werden durch die Consuln oder, falls diese nicht in der Stadt anwesend sind, durch den Stadtprätor geordnet.

Die centrale Regulirung des Gemeindehaushalts umfasst alle Geschäfte, welche die Instandhaltung und die Verwerthung des Gemeindevermögens, so weit dasselbe nicht in Geld und Geldforderungen besteht, ökonomisch erfordert. In diesen Kreis gehören alle Verfügungen über die Nutzung des Gemeindebodens unbeschadet des Eigenthumsrechts, insonderheit in älterer Zeit die Festsetzungen über das Triftrecht auf der Gemeindeweide gegen Entgelt und über die Zulassung der Occupation des Gemeinlandes gegen Abgabe einer Fruchtquote, welche beide vom ökonomischen Standpunct nichts sind als modificirte Verpachtungen. Auch die Hingabe von Gemeinland an Gläubiger der Gemeinde unter Vorbehalt des Eigenthumsrechts, wohin die sogenannten quästorischen Verkäufe von öffentlichem Boden gehören, ist nichts als eine Form der Zinsleistung und also der Verwerthung. Ueberwiegend liegt in der späteren Republik diese Thätigkeit in der Hand der Censoren. Ihnen liegt es ob den Bodenbesitz der Gemeinde zu ordnen und die Verwendung desselben entweder direct zu öffentlichen Zwecken oder zum Besten der Gemeindekasse zu regeln. Darauf beruht die censorische Terminirung und das censorische Eingreifen bei dem Strassenwesen und den Flussläufen, wobei die für den privaten Grundbesitz nothwendige Limitation insofern zu Grunde gelegt ward, als danach jedes von den Gebietsgrenzen umfasste Bodenstück, so weit es ausserhalb der Limitation stand, von Rechtswegen Gemeindeeigenthum war. Dazu gehört weiter die censorische Aufsicht über das auf Kosten der Gemeinde nach der Stadt Rom geleitete Wasser, dessen Verwendung, resp. Verkauf in ihre Hand gelegt war. Von ihnen hing es weiter ab auf der öffentlichen Strasse oder dem öffentlichen Ufer die Errichtung von Läden oder sonstigen Anlagen je nach Umständen zu verbieten oder unbeschadet des Eigenthumsrechts zu gestatten, in welchen Zusammenhang die Errichtung und das Abreissen der für die Volksfeste aufgeschlagenen

Schaubühnen gehört. Von besonderer Wichtigkeit sind die auf dem Bodenrecht der Gemeinde ruhenden von Schatzung zu Schatzung sich erneuernden Unternehmerverträge, einerseits zu Lasten der Gemeinde für Uebernahme der Unterhaltung der öffentlichen Baulichkeiten, wodurch die Frohndenordnung in recht früher Zeit beseitigt worden ist, andrerseits zum Nutzen der Gemeindekasse für Gewährung der der Gemeinde zustehenden Bodennutzungen, welche auftreten können in der Form eines bis weiter fixirten und unmittelbar an die Gemeinde zu entrichtenden Bodenzinses *(solarium)* oder Hafengeldes *(portorium)*, gewöhnlich aber als Ueberweisung der unmittelbaren Nutzung oder der von den unmittelbaren Benutzern zu leistenden Vergütungen an Private bis zur nächsten Schatzung gegen entsprechenden Entgelt. Derartige von Schatzung zu Schatzung im Wege der öffentlichen Licitation abgeschlossene Unternehmerverträge, in welche Form allmählich die meisten onerosen wie lucrativen Gemeindegeschäfte gekleidet worden sind, haben in ihrer Entwickelung die capitalistische Grossmachtstellung der römischen Bürgerschaft mit begründen helfen. Diese ordentlichen Geschäfte der Censur sind wesentlich gerichtet auf Erhaltung des Gemeindeguts in seinem Bestande; Kauf und Verkauf sind dabei insoweit ausgeschlossen, als sie nicht, wie zum Beispiel bei Ersetzung unbrauchbarer Sclaven und bei Weggabe abgängigen Tempelguts, im Kreise der laufenden Verwaltung liegen. Zu Handlungen, welche die Gemeinde ohne entsprechenden Entgelt belasten, sind die Censoren von sich aus nicht competent; wohl aber pflegt bei günstigem Stand der Gemeindekasse denselben vom Senat eine grössere Summe zur Ausführung von baulichen Anlagen überwiesen zu werden. Denn obwohl der römische Staat zu allen Zeiten Werth darauf gelegt hat auch unvorhergesehene grössere Ausgaben aus Baarmitteln bestreiten zu können, ist er keineswegs in unbegrenztes Thesauriren verfallen, sondern hat auf dem bezeichneten Wege die Ueberschüsse verwerthet. Ueberall aber ist die Befugniss der Censoren die Gemeinde zu verpflichten dadurch beschränkt, dass sie nicht, wie früher die Consuln, von sich aus auf die Gemeindekasse anweisen konnten, sondern dass ihnen von Consuln und Senat für die ordentlichen wie eventuell für die ausserordentlichen Verpflichtungen, welche sie für die Gemeinde einzugehen beabsichtigten, ein fest begrenzter Credit auf die Gemeindekasse bewilligt ward und deren Vorsteher nur innerhalb dieser Grenze auf die censorischen Anweisungen zahlte. Die technische Bezeichnung dieser Gelder als „freie Verwilligungen" hebt die Abwesenheit jedes Rechtszwanges zu solcherlei Leistungen staatsrechtlich hervor.

Alle in dem hier bezeichneten Kreis sich einstellenden Differenzen werden, wie schon bemerkt ward, durch magistratische Cognition entschieden und zwar, wenn es Censoren giebt, durch diese, sonst durch die sie vertretenden Oberbeamten. Eine Klage im Sinne des Privatrechts kann durch Substitution herbeigeführt werden, wenn zum Beispiel bei der Steuerpacht zwei Private sich gegenüberstehen; indess wird der Geschworne alsdann vom Censor oder seinem Vertreter ernannt und instruirt.

Einer wenigstens andeutenden Erörterung muss weiter die Frage unterworfen werden, wie weit der Kreis der zum Besten der Privaten auf Gemeindekosten herzustellenden Leistungen bei den Römern gezogen worden ist. Wie der Fortschritt der Civilisation sich überhaupt vorzugsweise in der steigenden Ausdehnung dieses Kreises geltend macht, so zeigt sich dies auch in der römischen Entwickelung. Die Republik, unter der diese Leistungen abgesehen von ausserordentlichen Aemtern wesentlich durch die Censoren bewirkt worden sind, hat sich in dieser Hinsicht fast ausschliesslich auf bauliche Anlagen beschränkt und hierin allerdings, namentlich in Strassenbauten wie in Rom und Italien so im ganzen Reich und in hauptstädtischen Wasserleitungen, Grosses geleistet. Zu staatlicher Einwirkung auf den hauptstädtischen Getreidepreis sind in republikanischer Zeit vielfach Anläufe gemacht und schon früh ist in ausserordentlicher Weise bei Theuerungen eingegriffen worden; im letzten Jahrhundert der Republik wurden sogar regelmässig grosse Quantitäten Getreides an die hauptstädtische Bürgerschaft unter dem Marktpreis oder umsonst abgegeben, wobei die Leitung wahrscheinlich wie bei dem Marktwesen überhaupt den Aedilen und weiter dem Oberamt zustand. Aber zu einer ständigen und allgemeinen Fixirung der Preise des hauptstädtischen Getreidemarktes durch Eingreifen des Staats ist es in dieser Epoche nicht gekommen.

Der Principat ist in dieser Hinsicht weiter gegangen. Zunächst wurden die hier einschlagenden Zweige der censorischen Thätigkeit, die ohne Zweifel von dem Verfall der Censur mit erfasst und in Stocken gerathen waren, in der Weise von dem Princeps übernommen, dass er für das hauptstädtische Bauwesen, für die hauptstädtischen Wasserleitungen, für die hauptstädtischen Kloaken und den Tiberstrom senatorische Specialämter einrichtete, ebenso die einzelnen grossen italischen Chausseen unter eigene von ihm ernannte Curatoren stellte und diesen Beamten, vermuthlich aus der Reichshauptkasse durch den Senat, die erforderlichen Mittel anweisen liess, wodurch für diese gemeinnützigen Anstalten, anstatt der bisherigen Vernachlässigung insbesondere während des Jahrhunderts der Bürgerkriege, eine neue Epoche anhob.

In ähnlicher Weise wurde das hauptstädtische Feuerlöschwesen, welches bis dahin den Aedilen und den sonstigen zu polizeilicher Coercition befugten Magistraten anheimgegeben und mit einer zu der Anzahl der dafür competenten Beamten im umgekehrten Verhältnis stehenden Liederlichkeit behandelt worden war, nach fehlgeschlagenen Versuchen civiler Reorganisirung militärisch geordnet und einer dafür speciell bestimmten Truppe unter eigenen Offizieren überwiesen.

Noch eingreifender aber war die staatliche Anerkennung des von der Demokratie stets verfochtenen Anrechts der hauptstädtischen Bürgerschaft auf ständigen Schutz gegen hohe Getreidepreise, obwohl dieser Schutz nicht bloss überhaupt in solcher Ausdehnung gemeinschädlich, sondern auch namentlich für eine Epoche, in welcher von der römischen Staatsbürgerschaft nur eine Minderzahl der Hauptstadt angehörte, von schreiender Unbilligkeit war. Dennoch wurde die Anforderung von den nur allzusehr auf hauptstädtische Popularität angewiesenen Kaisern erfüllt durch entsprechenden Getreidebezug und Magazinirung unter Ueberweisung der Leitung dieses Geschäfts an einen Hausbeamten (S. 264). Dagegen zeigen die mit Nerva und Traianus beginnenden kaiserlichen Unterstützungsgelder für die Aufziehung ehelicher Kinder in Italien, um auf diesem Wege dem Verfall der Ehe und dem Schwinden der Bevölkerung der Halbinsel zu steuern, die auch im Sinken nicht völlig sich verleugnende Weisheit und Kraft des römischen Regiments.

Besondere Erörterung fordert die Verschenkung des Gemeindeguts an Private. Im Allgemeinen genommen ist die Magistratur dazu nicht, auch unter Mitwirkung des Senats nicht competent; sie steht zu dem Gemeindevermögen ungefähr wie der Vormund zu dem des Pupillen. Indess wird diese Vorschrift namentlich Ausländern gegenüber durch die Regeln der guten Sitte und des öffentlichen Anstandes eingeschränkt, ebenso wie bei Geschenken an die Gemeinde die Annahme die Regel bildet, aber aus ähnlichen Gründen auch Ablehnung eintreten kann. Der Bürgerschaft gegenüber waltet in der besseren Zeit die hausherrliche Strenge; allmählich aber, namentlich in dem Jahrhundert der Revolution, schwindet das Gefühl, dass es unanständig ist öffentliches Gut sowohl zu verschenken wie sich schenken zu lassen, wovon die eben erwähnten immer häufigeren Abgaben von Getreide an die einzelnen Bürger unter dem Marktpreis oder unentgeltlich die namhafteste Anwendung sind. Eigenartig aber und vor Allem wichtig ist die Weggabe des Gemeinlandes unter Aufgabe des staatlichen Bodeneigenthums. Verkauf von Gemeindegrundstücken ist nur beiläufig vorgekommen und dann durch die Censoren bewirkt worden; aber die unentgeltliche Weggabe von Gemeinland *(datio adsignatio)* ist theoretisch wie praktisch der Angelpunct des römischen Gemeinwesens, ohne Zweifel zunächst nicht eigentlich als Verschenkung gefasst, sondern als dem Gemeinwesen selbst besser als das directe Staatseigenthum frommende Bodennutzung. Auf ihr ruht nach der römischen Auffassung das private Bodeneigenthum schlechthin; und wenn dieser Satz insofern wohl der Theorie angehört, als das Bodeneigenthum des Geschlechts schwerlich aus dem staatlichen abgeleitet ist, sondern diesem voraufgeht (S. 4), so mag schon dessen Auftheilung unter die Geschlechtsgenossen (S. 22) sich wohl unter staatlicher Autorität vollzogen haben, und sicher trifft diese Auffassung zu bei dem gesammten zu dem ursprünglichen Gebiet hinzugetretenen Neuland, indem jedes durch Eroberung oder auf andere Weise in den römischen Staat aufgehende Territorium zunächst diesem erworben wird, um dann, so weit es diesem beliebt, in römisches Privateigenthum umgewandelt zu werden, wobei die factische Fortdauer älteren Eigenthums selbstverständlich nicht ausgeschlossen ist. Wirthschaftlich ist die Umwandelung desjenigen staatlichen Bodeneigenthums, das der privaten Bewirthschaftung fähig ist und dessen der Staat nicht für die Interessen der Gesammtheit unmittelbar bedarf, in Privatbesitz geboten, und sie ist dem Senat gegenüber von der gracchanischen Oppositionspartei und schliesslich dem Principat wenigstens für Italien durchgeführt worden.

In dem Recht zu solcher Weggabe findet ebenso die alte königliche Gewalt ihren Ausdruck (S. 123) wie die spätere Souveränetät der Comitien darin, dass keine ordentliche Magistratur dazu befugt ist, sondern dafür immer Specialbeschluss der Bürgerschaft gefordert wird (S. 145), welchen Cardinalsatz selbst der Senat in der Zeit seiner Vollmacht nicht angetastet hat. — Principiell wird die Zustimmung der Gemeinde auch für jede Einzelschenkung öffentlichen Bodens erfordert, zum Beispiel für die Weggabe eines Bodenstücks zur Errichtung eines Tempels oder eines Grabmals; indess ist die Regel dabei nicht immer streng eingehalten worden. Dagegen hat mehr oder minder generelle Vergabung von Gemeinland in republikanischer Zeit nie anders stattgefunden als auf Grund eines Specialbeschlusses der Comitien, in früherer Zeit regelmässig nach Vorbeschluss des Senats, während der popularen Opposition gegen dessen Regiment häufig ohne und gegen dessen Willen. Mit der Ausführung solcher Beschlüsse sind in der früheren Republik wahrscheinlich durchgängig die Oberbeamten beauftragt worden; seit der Mitte des fünften Jahrhunderts d. St. forderte das gesteigerte Machtbewusstsein der Bürgerschaft für die Ausübung dieses ihres Reservatrechts die Bestellung besonderer Beamten, für die die Modalitäten von Fall zu Fall festgesetzt und die nach dieser Festsetzung in einem zweiten Comitialact gewählt wurden. Die Zahl ist ungleich; an der Collegialität aber wird festgehalten, bis in der letzten republikanischen Epoche auch hierin die Monarchie sich ankündigt. Die Amtsdauer ist ebenfalls ungleich; es pflegt, wie bei der Censur, neben der Beendigung des Geschäfts eine Maximalgrenze vorgeschrieben zu werden. Mit Annuität, welche für diese Specialmandate nicht passt, ist dies ausserordentliche Amt ein einziges Mal ausgestattet worden bei dem an Ti. Gracchus und seine Genossen ertheilten umfassenden und zeitlich nicht wohl zu begrenzenden derartigen Auftrag. Die Competenz dieser Beamten ist im Allgemeinen der censorischen gleichartig; es fehlt ihnen das Imperium und überhaupt die oberamtliche Befugniss; die censorische Judication, das heisst das Recht eintretenden Falls zu entscheiden, ob das fragliche Grundstück der Gemeinde gehöre und unter das Specialgesetz falle, ist diesen Beamten bald versagt, bald zugestanden worden. Die zur Auftheilung gelangende Landstrecke so wie die Qualification der Empfänger, welche auch latinische Bundesgenossen sein können, werden in dem Specialgesetz normirt. Je nach

Umständen wird mit der Landesanweisung auch die Gründung einer Ortschaft oder selbst die einer zu dem latinischen Städtebund neu hinzutretenden selbständigen Gemeinde verbunden, in welchem letzteren Fall das fragliche Territorium aus dem römischen Gebiet ausscheidet. Die Nutzung, welche der römische Staat von dem zur Auftheilung gelangenden Territorium bis dahin als Grundherr bezog, fällt durch die Adsignation von Rechtswegen weg; erst in der Spätzeit und nur ausserhalb Italiens sind dergleichen Gründungen unter Vorbehalt des staatlichen Bodeneigenthums und also unter Auflegung eines Bodenzinses gemacht worden. Die mit solcher Ortschaftsgründung beauftragten Beamten heissen davon *coloniae illi deducendae*, während die übrigen sich bezeichnen als *agris dandis adsignandis* oder, wenn die Judication ihnen eingeräumt ist, *agris dandis iudicandis adsignandis*. Die Rückkehr zur Monarchie drückt hinsichtlich der Adsignation des Gemeinlandes sich mit gleicher Schärfe aus in den sogenannten Militärcolonien der sullanischen und caesarischen Dictatur und des Principats, welche nichts sind als die Handhabung jenes alten Königsrechts.

Neben der Regulirung des Gemeindehaushalts steht die Verwaltung der römischen Gemeindegelder, die Führung der Gemeindekasse *(aerarium populi Romani)* und die Einziehung der Forderungen der Gemeinde so wie die Leistung der ihr obliegenden Ausgaben. Die verschiedenen Kassen der römischen Priesterthümer, namentlich die wichtigste der Pontifices, in welche die Prozessbussen flossen (S. 73) und aus der die Kosten des regelmässigen Götterdienstes vorwiegend bestritten wurden, können insofern auch als Gemeindekassen angesehen werden, als das Gut der Gemeinde und das Gut der Gemeindegötter mehr factisch als rechtlich geschieden waren, fallen aber nicht unter die Verwaltung der Gemeindekasse, da sie mit dieser nicht in Verrechnung standen. Dagegen werden die von den Districtsvorstehern für die Soldzahlung erhobenen Steuergelder so wie die aus dem Gemeindeschatz den Feldherren zur Bestreitung ihrer Aufwendungen zur Verfügung gestellten Summen wie überhaupt alle mit dem Aerarium zu verrechnenden Gelder als demselben zugehörig betrachtet; auch in dieser Hinsicht wie überhaupt im Vermögensrecht wird die Gemeinde einheitlich gefasst. In die ursprüngliche königlich-consularische Competenz fällt, wie schon hervorgehoben worden ist, auch dieser Zweig der Staatsverwaltung und er ist auch bei der späteren Gestaltung des Oberamts unter Ausschluss der lediglich für die Jurisdiction bestimmten Oberbeamten den verwaltenden, das heisst im städtischen Amtkreis den Consuln oder ihren Vertretern, im Militärgebiet den daselbst fungirenden Imperienträgern verblieben. Beschränkt worden aber ist die oberamtliche Kassenverwaltung nach zwei Richtungen hin, theils durch die nothwendige Zuziehung der quästorischen Gehülfen, theils durch die Trennung der städtischen Kassenverwaltung vom feldherrlichen Regiment.

Die mit der Verwaltung der Gemeindekasse ohne Zweifel von jeher verbundene und vermuthlich schon früh regelmässig durch Gehülfen der Oberbeamten beschaffte Buchführung über Einnahme und Ausgabe ist nach römischer Auffassung mit Einführung der Republik selbst, sicher in früh republikanischer Zeit obligatorisch geworden: der Consul behält wohl freie Verfügung über die Kasse, aber er kann die Ausgabe von Gemeindegeldern nur in der Weise bewirken, dass er den buchführenden Gehülfen, den Quästor, unter Angabe des Zweckes anweist Zahlung zu leisten und diese Zahlung als auf sein Geheiss geleistet zu verzeichnen. Vom Dictator abgesehen, besteht diese Vorschrift auch für die ausserstädtische Kassenführung: sowohl dem ausserhalb Rom amtirenden Consul wie dem Provinzialprätor und jedem Inhaber consularischer oder prätorischer Gewalt ist ein Quästor mit gleicher Competenz für die Buchführung beigegeben. Bei der Ernennung haben die Comitien früh mitgewirkt; wo indess einem derartigen Beamten ein von der Gemeinde bestellter Quästor fehlt, fällt die obligatorische Stellvertretung bei der Buchführung nicht weg, sondern es ist der Imperienträger alsdann verpflichtet der ursprünglichen Ordnung entsprechend sich selber einen solchen Gehülfen beizuordnen. Der politische Zweck der Einrichtung ist deutlich: da verantwortliche Rechnungslegung mit dem ursprünglichen Wesen der Magistratur sich nicht vertrug, wurde die officielle Constatirung einer jeden von dem Oberbeamten angeordneten Zahlung und damit die Möglichkeit ihn selbst dafür zur Verantwortung zu ziehen auf dem Wege der obligatorischen Beihülfe indirect herbeigeführt. Hinsichtlich der aus der städtischen Hauptkasse geleisteten Zahlungen ist ohne Zweifel bei dem Amtwechsel mit der Uebergabe des Kassenbestandes die Rechnungslegung verbunden gewesen; hinsichtlich der Zahlungen aus den Feldherrnkassen hatten die betreffenden Buchführer bei der Rückkehr des Magistrats nach Rom sich mit der Hauptkasse zu verrechnen.

Es ist ferner die Verwaltung der hauptstädtischen Centralkasse in der uns besser bekannten Zeit bedingt durch die Anwesenheit des Oberbeamten in Rom. Noch in der früheren Consularzeit hat dies schwerlich gegolten; in den beschränkten Verhältnissen der beginnenden Republik haben die Consuln wohl nicht regelmässig den Sommer über die Stadt verlassen und mag die Stadtkasse zugleich die Kriegskasse gewesen sein, die Kassenführung der beiden Quästoren also sämmtliche Ausgaben gleichmässig umfasst haben. Aber in historischer Zeit, namentlich seitdem durch die Verdoppelung der Zahl der Quästoren (S. 141) die Verwaltung der consularischen Kriegskasse von der städtischen Kassenverwaltung getrennt war, geht, wenn die Consuln Rom verlassen, mit den übrigen städtischen Geschäften die Verwaltung der Stadtkasse auf ihren Vertreter über. Der ständige Wechsel in der oberamtlichen Kassenleitung und die mindere Machtstellung des vertretenden Prätors haben dazu beigetragen sowohl den städtischen Quästoren dem Oberamt gegenüber grössere Selbständigkeit zu schaffen, wie denn die Schlüssel des

Aerarium bei ihnen und nicht bei dem Oberbeamten sich befinden, wie auch den Einfluss des Senats auf die Kassenverwaltung zu steigern, der allerdings in späterer Zeit auch den anwesenden Consuln gegenüber massgebend ist.

Von der Vereinnahmung der öffentlichen Gelder, welche mit der Kassenführung den Quästoren obliegt, sind ausgeschlossen theils der Kriegsgewinn, über welchen dem Feldherrn die Verfügung zusteht, theils die die comitialen Strafverfahren von den Magistraten, namentlich den Aedilen erstrittenen Bussen. Die letzteren werden regelmässig nicht an das Aerarium abgeliefert, sondern von dem obsiegenden Magistrat nach Ermessen im öffentlichen Interesse verwendet. Dem Feldherrn ist es freigestellt entweder ebenso zu verfahren oder das Beutegeld und das sonstige bewegliche Beutegut ganz oder zum Theil an das Aerarium abzuliefern, in welchem Fall es dem Quästor obliegt dies Beutegut sofort zu Gelde zu machen. Alle sonstigen Forderungen der Gemeinde, Pacht- und sonstige contractliche Zahlungen, Bürgerhebungen, Kriegscontributionen, endlich Strafgelder, so weit sie nicht im Volksgericht auferlegt worden sind, fallen in das Aerarium und also unter die Competenz der Quästoren, welche indess weiterer Determinirung bedarf.

Dass bei contractlichen Forderungen die Feststellung den Censoren oder deren Vertretern obliegt, ist schon angegeben worden; den Quästoren liegt nur die Realisirung der unbestrittenen oder in dieser Weise liquidirten Gemeindeforderung ob, für deren rechtzeitige Hebung die an sie abgelieferten censorischen Acten die Grundlage gaben. Ausnahmsweise können Forderungen der Gemeinde auch ohne Intervention des Aerariums dadurch erledigt werden, dass der beikommende Magistrat für die Gemeinde einen anderen Gläubiger substituirt, zum Beispiel der Aedil die von dem Hausbesitzer versäumte Pflasterung an einen Unternehmer verdingt und der Unternehmer als Substitut der Gemeinde den Betrag von dem Schuldner derselben einzieht und eventuell im Privatprozess einklagt.

Die römische Contribution *(tributus)* ist, wenigstens so weit sie von den Bürgern insgemein erhoben wird, nicht eigentlich Steuer, sondern vielmehr eine im Nothfall eintretende von der Gemeinde bei der Bürgerschaft gemachte Zwangsanleihe. Die ordentlichen Ausgaben der Gemeinde finden ihre regelmässige Deckung in dem Ertrag des Gemeindegutes und die ausserordentlichen für Bauten und Krieg sind ursprünglich so geordnet, dass sie mehr den einzelnen Bürger als die Staatskasse belasten. Wenn dennoch in dieser ein Fehlbetrag sich einstellte, was namentlich seit der Uebernahme der Soldatenlöhnung um die Mitte des 4. Jahrh. d. St. häufig der Fall war, wurde das Deficit auf die einzelnen Bürger nach dem Vermögen repartirt, wofür die censorische Aufnahme desselben die Grundlage bildete. Dass die Bürgerschaft ursprünglich eine Bauernschaft war, erkennt man in der für den Grundbesitz mit seinen Gerechtsamen und seinem Inventar angeordneten besonderen Veräusserungsform vor Zeugen, welche keinen anderen Zweck gehabt haben kann als die censorische Constatirung des bäuerlichen Eigenthums zu erleichtern, und zweifellos ist dieses auch bei der Contribution zunächst ins Auge gefasst worden; aber mit rechtlicher Ausschliesslichkeit hat dieselbe, so viel wir sehen, nicht auf dem Grundbesitz gelastet, sondern ist wesentlich eine Vermögenssteuer gewesen. Zur Erhebung derselben nach den an das Aerarium abgelieferten censorischen Verzeichnissen schreiten die Quästoren auf Anordnung des Oberamts, wobei regelmässig der Senat mitgewirkt haben wird, während die Comitien dafür niemals befragt worden sind. Die Forderung ist liquid durch die censorische Abschätzung des Vermögens und die oberamtliche Festsetzung der im einzelnen Fall zu leistenden Quote desselben; dennoch entstehende Zweifel entscheiden die Quästoren durch ihre Cognition und es giebt dagegen kein Rechtsmittel als die Anrufung der zur Intercession berechtigten Beamten (S. 98 f.). Die Leistung aber wird als Vorschuss betrachtet und von der Gemeinde zurückgezahlt, wofür indess der Termin von ihr selber bestimmt wird. — Dass neben dieser Contribution noch eigentliche regelmässige Steuern bestanden haben, namentlich dass, so lange die bürgerlichen Grundbesitzer allein dienstpflichtig waren, die latinischen Grundbesitzer und die nicht grundsässigen Bürger einer solchen unterworfen worden sind, ist wahrscheinlich, lässt sich aber nicht ausreichend belegen. Sicher sind dagegen sowohl diese Steuerpflichten, wenn es solche gab, wie auch jene exceptionelle Contribution nach dem Ende des 6. Jahrh. d. St. nicht mehr vorgekommen und ist von da an die von Haus aus in den römischen Ordnungen enthaltene Befreiung des Bürgers von Leistungen an die Gemeindekasse zu voller Wirksamkeit gelangt.

Strafgelder, mögen sie aus einem gegen die Gemeinde begangenen Delict, zum Beispiel aus dem Diebstahl oder der Beschädigung einer im Eigenthum der Gemeinde stehenden Sache entspringen oder herrühren aus einer in einem Gesetz für bestimmte Contravention festgesetzten Geldbusse, bedürfen immer der Feststellung in der gewöhnlichen Form des Privatprozesses: es muss ein Vertreter der Gemeinde diesen ihren Anspruch vor dem Prätor geltend machen und vor Geschwornen durchführen, worauf dann der Quästor den gerichtlich festgestellten Betrag einzieht, so weit er nicht als Klagbelohnung dem Vertreter der Gemeinde verbleibt. Bei denjenigen Verbrechen, die auch gegen Private verübt werden können, zum Beispiel dem Diebstahl, wird nach alter Ordnung jeder Bürger betrachtet als competent zur Vertretung der Gemeinde; bei den sonstigen Contraventionen entscheidet das Specialgesetz, welches häufig die Anstellung solcher Privatklagen nur Magistraten gestattet.

Wenn der Gemeinschuldner nicht zahlungsfähig ist, so richtet sich, wie schon bemerkt ward (S. 211), die Eexecution nicht gegen die Person des Schuldners, wohl aber ist seine gesammte Habe damit dem Staat verfallen. Sie wird verwerthet durch Sammtverkauf in der Weise, dass der Käufer gegen Uebernahme der sämmlichen Activen des Schuldners sich verpfichtet die Passiven ganz oder zum Theil zu decken; es scheint auch nicht, als ob in solchem Fall die Gemeinde sich für ihre Forderung eine vor den übrigen Gläubigern bevorzugte Stellung ausbedungen habe. Auch wenn durch strafrechtliche Confiscation oder im Erbschaftsweg das Vermögen des Privaten oder eine Quote desselben der Gemeinde zufällt, wird jenes oder diese in ähnlicher Weise zum Besten des Aerars gegen eine feste Summe verkauft.

Bei Gemeindeschulden bedarf der Quästor für die Zahlungsleistung im Allgemeinen oberamtlicher Autorisation; wenn er der Regel nach nur auf Beschluss des Senats zahlt, so ist der Senatsbeschluss zugleich ein oberamtliches Decret und den Quästor deckt selbst der einseitige consularische Zahlungsbefehl, so dass die Abhängigkeit der Quästur vom Consul unverändert fortbesteht. Anderen als den Oberbeamten, zum Beispiel den Censoren zahlt der Quästor nur nach besonderer oberamtlicher Anordnung. Dass die meisten Zahlungen mittelbar geleistet werden, zum Beispiel dem Bauunternehmer von den Censoren innerhalb des ihnen bei der Kasse eröffneten Credits sein Geld angewiesen, die Soldzahlung früher durch die Districtvorsteher, später durch die Feldherren und deren Quästoren beschafft wird, ändert rechtlich nichts. In gewissen Fällen mag auch dem Quästor durch Gesetz ein für allemal Zahlungsbefehl ertheilt worden sein, zum Beispiel zur Leistung der Besoldungen der Subalternen in Gemässheit des von ihrem Vorsteher eingereichten Verzeichnisses und zur Verabreichung der nach festem Satz den Gesandten der befreundeten Gemeinden zukommenden Gastgeschenke.

Der Principat brach mit der republikanischen Befreiung des Bürgerguts von finanziellen Lasten zwar nicht geradezu, aber doch indirect schon unter Augustus, namentlich durch die in Folge der Armeereorganisation angeordnete Erbschaftssteuer. Weiter ist unter demselben die kaiserliche Beamtenernennung allmählich auf die Finanzverwaltung der Gemeinde erstreckt worden. Den ersten Schritt dazu that ebenfalls Augustus, indem er für die Eingänge aus der Erbschaftssteuer eine zweite Centralkasse *(aerarium militare)* einrichtete und diese unter Vorsteher zwar senatorischen Ranges, aber kaiserlicher Ernennung stellte, welche über diese Steuergelder ohne Zweifel lediglich nach kaiserlicher Anweisung verfügten. Mit der Leitung der älteren Staatshauptkasse sind unter den julisch-claudischen Kaisern statt der unversuchten und durch das Loos bestimmten Quästoren theils vom Kaiser ausgewählte, theils Prätoren beauftragt worden; der republikanischen Magistratur entzogen hat diese Kasse erst Nero und sie gleich der Militärkasse Beamten von senatorischem Rang, aber kaiserlicher Creirung übertragen. Die Verfügung aber wenigstens über die Reichshauptkasse haben bis zum Ende des Principats die Consuln und der Senat behalten und der Princeps nur indirect durch Antragstellung bei dem Senat darauf eingewirkt.

Mehr als durch diese directen Aenderungen hat das Finanzwesen des römischen Staats unter dem Principat dadurch eine Umgestaltung erfahren, dass die kaiserliche Privatkasse, nach der späteren Bezeichnung der *fiscus Caesaris* der Sache nach zur Staatskasse ward und allmählich zur Staatshauptkasse erwuchs. Der formale Gegensatz des Gemeindevermögens wie zu dem eines jeden Privaten so auch zu dem kaiserlichen ist dabei mit einer Schärfe durchgeführt worden, wie sie in einem wirklich monarchisch geordneten Gemeinwesen nicht ausführbar gewesen wäre, und er erscheint denn auch in der diocletianischen Staatsordnung in das directe Gegentheil umgewandelt. Aber die verschleierte Monarchie des Principats beruht nicht zum wenigsten auf der rechtlichen Behandlung aller materiell öffentlichen Einnahmen und Ausgaben, welche der kaiserlichen Verwaltung unterlagen, als privater, wodurch theils jede, auch die indirecte durch die Quästur und durch die Senatsverhandlungen herbeigeführte Rechnungslegung ausgeschlossen, theils dem factischen Herrscher eine Stellung im Staate gegeben ward, welche über die des öffentliche Gelder verwaltenden Beamten weit hinausging. In welcher Weise dies nach beiden Seiten hin ins Werk gesetzt wurde, ist im Wesentlichen bereits in dem Abschnitt von der kaiserlichen Vermögensverwaltung (S. 165) ausgeführt worden. Alle mit den vom Kaiser übernommenen öffentlichen Geschäften verbundenen Ausgaben, also insonderheit sämmtliche Kosten des Heerwesens so wie der hauptstädtischen Verpflegung stehen zu Lasten seiner Privatkasse; andererseits flossen in dieselbe nicht bloss die Abgaben Agyptens, das nicht so sehr der römischen Gemeinde, als den Nachfolgern der Ptolemäer erworben worden war, sondern auch ein grosser Theil der Steuergelder. Der Ertrag der Provinzen, die hauptsächliche Einnahmequelle der römischen Gemeinde, wurde durchaus, wie wir sahen, durch kaiserliche Hausbeamte eingezogen und wenigstens zu einem beträchtlichen Theil von diesen an die kaiserliche Privatkasse abgeführt. Ja diejenigen Provinzen, welche unmittelbar der kaiserlichen Verwaltung unterstellt waren, gelten als gewissermassen durch privatrechtlichen Fiduciarvertrag dem Kaiser übereignet, so dass er hier die Bodensteuer als Grundherr bezieht. Die Consequenzen dieser formalen Umwandlung des öffentlichen Vermögens in Privatgut zeigen sich in der Rechtspflege. Sicherlich ist in Betreff der provinzialen Steuern der Princeps niemals einfach als Bodenherr behandelt worden, wie es hienach geschehen hätte müssen; vielmehr wird die republikanische Ordnung, dass bei allen Steuern und Contributionen der Hebungsbehörde zugleich für Streitigkeiten die Cognition zusteht, von Haus aus auch auf die kaiserlichen Provinzialprocuratoren Anwendung gefunden haben. Wo kaiserliche Vermögensverwalter andere als steuerliche Forderungen erhoben, konnte allerdings das Geschwornenverfahren Platz greifen; aber schon unter Claudius wurde der Ausschluss desselben allgemein verfügt, und wenn Nero diese Streitigkeiten wiederum dem ordentlichen Privatprozess unterwarf, ja sogar dafür einen eigenen Prätor bestellte, so ist es mindestens zweifelhaft, ob diese Rückkehr zu der alten Rechtsordnung dauernden Bestand gehabt hat. Im

Grossen und Ganzen genommen hat unter dem Principat die formell private Kaiserkasse mehr und mehr die Staatsausgaben wie die Staatseinnahmen an sich gezogen und dem seines centralen und principalen Charakters allmählich verlustig gehenden *aerarium populi Romani* sich substituirt. Wenn dies System nothwendig dazu geführt hat, dass gewissenlose Herrscher über die öffentlichen Mittel schrankenlos in ihrem Privatinteresse verfügten, so ist dasselbe doch weder zu diesem Zwecke aufgestellt noch überwiegend in diesem Sinne gehandhabt worden. Nicht bloss ist die subalterne Civillistenwirthschaft dem vornehmen Wesen des römischen Regiments fremd geblieben, sondern es hat auch bei dem von ihm befolgten Finanzsystem das Gemeinwesen von seinen Herrschern wahrscheinlich mehr empfangen als ihnen gegeben.

6. Die Verwaltung Italiens und der Provinzen

Obwohl die bisher gegebene Darstellung der magistratischen Functionen sich nicht auf die Stadt Rom beschränkt, sondern den gesammten Umfang des Römerstaats ins Auge gefasst hat, so hat die Entwickelung des Reichsregiments aus dem Regiment der Stadt nothwendig das Vorwiegen des letzteren Gesichtspuncts zur Folge gehabt. Es erscheint daher zweckmässig diejenigen Einrichtungen, nach denen Italien und die Provinzen verwaltet worden sind, hier theils rückweisend, theils ergänzend übersichtlich zusammenzufassen.

Dass der Römerstaat im Allgemeinen genommen aufzufassen ist als Inbegriff einer Anzahl unter der Vormacht Roms zusammengefasster mehr oder minder selbständiger Stadtgemeinden, ist in dem Abschnitt von der städtischen Gliederung des Römerreichs (S. 59) entwickelt worden. Auch den exceptionell demselben angeschlossenen dynastisch geordneten Bezirken kommt im Ganzen genommen die gleiche Selbständigkeit zu; nur unter dem Principat und auch unter ihm nur ausnahmsweise sind solche, namentlich das Königreich Aegypten in der Weise mit dem Römerstaat vereinigt worden, dass die fortbestehende königliche Verwaltung durch die römischen Beamten gehandhabt wird. Wie verschieden auch die staatsrechtliche Grundlage jener municipalen Selbstverwaltung ist, je nachdem die Gemeinde als aus römischen Vollbürgern bestehend nur exceptionell über sich selber verfügen kann, oder, als mit der römischen rechtlich verbündet, sei es durch das auf nationaler Gleichheit beruhende latinische Recht, sei es durch speciellen Staatsvertrag, umgekehrt nur ausnahmsweise in ihrer Selbstverwaltung beschränkt ist, oder ohne rechtliche Anerkennung der Selbständigkeit nur im factischen Besitz der Selbstverwaltung belassen worden ist, was von den meisten Provinzialgemeinden gilt, immer und überall bildet diese Autonomie die Grundlage des römischen Regiments. Wenn in Rom selbst die städtische Autonomie mit dem

Reichsregiment so zusammenfällt, dass die Magistratur, die Comitien, der Senat kaum noch als Organe eines städtischen Selbstregiments angesehen werden können, so hat die mehr oder minder beschränkte Selbstverwaltung der italischen wie der provinzialen Stadtgemeinden im Gegensatz zu den Reichsbehörden den effectiven Charakter bewahrt.

Die municipale Selbstverwaltung der Gemeinden des Römerstaats ist nach den verschiedenen Epochen desselben und den verschiedenen Oertlichkeiten so mannichfaltig gestaltet, dass eine einigermassen genügende Darstellung derselben in zusammenfassender Gestalt nicht gegeben werden kann. Aber die Grundzüge dürfen auch hier nicht fehlen. Dass die Stadt ihre eigenen Magistrate und ihren eigenen Gemeinderath hat, auch wenigstens in republikanischer Zeit die Bürgerschaft für Wahlen und Gesetzgebung zusammentritt, gilt der Regel nach für jede Reichsgemeinde. Schlechthin ausgeschlossen aber ist bei dieser Autonomie jede Beziehung zu einem anderen Staat als der römischen Centralgemeinde; Rom gestattet innerhalb seines Machtgebiets weder den engeren Zusammenschluss verschiedener von ihm abhängiger Gemeinden noch irgend welches unmittelbare Rechtsverhältniss einer solchen zu einem ausserhalb des Reichsverbandes stehenden Staat.

Die militärische Autonomie ist den latinischen und den diesen rechtlich gleichstehenden italischen Bundesstaaten in republikanischer Zeit insofern geblieben, dass sie eigene Truppen unter eigenen Offizieren behalten und diese als Zuzug zu dem römischen Bürgerheer von der Centralgewalt verwendet werden. Mit der Ausdehnung des römischen Personalrechts auf ganz Italien ist dies beseitigt. Den ausseritalischen Gemeinden ist mit wenigen Ausnahmen nicht einmal diese beschränkte Militärautonomie zugestanden worden; doch können die Gemeindevorsteher im Nothfall die Bürgerschaft unter die Waffen rufen und es soll alsdann der Führer dem römischen Kriegstribun rechtsgleich sein.

Die Jurisdiction meistens in Verbindung mit dem obrigkeitlichen Eingreifen in das Vormundschaftswesen ist in der municipalen Autonomie immer einbegriffen, wenn gleich bei den Bürgergemeinden die früher (S. 188) bezeichneten Beschränkungen Platz greifen, in den Nichtbürgergemeinden die Prozesse, bei denen römische Bürger betheiligt sind, mehr oder minder der municipalen Gerichtsbarkeit entzogen sind.

Das Strafrecht ist der unter römischer Oberhoheit stehenden Gemeinde in republikanischer Zeit nur insoweit beschränkt worden, dass die gegen den römischen Staat unmittelbar sich richtenden Verbrechen selbstverständlich der municipalen Competenz nicht unterlagen, sondern dagegen von römischer Seite meistens im Administrativweg eingeschritten ward. Im Uebrigen ist zum Beispiel das Verfahren wegen Mord und wegen Wahlbestechung den eigenen Behörden selbst in der Vollbürgergemeinde gegen den römischen Bürger geblieben. Aber ob unter dem Principat den Organen der italischen

Municipien in der Strafrechtspflege mehr als eine Hülfsthätigkeit zugestanden hat, ist mindestens zweifelhaft und sicher haben damals sowohl das nominell unmittelbare, factisch durch die Garde- und Hofbeamten gehandhabte Kaisergericht wie auch dasjenige des Stadtpräfecten sich auf Italien erstreckt, anfangs wie es scheint mit einander concurrirend, späterhin mit getheilter Competenz, so dass bis zum hundertsten Meilenstein der Stadtpräfect, darüber hinaus das Immediatgericht die Criminaljustiz handhabte.

Das Sacralwesen steht in jeder Gemeinde zunächst unter deren Behörden; diese bezeichnen für eine jede ihre Götter, ernennen deren Priester und ordnen finanziell wie administrativ die Götterverehrung. Die Reichsbeamten greifen dabei nur kraft ihres allgemeinen Aufsichtsrechts und hauptsächlich prohibitiv ein.

Vor allem wichtig ist die eigene Vermögensverwaltung, die Verwerthung des Gemeindeguts (*vectigalia*) und die Führung der Gemeindekasse. Auf das Gemeindegut sind eben wie die Reichs- so auch die municipalen Finanzen hauptsächlich angewiesen und das städtische Bauwesen und zum guten Theil auch die Veranstaltung der Volkslustbarkeiten in dessen Verwaltung einbegriffen. Obwohl dieselbe der Controle in Italien durch Consuln und Senat in den Provinzen durch deren Statthalter von Rechtswegen unterlag, so stand doch thatsächlich die Gestion bei dem Gemeinderath und den Gemeindebeamten, und wie dies ohne Zweifel wesentlich zur Hebung des municipalen oft excentrischen und unverständigen Patriotismus beigetragen hat, so zeigen sich auch hauptsächlich auf diesem Gebiet die Uebelstände und die Gefahren des ungenügend controlirten städtischen Wirthschaftens und im Rückschlag davon die Anfänge der Beschränkung der städtischen Autonomie durch vom Kaiser ernannte städtische Beamte. Curatoren, den bedeutenderen Städten vom Kaiser aus angesehenen der Bürgerschaft nicht angehörigen Männern zur Controle der Verwaltung des Gemeindevermögens gesetzt, begegnen seit Traianus, nicht ausschliesslich aber hauptsächlich in Italien, wo die consularische Oberaufsicht laxer war als die statthalterliche in den Provinzen.

Trotz mancher Anzeichen des nahenden Endes und trotz des allmählichen Zusammenschwindens der Bevölkerung (S. 215) und des wahrnehmbaren Rückgangs der Bildung, für welchen in erster Reihe der Niedergang der häuslichen Zucht und der kriegerischen Stählung so wie die mit der Monarchie einreissende politische Apathie verantwortlich zu machen sind, hat der italische Städteverband im Großen und Ganzen genommen bis gegen das Ende des 2. Jahrhunderts n. Chr. sich aufrecht erhalten; erst mit den Kriegs- und Pestjahren unter Marcus tritt der Verfall sichtbar und in immer steigendem Masse zu Tage und führt im Ausgang des dritten zum völligen Zusammenbruch des italischen Wohlstandes und der italischen Civilisation.

Die Sonderstellung Italiens ist zunächst militärischen Ursprungs. In vorsullanischer Zeit bildet Italien mit Einschluss Galiens bis zu den Alpen, wenn den Consuln nicht ausnahmsweise ein anderer angewiesen wird, den consularischen Commandobezirk, welchen die Consuln indess durch Verabredung unter sich zu theilen pflegen. Seit Sulla so wie unter dem Principat gilt Italien, früher bis zu den Flüssen Macra und Rubico, seit Caesar bis zu der Alpengrenze als dem militärischen Commando entzogen; der altrepublikanische Ausschluss der feldherrlichen Gewalt aus der Stadt und der Bannmeile wird damit auf die ganze Halbinsel übertragen. — Die Consequenz hiervon, dass Italien in dem bezeichneten Umfang nicht mit Truppen belegt werden kann, ist für die eigentliche Armee, die Legionen und ihre Auxilien, im Wesentlichen durchgeführt worden; eine Ausnahme machen indess die kaiserliche Garde (S. 156. 163) so wie die dazu gehörigen dem Stadtpräfecten unterstellten Cohorten (S. 185) und die militärisch organisirten hauptstädtischen Löschmannschaften (S. 163), ferner die beiden Centralstationen der Mittelmeerflotte in Misenum und Ravenna (S. 156. 163). Für den inneren Sicherheitsdienst sind innerhalb Italiens nur in den noch unter der Nachwirkung der Bürgerkriege stehenden Anfangszeiten des Principats kleinere Militärposten aufgestellt worden, was dann während des Zusammenbrechens der Staatsordnung nach dem Ende der severischen Dynastie wiederum wenigstens versucht ward.

Eingreifender noch als die Befreiung vom Truppenquartier, welche Italien von Rechtswegen zukam, thatsächlich aber seit dem Ende der julischen Dynastie alle nicht unter dem unmittelbaren Kaiserregiment stehenden Provinzen mit ihm theilten, ist die Befreiung des italischen Bodens von der Steuerpflicht. Die Steuer der republikanischen wie der Kaiserzeit, nicht zu verwechseln mit der ehemaligen Contribution (S. 219), ist nach römischer Auffassung wesentlich die dem Grundherrn für die Bodennutzung zustehende Abgabe, der römische Boden also, wenn er im Privateigenthum steht, davon befreit, wenn er der Gemeinde gehört, steuerpflichtig. Nun war der italische Boden im Laufe der republikanischen Entwickelung, wie früher gezeigt ward (S. 215), wesentlich Privateigenthum geworden; in den überseeischen Besitzungen Roms dagegen, wenn man absieht von den Territorien der formell souveränen mit Rom nur verbündeten Staaten, wurde der Boden nicht bloss als Eigenthum der römischen Gemeinde, sondern auch dieses als unveräusserlich behandelt, so dass hier römisches Privateigenthum nicht entstehen konnte, der Boden also steuerpflichtig war und blieb. Die Modalitäten dieser Ordnung und die Ausnahmen von derselben können hier nicht dargelegt werden; die bevorrechtete Stellung Italiens gegenüber den Provinzen beruht in der späteren Republik und unter dem Principat vor allem auf dieser Befreiung von der Bodensteuer.

Als Controlbehörde fungiren für Italien die Consuln oder deren Vertreter und der Senat. Dass in vorsullanischer Zeit jene der Regel nach für den

Felddienst die Stadt verlassen und, wenn nicht anderweitig beschäftigt, die gute Jahreszeit hindurch mit ihren Quästoren und Truppen in Italien einschliesslich des cisalpinischen Galliens verweilen, bezweckt ein Eingreifen in die Verwaltung der Halbinsel nicht unmittelbar, obwohl es darauf nicht ohne wesentlichen Einfluss geblieben sein kann. Geradezu bestimmt dafür, namentlich für die Beaufsichtigung der den italischen Bundesstädten vertragsmässig obliegenden Stellung von Kriegsschiffen sind die drei seit dem Jahre 487 (267 v. Chr.) in Ostia, Cales bei Capua und (wahrscheinlich) Ravenna residirenden Quästoren, offenbar in Italien stationirte Unterbeamte der jedesmaligen Consuln. Mit dem Verfall der römischen Kriegsflotte und dem Wegfall der bundesmässigen Leistungen verloren diese Stellungen ihren Zweck und sind dann von Kaiser Claudius aufgehoben worden. Allem Anschein nach sind die italischen Städte, nachdem die politische Einigung der Halbinsel unter Roms Vormacht unbestritten feststand, sowohl unter der Republik wie unter dem Principat wesentlich sich selbst überlassen gewesen und hat die Umwandlung der formalen Autonomie in die rechtlich abhängigere Vollbürgergemeindestellung schwerlich die factische Einwirkung der Oberbehörde gesteigert. Eher dürfte das Gegentheil der Fall gewesen sein und dasjenige Regiment, welches der Senat der mittleren Republik über Italien ausübte und von dessen ernstlicher und sicher oft drückender Controle zum Beispiel der Bacchanalienhandel zeugt, bei Weitem schwerer auf Italien gelastet haben als die Herrschaft des Principats, wo mit der Besorgniss vor der Auflehnung gegen die herrschende Stadt auch die Fürsorge für gutes Municipalregiment der Reichsgewalt abhanden gekommen war. Die Entbindung von den Reichsgesetzen, zum Beispiel in Betreff der Beschränkung des Vereinswesens und der Volksfeste hatte die Stadt bei dem römischen Senat zu erbitten und die Aufsichtführung stand den römischen Behörden ohne Zweifel zu; aber Consuln und Senat haben nach dem Socialkrieg davon geringen Gebrauch gemacht und auch die unter dem Principat hinzutretenden Reichsämter in die städtische Autonomie Italiens wenig eingegriffen. Die seit Hadrian für die einzelnen italischen Landschaften vom Kaiser ernannten Rechtssprecher *(iuridici)*, insbesondere für Fideicommisssachen und das Vormundschaftswesen bestimmt, beschränken nicht so sehr die municipale Jurisdiction als den Amtkreis der bis dahin für diese Angelegenheiten competenten hauptstädtischen Prätoren. Die von Augustus den einzelnen grossen Chausseen vorgesetzten Curatoren können als solche nur beiläufig mit den Municipien zu thun gehabt haben; in höherem Grade wird dies der Fall gewesen sein, nachdem die zur Hebung der zurückgehenden Bürgerzahl von den Kaisern seit Nerva eingerichteten Alimentarkassen (S. 215) an die Städte angeknüpft und hauptsächlich unter die Leitung jener Strassencuratoren gestellt wurden. Weit fühlbarer war das Eingreifen der kaiserlichen Gerichtsbarkeit theils in die Strafrechtspflege wahrscheinlich seit den Anfängen des Principats, theils seit dem Anfang des zweiten Jahrhunderts in die Vermögensverwaltung, welche beide bereits Erwähnung gefunden haben.

Im Gegensatz zu dem der stadtrömischen Rechtspflege unterworfenen Italien sind die Provinzen die nach Erstreckung des römischen Herrschergebiets über das Festland hinaus zunächst im überseeischen Gebiet eingerichteten abgesonderten Gerichtsbezirke, zu denen unter Sulla an der festländischen Nordgrenze das cisalpinische Gallien hinzutritt, unter Caesar indess durch dessen Gleichstellung mit Italien und Feststellung der italischen Alpengrenze wieder ausscheidet.

Der secundäre Gerichtsbezirk, die *provincia,* steht unter einem eigenen Gerichtsherrn, welcher ursprünglich ein Prätor oder ein gewesener Prätor ist, späterhin, als bei allen Oberbeamten das eigentliche Amtjahr der städtischen Function vorbehalten wird und im zweiten Amtjahr auch die Consulare Statthalterschaften erhalten (S. 207), ein Proprätor oder ein Proconsul. Auch unter dem Principat ist die Statthalterschaft eigentlich nichts als das zweite Amtjahr des Prätors, nimmt aber durch die zwischen der Prätur und der Statthalterschaft jetzt eintretende mehrjährige Intervallirung so wie durch die Erstreckung des Proconsultitels auf die in Folge der Prätur eintretenden Statthalter allmählich den Charakter eines selbständigen Amtes an (S. 125. 130). Ausgeschlossen aber sind diese Proconsulate bei den Provinzen, deren Verwaltung dem Inhaber der allgemeinen proconsularischen Gewalt unmittelbar übertragen worden ist. Die Vertreter des Kaisers in diesen einzelnen Sprengeln heissen, wenn sie senatorischen Ranges sind, dessen Adjutanten *(legati)* und haben zugleich den Titel der Proprätur, wenn ritterlichen, Commando- *(praefecti)* oder Geschäftsführer *(procuratores)* des Kaisers ohne proprätorischen Titel, jedoch im Wesentlichen mit der gleichen Befugniss. Die Wichtigkeit und das Ansehen dieser Stellungen ist bereits hervorgehoben worden (S. 162. 163 f.). Ueberhaupt ist bei aller Verschiedenheit in der Rangstellung und der Titulatur die Competenz der Vorsteher der Provinzen, der *praesides* in der Hauptsache die gleiche. In republikanischer Zeit, wo die Zahl der secundären Gerichtsbezirke häufig die der zur Statthalterschaft berufenen Oberbeamten überstieg und insbesondere im sechsten Jahrhundert d. St. die letzteren oftmals ausserordentlicher Weise verwendet wurden, wird die regelmässige Ordnung der Statthalterschaften vielfach gestört, namentlich durch Erstreckung des Amtes über die Jahrfrist hinaus, daneben aber auch durch ausserordentliche Verleihung der proprätorischen Gewalt zwar nicht an Private, aber doch an die streng genommen ebenso wenig dafür competenten Quästoren. In der Kaiserzeit ist umgekehrt sowohl die Zahl der für die eigentliche Statthalterschaft wie auch die der für die kaiserlichen Vertreterstellungen qualificirten Personen immer grösser gewesen als die der zu besetzenden Stellen. Erstreckung der Jahrfrist kommt daher bei der ersten Kategorie nur noch ausnahmsweise vor und wird dann, der Auffassung der

Statthalterschaft als eines selbständigen Amtes entsprechend, als Iteration behandelt. Für die kaiserlichen Stellvertreter besteht wie für alle ohne Mitwirkung der Comitien ernannten Amtsgehülfen die Jahrfrist überhaupt nicht, sondern es fungiren dieselben immer so lange es dem Kaiser beliebt, regelmässig auf einige Jahre, nicht leicht auf längere Zeit. — Als Gehülfe wird dem Vorsteher des secundären Gerichtsbezirkes zunächst der Quästor beigegeben theils zur Kassenführung (S. 143), theils zur Handhabung der ädilicischen Jurisdiction (S. 187), daneben aber kraft des mit dem feldherrlichen Imperium verbundenen freien Mandirungsrechts auch für jede andere magistratische Thätigkeit verwendet (S. 143). Unter dem Principat fehlt in den unmittelbaren Kaiserprovinzen wie der eigentliche Statthalter so auch der Quästor und wird diese Hülfsthätigkeit hier durch die dem Statthalter beigegebenen Offiziere oder seine nicht militärischen Beigegebenen *(adsessores)* geleistet.

Eingehende Darlegung der provinzialen Gemeindeautonomie kann in diesem Zusammenhang nicht versucht werden; principiell ist sie theils enger, theils weiter als die italische. Enger insofern, als bei bloss tolerirter Selbstverwaltung ein Eingriff des Statthalters wohl von der römischen Regierung getadelt und von den römischen Gerichten bestraft, aber nicht von Seiten der Gemeinde als formaler Rechtsbruch bezeichnet werden konnte. Weiter nicht bloss insofern, als die mit den föderirten Staaten abgeschlossenen Verträge den Statthalter banden, sondern vor allem insofern, als wenigstens lange Zeit hindurch die Bevölkerung hier überwiegend das römische Bürgerrecht entbehrte und in Betreff der Nichtbürger sicher die Gemeindebehörde bei weitem freiere Hand gehabt hat als wo es sich vorzugsweise um Bürger handelte. Insbesondere ist sehr wahrscheinlich die Strafrechtspflege über die eigenen Angehörigen der peregrinischen Gemeinden, selbst denen nur tolerirter Autonomie, länger und in grösserem Umfang verblieben als den Gemeinden römischen Bürgerrechts.

Neben und über den Gemeinden soll die Statthalterschaft in ihrem beschränkten Sprengel dasselbe leisten, was in dem Hauptverwaltungsbezirk der städtischen Magistratur obliegt. Zunächst ist der Vorsteher Gerichtsherr und heisst auch so; ihre durchaus monarchische Gestaltung entlehnt die Statthalterschaft der Jurisdiction (S. 129). Der Statthalter entscheidet in erster Reihe diejenigen Prozesse, welche in Rom vor den Stadtprätor kommen würden, die in die Competenz des Peregrinenprätors fallenden wenigstens in so weit, als der einen Partei das römische Bürgerrecht zusteht. Prozesse unter Nichtbürgern liegen in der Regel nach ausserhalb seiner Competenz; Specialordnungen indess haben hierüber öfter abweichend bestimmt und Eingriffe des Statthalters in die Rechtspflege der Provinzialgemeinden nicht verbriefter Autonomie können vom formalen Standpunkt aus kaum rechtswidrig genannt werden. Für die ädilicische Jurisdiction tritt hier, wie gesagt, der Quästor ein. Dass die Provinzialmagistrate nicht minder als die städtischen durch die Geschwornenordnung gebunden waren, versteht sich für die römische Bürger betreffende Civilrechtspflege von selbst.

Für das Commando ist der Statthalter zunächst nicht bestimmt; jeder also geordnete Sprengel gilt als befriedet und ähnlich wie Italien bürgerlicher Verwaltung fähig; bei ernsteren Kriegsfällen wird einer der Consuln in denselben entsendet (S. 207). Entzogen ist indess dem Provinzialprätor das Commando nicht in dem Umfang wie dem städtischen. Die ursprünglichen Ordner der wichtigen Institution haben freilich erkannt, welche Gefahr diese Nebenfeldherrschaften für die republikanische Verfassung in sich trugen und sicher auch aus diesem Grunde es vermieden die Comitialwahlen auf die einzelnen Statthalterschaften zu stellen; indess war es vielleicht in Sicilien, aber nicht in Sardinien und noch weniger in Spanien möglich eine lediglich civile Magistratur an die Spitze der Verwaltung zu stellen, und dass dem Provinzialprätor der den Stadtprätoren fehlende und für die Führung der Kriegskasse bestimmte Quästor zugegeben ward, beweist für die von Haus aus in der Provinzialprätur mit enthaltene militärische Bestimmung. Die Cautelen, unter welchen die Statthalterschaft in die republikanische Ordnung eingefügt ward, haben ihren Zweck erfüllt, so lange das consularische Commando in Italien Bestand gehabt und die Nebencommandanturen rechtlich und factisch überwogen hat. Aber nachdem das eigentliche Italien durch Sulla dem städtischen Friedensregiment ausgeantwortet und die Reichstruppen unter die verschiedenen Statthalterschaften vertheilt waren, sind die späteren Bürgerkriege regelmässig zwischen den rivalisirenden Statthaltern nicht so sehr mit als um Italien geführt worden, und aus der Provinzialstatthalterschaft ist der Sturz der Republik, aus dem Sondercommando des einzelnen Statthalters das allgemeine proconsularische des Imperators hervorgegangen. Die Verlegung der Truppenquartiere in die Provinzen unter Ausschluss Italiens ist unter dem Kaiserregiment beibehalten worden; theils aus politischen, theils aus militärischen Gründen sind dabei weiter alle nicht unmittelbar unter dem Kaiser stehende Provinzen ausgeschlossen und vorzugsweise die der Deckung gegen das Ausland bedürftigen Grenzdistrikte mit Truppen belegt worden.

Als Feldherrn kommt dem Statthalter das dem Oberamt beiwohnende Zwangs- und Strafrecht nicht bloss von Rechtswegen ebenso zu wie dem städtischen Beamten, sondern es ist in seiner Hand ein bei weitem schärferes Werkzeug, schon darum, weil er hauptsächlich mit Nichtbürgern zu thun hatte, deren Vergewaltigung und Misshandlung nur als Amtsvergehen einer vornehmlich in republikanischer Zeit lax gehandhabten strafrechtlichen Verantwortung unterlag. Auch dem Bürger gegenüber kommt in Betracht, dass das Provocationsrecht lange Zeit hindurch nur den städtischen Beamten band; späterhin freilich war auch ausserhalb Rom Leib und Leben des Bürgers vor der

Beamtenwillkür gesetzlich geschützt. Eigentliches Strafrecht dem Bürger gegenüber hat der Statthalter nicht; es wird als Regel angenommen werden dürfen, dass er gegen denselben wegen nicht militärischer Verbrechen das Criminalverfahren nur einzuleiten und denselben erforderlichen Falls zu verhaften und nach Rom zu senden hatte. Die Handhabung des Quästionenverfahrens, welches in der späteren Republik und unter dem Principat den Criminalprozess vertritt, liegt nicht in der statthalterlichen Compctenz. Wohl aber ist bei mehreren Verbrechen, zum Beispiel bei Vergewaltigung und Ehebruch, der Statthalter durch Clauseln der Specialgesetze und in andern Fällen durch kaiserliche Instruction bevollmächtigt worden im Wege der Cognition mit Zuziehung seines Consilium, aber ohne Bindung durch dasselbe, das Urtheil zu fällen. So weit er danach spruchberechtigt ist, kann er nicht bloss auf die älteren minderen Strafen erkennen, sondern auch auf die durch Sulla und unter dem Principat neu hinzutretenden Formen der Freiheitsstrafe, die Deportation und die Zwangsarbeit, nicht aber auf die den souveränen Gerichten vorbehaltene Todesstrafe. Aber wenigstens im dritten Jahrhundert n. Chr. wird es Regel, dass der Kaiser das Schwertrecht über die Personen niederen Standes dem Statthalter delegirt und nur angesehenere Kategorien, die Offiziere und die chargirten Gemeinen so wie die Mitglieder des Reichs- und der städtischen Senate davon insoweit ausgenommen blieben, dass die Todesstrafe nur nach Benachrichtigung des Kaisers und mit Einwilligung desselben vollstreckt werden durfte.

Die weiteren Schranken des statthalterlichen Regiments mögen formell wesentlich dieselben gewesen sein, welche dem consularischen in Italien gesetzt waren; überdies war dasselbe durch die Instructionen theils des Senats, theils des Kaisers gebunden. Aber insbesondere der nach der formalen Ordnung rechtlosen Gemeinde gegenüber hatten diese Schranken in der Provinz thatsächlich wenig zu bedeuten. Schon das Wesen des Specialamts, weiter das mit der Jurisdiction über die römischen Bürger verknüpfte Verweilen des Statthalters in allen grösseren Städten seines Sprengels und die ihm obliegende Aufsichtführung über sämmtliche Provinzialgemeinden gaben der statthalterlichen Verwaltung ein der italischen geradezu entgegengesetztes Gepräge, wodurch dieselbe in schlechten Händen und bei lässiger Oberaufsicht zu einer entsetzlichen Geissel geworden ist, bei besserer Führung und namentlich unter der strengeren Oberleitung des Principats auch vielfältig sich zweckmässig und zuweilen segensreich erwiesen hat. Bei der geringen Stärke der Reichstruppen und dem mässigen Umfang der sonstigen öffentlichen Aufwendungen kann bei normaler Beschaffenheit der Reichs- und der Gemeindeverwaltung der Druck der öffentlichen Lasten kein allzu schwerer gewesen sein und haben die zahlreichen dem römischen Herrscher gehorchenden Völker für die Abendzeit der antiken Cultur unter diesem Regiment leidlichen Frieden gefunden.

7. Die Beziehungen zum Ausland

Die Beziehungen der römischen Gemeinde zu den wirklich unabhängigen Staaten, in ältester Zeit zu Caere und Capua, späterhin zu Karthago und Makedonien, unter dem Principat zu den freien Germanen und dem Partherstaat sind formell nicht hinausgekommen über die den Landfremden gegenüber die Regel bildende Rechtlosigkeit, welche am schärfsten sich ausdrückt in dem ursprünglichen Rechtssatz, dass mit etruskischen Gemeinden ewiger Vertrag rechtlich unstatthaft ist und thatsächlich dafür Waffenstillstand auf längere Zeit einzutreten hat. Eine Beschränkung erleidet diese Rechtlosigkeit nur hinsichtlich der Specialverträge des Kriegsrechts, der Satzungen über Botschaften und Waffenstillstand. Die ewigen Bündnissverträge, von welchen in dem nationalen Städtebund Latiums die römische Entwickelung ausgeht und mittelst deren im Grossen und Ganzen genommen die Stadt Rom sich zum römischen Reich entwickelt hat, sind nur nominell international, da in der römischen Handhabung mit der Ewigkeit die Abhängigkeit rechtlich verknüpft ist, der also mit Rom verbündete Staat damit dem freien Vertragsrecht entsagt und im Wehrrecht beschränkt wird. Diese Verträge haben daher im ersten Buch bei der Reichsentwickelung ihre Stelle gefunden. Ein Internationalrecht in dem heutigen Sinn, dauernde Festsetzungen nicht kriegsrechtlicher Art zwischen zwei Staaten formell gleicher Souveränetät hat die römische Staatsordnung nicht entwickelt. Wenn hier von dem Verhältniss der römischen Magistratur zu dem Ausland gehandelt wird, so ist dabei das Ausland nicht im geschichtlichen Sinn, nicht der Inbegriff der von Rom politisch unabhängigen Staaten gemeint, sondern im staatsrechtlichen der Inbegriff der nicht im römischen Gemeinde- oder Privateigenthum stehenden Territorien, und soll hier lediglich die Frage beantwortet werden, in welcher Form und wie weit die römischen Magistrate mit den in diesem Sinne ausländischen Gewalten befugt sind Verträge einzugehen.

Wie bei den Verträgen der Gemeinde die formalen privatrechtlichen Normen überhaupt keine Anwendung finden, sondern sie von jeher und durchaus in der Weise des privatrechtlichen Consensualvertrags zu Stande kommen, so ist auch der mit einer anderen Gemeinde von der römischen abgeschlossene Vertrag einer derartigen Fixirung weder bedürftig noch streng genommen fähig. Das rechtlich entscheidende Moment ist durchaus der Wille der vertragschliessenden Gemeinde. An sich können derartige Verträge von jedem Beauftragten abgeschlossen werden und es sind solche von untergeordneter Bedeutung häufig durch Personen ohne amtliche Stellung und formlos eingegangen worden. Wichtigere staatliche Vereinbarungen pflegen von den Magistraten mit Imperium in feierlicher Weise abgeschlossen zu werden, Bündnissverträge von den nächst beikommenden Oberbeamten, Unterwerfungs- und Friedensverträge überhaupt von dem Feldherrn, der den Krieg zu Ende geführt hat; nur einmal, nach dem ersten punischen Krieg, sind für den Friedensschluss eigene ausserordentliche Beamte von den Comitien creirt worden. Von der Mitwirkung des Senats bei den Friedensverträgen durch die dem Feldherrn beigegebenen senatorischen Commissionen wird bei dem Senat gesprochen werden.

Der Abschluss des Vertrags erfolgt regelmässig mündlich durch Frage und Antwort und wird wie der mündliche Privatvertrag gewöhnlich sofort schriftlich aufgezeichnet. Sollemnisirt wird der Staatsvertrag, wie alle nicht dem Privatprozess unterliegenden und also rechtlich nur das Gewissen bindenden Uebereinkünfte, durch den hinzutretenden Doppeleid *(foedus).* Jede der contrahirenden Gemeinden übernimmt durch einen ihren Gebräuchen entsprechenden religiösen Act die Verpflichtung den Vertrag getreu zu halten und ruft für den Fall des Zuwiderhandelns die Verfluchung *(execratio)* der Götter, bei denen geschworen wird, herab auf die vertragsbrüchige Gemeinde. Bei diesem bestärkenden Eidschwur handelt also jede Gemeinde für sich, während der Act, der dadurch bestärkt wird, die Form des Vertrags hat. Gewöhnlich folgt auf diesen Vertrag die öffentliche Aufstellung der entsprechenden Urkunden zu bleibendem Gedächtniss, in Rom der Regel nach auf dem Capitol am Tempel der *Fides publica populi Romani.*

Aber der also abgeschlossene Staatsvertrag hat, wie bemerkt, nur insoweit Rechtskraft, als die Gemeinde mit demselben einverstanden ist. Dies Einverständniss ist selbstverständlich bei allen Offiziers- und Feldherrnverträgen, ohne die ein Commando nicht geführt werden kann und die der Kriegsgebrauch mit sich bringt; nicht minder wo der Gemeinde der Vertrag lediglich zum Vortheil gereicht, wie zum Beispiel bei dem Unterwerfungsvertrag von Seiten der obsiegenden Gemeinde. Bei Verträgen anderer Art wird dagegen die Zustimmung der Gemeinde so weit möglich vor dem Abschluss des Vertrages eingeholt; und nach römischem Gebrauch giebt sie dieselbe regelmässig durch Entsendung zweier dem für den Internationalverkehr eingerichteten Fetialencollegium angehörigen Priester zur Vollziehung jenes Eidschwurs. Ueber diese Entsendung entscheiden nicht die Comitien, sondern die Centralregierung, der Vorsitzende des Senats im Einverständniss mit diesem. Es hat dies in Verbindung mit der die entwickelte Republik beherrschenden Tendenz die auswärtigen Angelegenheiten im Senat zu concentriren dahin geführt, dass in der späteren Zeit die kriegführenden Magistrate in den Verhandlungen mit dem Feind sich auf militärische Abmachungen beschränkten und so weit möglich selbst die Präliminarien nach Rom verwiesen, was allerdings unter den erweiterten Verhältnissen, namentlich bei ausseritalischen Kriegen nicht eingehalten werden konnte. Der Definitivvertrag bleibt immer den römischen Behörden.

Den ohne Vorwissen der Gemeinde für diese von dem Feldherrn abgeschlossenen Vertrag kann die Bürgerschaft als nichtig behandeln, wobei jedoch, namentlich wenn der Abschluss in sacraler Form geschehen ist, alle diejenigen Personen, welche diesen Act vollzogen haben, insbesondere der dabei mitwirkende Feldherr als persönlich durch jene Execration belastet dem Staat, mit dem der Vertrag abgeschlossen ist, gleichsam wie Kriegsgefangene überliefert werden.

Für die Aufnahme der factischen Kriegführung, wo kein Vertrag entgegensteht, bedarf der Feldherr der Zustimmung der Bürgerschaft nicht. Aber zum Brechen des geschlossenen Staatsvertrags oder auch nur zur Constatirung des von Seiten des anderen Contrahenten erfolgten Bruches und demnach zur Behandlung desselben als Landesfeindes, das heisst zur Kriegserklärung ist der Magistrat von sich aus nicht befugt, sondern hat den entsprechenden Antrag an den Senat und die Bürgerschaft zu bringen, worüber weiterhin gehandelt werden wird. Indess kann bei offenem Vertragsbruch und insbesondere bei Eröffnung der Feindseligkeiten von der andern Seite der Kriegsbeginn der Kriegserklärung voraufgehen.

Zum internationalen Verkehr, wie er namentlich durch Entsendung und Empfang von Gemeindeboten sich vollzieht, ist im Allgemeinen zwar jeder Magistrat befugt; indess wenigstens in historischer Zeit ist diese Befugniss dadurch beschränkt, dass dieser Verkehr, so weit die Verhältnisse dies gestatten, im Senden wie im Empfangen in der Hauptstadt concentrirt, also dies magistratische Recht wesentlich nur von den zur Zeit dem Senat vorsitzenden Oberbeamten ausgeübt wird.

Fünftes Buch

DIE COMITIEN UND DER SENAT

Wenn das römische Gemeinwesen ins Leben getreten ist als fest formulirte Monarchie und auch in der republikanischen Ordnung die Magistratur auf sich selber ruhend der Bürgerschaft gegenüber steht, so ist dennoch die Magistratur rechtlich gebunden sowohl dem einzelnen Bürger gegenüber wie gegenüber dem Rath der Aeltesten und der in rechter Form versammelten Gesammtheit der Bürger. Die dem einzelnen Bürger zustehenden von der magistratischen Willkür nicht abhängigen politischen Rechte, die Fähigkeit zum Gemeindeamt zu gelangen, der Anspruch auf die Wehrgemeinschaft und auf die Rechtspflege sind in der Darstellung der magistratischen Functionen mit entwickelt worden. Es bleibt noch übrig darzulegen, in wie weit der Magistrat, ohne den keine Gemeindehandlung vollzogen werden kann, verpflichtet ist dabei die Mitwirkung der Gemeinde herbeizuführen, indem er entweder die versammelte Bürgerschaft oder den Rath der Aeltesten um ihre Meinung befragt. Dabei liegt ursprünglich das Princip zu Grunde, dass die Magistratur verpflichtet und berechtigt ist die bestehende Rechtsordnung zu handhaben, aber eine Abweichung von derselben im einzelnen Fall, wie sie zum Beispiel in der Kriegserklärung und im Testament enthalten ist, um so viel mehr also eine allgemeine Abänderung derselben die Zustimmung jener Factoren erfordert. Im Laufe der Entwickelung haben die Consequenzen dieses Grundgedankens sich wesentlich verschoben. Die Versammlung der Bürgerschaft machte sich frei von der Mitwirkung des Raths und wurde, obwohl der Magistratur die Initiative blieb und die Comitien niemals wie die hellenische Ekklesia formale Omnipotenz erlangt haben, dennoch materiell mehr und mehr der Träger der Gemeindesouveränetät. Der Rath der Aeltesten in seiner ursprünglichen Gestalt verlor seinen Antheil am Gemeinderegiment, gewann aber in der erweiterten patricisch-plebejischen Form dasselbe zurück mittelst der in immer steigendem Umfang sich einstellenden Bindung der Magistratur an seine Rathschläge. Endlich unter dem Principat hörten die Comitien auf zu functioniren und wurde der Senat der rechte Träger der Volkssouveränetät, deren formale Vollendung mit der factischen Zurückführung der Einherrschaft Hand in Hand ging. Es sind diese Verhältnisse, welche hier zur Darstellung kommen.

1. Befragung der Bürgerschaft

Von der römischen Bürgerschaft ist im ersten Buch gehandelt worden. In der ältesten vorhistorischen Epoche wird sie durch die Gesammtheit der Geschlechtsgenossen, der Patricier gebildet, in historischer Zeit durch die Gesammtheit dieser Patricier und der aus der Hörigkeit hervorgegangenen Gemeindegenossen, der Plebejer. Eine Sondergesammtheit der Patricier giebt es in dieser Epoche im politischen Sinne nicht, wohl aber eine Sondergesammtheit der Plebejer, welche zwar nicht die Bürgerschaft ist, aber in mancher Hinsicht gleich derselben functionirt.

Eine gewisse allgemeine Mitwirkung der Bürgerschaft bei den öffentlichen Geschäften ist gegeben in der Untersagung der Vollziehung derselben im privaten Raum dieser Schranke, deren politische und sittliche Bedeutung nicht leicht zu hoch angeschlagen werden kann, ist die magistratische Thätigkeit, wo sie mit Privaten in Berührung kommt, durchaus, namentlich bei der Rechtspflege und bei der Aushebung unterworfen worden und unterworfen geblieben. Die Verhandlung vor dem Umstand *(in conventione* oder *contione)* ist der Regel nach insoweit formlos; indess kommt sie auch, namentlich bei den Sacralacten der ältesten Zeit, in der Steigerung vor, dass die Bürgerschaft nach ihren Abtheilungen gegliedert einem öffentlichen Act assistirt. In dieser Weise werden die Inauguration des Königs-Priesters und der übrigen höchsten Priester der Gemeinde vollzogen und wird die Schatzung mit feierlichem Sühnopfer abgeschlossen.

Die effective Mitwirkung der Bürgerschaft bei einem öffentlichen Act, welche die Willensäusserung jedes daran betheiligten Bürgers einschliesst, hat zu ihrer nothwendigen Voraussetzung ihr Zusammentreten in verfassungsmässiger Gliederung, die *comitia,* deren Formen im ersten Buch entwickelt worden sind. Zu Grunde liegt dabei die bürgerliche und militärische Doppelform; insofern jeder Bürger auch Wehrmann ist, kann die Bürgerschaft entweder nach ihrer bürgerlichen Gliederung zusammentreten, theils in den nach den Geschlechtern geordneten Curien, theils in den in der Hauptsache auf dem Wohnsitz ruhenden Tribus, oder nach den militärischen Abtheilungen, den Centurien. In der patricisch-plebejischen Bürgerschaft ist die Curienversammlung zwar für gewisse mit den Geschlechtsverhältnissen sich berührende Privatsachen in Kraft geblieben, aber die Leitung derselben auf den Oberpontifex übergegangen (S. 21) und zu den zwischen dem Magistrat und der Bürgerschaft zu vereinbarenden Acten können also die von den Curien bestätigten für die republikanische Epoche nicht gerechnet werden. Die eigentlich politischen Comitien dieser Zeit treten entweder nach den Tribus oder nach den Centurien zusammen. Die Plebs, welche als solche keine Wehrmannschaft ist, tritt zusammen als *concilium* anfänglich nach den Curien, später nach den Tribus. Die militärisch geordneten Comitien sind langwieriger und förmlicher als die der bürgerlichen Ordnung, aber auch vornehmer und aristokratischer. Es wird bei der Competenz zu zeigen sein, dass eine Reihe von Beschlüssen nur in dieser Form gefasst werden konnte; aber auch umgekehrt ist für andere Acte die bürgerliche Form vorgeschrieben worden. Eine allgemeine Abgrenzung zwischen den verschiedenen Formen hat wenigstens in der uns besser bekannten Epoche nicht bestanden und auch von dem plebejischen Concilium gilt für die Epoche nach dem Abschluss der ständischen Kämpfe den Comitien gegenüber dasselbe. Wo Herkommen oder Specialgesetz nicht anders bestimmen, hat die Bürgerschaft in jeder der drei Formen befragt werden können.

Die Regel, dass jede Gemeindehandlung ein magistratischer Act ist, gilt auch für die hier in Rede stehenden. Auch sie vollzieht der Magistrat, aber er vollzieht sie nur nach erlangter Zustimmung der Bürgerschaft. Die Berufung derselben zu diesem Zweck ist ohne Zweifel nach der patricischen Ordnung Königsrecht. In der patricisch-plebejischen steht die Berufung der Bürgerschaft, wenn von der in dieser Epoche nur für Privatgeschäfte competenten unter der Leitung des Oberpontifex zusammentretenden Curienversammlung abgesehen wird, bei dem Oberamt, das heisst bei dem Consul, dem Interrex, dem Dictator und dem Prätor so wie bei den Ausnahmebeamten mit constituirender Gewalt und zwar ohne Unterschied der Form. Den Censoren, den curulischen Aedilen und dem Oberpontifex ist ausnahmsweise für die von ihnen auferlegten schweren Bussen die Berufung der niederen Comitien eingeräumt. Dem Volkstribunen steht nach Analogie der Consuln, den plebejischen Aedilen nach Analogie der curulischen die Berufung der Plebs zu. Allen übrigen Beamten so wie der Promagistratur mangelt das Recht im eigenen Namen die Bürgerschaft zu berufen; jedoch lässt das Strafverfahren insoweit Vertretung zu, dass auf Geheiss eines Oberbeamten der Quästor, ebenso durch Vermittelung eines Oberbeamten der Gemeinde der Volkstribun die Bürgerschaft für diesen Zweck zusammenruft.

Die Modalitäten der Berufung und der Beschlussfassung der Bürgerschaft und der Plebs fassen wir hier in der Weise zusammen, dass die für die speziellen Formen geltenden Abweichungen, so weit sie hier Berücksichtigung finden können, bei den einzelnen Stadien angemerkt werden.

Die Berufung der Bürgerschaft wird immer eingeleitet durch die magistratische Bekanntmachung des Gegenstandes und des Tages der Verhandlung.

Hinsichtlich des Gegenstandes genügt bei Wahlen und Gerichten die allgemeine Ankündigung der beabsichtigten Vorlage. Der Gesetzentwurf muss nach den Ordnungen der historischen Zeit in seinem Wortlaut schriftlich ausgehängt werden; Aenderung desselben nach dem Aushang ist unzulässig. In der letzten Zeit der Republik ist ausserdem Niederlegung einer Abschrift des Entwurfs im Archiv der Gemeinde vorgeschrieben.

Gesetzlich feste Tage für die Comitien kennt nur die älteste Ordnung für die der Curien, welche in jedem Jahr am 24. März und am 24. Mai zusammentreten insbesondere für die Gutheissung der Testamente. Für die Bürgerversammlung der späteren Zeit setzt der Magistrat den Tag nach Ermessen an; nur sind davon ausgenommen theils die festen Gerichtstage *(dies fasti)*, theils die Feiertage, mögen dieselben kalendarisch fixiert sein *(dies nefasti)* oder ordentlicher oder ausserordentlicher Weise von der Magistratur angeordnet werden; ferner in der späteren Republik die Anfangstage der durch das Jahr laufenden achttägigen Marktwochen. Zwischen dem Tag der Bekanntmachung und dem der Verhandlung sollen, beide Tage eingerechnet, mindestens drei solcher Wochen *(trinum nundinum)* liegen: indess haben, wo Gefahr in Verzug war, die Magistrate von dieser Fristbestimmung sich häufig dispensiren lassen oder sich selber dispensirt. — Die Verhandlung hat bei Tage stattzufinden und beginnt der Regel nach mit Sonnenaufgang; vor Sonnenaufgang und nach Sonnenuntergang ist sie nicht zulässig.

Oertlich kann die Bürgerschaft nur unter freiem Himmel zusammentreten und nur so weit das städtische Amtsgebiet (S. 76) reicht. Im Bereich des militärischen ist in der früheren Republik Abhaltung einer Bürgerversammlung nach Tribus im Lager versucht, aber alsbald untersagt worden und das Beginnen der Pompeianer in der Agonie der Republik Centuriatcomitien auf makedonischem Boden abzuhalten steht gänzlich vereinzelt. Im Besonderen tritt die bürgerliche Versammlung der Curien immer zusammen innerhalb des Mauerrings, in der Regel auf dem danach benannten *comitium* am Markt, die militärische der Centurien immer ausserhalb desselben innerhalb des ersten Meilensteins, in der Regel auf dem Marsfeld. Die minder streng behandelte Versammlung der Tribus, sowohl die der Bürgerschaft wie das Concilium der Plebs, kann im städtischen Amtbezirk innerhalb wie ausserhalb der Mauern stattfinden; in der Regel tritt sie in früherer Zeit zusammen auf dem Hofe des capitolinischen Jupitertempels, späterhin für Gesetze auf dem Forum, für Wahlen auf dem Marsfelde, wo in augustischer Zeit dafür ein eigener Stimmplatz *(saepta Iulia)* nebst dem Auszählungsgebäude *(diribitorium)* eingerichtet wurde.

Hinsichtlich der vorbereitenden Discussion gelten verschiedene Ordnungen, je nachdem es sich um eine Wahl, um einen Prozess oder um einen Gesetzentwurf handelt. Bei den Wahlen scheinen vorbereitende Erörterungen unter magistratischem Vorsitz sei es durch Sitte, sei es durch Gesetz untersagt gewesen zu sein; die übrigens herkömmliche und energisch entwickelte Aemterbewerbung ist allem Anschein nach lediglich auf private Tätigkeit angewiesen gewesen. Bei den Gerichtskomitien ist umgekehrt, wie gezeigt ward (S. 181), die vorherige Verhandlung der Sache in drei Terminen vor der Gemeinde durch den in erster Instanz entscheidenden Magistrat gesetzlich vorgeschrieben. Bei Gesetzentwürfen ist es nicht nothwendig, aber zulässig und gewöhnlich, dass der Antragsteller und wem es sonst von den zu öffentlicher Rede berechtigten Magistraten beliebt sich darüber vor der Bürgerschaft empfehlend *(suasiones)* oder abrathend *(dissuasiones)* äussert, auch nach Ermessen Privaten das Wort darüber verstattet. Diese vorbereitenden Verhandlungen werden immer vor der nicht gegliederten Gemeinde der Regel nach nicht an dem Abstimmungstag selbst und meistentheils auf dem Markte abgehalten, wo in ziemlicher Entfernung von den gewöhnlichen Abstimmungsstellen sich der regelmässig benutzte Sprechplatz *(rostra)* befand.

An dem Morgen des für die Abstimmung angesetzten Tages wird die Bürgerschaft durch Heroldsruf aufgefordert sich zur Abstimmung an dem vom Magistrat bestimmten Ort einzufinden.

Gleichzeitig erbittet bei Berufung der Sammtgemeinde der die Comitien leitende Magistrat die Genehmigung der Götter durch Auspication (S. 171). Bei den Versammlungen der Plebs fällt diese weg. Einspruch kann aber die Gottheit auch nach der Fragebeantwortung und wo die Befragung wegfällt während der Verhandlung jederzeit thun und es muss in diesem Fall dieselbe abgebrochen werden. Aus diesem Grunde ist es üblich bei jeder Versammlung Augurn zuzuziehen.

Der Magistrat leitet die Abstimmung sitzend auf einer erhöhten Estrade, auf welcher seine Collegen und die oberen Magistrate überhaupt, soweit sie zugegeben sind, ebenfalls Platz nehmen. Nach verrichtetem Gebet richtet er die zur Entscheidung stehende Frage an die vor ihm stehenden Bürger. Er bestimmt sodann, wenigstens bei der Tribusversammlung, durch das Loos, in welcher Abtheilung die anwesenden stimmberechtigten, aber keiner Tribus angehörigen Bürger der latinischen Bundesstädte für diesmal ihr Stimmrecht auszuüben haben (S. 49). Alsdann weist er die bis dahin ungegliederte Bürgerschaft an sich ein jeder in die ihm zukommende Stimmabtheilung zu verfügen, wobei die verschiedenen Formen der Comitien massgebend sind.

Die Abtheilungen stimmen nach der bürgerlichen Ordnung simultan, nach der militärischen succesiv. Wie die dreissig Curien stimmen die allmählich von einundzwanzig bis auf fünfunddreissig vermehrten Tribus immer, so viel ihrer sind, gleichzeitig. Die Centurien dagegen stimmen nach ihrer Gliederung und es hat wie in der Centuriirung selbst (S. 34 ff.) so in der Gliederung für die Abstimmung die Ordnung gewechselt. Nach der ursprünglichen Stimmordnung werden zuerst die Rittercenturien aufgerufen und zwar in zwei Gliedern, so dass anfänglich wahrscheinlich erst die sechs patricischen, dann die zwölf plebejischen, späterhin umgekehrt erst diese, dann jene ihre Stimmen abgaben. Danach folgten die Centurien des Fussvolks in fünf Gliedern, von denen das erste die 81 Centurien der Volksbewaffneten, die vier folgenden die übrigen 94 Stimmabtheilungen umfasste, wobei indess, wenn durch die Stimmen der höheren Glieder die absolute Majorität erreicht war, die nachfolgenden ausfielen. Die spätere Stimmordnung ist, wie früher angegeben ward (S. 60), namentlich modificirt durch die Reduction der ersten Klasse des Fussvolks von 81 auf 70 und die Steigerung der vier niederen von 95 auf 105 Stimmen. Die siebengliedrige Abstimmung ist geblieben, aber dahin abgeändert, dass das Vorstimmrecht auf eine aus den 70 der ersten Stimmklasse des Fussvolks jedesmal ausgelooste Centurie *(centuria praerogativa)* übertragen ist und die früher vorstimmenden zwölf plebejischen Rittercenturien mit den übrigen 69 der ersten Klasse zusammen in zweiter Reihe stimmen, worauf die sechs patricischen Rittercenturien und auf diese die vier letzten Stimmglieder folgen. Es wurde auf diese Weise theils das wichtige Vorstimmrecht den Rittern entzogen, theils die Majoritätfindung, welche nach der alten Ordnung schon durch die Abstimmung der ersten Stimmklasse des Fussvolks erreicht werden konnte, da jetzt diese und die Ritterschaft zusammen von den 193 Stimmen nur 88 inne hatten, in der Weise geordnet, dass auf jeden Fall die zweite dieser Stimmklassen zur effectiven Stimmabgabe gelangte.

Die Abgabe der Stimmen, bei welcher alle Discussion ausgeschlossen ist, besteht in der Antwort auf die Frage und zwar bei dem Gesetz wie bei dem Prozess, das heisst bei den ursprünglichen Comitien, schlechthin in dem einfachen Ja oder Nein. Auch von den erst später eintretenden Wahlen gilt so lange dasselbe, als dem Magistrat dabei der Vorschlag zusteht; über das spätere Wahlverfahren mit Initiative der abstimmenden Bürger wird in dem Abschnitt von der Competenz der Comitien gesprochen werden. Formell wird die Abstimmung in der Weise vollzogen, dass der einer jeden Stimmabtheilung angewiesene abgegrenzte Raum geschlossen wird und der Stimmberechtigte, indem er aus demselben austritt, dem von dem Magistrat der Abtheilung gesetzten „Frager“ *(rogator)* mündlich die Antwort auf die Frage giebt, welche dieser auf der Stimmtafel verzeichnet. Im Laufe des letzten Jahrhunderts der Republik ist anstatt der mündlichen die schriftliche Abstimmung aufgekommen und hat schliesslich die ältere Form vollständig verdrängt. Für dieses Verfahren wird am Ausgang des Stimmraumes ein Stimmkasten *(cista)* aufgestellt, in welchen der Abstimmende seine Stimmtafel *(tabella)* wirft, worauf dann das Ergebnis der Abtheilungswahl durch Auszählung der Tafeln gefunden wird. Minimalzahlen kennt die römische Ordnung bei den Comitien nicht; die im einzelnen Fall erschienenen Stimmberechtigten vertreten immer für jetzt und später die gesammte Bürgerschaft. So weit relative Majorität vorkommen kann, was nur bei den späteren Wahlcomitien der Fall ist, genügt für die Abtheilung auch diese.

Das von der Abtheilung gefundene Ergebnis wird dem vorsitzenden Magistrat mitgetheilt und, wenn sämmtliche zugleich stimmende Abtheilungen diesen Bericht erstattet haben, das Ergebniss von dem Vorsitzenden verkündigt. Für das Gesammtergebnis wird die absolute Majorität der Abtheilungen erfordert. Zu dessen Verkündigung ist der Magistrat bei Gesetz- und Prozesscomitien unbedingt verpflichtet und im Allgemeinen auch bei dem Wahlact, obwohl hier bei dem mit Initiative der Bürgerschaft vollzogenen der Beamte in früherer Zeit öfter mit Erfolg das Recht in Anspruch nahm die Verkündigung des Ergebnisses abzulehnen. Wird keine Majorität erreicht oder gelangt aus anderen Gründen der Act nicht zum Ziel, so wird er als nichtig behandelt und nicht an einem späteren Tag fortgesetzt, wohl aber nach Umständen wiederholt.

Den gesammten Act beherrscht die Auffassung, dass die Betheiligung der Bürgerversammlung bei der Willensfindung für die Gemeinde wie formell unentbehrlich, so materiell in den engsten Grenzen zu halten ist. Alles Mitreden und Mitregieren der Bürger insgemein ist ausgeschlossen. Befragung der einzelnen Personen und Majoritätfindung liegt den beiden correlaten Institutionen der Comitien und des Senats gleichmässig zu Grunde; aber im schärfsten Gegensatz antwortet auf die magistratische Frage der Bürger mit Ja oder Nein, der Senator mit seiner begründeten Meinung.

Abgesehen von der den Act abschliessenden Verkündigung des Ergebnisses durch den vorsitzenden Beamten, ist eine Veröffentlichung des Volksschlusses zu bleibendem Gedächtniss im einzelnen Falle häufig angeordnet, aber allgemein erst eingeführt worden, als es mit der Republik zu Ende war, durch Caesar. Für die Constatirung der bestehenden Gesetze hat es die römische Republik an jeder geeigneten Fürsorge fehlen lassen und auch die private Thätigkeit die Lücke nur unvollkommen ausgefüllt. Erst unter dem Principat ist hiefür wenigstens einigermassen das Erforderliche geschehen.

2. Der Senat und dessen Befragung

Der Senat der römischen Gemeinde ist eine Doppelinstitution sowohl der Zusammensetzung nach wie nach seiner im vierten Abschnitt erörterten Competenz. Neben einander stehen der Senat der patricischen Bürgerschaft und derjenige der patricisch-plebejischen völlig verschieden in ihrer politischen Geltung. Der patricische Senat ist, insofern jedes Mitglied desselben dem Begriffe nach König ist und thatsächlich als solcher fungiren kann, der rechte Träger der Magistratur, der lebendige Ausdruck des ewigen über der Bürgerschaft stehenden Königthums, und zugleich, insofern jeder Schluss der Bürgerschaft seiner Bestätigung unterliegt, die Controle und das Complement der an der Bürgerschaft haftenden souveränen Gemeindegewalt. Der patricisch-plebejische Senat ist nicht viel mehr als eine ständig das Oberamt berathende Versammlung. Für die geschichtliche Zeit ist der patricische Senat eine abgestorbene Institution, der patricisch-plebejische die factische Gemeinderegierung; jener hat die Fülle der Rechte bei dem Mangel der Macht, dieser die Fülle der Macht bei dem Mangel der Rechte. Dennoch sind beide nicht von einander zu trennen, insofern der patricische Senat in dem patricisch-plebejischen enthalten und dieser aus jenem erwachsen ist durch Erweiterung des Kreises wie der Function, von denen dann die an sich schwächeren die alten verfassungsmässigen Befugnisse des engeren Kreises überwachsen und überdauert haben.

Die Benennung *senatus,* der Rath der Aeltesten, ist der Körperschaft als solcher, so viel wir wissen, von jeher eigen gewesen, und auch später für sie in ausschliesslichem Gebrauch geblieben. Aber die officielle Anrede an den patricisch-plebejischen Senat, *patres (et) conscripti,* das heisst Patricier und Eingeschriebene soll ohne Zweifel ausdrücken, dass nicht alle Eingeschriebene dem eigentlichen vollberechtigten Patriciersenat angehören, und wo dieser gemeint ist, werden auch in technischer Rede die *patres* allein genannt, eigentlich die Patricier, in dieser Verwendung, welche erst nach der Aufnahme der dazu den Gegensatz bildenden Plebejer aufgekommen sein kann, die patricischen Senatoren. Für das einzelne Rathsmitglied fehlt es an einer officiellen Bezeichnung; *senator*, ohne Frage die ursprüngliche Benennung des Mitglieds des engeren Raths, ist dem Plebejer von Rechtswegen nicht zugekommen und um den persönlichen Gegensatz zu verschleiern, aus dem officiellen Gebrauch beseitigt, in dem gewöhnlichen abusiv verallgemeinert worden; aus demselben Grunde hat man es auch vermieden der Sammtbezeichnung *patres conscripti* die Titulatur des einzelnen Mitglieds zu entnehmen. Unter dem Principat wird das Prädicat *vir clarissimus* zur senatorischen Titulatur und ist gesetzlich als solche gegen das Ende des zweiten Jahrhunderts festgestellt worden.

Die Mitgliederzahl wird von jeher als eine feste betrachtet und darin zunächst unterscheidet sich der Senat von dem magistratischen in beliebiger Anzahl berufenen Geschäftsbeirath, dem *consilium.* Als normal gilt für die Urgemeinde die Zahl von hundert, also für das dreieinige Rom der Titier, Ramner und Lucerer die von dreihundert. In historischer Zeit unterliegt der patricische Senat in Hinsicht der Zahl keiner gesetzlichen Fixirung, dagegen wird die Zahl dreihundert auf den patricisch-plebejischen bezogen und ist für diesen lange Jahrhunderte in Geltung geblieben. Erst als in Folge der Neuordnung des Strafverfahrens sich die Nothwendigkeit nicht abweisen liess für einigermassen genügende Besetzung der grossen Geschwornengerichte den Senat erheblich zu verstärken, hat Sulla die Mitgliederzahl auf sechshundert festgestellt und diese hat noch Augustus festgehalten. Indess haben die weiterhin zu erwähnenden Momente, an welche gesetzlich der Eintritt in den Senat geknüpft ist, eine Ueberschreitung der Normalzahlen von drei- oder sechshundert häufig herbeigeführt. Die effective Zahl der Senatoren scheint in republikanischer Zeit von der normalen sich nicht wesentlich entfernt zu haben; unter dem Principat hat, namentlich in Folge der kaiserlichen den ausserordentlichen Eintritt in den Senat herbeiführenden Anordnungen, die Effectivzahl sich allmählich in dem Grade erhöht, dass die normale ihre Bedeutung verloren hat.

Eine andere Qualification für den patricischen Senator als dieses älteste Bürgerrecht besteht nur insofern, dass allein *seniores*, das heisst über 46 Jahre alte und also vom Felddienst befreite Männer befugt sind im Rathe zu sitzen. Dass die Plebejer, so lange sie bloss Schutzgenossen waren, dem Senat nicht angehören konnten, ist selbstverständlich; dass die Anerkennung ihres activen Bürgerrechts eben von ihrer Zulassung zum Senat ausgegangen ist, sie aber in demselben zunächst eine untergeordnete Stellung eingenommen und namentlich nur das Stimm-, nicht das Rederecht erhalten haben, wird weiterhin bei der Geschäftsordnung auseinander gesetzt werden.

Die Zusammensetzung der ursprünglichen Bürgerschaft aus einer Anzahl geschlossener Geschlechter legt die Frage nahe, ob nicht ursprünglich der einzelne Senator aus dem Geschlecht ohne Mitwirkung der Organe der Gemeinde hervorgegangen ist und der Senat in seiner Gesammtheit weniger eine Gemeinde- als eine Geschlechtervertretung gewesen ist. Indess die wenn nicht ursprüngliche, so doch jedenfalls uralte energische Durchführung der staatlichen Einheit unter Beseitigung aller Selbständigkeit der Gemeindetheile hat einer derartigen Geschlechtervertretung, wenn sie je bestanden hat, in frühester Zeit ein Ende gemacht. Die Ueberlieferung, selbst die in den Institutionen bewahrte, weiss nichts von einer derartigen Senatorencreirung; sie kennt, ohne dass in dieser Hinsicht zwischen dem engeren und dem weiteren Senat unterschieden wird, nur die drei Perioden der Senatorenbestellung durch oberamtliche Ernennung in der Königszeit und der frühen Republik, derjenigen wesentlich durch die Comitien in der späteren und derjenigen durch Selbstergänzung für den souveränen Senat des Principats.

Die Berufung des Bürgers in den Rath ist zunächst ein Attribut des Oberamts, also des Königs und später der Consuln und es ist dies Recht, wie schon bemerkt, von dem Alter und dem Vollbesitz der bürgerlichen Ehrenrechte abgesehen, an Qualificationsvorschriften weiter nicht gebunden. Berücksichtigung der Geschlechter und der danach geordneten Curien und Tribus wird zweckmässig erschienen sein, aber von bindenden Normen in dieser Hinsicht ist, wie gesagt, nichts überliefert. Die Annuität der republikanischen Magistratur hat auf diese Institution der Königszeit keine Anwendung gefunden; der Senator wird immer ohne Zeitgrenze berufen. Allerdings ist in dem freien Ernennungsrecht des Magistrats auch dasjenige enthalten den Senator ohne Angabe von Gründen auszuscheiden und die Stelle anderweitig zu besetzen; aber es ist dies Ausnahme und der wesentlichste Gegensatz des Senats zu dem magistratischen Consilium beruht neben der festgeschlossenen Zahl darauf, dass jener nicht wie dieses von Fall zu Fall nach Belieben von dem Magistrat zusammengesetzt wird. Die factische bei allem Wandel der gesetzlichen Bestimmungen für den Senat immer festgehaltene Lebenslänglichkeit liegt im Wesen der Institution und es ist also, so lange die Senatorencreirung dem Oberamt verblieb, zu derselben nur geschritten worden, wenn ein Platz durch den Tod oder sonst erledigt war. — Eine wesentliche Umgestaltung erfuhr der Senat, als um das J. 442 (312 v. Chr.) das ovinische Plebiscit das Recht den Senator sowohl zu creiren wie auszuscheiden von dem Oberamt löste und es auf die Censoren übertrug. Dadurch wurde einerseits der Senat von dem Oberamt emancipirt und auch formell politisch selbständig, andererseits der Senatssitz damit dem Inhaber zwar nicht auf Lebenszeit, aber bis zum Eintritt der nächsten Censoren rechtlich gesichert; in den Zwischenzeiten der intervallirenden Magistratur konnten Senatoren weder ernannt noch beseitigt werden. Folgeweise trat an die Stelle der früheren Ernennung und Entlassung von Fall zu Fall jetzt die mit den — meist vier- bis fünfjährigen — Schatzungsterminen verknüpfte periodische Revision des Senatorenverzeichnisses. Durch jenes ovinische Gesetz, das „durchaus die besten Männer" in den Gemeinderath zu wählen vorschrieb, wurde die freie Handhabung des Ausschliessungsrechts den Censoren eingeschärft und vielleicht thatsächlich dasselbe dem consularischen gegenüber gesteigert. Das hohe Ansehen und die politische Macht der Censoren bis zum Ausgang der Republik beruht wesentlich auf der Erstreckung ihres Ehrengerichts auf den Senatssitz; die regelmässige Lebenslänglichkeit desselben blieb dabei unverändert. Das Ernennungsrecht ist den Censoren niemals gesetzlich entzogen, aber in der späteren Republik durch die gleich zu erwähnende gesetzliche Anwartschaft auf diese Stellungen in Verbindung mit der geschlossenen Zahl zuerst beschränkt und schliesslich beseitigt worden.

Den Comitien steht nach der ursprünglichen Verfassung auf die Besetzung der Senatsstellen keinerlei Einwirkung zu und geradezu ist ihnen dieselbe auch später nicht zugewiesen worden. Aber nach Abschaffung der Lebenslänglichkeit des Oberamts musste die magistratische Senatorenernennung sich nothwendig vorzugsweise auf diejenigen Bürger lenken, die das Jahramt in Ehren geführt hatten; es ist sehr wahrscheinlich, dass diese, auch wenn sie noch im dienstfähigen Alter standen, dennoch in den Senat eintreten oder vielmehr in ihm bleiben durften und zweifellos, dass die Zulassung der Plebejer zu vollem senatorischem Recht durch ihre Zulassung zum Oberamt herbeigeführt ward. Demnach hat wohl seit sehr früher Zeit die Consulwahl zugleich als Präsentation für den Senatssitz functionirt. Dies hat sich allmählich weiter entwickelt, theils indem diese Präsentation für den ernennenden Magistrat bindend ward, ja der formalen Einwahl in den Senat der factische Eintritt der „ebenfalls Stimmberechtigten" *(quibus in senatu sententiam dicere licet)* vorherging, so dass die Censoren einen solchen nur in derselben Weise wie den auf der Liste stehenden Senator ausscheiden durften, theils indem die Präsentation für den Senat mehr und mehr sich vom Consulat auf die unter diesem stehenden Aemter übertrug. Noch in der hannibalischen Zeit beschränkte sich die gesetzliche Anwarthschaft auf die gewesenen curulischen Beamten, also auf die gewesenen Consuln, Prätoren und curulischen

Aedilen. In der Folgezeit ist sie weiter erstreckt worden; zuerst auf die gewesenen plebejischen Aedilen, dann durch das atinische Gesetz um die Mitte des siebenten Jahrhunderts auf die gewesenen Volkstribune, endlich durch Sulla auf die gewesenen Quästoren. Durch diese gesetzlichen Anwärter und deren sofortigen Eintritt in den Senat wurde die Normalzahl regelmässig erreicht oder vielmehr überschritten und wurde, wie schon gesagt ward, die censorische Senatorenernennung gegenstandslos. In der That wählt jetzt die Bürgerschaft weniger zum Quästor als zum Senator und weiter durch Verleihung der höheren Aemter zu der mit einem jeden derselben verbundenen Rangklasse. Es ruht also der Senat in diesem Stadium wesentlich auf dem Princip der souveränen Comitialgewalt und trotz der an die Wahl geknüpften Lebenslänglichkeit darf der Senat als eine aus der Bürgerschaft hervorgegangene Volksvertretung bezeichnet werden.

Augustus hat, in scharfem Gegensatz gegen die von dem Dictator Caesar auf den Senat angewandte monarchische Ernennung, die sullanische Ordnung im Wesentlichen wiederhergestellt. Tiberius ist einen Schritt weiter gegangen: entsprechend dem weiterhin zu entwickelnden Princip der Uebertragung der souveränen Gemeindegewalt von den Comitien auf den Senat hat er diesem die Creirung der republikanischen Gemeindebeamten überwiesen, worin die Verleihung des Senatorenrechts selbst und der senatorischen Rangklasse so wie nicht minder die Verleihung der an diese Rangklasse geknüpften Anwartschaften auf die republikanischen Statthalterschaften und die neuen kaiserlichen Aemter zugleich enthalten waren. Hinsichtlich der Qualification gilt wie in republikanischer Zeit, da der Eintritt in den Senat und dessen Klassen an die Magistratur geknüpft bleibt, was über die Qualification zur Magistratur und namentlich über deren Steigerung durch die fester geschlossene Aemterfolge früher (S. 89) ausgeführt worden ist. Principiell ward die Souveränetät des Senats vollendet durch diese Ergänzung desselben im Wege der Cooptation. Ernennung des Senators durch den Kaiser ist grundsätzlich ausgeschlossen. Indirect allerdings griff derselbe von Anfang an in die Ernennung ein durch die neben dem wahlleitenden Beamten ihm eingeräumte Prüfung der Qualification. Ausserdem haben die früheren Kaiser nicht als solche, aber als Censoren, welches Amt sie zuweilen übernahmen, ohne Rücksicht auf die durch die Normalzahl gezogenen Schranken und mit freier Verfügung auch über die Rangklassen innerhalb des Senats, die mit der Censur verbundene Senatorenernennung ausgeübt. Indem dann Domitian die Censur ein für allemal mit dem Principat verknüpfte, ist die Ernennung zum Senator unter Beilegung einer beliebigen Rangklasse in die Rechte der Krone eingefügt worden. Das unmittelbare Eingreifen des Kaisers in die Senatorencreirung durch Herbeiführung einer durch den kaiserlichen Willen gebundenen Scheinwahl, das heisst durch Commendation wird weiterhin zur Sprache kommen. Directe Einwahl in den Senat hat nur vereinzelt und durch den Senat selbst zu Gunsten der Prinzen des Kaiserhauses stattgefunden. — Die Ausschliessung aus dem Senat ist von den Kaisern nur mittelst der Censur gehandhabt worden; doch kommt daneben in Betracht, dass theils unter den gesteigerten Strafen der späteren Republik und der Kaiserzeit der Verlust des Senatssitzes nicht fehlt, theils von Augustus ein senatorischer Census eingeführt ward und die Handhabung der Ausschliessung wegen gerichtlichen Urtheils oder wegen Verarmung bei dem Kaiser lag.

Eine Gliederung des Senats in dem Sinn, wie die Bürgerschaft gegliedert ist, besteht nicht; der Senat functionirt immer als Gesammtheit. Die Theilung der Senatoren in Decurien, das heisst dem Wortsinn nach in Zehnmännerschaften, der Sache nach in zehn an Kopfzahl gleiche Abtheilungen kommt nur zur Anwendung, wenn die einzelnen Senatoren in fester Reihenfolge functioniren sollen und ist politisch ohne Bedeutung. Die bei der Befragung einzuhaltende Reihenfolge und die wichtigen daraus sich entwickelnden Rangklassen werden bei der Geschäftsordnung zur Sprache kommen.

Die Comitien der Bürgerschaft und die Versammlung des Senats, insbesondere des ursprünglichen patricischen sind correlate Institutionen und die Geschäftsordnung für beide deutlich in Beziehung auf einander normirt. Wir wenden uns dazu die des Senats zu entwickeln; sie trägt durchaus, namentlich in der Gestaltung der Umfrage den Stempel ältester der Epoche des patricischen Staats angehöriger Entstehung und im Wesentlichen einer Stabilität, die sich mindestens durch ein Jahrtausend erstreckt.

Wie jeder Beschluss der Bürgerschaft, so ist auch jeder Beschluss des Senats zugleich der Act eines Magistrats; immer ist er es, der handelt und der Senat hat, wie die Bürgerschaft, nur zuzustimmen oder abzulehnen. Das Recht den Senat zu berufen fällt wesentlich zusammen mit dem Recht der Berufung der Comitien; regelmässig beruft ihn der Consul oder in dessen Abwesenheit von Rom der Stadtprätor. Die bei den Comitien zugelassene speciale Erstreckung auf die Censoren und die Aedilen und die Zulassung in gewissen Fällen der Stellvertretung fallen bei der Senatsberufung weg. Den Volkstribunen fehlt von Rechtswegen die Berufung wie der Comitien so des Senats; als indess dem Plebiscit mit dem wirklichen Bürgerschaftsschluss gleiche Kraft beigelegt wurde, konnte ihnen auch das Recht nicht vorenthalten werden mit dem Senat zu verhandeln. Indess ist die Berufung des Senats durch den Volkstribun immer exceptionell. Aber dass ausser den zunächst zur Berufung und Leitung des Senats competenten Imperienträgern auch sie denselben versammeln konnten, hat dazu beigetragen den Senat von dem Oberamt zu emancipiren und die von Rechtswegen ihm zustehende Hülfsthätigkeit bei demselben in factisches Gemeinderegiment umzuwandeln.

Die Verhandlungsgegenstände brauchen bei der Berufung des Senats nicht angegeben zu werden. Ueblich ist es indess bei den die Verhältnisse des Gemeinwesens allgemein ordnenden Verhandlungen *(de re publica)*, wie sie regelmässig am Anfang jedes Amtjahrs stattzufinden pflegten und weiter nach Bedürfniss angesetzt wurden, dies den Mitgliedern vorher zur Kenntnis zu bringen.

Gesetzlich bestimmte Tage kennt die Republik so wenig für die Sitzungen des Senats wie für die Comitien; erst nach einer Anordnung Augusts tritt der Senat in jedem Monat an zwei festen Tagen *(senatus legitimus)* zusammen. Gleichzeitige Abhaltung der Bürger- und der Senatsversammlung ist wohl von jeher als unzulässig erachtet worden, schon weil die Oberbeamten bei beiden gleichmässig betheiligt sind. Wenn es wahrscheinlich üblich war nach dem Schluss der Comitien den Senat zu berufen, namentlich wo es sich darum handelte für den gefassten Beschluss dessen Bestätigung zu erhalten, so sind selbständige Senatssitzungen wohl immer vorzugsweise an den für Comitien nicht geeigneten Tagen (*dies fasti* und *nefasti*) abgehalten worden. Das im Jahre 600 ergangene pupische Gesetz hat dies formell vorgeschrieben; ausnahmsweise hat aber auch nachher der Senat sich zuweilen an den hiernach ausgeschlossenen Tagen versammelt. — Gleich den Comitien kann der Senat nur von Sonnenaufgang bis Sonnenuntergang sitzen und tritt gewöhnlich mit Tagesanbruch zusammen.

Oertlich darf auch der Senat nur in der Stadt Rom oder innerhalb des ersten Meilensteines verhandeln. Darin stehen Comitien und Senat im correlaten Gegensatz, dass wie die Bürgerschaft nie, so der Senat immer im geschlossenen Raume zusammentritt. Regelmässig geschieht dies innerhalb des Mauerrings; von den beiden römischen Rathhäusern liegt das eine, die *curia calabra,* auf dem Capitol, das andere, die *curia Hostilia,* später umgebaut *curia Iulia,* auf dem Comitium, der ältesten Dingstätte der Curien. Indess kann für die Senatsversammlung jedes zur Auspication eingerichtete und mit dem nöthigen Sitzraum versehene öffentliche Gebäude benutzt werden; der Senat ist häufig in den capitolinischen Jupitertempel selbst und in andere städtische Gotteshäuser berufen worden. Ausserhalb des Mauerrings giebt es ein festes Rathhaus nicht und der Senat wird auch nur ausnahmsweise dahin berufen, insbesondere um Gesandtschaften der mit Rom nicht verbündeten Staaten zu empfangen; späterhin sind dafür in der Regel die vorstädtischen Tempel des Apollo und der Bellona benutzt worden.

An die Stelle der bei den Comitien erforderlichen Ladung durch Heroldruf tritt bei dem Senat die einfache Ansage, welche der Magistrat sowohl durch Abkündigung wie in jeder anderen ihm beliebigen Weise, auch durch Herumschicken in den Wohnungen der einzelnen Senatoren bewerkstelligen kann. Um sie zu erleichtern, ist der Senator gesetzlich verpflichtet seinen Wohnsitz in Rom zu nehmen. Ausserdem halten die Senatoren, so weit es möglich und zweckmässig ist, sich regelmässig auf dazu bestimmten Versammlungsplätzen *(senacula)* der Ansage zum sofortigen Zusammentreten gewärtig.

Auch vor der Sitzung des Senats werden die Götter befragt, ob der Act ihnen wohlgefällig sei. Die dafür anfänglich übliche Vogelschau ist späterhin durch die handlichere der Eingeweide eines Opferthiers ersetzt worden.

Wenn in den Comitien die Bürger stehen und nur der Magistrat sitzt, so sitzen dagegen in der Senatsversammlung alle Betheiligten, der oder die Vorsitzenden auf erhöhten Sesseln in der Mitte, die Senatoren vor ihnen auf Bänken, übrigens ohne festen Platz weder für die einzelne Person noch für die verschiedenen Rangklassen.

Die Reihenfolge der zur Verhandlung gelangenden Gegenstände bestimmt der vorsitzende Magistrat; indess gehen die sacralen Angelegenheiten immer den übrigen vor.

Die Verhandlung über jeden Gegenstand zerfällt in vier Abschnitte: die allgemeine Fragestellung des Magistrats; die Aufrufung der einzelnen Mitglieder zur Aeusserung ihrer Meinung über die vorliegende Frage und deren Antworten; die aus diesen Meinungen sich entwickelnde specielle Fragestellung des Vorsitzenden; endlich die Abstimmung der Mitglieder über die also gestellte Frage. Der Vorsitzende hat weder das Recht seine Meinung zu äussern noch das Recht zu stimmen und dasselbe gilt von allen anwesenden Magistraten; dagegen kann er und ebenso mit seiner Einwilligung jeder anwesende Magistrat zu jeder Zeit während der Verhandlung das Wort nehmen.

In dem ersten Abschnitt stellt der Vorsitzende die Frage zur Verhandlung *(consulere)* unter Auseinandersetzung der dafür in Betracht kommenden Verhältnisse *(verba facere)*, welche Auseinandersetzung er häufig durch andere Personen, namentlich Priesterschaften und Gesandtschaften machen lässt. Der Vortrag soll von Rechtswegen nur informatorisch sein und einen Vorschlag nicht enthalten, obwohl er selbstverständlich der Sache nach häufig auf einen solchen hinauskam.

In der nun folgenden Umfrage hat jedes Mitglied über die im vorliegenden Fall zweckmässig erscheinende Massregel seine Meinung *(sententia)* zu äussern und nach Ermessen dieselbe zu begründen, wobei ihm das Wort weder beschränkt noch entzogen werden kann. Diese Umfrage durchläuft von Rechtswegen die ganze Reihe der zu dieser Votirung berechtigten Mitglieder, wobei natürlich den später aufgerufenen freisteht entweder einen anderen Vorschlag zu machen oder sich einem der Vorredner anzuschliessen. Eine eigentliche Debatte findet nicht statt, da jeder Votant nur einmal an seinem Platze in der Reihe zum Wort kommt. — Falls der Vortrag des Magistrats sachlich einen Antrag in sich schliesst und kein Mitglied Widerspruch erhebt, kann die Umfrage wegfallen und sogleich zu der speciellen Fragestellung und zur Abstimmung geschritten werden *(senatus consultum per discessionem)*.

Auf der bei dieser Umfrage beobachteten Reihenfolge und auf der Zulassung oder Nichtzulassung zu derselben ruht die ganze Entwickelung der Institution und insbesondere die factische Gliederung des Senats in Rangklassen. Die Reihenfolge bei dem Aufruf ist fest und für den Vorsitzenden gewohnheitsmässig obligatorisch. In dem patricischen Senat stimmten zuerst die Senatoren der grösseren Geschlechter, dann die der minderen, beide in der durch die dreissig Curien gegebenen Folge (S. 144); da rechtlich das später abgegebene Votum ebenso viel wie das an günstigerer Stelle abgegebene galt, so darf eine eigentliche Rechtsungleichheit hierin schwerlich gefunden werden. Aber als dann, nach unserer Ueberlieferung mit dem Eintritt der Republik, der patricische Senat zum patricisch-plebejischen wurde, wurden die plebejischen „Eingeschriebenen" von der Votirung ausgeschlossen; nicht bloss der Name der Senatoren wurde ihnen versagt, sondern als „Fussleute" *(pedarii)* durften sie nur bei dem Auseinandertreten zur Abstimmung mitwirken. Das Votirungsrecht erhielten die plebejischen Rathsmitglieder erst mit ihrer Zulassung zum Consulat. Dass die gewesenen Consuln vor den nicht consularischen Senatoren votirten, ist vermuthlich schon in der Epoche der patricischen Magistratur aufgekommen; nach der Zulassung der Plebejer zum Oberamt stellte für die Votirung sich die Regel fest, dass zuerst die patricischen, dann die plebejischen Consulare, beide Gruppen nach dem Amtsalter, alsdann die patricischen Senatoren nach der Geschlechtsordnung ihre Voten abgaben. In der gleichen Tendenz hat sich, schwerlich durch Gesetz, sondern zunächst durch das Belieben der vorsitzenden Magistrate und weiter durch Herkommen, die Reihenfolge der Votirung weiter entwickelt: in Folge des steigenden Ansehens der Zensur wurden vor den Consularen die gewesenen Censoren gefragt, nach ihnen die gewesenen Prätoren, Aedilen, Volkstribune und Quästoren, in jeder Gruppe wie es scheint, mit Bevorzugung des Patriciats und in zweiter Reihe des Amtsalters. Die Senatsmitglieder ohne Votirungsrecht, das heisst die nicht durch ein Amt, sondern durch freie magistratische Ernennung in den Senat aufgenommenen Plebejer, verschwanden, wie früher ausgeführt ward, allmählich mit dieser Eintrittsform selbst und die zurücksetzende Benennung der *pedarii* übertrug sich im gewöhnlichen Gebrauch auf die in der Liste zuletzt stehende und damit vom effectiven Gebrauch des Votirungsrechts so gut wie ausgeschlossene Amtklasse. Als Vormann *(princeps)* des Senats fungirt hiernach der nach dem Amtjahr älteste patricische Censor, und so ist es in der That bis zum J. 545 (209 v. Ch.) gehalten worden. Von da an bis auf Sulla haben die Censoren bei ihrer Revision der Senatsliste aus den patricischen Censoriern den Vormann nach Ermessen ausgewählt. Sulla hat das Vorzugsrecht der gewesenen Censoren und ebenso die feste Folge für die Consulare beseitigt; einen festen Vormann hat der Senat seitdem nicht mehr, sondern es werden zuerst die für das Folgejahr designirten den Consularen gleichgeachteten künftigen Consuln, wenn es solche giebt, alsdann die Consulare in der unter den Consuln für das laufende Jahr vereinbarten Folge aufgerufen.

Die bei der Umfrage vorgebrachten Vorschläge hat der vorsitzende Magistrat in zweckmässiger Weise zu ordnen und alternativ oder successiv zur Abstimmung zu stellen. Einwirkung auf die Fragestellung steht den Mitgliedern nur insoweit zu, dass, wenn der Vorsitzende mehrere Vorschläge zusammenfasst, was ihm freisteht und wodurch die Verhandlungen sicher bedeutend abgekürzt worden sind, ein jedes Mitglied berechtigt ist Theilung zu fordern.

Bei der Abstimmung *(censere)*, an welcher auch die des Votirungsrechts entbehrenden Mitglieder sich betheiligten, ist kein votirendes Mitglied an sein Votum gebunden. Für die Beschlussfähigkeit des Senats wird eine Mindestzahl von Stimmen gefordert, die je nach dem Gegenstand der Verhandlung verschieden normirt ist; indess wird in republikanischer Zeit regelmässig bloss Majorität und Minorität constatirt und kommt es zur Feststellung der Beschlussfähigkeit nur dann, wenn ein Mitglied auf Auszählung anträgt. Für die Abstimmung, welche immer auf Annehmen oder Ablehnen gestellt wird, ist die regelmässige Form der Platzwechsel, so dass die für und die gegen Stimmenden sich auf die beiden Hälften des Locals vertheilen, was regelmässig schon während der Votirung sich vorbereitet. Geheime Abstimmung ist in der Republik überhaupt nicht, unter dem Principat nur ausnahmsweise vorgekommen.

Aufzeichnung der gefassten Beschlüsse schreibt die Geschäftsordnung des Senats nicht vor, ja schliesst sie in officieller Form aus, wenn gleich bei der Umfrage die Voten häufig niedergeschrieben und in der Sitzung verlesen und dem Vorsitzenden eingereiht wurden, auch dieser vielfach Aufzeichnungen zu Hülfe genommen haben wird. Nichts desto weniger ist schon unter der Republik für die uns bekannte Epoche die Niederschrift des Senatsschlusses ebenso nothwendig wie bei dem Gesetz diejenige des Volksschlusses (S. 237). Wie dieser vor, wird jener nach der Fassung aufgezeichnet, regelmässig sofort nach dem Schluss der Sitzung durch den Vorsitzenden unter Zuziehung einiger in derselben anwesenden Senatoren als Urkundszeugen. Ausserdem muss der Beschluss, um rechtliche Gültigkeit zu haben, von dem Vorsitzenden bei dem Aerarium der Gemeinde eingereicht und dort in die Bücher eingetragen werden, woneben während der ständischen Streitigkeiten eine ähnliche, aber wohl auf gewisse Kategorien beschränkte Einreichung der Senatsschlüsse bei den Aedilen der Plebs in Uebung gewesen ist. — Die Niederschrift der zur Rechtfertigung der Voten gehaltenen Vorträge ist in republikanischer Zeit nur als Privatveranstaltung zu politischen Zwecken vereinzelt vorgekommen, wogegen sie unter dem Principat ständig wird, hauptsächlich um dem in der Regel nicht anwesenden Herrscher über die Verhandlungen des Senats vollständige und authentische Kunde zu verschaffen.

Hinsichtlich der Oeffentlichkeit der Verhandlungen gilt im Allgemeinen, was auch von den Comitien gesagt werden kann; zugelassen wird nur, wer dabei betheiligt ist, und wenn bei denen der Bürgerschaft dieser Kreis ein weiterer ist, so liegt doch auch bei denen des Senats Geheimhaltung keineswegs im Wesen der Institution. Ebenso aber ist es durch die Verhältnisse gegeben, dass die Publication der gefassten Beschlüsse, welche bei den Comitien angesehen werden konnte als durch die Fassung selbst bewirkt, bei dem Senat nur ausnahmsweise und auf besondere Anordnung stattfand; es gehört zu den demokratischen Massregeln Caesars, dass er in seinem ersten Consulat durch Anordnung einer solchen ständigen Publication den Senat unter die Controle der Oeffentlichkeit stellte. Augustus hat, als er bei seiner Reorganisation dem Senat formell die Herrschaft zurückgab, diesem System entsprechend die Veröffentlichung der Senatsacten untersagt.

3. Competenz der Comitien

Unter der Competenz der Comitien verstehen wir ihre zu gewissen magistratischen Acten erforderliche Zustimmung. Ausgeschlossen bleiben also sowohl diejenigen Comitien, welche, wie bei der Inauguration der Priester und der Lustration der Gemeinde, nur einen magistratischen Act sollemnisiren, wie auch diejenigen, in denen der Magistrat nach dem Antritt den Bürgern das Treuwort abnimmt (S. 105). Dem Gegenstande nach können Gesetz-, Gerichts- und Wahlcomitien unterschieden werden, wobei allerdings die erste Kategorie nicht eigentlich positiv definirt wird, sondern jeden Volksschluss in sich begreift, welcher weder ein Gerichts-, noch ein Wahlact ist. Aeusserlich unterscheiden sich die drei Kategorien dadurch, dass der Comitialbeschluss nicht bei dem Gericht und bei den Wahlen, aber bei dem Gesetz nach dem Geschlechtsnamen des oder der antragstellenden Magistrate benannt wird. Die Gesetz- und Gerichtscomitien dürfen als ursprünglich gelten; es hat die römische Bürgerschaft, so viel wir absehen von jeher, in die Lage kommen können einen verurtheilten Verbrecher zu begnadigen oder sonst in die bestehende Rechtsordnung abändernd einzugreifen. Ob sie dabei von Haus aus als Trägerin der Gemeindegewalt gedacht ist oder vielmehr die Auffassung zu Grunde liegt, dass die allgemeine Verpflichtung der Bürger zum Gehorsam gegen den Beamten auf die der Rechtsordnung zuwider laufenden Anordnungen sich nicht erstreckt und ihre hierfür besonders eingeholte Zustimmung eine ergänzende Verpflichtung in sich schliesst, mag dahin gestellt bleiben, obwohl die Anlehnung an das Treuwort der letzteren Auffassung günstig ist. Die Wahlcomitien, wenn gleich unsere Ueberlieferung auch sie auf die Anfänge zurückführt, sind wahrscheinlich erst mit oder während der Republik hinzugetreten (S. 184). Ueber die Gerichtscomitien, durch welche auf Grund der Provocation die magistratische Strafsentenz aufgehoben werden kann, ist in dem Abschnitt vom Zwangs- und Strafrecht (S. 180), über die Wohlcomitien in dem Abschnitt von der Creation der Magistrate (S. 84) gesprochen worden; es wird daher hier hauptsächlich von der generellen und principiell wichtigsten Kategorie, den Legalcomitien gehandelt.

Entsprechend der *lex privata* ist die *lex publica* die magistratische Festsetzung irgend welchen Inhalts, mag dies ein administrativer Act sein oder was wir Gesetz nennen, die Feststellung einer von der bestehenden abweichenden Rechtsnorm sei es für einen einzelnen Fall *(privilegium)*, sei es allgemein für alle zukünftig eintretenden gleichartigen. Der Magistrat ist befugt diese Festsetzung zu treffen entweder kraft seiner Amtsgewalt *(lex data)* oder nur nach Befragung und mit Einwilligung der Bürgerschaft *(lex rogata)*. An diesen vom Magistrate formulirten Vorschlag, der bei den Gerichts- und den Wahlcomitien in gleicher Weise nicht vorkommt, knüpft sich die, wie angegeben, von dem Antragsteller entlehnte Benennung. Der die Bürgerschaft also befragende Magistrat ist demnach immer seinerseits mit dem Antrag einverstanden und daher auch befugt seine Meinung zu ändern und die Befragung in jedem Stadium abzubrechen, damit also den Antrag für diesmal oder überhaupt zurückzunehmen.

Aber auch mit Hinzuziehung der Bürgerschaft hat der Magistrat der bestehenden Rechtsordnung gegenüber keineswegs freie Hand. Im Gegentheil gilt diese, als nicht durch die Comitien geschaffen, auch nicht als von ihrem Belieben abhängig, vielmehr als ewig und unabänderlich. Das Recht des ursprünglichen Senats den Comitialact zu bestätigen oder zu cassiren ist ohne Zweifel in diesem Sinne geordnet und ursprünglich geübt worden. Die fundamentalen Umgestaltungen der Verfassung sind, ähnlich wie die Römer die Schöpfung derselben sich dachten, durch einzelne mit constituirender Gewalt ausgestattete Bürger ins Leben gerufen worden; es gilt dies sicher von derjenigen Verfassungsreform, welche dem Königthum das Consulat substituirt hat und innerhalb unserer geschichtlichen Ueberlieferung von der Zwölftafelgesetzgebung ebenso wie von der Neuordnung des Gemeinwesens durch Sulla und durch Augustus.

Indess wenn die Rechtsordnung ein für allemal feststeht, so sind Ausnahmen von den Regeln derselben für den einzelnen Fall von jeher zugelassen worden, und hieran knüpft die *lex rogata* an. Die väterliche Gewalt und die Erbordnung ruhen von Rechtswegen auf der Blutsverwandtschaft und dem entsprechend handhabt sie der rechtsprechende Magistrat; die Annahme an Kindesstatt und die Vergabung des Vermögens auf den Todesfall in einer von der Norm abweichenden Weise kann er für sich allein nicht herbeiführen, wohl aber mit Gutheissung der Bürgerschaft. Auch die Begnadigung des überwiesenen und verurtheilten Verbrechers gehört in denselben Anschauungskreis; ohne Zweifel ist ursprünglich so erzählt worden, dass der König sich nicht befugt erachtete den patriotischen Schwestermörder von der Strafe zu entbinden, aber ihm gestattete die Begnadigung von der Bürgerschaft zu erbitten. Vor allem deutlich offenbart sich diese Auffassung bei der Kriegserklärung gegen den bis dahin verbündeten Staat. Das ursprüngliche Bündniss ruht auf der nationalen Gemeinschaft der Latiner und ist nicht abhängig von dem Gutfinden der römischen Bürgerschaft; aber ob die Praenestiner oder die Tusculaner dasselbe verletzt haben und also die Waffen gegen sie gekehrt werden müssen, darüber entscheidet sie auf Antrag des Magistrats und unter Vorbehalt der Bestätigung durch den Senat. Durchaus geht die Comitialgesetzgebung, sowohl in den Privatverhältnissen, welche auch in der späteren Zeit den Curien verblieben sind, wie in den eigentlich politischen Fragen, aus von dem Ausnahmegesetz, dem *privilegium*.

Wenn diese Privilegien so alt sind, wie Rom selbst, so ist mit dem Eintreten der republikanischen Ordnung und der darin enthaltenen Beschränkungen der Magistratur, der Kreis der von derselben Magistratur unter Mitwirkung der Comitien zu vollziehenden Acte einerseits beschränkt, andrerseits ausgedehnt worden.

Die Beschränkung ist herbeigeführt durch die Trennung der sacralen und der bürgerlichen Gewalt: jener sind, wie wir sahen, die auf die Geschlechtsordnung bezüglichen Privatacte, wesentlich Adrogation und Testament verblieben, wofür die bisherige magistratische Initiative vom König auf den Oberpontifex übergeht und die für die politischen Abstimmungen ausser Kraft gesetzte Curienversammlung der Bürgerschaft auch ferner competent bleibt. Vom Standpuncte des patricischen Gemeinwesens aus sind dies legislatorische Acte; aus der republikanischen Legislative scheiden sie aus.

Andrerseits wird die Competenz der politischen Comitien der Republik wesentlich und nothwendig erweitert. Für die Vornahme derjenigen öffentlichen Acte, welche wohl in der ursprünglichen magistratischen Competenz enthalten, aber keiner ordentlichen Magistratur der Republik überwiesen sind, bedarf es eines ausserordentlichen Auftrags, und dieser Auftrag kann nur mit Gutheissung der Comitien ertheilt werden, einerlei ob er einem ordentlichen Beamten gegeben oder, was später Regel ist, besondere Beamte dafür von den Comitien bestellt werden. Dahin gehören namentlich die Erhebung der Capitalklage gegen einen Bürger wegen Landesverrath (S. 145), die Uebernahme des höchsten aller Gemeindegelübde, des heiligen Lenzes (S. 172) und die unentgeltliche Weggabe von Gemeinland durch Adsignation oder Colonisation (S. 216).

Hieran schliesst sich weiter die Abänderung der bestehenden Gemeindeordnung durch Specialgesetz. Die Ewigkeit derselben war wie man will ein Ideal oder eine Fiction, in gewissem Sinne principiell von vornherein damit aufgegeben, dass Ausnahmen für den einzelnen Fall zugelassen wurden. Die praktische Nothwendigkeit so wie die immer steigende Tendenz die Bürgerversammlung als die Trägerin der Gemeindesouveränetät zu behandeln führten mehr und mehr dazu den Kreis der comitialen Gesetzgebung so zu erweitern, dass zwar die generelle und fundamentale Umgestaltung ausgeschlossen blieb, aber jede specielle Neuerung auf diesem Wege statthaft erschien. Die dem Zwölftafelrecht einverleibte Satzung, dass der spätere Volksschluss die ältere Ordnung bricht, ist die zu ihrer Zeit keineswegs selbstverständliche Anerkennung dieser comitialen Souveränetät. In dieser Weise ist alsdann in historischer Zeit die comitiale Gesetzgebung gehandhabt worden. Es werden vor die Comitien gebracht die Verleihung oder Entziehung des Bürgerrechts so wie die Erweiterung desselben durch Beilegung des Stimmrechts; die Einrichtung oder Umgestaltung der Aemter wie der Offizierstellen, wohin auch die Anordnung der Competenzerweiterung der ordentlichen sowie der Creirung ausserordentlicher Beamten zu zählen ist; die Normirung der Rechte und der Pflichten der Bürger, wohin alle Neuerungen in Betreff der Dienstpflicht, die Einführung neuer Steuern, die Ehegesetzgebung und unzählige andere Kategorien gehören. Nicht minder gehört vor sie von Rechtswegen jede definitive Entbindung von den derartigen Ordnungen, sei es für eine Kategorie, sei es für Individuen. Diese lediglich exemplificirende Aufzählung wird den formaler Erschöpfung unfähigen Kreis der Comitialgesetzgebung in der entwickelten Republik wenigstens verdeutlichen. Die Grenzen zwischen der magistratisch-senatorialen und der magistratisch-comitialen Competenz sind mehr durch Herkommen als principiell fixirt; es lässt sich beispielsweise erkennen, dass religiöse Angelegenheiten nur wo es unumgänglich schien, bei der Einrichtung neuer Priesterschaften und ständiger Volksfeste an die Comitien gebracht worden sind. Uebrigens wird auf die Abgrenzung weiterhin zurückzukommen sein bei dem Uebergreifen des späteren Senats und des Principats in die comitiale Competenz namentlich in Betreff der Entbindung von dem Gesetz.

Uebergreifen der Comitien, comitiale Anordnung innerhalb der der magistratischen Action durch die Verfassung angewiesenen Thätigkeit läuft der römischen Ordnung zuwider und ist, abgesehen von der durch die obligatorische Provocation gegebenen Beschränkung des magistratischen Zwangs- und Strafrechts, durchaus unterblieben. Dies gilt nicht bloss für die Rechtspflege, sondern ebenso für die Verwaltung; trotz der oft unerträglich schweren Belastung durch Aushebungen und Contributionen sind die Comitien nie mit der Frage befasst worden, ob und in welchem Umfang diese stattzufinden hätten. Die im Laufe der Zeit sich einstellende Betheiligung der Comitien bei den wichtigsten internationalen Acten kann nicht als Uebergreifen bezeichnet werden. Den Friedens- und überhaupt den Internationalvertrag abzuschliessen ist der Feldherr wohl an sich berechtigt; aber da dieser Vertrag vollständig nur dann bindet, wenn er mit Vorwissen der Gemeinde abgeschlossen wird (S. 232 f.), so ist es nur in der Ordnung, dass die Comitien dabei späterhin mitgewirkt haben, der erste Friede mit Karthago unter Vorbehalt der Ratification der Gemeinde geschlossen ist und von da an namentlich Bündnissverträge häufig an die Comitien gebracht worden sind. Wirkliche Verfassungsverletzungen sind die Rescissionen gerichtlicher Erkenntnisse und die Abänderungen das Gemeindevermögen betreffender rechtskräftiger Verträge, wie einzelne Comitialbeschlüsse aus den Zeiten der republikanischen Agonie sie angeordnet haben.

Die Rechtskraft des Volksschlusses, mag derselbe Gesetz sein oder Erkenntnis im Strafprozess oder Beamtenwahl, ist selbstverständlich abhängig von der Einhaltung der für denselben in Betracht kommenden Normen; aber es ist häufig sehr schwierig zu bestimmen, ob die älteren doch auch von der Bürgerschaft aufgestellten Normen den späteren Volksschluss brechen oder durch ihn gebrochen werden. Selbstverständlich wird die Bürgerschaft dadurch nicht gebunden, dass das ältere Gesetz die Unwiderruflichkeit in Anspruch nimmt; so wenig wie die einzelne Person kann die Gemeinde sich in bindender Weise des Rechts der Willensänderung begeben. Die Clausel ist oft in die Gesetze hineingesetzt worden und hat, vor allem wo eidliche Verpflichtung der gesammten Bürgerschaft bestärkend hinzutrat, moralische und politische Wirkung gehabt; rechtlich ist sie immer als nichtig angesehen worden. Dagegen werden frühere allgemeine Gesetze dadurch nicht abrogirt, dass ein späterer Comitialact dagegen verstösst. Kraft der gesetzlichen Untersagung der Zusammenfassung disparater Bestimmungen in demselben Gesetz ist jeder derartige Volksschluss ungültig, kraft der gesetzlichen Vorschrift über das Minimalalter für die Amtsbewerbung der dawider verstossende Wahlact nichtig. Andererseits kann die gesetzliche Vorschrift, dass Spezialgesetze zum Nachtheil einer einzelnen Person nicht erlassen werden dürfen, nicht viel mehr gewesen sein als eine politische Mahnung an die Bürgerschaft ihre Gewalt nicht in dieser Art zu missbrauchen. Die Feststellung der nothwendig schwankenden Grenze, die Entscheidung der schwerwiegenden Frage, ob ein Comitialact rechtsgültig sei oder nicht, hat nach der ursprünglichen Verfassung, wie im folgenden Abschnitt zu zeigen sein wird, der patricische Senat. Indess dieses wesentliche Organ der Staatsordnung ist bereits in der früheren Republik factisch ausser Function getreten und die Lücke nicht wieder ausgefüllt worden. Von allgemeinen Festsetzungen in dieser Hinsicht wissen wir nichts; es muss in der späteren Epoche dem Ermessen des Einzelnen anheimgegeben gewesen sein einen Comitialact als nichtig zu bezeichnen und mit dieser seiner Ansicht durchzufallen oder durchzudringen. — Nur über die Consequenzen religiöser Mängel sind wir einigermassen unterrichtet. Die in den Volksschlüssen ständige Clausel, dass ein jeder nur insoweit gelten solle, als er nicht materiell gegen die religiösen Normen verstosse, zeigt mehr die Tendenz der Gesetzgebung als eine wesentliche Einschränkung, obwohl zum Beispiel bei Adsignation von Gemeinland sie wohl praktische Folgen gehabt haben mag. Politisch wichtiger war die Behandlung der bei der jeden Comitialact einleitenden Auspication etwa begangenen Versehen *(vitia)*. Es ist für die dem politischen Regiment der Römer bei aller Gottesfurcht eigene Unabhängigkeit bezeichnend, dass dergleichen Versehen, selbst wenn sie durch die beikommenden Priester constatirt sind, vielleicht einstmals den patricischen Senat bestimmt haben können dem Act die Bestätigung zu versagen, aber in historischer Zeit formale Rechtsfolge nicht nach sich ziehen. Das in dieser Weise fehlerhaft beschlossene Gesetz und der in dieser Weise fehlerhaft creirte Beamte sind nichts desto weniger zu Recht erwählt; allerdings ist es Gewissenspflicht einen derartigen Act zu beseitigen, indem das Gesetz aufgehoben wird, die Beamten von ihrem Amt zurücktreten. Dass in der spätesten Zeit der Republik der Senat sich das Recht vindicirt hat Gesetze wegen eines solchen Fehlers ausser Kraft zu setzen, gehört zu den Uebergriffen desselben in den Kreis der an sich ihm nicht zustehenden Legislation.

Die Stellung der Comitien im römischen Staatswesen ist überwiegend formeller Art. Der Magistratur gegenüber haben sie anfänglich nichts als das Recht einen magistratischen Act zu verhindern und wenn bei Prozessen und Wahlen die Bürgerschaft späterhin freiere Hand gewinnt, so hat bei dem Gesetz den Comitien zu aller Zeit der Sache nach nichts zugestanden als das Veto. Sie stehen in der früheren Republik rechtlich, in der entwickelten thatsächlich unter der Vormundschaft des Senats; als dessen Regiment zu schwanken beginnt, sind die Comitien ein regelmässig willenloses Werkzeug in der Hand desjenigen Parteimannes, der sie zusammenruft und nur zu oft einfach der Hebel des persönlichen Interesses einflussreicher Bürger. Ihre Competenz ist anfangs wohl eingeschränkt, aber insofern effectiv, als bei der Handhabung der Geschlechtsordnung, bei der Ausübung des Gnadenrechtes, bei dem Kriegsbeginn gegen die Nachbargemeinde die Selbstbestimmung des einzelnen Bürgers den Ausschlag geben konnte und gegeben haben wird; je mehr sie sich formell erweitert, desto weniger kann der Beschluss der römischen Bürgerschaft als effectiver Willensausdruck derselben angesehen werden; wie es denn dafür charakteristisch ist, dass Ablehnung eines an die Comitien gebrachten Antrags ungefähr so selten ist wie heutzutage im constitutionellen Staat die Weigerung des Monarchen das beschlossene Gesetz zu vollziehen. Die dem streng einheitlichen Königsregiment und den engen Verhältnissen einer Landstadt angepasste Urversammlung erscheint in dem historischen Rom als ein ursprüngliches durch die Macht der Entwicklung verkümmertes Organ, dessen Function, wo sie nicht nominell ist, vom politischen Zufall regiert dem Gemeinwesen zuweilen genützt, häufiger geschadet hat und dessen bester Vorzug ist nicht mächtig genug gewesen zu sein, um das Regiment an sich zu ziehen.

Mit der Republik sind die Comitien nicht formell abgeschafft aber beseitigt worden. Das Provocationsverfahren ist im Wesentlichen der sullanischen Gerichtsordnung gewichen. Die Beamtenwahlen gehen bei Tiberius Regierungsantritt von den Comitien über auf den Senat. Die comitiale Gesetzgebung hat sich länger behauptet; bei den Ehe- und den Steuergesetzen

Augusts hat wenigstens in der ablehnenden Haltung die Bürgerschaft noch einige Selbständigkeit entwickelt und nachweisbar ist die comitiale Gesetzgebung bis auf Nerva; ja insofern die bei dem Wechsel des Principats eintretende Volksbefragung mehr ein legislatorischer als ein Wahlact ist, mag sich dafür die Comitialordnung noch längere Zeit formell behauptet haben. Der Sache nach aber liegt auch die legislative Gewalt seit dem Beginn des Principats bei dem Senat.

4. Competenz des Senats

Wie der Senat eine Doppelinstitution ist, der engere patricische Senat ein anderer ist als der weitere patricisch-plebejische, so ist auch die Competenz der beiden Körperschaften vollständig verschieden, wenn gleich, wie der weitere Senat den engeren einschliesst, so auch die Competenz des weiteren an die des engeren anknüpft.

Abgesehen von der früher entwickelten Interregnalfunction, welche nicht dem Senat als solchem, sondern dem einzelnen Senator obliegt (S. 81 f.), fällt die Competenz des ursprünglichen Senats mit der Competenz der Comitien zusammen. Bei dem engbegrenzten ursprünglichen Volksschluss, der Abweichung von den bestehenden Ordnungen für den einzelnen Fall, der Ausnahme von der Geschlechtsordnung durch Adrogation und Testament, von den Strafbestimmungen durch Begnadigung, von dem ewigen Bündniss durch Kriegserklärung, hat der Magistrat den betreffenden Antrag an die Bürgerschaft zu bringen *(ferre ad populum)* und wenn diese zugestimmt hat, diesen Beschluss weiter dem Senat vorzulegen *(referre ad senatum)* und im Wege der Umfrage und der Abstimmung dessen Bestätigung zu erwirken. Auch als mit der Einführung der obligatorischen Provocation, dem Uebergang der Beamtenernennung vom Magistrat auf die Bürgerschaft und der im vorhergehenden Abschnitt erörterten Erweiterung der comitialen Legislation die Competenz der Comitien grösseren Umfang annahm, ist die Bestätigung des Senats allem Anschein nach in gleicher Weise ausgedehnt, sicher namentlich auch auf die Wahlen angewandt worden.

Als zweite Instanz der Legislation wird der Senat nicht aufgefasst werden dürfen. Die technische Bezeichnung dieser Bestätigung, die „Mehrung", *auctoritas,* deutlich hier staatsrechtlich ebenso verwendet wie im Privatrecht bei der Vormundschaft, zeigt an, dass die Bürgerschaft gleich dem Pupillen handelt, der Senat gleich dem Tutor die der sicheren Handlungsfähigkeit entbehrende Gemeinde durch Versagung der Bestätigung vor Fehlschritten bewahrt. Immer aber folgt hieraus die ursprüngliche Dreitheiligkeit der Gemeindegewalt: in letzter Instanz findet sie ihren Ausdruck in dem Antrag des Magistrats, dem Beschluss der Bürgerschaft und der Bestätigung des Senats.

Allem Anschein nach liegt dieser Bestätigung die Prüfung des gefassten Beschlusses nicht nach seiner Zweckmässigkeit, sondern nach seiner Rechtsgültigkeit zu Grunde. Die Institution ist hervorgegangen aus der ehrfürchtigen Scheu vor der Verletzung göttlicher wie irdischer Rechte. Nicht ob es verständig war dem Cornelier den Fabier zum Sohn zu geben oder den Praenestinern den Krieg zu erklären hatten die alten Senatoren zu entscheiden, sondern nur, ob ein solcher Geschlechtswechsel mit dem heiligen Herkommen sich vertrug und ob die Bundesstadt rechten Grund zur Kriegführung gegeben hatte. Diese in der Institution selbst gegebenen Schranken haben wahrscheinlich auch bewirkt, dass in der uns bekannten republikanischen Zeit die Institution wohl noch aufrecht steht, aber nicht mehr wirksam in die politischen Verhältnisse eingreift. Dass seit der Mitte des 5. Jahrh. die Bestätigung dem Comitialact nicht nachfolgte, wie es bis dahin geschehen war, sondern voraufging, war mit dem Wesen der Institution nicht unvereinbar; die Zulässigkeit eines beabsichtigten Gesetzes oder einer angemeldeten Wahl konnte auch vorher beanstandet werden und es mochte zweckmässig erscheinen, die Bürgerschaft nicht nach gefasstem Beschluss zu rectificiren, sondern an der Fassung desselben zu verhindern. Aber offenbar ruht die Institution auf dem ursprünglichen Glauben an die unabänderliche Geltung der römischen Ordnungen und der frommen Scheu vor den Folgen der unrechtfertigen Verletzung derselben. Je mehr diese Grundlage schwand, desto weniger wurde die politische Vormundschaft wie von dem Senat in den rechten Grenzen geleistet, so von den Comitien in ihrem immer steigenden Machtgefühl ertragen; wenn, wie wahrscheinlich, der Senat berechtigt und verpflichtet war wegen eines Auspicationsfehlers den betreffenden Comitialact zu cassiren, so gab dieser Satz, nach politischem Ermessen gehandhabt, allerdings die gesammte Action der patricisch-plebejischen Bürgerschaft in die keiner Controle unterliegende Gewalt der patricischen Senatoren. Sei es durch Gesetz, sei es durch Gewohnheit, das Bestätigungsrecht des patricischen Senats ist in historischer Zeit wohl noch formell geübt worden, aber thatsächlich annullirt, der dritte Factor der Gemeindegewalt verschwunden.

Wie die Competenz des patricischen Senats auf der Mitwirkung bei dem Volk bestätigten, so ruht die des patricisch-plebejischen auf der Mitwirkung bei dem dieser Bestätigung nicht unterliegenden magistratischen Decret. Wie in beiden Fällen die geschäftliche Form dieselbe ist, so mag auch die letztere Thätigkeit ebenso alt sein wie die erstere und demnach schon dem patricischen Senat zugestanden haben. Personal scheiden sie sich mit dem Eintritt der Plebejer in den Senat, indem diese bei der Bestätigung des Volksschlusses nicht mitwirken, wohl aber, wenn auch anfänglich nur in untergeordneter Weise, bei der Fassung des einfachen magistratischen Decrets, worin allerdings auch sich deutlich zeigt, dass die letztere Thätigkeit ursprünglich secundär und verfassungsmässig nicht streng nothwendig gewesen ist.

Aber keineswegs wirkt der Senat mit bei dem magistratischen Decret überhaupt. Im Gegentheil ist diese Mitwirkung bei der ordentlichen Handhabung der Beamtengewalt verfassungsmässig ausgeschlossen. Das magistratische Imperium hat in der ihm angewiesenen Sphäre sich selbständig zu bewegen; die Rechtspflege, die Heerführung, die Wahl der ständigen Beamten, überhaupt alle Handlungen, welche der Magistrat pflichtmässig nicht unterlassen kann, dürfen nicht in das Ermessen des Senats gestellt werden. Es steht dem Beamten frei beliebige Rathmänner *(consilium)* zuzuziehen, nicht aber die die Gemeindegewalt neben Magistrat und Comitien vertretende Körperschaft.

Somit bleiben für die Mitwirkung des Senats bei dem magistratischen Decret diejenigen Acte, welche mehr oder minder von dem Ermessen des Beamten abhängen und die im Allgemeinen als ausserordentliche Amtshandlungen bezeichnet werden können. Vielleicht ist auch hiefür der Volksschluss insofern der Ausgangspunct gewesen, als die Antragsstellung ein derartiges magistratisches Decret ist. Es lag zum Beispiel bei der Kriegserklärung dem Magistrat nahe, eben weil die Bestätigung des Senats erforderlich war, sich vor der Antragstellung bei der Gemeinde der Zustimmung des Senats zu versichern, und die den Senat von dem Consilium scharf scheidenden Formen, die feste Zahl der Mitglieder, die thatsächliche Lebenslänglichkeit der Mitgliedschaft, die ein für allemal normirte Geschäftsordnung, wie sie für die Bestätigung geordnet waren, übertragen sich damit von selbst auch auf die Befragung.

Indess ist die Befragung des Senats bei der ausserordentlichen magistratischen Amtshandlung nicht, wie der bestätigende Act, verfassungsmässig nothwendig. Der Magistrat hat nach der ursprünglichen Auffassung in solchem Fall wohl das Recht, aber nicht die Pflicht, ehe er seinen Beschluss fasst, den Senat zu fragen; sein Beschluss gewinnt an Autorität, wenn die zur Wahrerin der Rechtsordnungen bestellte Körperschaft sich einverstanden erklärt hat, aber von Rechtswegen kann der Beamte auch ohne Rathschlag des Senats, und sogar gegen denselben beschliessen. Insofern ist der Senat in dieser seiner berathenden Thätigkeit nur thatsächlich, nicht rechtlich mehr als die vom Beamten zugezogenen Berather, wie er denn auch nicht technisch, aber enuntiativ nicht selten als *consilium publicum* bezeichnet wird. Dieses Berathungsrecht ist es, auf dem das spätere Senatsregiment und die Weltstellung Roms beruhen. Der Beschluss des patricisch-plebejischen Senats ist ein von dem höchsten Regierungscollegium dem Executivbeamten auf dessen Verlangen ertheiltes Gutachten; und die Entwickelung der Institution läuft wesentlich darauf hinaus, dass die facultative Einholung und die facultative Befolgung dieses Gutachtens im Laufe der Zeit mehr oder minder obligatorisch werden. Dass der Act eine Vereinbarung des Senats mit dem Magistrat in sich schliesst, tritt deutlich hervor in der Bezeichnung desselben in der ältesten uns erhaltenen derartigen Urkunde als *consulis senatusque sententia,* wogegen allerdings in den später üblichen Bezeichnungen die magistratische Mitwirkung zurücktritt und im *consultum* wie in der *sententia* nur die Antwort auf die magistratische Frage oder die geäußerte Meinung hervorgehoben werden. Deutlicher noch tritt der ursprünglich facultative Charakter dieser Gutachten darin zu Tage, dass der Senat niemals dem Beamten gegenüber mehr in Anspruch nimmt als die *auctoritas*, was im Gebrauch ungefähr unserer „Empfehlung" entspricht, und niemals ihm befiehlt, wie dies der Volksschluss thut, sondern in Wendungen, die das magistratische Belieben ausdrücklich wahren, ihn lediglich „ersucht". Aber nicht bloss in der Form, sondern auch der Sache nach hält der Senat hiebei eine wesentliche Schranke ein. Er richtet an den Beamten nur sachliche Vorschläge, niemals personale. Er kann den Consuln ansinnen durch Ernennung eines Dictators sich thatsächlich zu suspendiren, aber ihnen nicht den geeigneten Mann bezeichnen. Er kann die Creirung ausserordentlicher Beamten dem Vorsitzenden und in Verbindung mit ihm den Comitien vorschlagen, aber nur in politisch indifferenten Dingen oder in der Epoche der republikanischen Agonie, werden die zu creirenden Beamten in dem Gesetzvorschlag selbst mit Namen genannt. Er gutachtet über die Absendung und die Instruction der Gesandtschaften und bestimmt die Gesandtenzahl, aber die Auwahl überlässt er dem Magistrat. Er gutachtet über die Festsetzung der Geschäftskreise gleichberechtigter Collegen; aber die Vertheilung derselben unter die einzelnen Personen erfolgt durch Vereinbarung oder durch das Loos. Indirect hat der Senat oft genug in Personalfragen eingegriffen; aber in dem wichtigsten Fall, der Prorogation des militärischen Commandos geht formell der Senatsbeschluss nur auf Widerrathen der Ablösung und ruht die Verlängerung des Amtes rechtlich auf dem Gesetz. Direct personale Vorschläge macht er nicht und fungirt in republikanischer Zeit niemals als Wahlkörperschaft. Diese politisch ungemein wirksame Schranke der senatorischen Competenz ist zwar nur durch Herkommen gezogen, aber strenger eingehalten worden, als dies bei gesetzlichen Competenzgrenzen der Fall zu sein pflegt.

Die Unbestimmtheit der Grenzen zwischen dem magistratischen Imperium und der Autorität des Senats, die sowohl hinsichtlich der Nothwendigkeit der Einholung wie hinsichtlich derjenigen der Nachachtung durch die ganze lange republikanische Zeit fortdauernde Abhängigkeit dieser Abgrenzung von den jedesmaligen politischen und personalen Verhältnissen gehört zum eigensten Wesen der von formaler Normirung wenig beeinflussten und völlig von der Macht der Präcedentien beherrschten Institution. So weit es hienach möglich ist, versucht die folgende Darlegung die factische Competenz des Senats der späteren Republik gegenüber der Magistratur in ihrer Entwickelung und in ihren Schwankungen einigermassen zur Anschauung zu bringen, das heisst die allgemeine Regel, dass der zur Berufung des Senats befugte

Magistrat jede von seinem Ermessen abhängende Frage vor der Beschlussfassung zur Begutachtung des Senats stellen kann oder stellen muss, für die verschiedenen Kreise der oberamtlichen Thätigkeit zu specialisiren und zu exemplificiren. Es wird dabei vorzugsweise diejenige Epoche ins Auge gefasst, in der, unter gegenseitiger Observanz der Rechtssphäre, der Senat mit und durch die Magistratur den Staat regiert hat; die Uebergriffe der republikanischen Agonie, in welcher im Gegensatz zu der sich von der Senatsleitung emancipirenden Magistratur die Oligarchie das formale Regiment sich vindicirte, werden, so weit sie überhaupt in dieser Darstellung berücksichtigt werden können, zweckmässiger dem folgenden Abschnitt vorbehalten, welcher das aus diesem Conflict hervorgegangene Compromissregiment behandelt.

1. In sacralen Angelegenheiten reicht die freie magistratische Festsetzung nur so weit, als es sich entweder um blosse Ausführung feststehender Normen handelt, wie bei der Ansetzung der Wandelfeste, oder die Nothlage sie rechtfertigt, wie bei dem während der Schlacht geleisteten Feldherrngelübde. Dagegen pflegt der Senat gefragt zu werden bei Einrichtung neuer Cultstätten oder Aufnahme neuer Götter in den öffentlichen Cult; bei der Bezeichnung gewisser Tage als unheilbringend und ungeeignet für religiöse Verrichtungen; bei der Wiederholung eines religiösen Acts vorgekommenen Versehens; bei der Anordnung ausserordentlicher Festlichkeiten, wobei indess die Festsetzung des Tages dem Magistrat verbleibt; bei der Sühnung der zur Anzeige gelangenden Zeichen und Wunder; bei der Befragung der sybyllinischen Bücher oder der etruskischen Opferpriester; endlich bei der Uebernahme magistratischer Gelübde und der Vornahme von Weihungen, namentlich wenn sie die Gemeindekasse belasten oder das Gemeindevermögen verringern. Die Priesterschaften fungieren bei diesen Geschäften gewissermassen als ständige Commissionen des Senats. Da die Comitien bei sacralen Angelegenheiten nicht leicht befragt werden (S. 254), so ist der von dem Magistrat und dem Senat in einer sacralen Angelegenheit gefasste Beschluss in der Regel definitiv.

2. Die Vorberathung im Senat des von dem Magistrat an die Comitien zu bringenden Gesetzes in dem früher (S. 252) bezeichneten umfassenden römischen Sinne ist von jeher üblich und, wie schon bemerkt ward (S. 259), vielleicht der Ausgangspunct der senatorischen Begutachtung gewesen. Die überhaupt nothwendige und namentlich bei der von Jahr zu Jahr wechselnden legislatorischen Initiative unentbehrliche Discussion der Gesetzentwürfe, welche durch die Verkümmerung der Vorerörterung und die Unzulässigkeit jedes Abänderungsvorschlags aus dem Comitialverfahren so gut wie ausgeschlossen war, konnte nur in dem Senat ihre Stelle finden, und wenn dies schon für die älteste Zeit gilt, so hat die Nothwendigkeit dieser allgemeinen und stetigen Vorberathung sich weiter gesteigert durch die maasslose Vermehrung der mit legislatorischer Initiative ausgestatteten Oberbeamten und die entsprechende Ausdehnung des Intercessionsrechts. Daher ist denn die

factische Initiative des Senats auch auf die Beschlüsse der Plebs insoweit erstreckt worden, als diese der Sache nach unter die Gesetze eintraten. Gesetzlich nothwendig ist allerdings die Vorberathung im Senat und dessen Zustimmung für das Comitialgesetz niemals gewesen und für das Plebiscit nur theils in der Epoche vor dem hortensischen Gesetz, während welcher die Verbindlichkeit desselben für die Gemeinde an die vorgängige Einwilligung des Senats geknüpft war (S. 40 f.), theils wieder während des kurzen Bestehens der sullanischen diese Ordnung erneuernden Verfassung. Für die praktische Politik der Republik ist es die Richtschnur, dass jeder vom Senat widerrathene oder nicht in ihm vorberathene Gesetzentwurf vereitelt werden muss, wozu namentlich die tribunicische Intercession die Handhabe bot, und dass jeder gegen oder ohne den Willen des Senats durchgebrachte Beschluss der Comitien der Gemeinde oder des Concilium der Plebs eine Auflehnung gegen die Staatsregierung in sich schliesst, welche je nach der Parteistellung als unberechtigt oder berechtigt betrachtet werden mochte.

3. Wenn die Wahl der ständigen Beamten der Vorberathung im Senat nicht unterstellt werden kann, so gilt das Gegentheil nicht bloss von der ausserordentlichen Beamtencreirung, die in den Kreis der Gesetzgebung fällt (S. 145), sondern es ist auch in Betreff der Creirung der ordentlichen nicht ständigen, der Dictatoren und der Censoren, da diese allerdings von der Willkür des beikommenden Magistrats abhängt, der Senat häufig, vielleicht späterhin regelmässig befragt worden. Die Modalitäten auch der ordentlichen Wahlen, zum Beispiel die Ansetzung des Wahltags, können wie jeder von dem Belieben des Magistrats abhängige administrative Act im Senat zur Sprache kommen.

4. Bei der Ausbildung des Zwangs- und Strafrechts fällt der Perduellionsprozess kraft des dafür erforderlichen legislatorischen Voracts (S. 175) in die Competenz des Senats. Dagegen hat er in das quästorische Verfahren gar nicht eingreifen können, da die Quästoren nicht in der Lage sind den Senat zu befragen und dasselbe gilt von dem ädilicischen Multverfahren und insofern auch von dem tribunicischen Strafprozess, als dieser älter ist als das Recht der Tribune den Senat zu berufen. Dagegen haben die Oberbeamten bei der ihnen obliegenden allgemeinen Fürsorge für die öffentliche Ruhe und gute Ordnung in wichtigeren Fällen namentlich der Sicherheits- und der Religionspolizei ungemein häufig die Autorität des Senats zu Hülfe genommen. Der Schrankenlosigkeit dieser magistratischen Competenz entspricht in diesem Kreise das Fehlen jeder auch nur thatsächlichen Abgrenzung zwischen der freien und der gebundenen magistratischen Action; doch lässt sich erkennen, dass der Senat regelmässig gefragt ward, wo der Magistrat aus Gründen des öffentlichen Wohls von der Rechtsordnung abwich. So haben sich die Magistrate durch ihn autorisiren lassen von der Vollstreckung eines rechtskräftigen Todesurtheils abzusehen und dasselbe dadurch in lebenslängliche

Haft umzuwandeln; ferner dem Verbrecher aus besonderen Gründen Straflosigkeit und freies Geleit zuzusichern. Wo die öffentliche Ordnung gefährdet erscheint, also insonderheit bei Banden- und bei politischen Verbrechen wird die consularische Repression regelmässig gestützt durch den Senat; einen authentischen Beleg gewährt der uns erhaltene Senatsschluss v. 568 (186 v. Chr.) gegen das gemeingefährliche an den Bacchuscult anknüpfende Sectirerwesen, welcher zugleich zeigt, dass diese consularisch-senatorische Polizei sich über ganz Italien erstreckte und auch die formell freien bundesgenössischen Gemeinden ihr unterlagen, wogegen in den Provinzen die Statthalter mit grösserer Selbständigkeit schalteten als die Consuln im Hauptland. Angewendet auf die Parteipolitik erscheint diese senatorische Oberaufsicht in dem Gebrauch eine geschehene oder beabsichtigte Handlung durch Senatsbeschluss als „gemeinschädlich" *(contra rem publicam)* zu bezeichnen, das heisst die sämmtlichen mit Zwangs- und Strafrecht ausgestatteten Magistrate zur Anwendung desselben auf den fraglichen Fall aufzufordern, was allerdings, nachdem dies Strafrecht durch Sulla obsolet geworden war, in ein blosses politisches Tadelsvotum sich umsetzte.

5. Kein Gebiet der magistratischen Thätigkeit hat der senatorischen Controle so wenig unterlegen wie die Rechtspflege. Allerdings hing die in ausserordentlichen Fällen eintretende Sistirung der Rechtspflege *(iustitium)* herkömmlich vom Senat ab und so lange er über die prätorischen Competenzen freie Verfügung behielt (S. 131), konnte er von den beiden für die hauptsächliche Rechtspflege bestimmten Prätoren den einen anderweitig verwenden; aber nicht bloss in die Handhabung der Jurisdiction hat er nicht eingegriffen, was nur in der Ordnung ist, sondern auch wo man sein Mitwirken erwarten sollte, bei der generellen Formierung der prätorischen Amtsthätigkeit, den ständigen Edicten finden wir nicht, dass die Prätoren ihre häufig der Sache nach legislatorischen Anordnungen auf den Senat gestützt haben.

6. In militärischer Hinsicht macht sich der Einfluss des Senats nach drei Richtungen hin geltend: bei der Einberufung der Dienstpflichtigen; bei der Instruction der Commandoträger und bei der Kriegführung selbst. — Die Einberufung der Dienstpflichtigen ist, da die Ordnungen der Republik, abgesehen von der Reiterei, die Ständigkeit des Dienstes nicht kennen, als formell ausserordentliche Massregel, wo sie nicht durch den Nothfall erfordert wird, wohl von jeher von Rechtswegen durch den Senat gegangen. Auch hinsichtlich der Qualification der Soldaten wie der Offiziere ist der Senat competent und hat unter Umständen die Einstellung nicht gedienter Mannschaften untersagt und die Ernennung der Offiziere durch die Comitien zu Gunsten der Feldherren eingeschränkt. Der Sache nach indess gehört in der uns historisch bekannten Epoche die jährliche Einberufung der Dienstpflichtigen in der Höhe von etwa 10 000 Bürgern für jeden der Consuln nebst der entsprechenden der ungefähr gleich starken Bundescontingente (S. 206) zu

der ordentlichen Amtsfunction; wahrscheinlich ist in der das Amtsjahr eröffnenden generellen Vereinbarung hinsichtlich der Jahresgeschäfte die Bewilligung dieser Einberufungen mit begriffen gewesen und wird vom Senat beschlossen worden sein, konnte aber schwerlich von ihm abgelehnt werden. Aber diese Truppenzahl hat schon in der mittleren Republik dem Bedürfniss regelmässig nicht genügt und wegen Ueberschreitung dieses Minimalsatzes, sei es durch stärkere Einberufung, sei es durch Nichtentlassung der früher einberufenen Mannschaften ist Jahr für Jahr im Senat verhandelt worden. Diese senatorischen Festsetzungen der gewaltigen Republik haben lange Jahre hindurch, indem sie die militärische Bedürfnissfrage und damit Zahl und Vertheilung der Truppenmacht regeln, sowohl nach aussen hin der grossen Politik Regel und Richtschnur gegeben wie in der inneren Politik die Abhängigkeit der Magistratur von dem Senat zum Ausdruck gebracht, wobei allerdings auch die weiterhin zu erörternde finanzielle Competenz desselben wesentlich mitgewirkt hat.

Aber nachdem in den grossen Kriegen des sechsten Jahrhunderts d. St. wesentlich durch das einträchtige Zusammenwirken der Magistratur und des Senats der Sieg sich für die Römer entschieden und ihre Weltherrschaft sich festgestellt hatte, kam die Abhängigkeit des Provinzialregiments in der Truppenzahl von dem Senat ins Schwanken. Es beruht dies in erster Reihe darauf, dass die jährliche Auflösung und die jährliche Neubildung des Bürgeraufgebots wohl als Regel im italischen, nicht aber im Provinzialregiment sich durchführen liess und sehr bald, namentlich in den beiden spanischen Provinzen, der Sache nach ersetzt werden musste durch die regelmässige Erstreckung des Dienstes der Truppenkörper auf mehrere Jahre unter Nachsendung von Ergänzungsmannschaften, wodurch der Statthalter, zumal da auch seine Amtführung in gleicher Weise regelmässig und zum Theil gesetzlich verlängert ward, von der Centralstelle bei weitem unabhängiger wurde als der Consul in seinem italischen Commando es gewesen war. Es kam hinzu, dass bei der Steigerung einerseits der Zahl der in den Provinzen wohnhaften römischen Bürger, andrerseits der Verwendung der Reichsunterthanen zu militärischen Zwecken die früher auch factisch auf Italien beschränkte Aufstellung von Truppen mehr und mehr in den Provinzen ebenfalls möglich ward und dass die finanzielle Abhängigkeit des Feldherrn von der Centralstelle, seitdem die römischen Staatseinnahmen hauptsächlich aus den Provinzen kamen, nicht minder für deren Vorsteher sich lockerte. An dieser trotz aller Palliative aus dem Provinzialregiment mit Nothwendigkeit sich entwickelnden militärisch-finanziellen Emancipation der Statthalter ist das Senatsregiment zu Grunde gegangen.

Wenn dem Wesen der römischen Magistratur nichts schärfer widerstrebt als die Beschränkung hinsichtlich der ordentlichen Amtsgeschäfte durch Instructionen des Senats und wenn wie der Prozess so auch die Kriegführung, wo sie überhaupt zulässig sind, beide im Kreise der ordentlichen Amtführung liegen, so hat nichts desto weniger der Senat, ohne dieses oberste Princip geradezu zu verletzen, dennoch früh im Wege der Feststellung der Commandobezirke den Feldherren die allgemeine Instruction ertheilt. Es ist kein Raum für dieselbe gegenüber dem einheitlichen Königscommando, und auch die Einführung der Zweiherrschaft kann daran nicht viel geändert haben, so lange das Bürgeraufgebot der Regel nach einheitlich blieb und die militärisch unentbehrliche Einheit des Oberbefehls entweder durch Vereinbarung der beiden Consuln oder durch Turnus herbeigeführt ward (S. 96). Aber da die Vereinbarung thatsächlich die Zurücksetzung des einen Collegen in sich schloss und der Turnus wie formell befriedigend, so praktisch widersinnig war, stellte wohl schon vor der eigentlich historischen Zeit die Gewohnheit sich fest, dass für das jährliche Bürgeraufgebot sowohl die Mannschaften wie das Operationsgebiet zwischen den Consuln getheilt wurden, wobei nicht zu übersehen ist, dass die Aufgebote Jahr aus Jahr ein wohl nur ausnahmsweise durch wirklichen Kriegsfall bedingt, in der Regel als Felddienstübung angeordnet worden sind. Von Rechtswegen hing die Bildung eines doppelten Heeres so wie die getheilter Operationsgebiete im italischen Commando und ebenso die Zutheilung beider an den einen oder den andern Consul von der Vereinbarung der Collegen ab; aber sehr früh muss es Regel geworden sein, dass dieselben bei ihrem Amtsantritt das Gutachten des Senats hinsichtlich der für das beginnende Jahr zweckmässigen Operationsgebiete einforderten, wobei dann bei der Erstreckung des römischen Machtgebiets über Italien hinaus selbstverständlich die Frage mit einbegriffen war, ob ein consularisches Commando ausserhalb Italiens erforderlich erscheine. Diese senatorischen Gutachten über die beiden consularischen Commandos des laufenden Jahres, welche auf die personale Theilung der consularischen Competenzen sich niemals erstreckten, aber die grosse militärisch-politische Directive einschlossen, haben in geschichtlicher Zeit für die Magistratur thatsächlich bindende Kraft; formell ist ihnen dieselbe durch das Gesetz des C. Gracchus vom J. 631 (123 v. Chr.) beigelegt worden, worin aber neben der rechtlichen Steigerung insofern eine wesentliche Beschränkung der Befugniss des Senats lag, als dieser angewiesen ward die Festsetzung vor der Wahl der betreffenden Consuln vorzunehmen, also die bis dahin rechtlich ausgeschlossene, factisch regelmässige Rücksichtnahme auf die Personen bei der Festsetzung der Competenzen wesentlich erschwert wurde. Aufgehoben wurde die senatorische Direction des militärischen Regiments mit dem consularisch-italischen Commando selbst durch Sulla, wobei dem Senat freilich das Recht blieb bei eigentlicher Kriegsgefahr einem mit Imperium ausgestatteten Beamten das Commando zu übertragen. — Auf die ausseritalischen prätorischen Commandos, welche, wie wir sahen (S. 228), zunächst der Civilverwaltung angehören und nur nebenbei als Commandobezirke gelten, hat der Senat von

Rechtswegen keinen Einfluss. Sie sind gesetzlich ein für allemal fixirt und ihre Statthalter werden durch die Comitien mit Zuhülfenahme des Looses bestellt; bleibt es bei der Regel, so wird für sie ein senatorisches Gutachten nicht erfordert. Aber in dem Jahrhundert, in welchem diese überseeischen Verwaltungsbezirke aufkamen, ist die Ausnahme fast häufiger als die Regel und jede Abweichung von dieser erfordert die Mitwirkung des Senats. Zunächst hat der Senat die Befugniss gehabt oder doch ausgeübt unter die prätorischen Competenzen neben den gesetzlichen noch ausserordentliche, zum Beispiel das Flottencommando aufzunehmen, wodurch dann für die gesetzlich geordneten die Beamten fehlten; und als jene Befugniss dem Senat entzogen ward, wurde durch die mit der Vermehrung der Provinzen nicht Schritt haltende Vermehrung der Zahl der Prätoren bei der Besetzung der Statthalterschaften ein ständiges Deficit herbeigeführt, dessen Ausfüllung unter Beiseitelassung der Comitien der Senat bewirkte. Allerdings kann derselbe die ausseritalischen Commandos nur entweder im Wege der Verlängerung des bestehenden oder allenfalls durch Besetzung mit einem nicht zum Imperium berufenen niederen Beamten, nicht aber an Private vergeben; nichts desto weniger liegt hierin ein dauernder und wesentlicher, der Sache nach regelmässig personaler Eingriff in die verfassungsmässig den Comitien vorbehaltene Beamten-Creirung. Sulla hat, indem er die Zahl der Provinzen und die der Prätoren ins Gleichgewicht setzte und das zweite Amtsjahr gesetzlich feststellte, der senatorischen Willkür durch strengere Ordnung Schranken gesetzt, wobei der Senat zum Ersatz der ihm entzogenen Feststellung der consularischen Competenzen das Recht erhielt aus sämmtlichen Provinzen zwei vorzugsweise wichtige den Consuln eines jeden Amtjahrs vor deren Wahl zu überweisen; um die übrigen loosten alsdann die Prätoren des gleichen Jahres. Unter dem Principat ist dem Senat auch diese Befugniss entzogen und sind die Provinzen sämmtlich fixirt, so dass die Consulare um Asia und Africa, die Prätoren um die übrigen das Loos ziehen.

Das eigentliche Feldherrnrecht, die Handhabung der militärischen Disciplin, die Führung der Operationen, die Verhandlung und das Uebereinkommen mit dem Feinde unterliegt dem Eingreifen des Senats weniger als die Heerbildung und die militärische Directive, indess macht sein Einfluss namentlich in späterer Zeit auch in der Kriegführung selbst sich geltend. In die Soldatenbelohnungen, sei es mit Ehren oder mit Geschenken, hat der Senat schwerlich jemals eingegriffen; wenn es bei den Strafen zuweilen geschehen ist, so ist dies wohl häufig im Interesse, nicht selten vielleicht auf Veranlassung der Feldherrn selbst geschehen. Auch die Belohnungen des Feldherrn selbst, der Imperatortitel und der Triumph liegen nach älterem Brauch jener bei der siegreichen Armee, dieser bei dem Feldherrn selbst; späterhin indess ist jener auch vom Senat decretirt worden (S. 209) und hat dieser wenigstens thatsächlich von ihm abgehangen (S. 209). Bei weitem wichtiger ist der Einfluss, den der Senat auf den Gang der Kriegführung und vor allem auf die den Krieg abschliessenden Verträge durch die von ihm zum Heere abgeordneten Commissarien *(legati)* ausgeübt hat. Botschaften hat die Centralregierung selbstverständlich von jeher an ihre Feldherrn senden können und gesendet; in der späteren Republik aber, wir wissen nicht seit wann, besteht der Gebrauch, dem Senat entnommene Vertrauensmänner den verschiedenen Commandoführern mit factischer Ständigkeit beizugeben, welche zwar officiell weder civile noch militärische Competenz haben, aber dem Herkommen nach während des Feldzugs an jedem Kriegsrath theilnehmen und häufig als Unterbefehlshaber und Offiziere verwendet werden, auch bei der Verwaltung in ähnlicher Weise sich betheiligen, und die nachher bei allen die militärische oder administrative Amtführung des Statthalters betreffenden Senatsverhandlungen mitzureden im Stande sind. Diese Einrichtung, späterhin, als die Ernennung dieser Gehülfen vom Senat an den Feldherrn kam, einer der wirksamsten Hebel bei der Herbeiführung des monarchischen Regiments (S. 160), ist für die Controle der Statthalter von dem Senat geschaffen und gebraucht worden. In weiterer Steigerung tritt diese Senatscontrole auf bei dem Abschluss der Friedensverträge, welche durch Zuordnung derartiger Commissionen der Senat den Feldherrn aus der Hand genommen hat; es wird darauf bei der Behandlung der auswärtigen Angelegenheiten zurückzukommen sein.

7. Nach keiner Seite hin ist das Oberamt so früh und so umfassend an die Zustimmung des Senats gebunden worden wie hinsichtlich der Verfügung über das Gemeindevermögen und vor allem über die Gemeindekasse. Es beruht dies zunächst darauf, dass diese Verfügungen durchgängig ausserordentlicher Art sind. Was von den ordentlichen Ausgaben der Gemeinde irgend durch Abgabe von Gemeindegut oder von Steuererhebungen gedeckt werden kann, wird aus dem Gemeindehaushalt entfernt; zum Beispiel werden die Kosten des Gottesdienstes durch die pontificale Prozesssteuer (S. 73) oder durch Fundirung der Priesterthümer mit Grundbesitz aufgebracht, der Reitersold auf die Wittwen und Waisen gelegt. So lange das öffentliche Bauwesen hauptsächlich durch Frohnden beschafft und dem Soldaten der Sold nicht aus der Gemeindekasse gezahlt ward, müssen die ordentlichen Ausgaben der Gemeindekasse verschwindend gering und die Thesaurirung der Einnahmen die Regel gewesen sein. Regelmässig also war die Zahlung aus dem Gemeindeschatz, insonderheit die theilweise Ausschüttung der Gemeindegelder für Bauzwecke, eine ausserordentliche Finanzmassregel und fiel somit in die Competenz des Senats. Dasselbe gilt für den Fall, dass die Gemeindekasse mit ihren Mitteln nicht ausreicht, was, nachdem das Aerarium die Soldzahlung für die zu Fuss dienenden Bürger auf sich genommen hatte, häufig genug eintrat; die Contribution der Bürgerschaft, auf die alsdann recurrirt wird, war immer eine ausserordentliche Aushülfe und ist sicher von den Magistraten nicht

leicht umgelegt worden ohne vorherige Berathung mit dem Senat. Bei den späteren militärischen Bewilligungen mag allerdings für die Summen, welche das regelmässige Bürgeraufgebot erforderte, der Zahlungsbefehl mit bloss formeller Mitwirkung des Senats oder auch von den Consuln allein ertheilt worden sein. Aber hinsichtlich der Militärkosten über diesen Bedarf hinaus hat der Senat wohl von jeher um sein Gutachten befragt werden müssen. Wenn also auch die Erhebung von Geldern aus der Staatskasse consularisches Recht war und blieb, so hat dieses bei Zahlungen von Belang nicht leicht anders ausgeübt werden können als nach eingeholter Zustimmung des Senats, und ist durchaus die eigentliche Stelle für die Geldbewilligung. Indess hat der Senat diese Befugniss mit weiser Selbstbeschränkung gehandhabt und die Zweckbestimmung der von ihm bewilligten Summen in grosser Weite festgesetzt, insbesondere bei Bau- und Kriegsgeldern die specielle Verwendung den betreffenden Beamten anheimstellend. Von der Bedeutung und dem Alter dieser Competenz zeugen die dadurch bewirkten Creirungen der Quästur und der Censur. Dass die Quästoren nicht allein, aber wesentlich mit dazu geschaffen worden sind, um den Umfang und die Modalitäten der consularischen Gelderhebung officiell zu constatiren und das consularische Verfügungsrecht über die Gemeindekasse ohne Aenderung desselben unter Controle zu nehmen, ist früher (S. 218) ausgeführt worden; ebenso dass das ursprüngliche Verfügungsrecht der Consuln über die Gemeindegelder zu Bauzwecken, indem es auf die Censoren übertragen ward, vielmehr an den Senat kam, da die Censoren nicht, wie die Consuln, von sich aus Gelder erheben, nicht einmal, da sie das Recht mit dem Senat zu verhandeln nicht erhielten, bei dem Senat einen derartigen Antrag selber stellen konnten.

8. Die ausländischen und internationalen Verhandlungen und Festsetzungen sind, so wenig der nur in der Stadt fungirende und vielköpfige Senat dazu geeignet erscheint, dennoch in der Zeit der Republik in demselben concentrirt worden, wobei unter dem Ausland nicht bloss die reichsfremden, sondern auch die durch formalen Bündnissvertrag von Rom abhängigen Staaten, ja selbst die nur zu factischer Autonomie zugelassenen Unterthanengemeinden mit zu verstehen sind. Es gilt dies von dem Gesandtschaftsverkehr wie von den Staatsverträgen. Den Gesandtschaftsverkehr finden wir, so weit dies irgend mit dem Commando vereinbar ist, ausschliesslich verknüpft mit dem Vorsitz im Senat. Botschaft an einen andern Staat kann, von rein militärischen Abmachungen abgesehen, der Feldherr nicht entsenden, noch weniger aber von sich aus der städtische Magistrat, sondern sie wird vom Senat beschlossen und die Instruction im Senat festgestellt, während der Vorsitzende die Personen bezeichnet. Regelmässig erhalten die Boten nur den Auftrag die Beschlüsse des Senats mitzutheilen und die darauf ertheilte Antwort diesem zu berichten, enthalten sich also, so weit dies möglich ist, der eigenen Action und lassen die letzte Entscheidung dem Senat. Umgekehrt werden die Ge-

sandten fremder Staaten durchaus nach Rom gewiesen und verhandeln hier officiell nicht anders als mit dem vorsitzenden Magistrat und dem gesammten Senat. Dieser unmittelbare Verkehr der Centralregierung mit dem abhängigen wie mit dem freien Ausland, bei dem die leitenden Kreise des Senats über die Instruirung wie über die Bescheidung der Gesandtschaften bestimmten, hat in den auswärtigen Beziehungen den Einfluss der Magistratur früh überwogen und namentlich für diejenigen Jahrhunderte, in welchen die römische Republik dem Ausland das Gesetz gab, das Schwergewicht der Weltherrschaft und die Bürgschaft ihrer Stabilität in den Senat gelegt. – Schon hiedurch ist es gegeben, dass definitive Verträge mit dem Ausland in der späteren Republik thatsächlich der Senat abgeschlossen hat, obwohl dem Feldherrn die militärischen Abmachungen mit dem Gegner selbstverständlich nicht verschränkt wurden, auch der Senat nach ausgebrochenem Krieg sich auf Verhandlungen mit dem Gegner nicht anders einliess als mit Vorwissen und Zustimmung des gegen ihn im Felde stehenden Magistrats. Allerdings griff einerseits das magistratische Recht der Gemeindevertretung, andrerseits die souveräne Stellung der Comitien in diese Vertragsschliessung ein. Aber es ist bereits auseinandergesetzt worden (S. 254), dass das Recht der Feldherren mit Vorwissen der Gemeinde unbedingt und auch ohne solches Vorwissen auf ihre Gefahr hin definitive Verträge abzuschliessen im Laufe der Zeit ausser Gebrauch kam und die Verträge von ihnen entweder unter Vorbehalt der Ratification des Senats eingegangen oder, was das Gewöhnliche war, die Vertreter der andern Macht überhaupt nach Rom gewiesen wurden, wo dann der Senat die Verhandlung an sich nahm. Der magistratische Eidschwur, durch den internationale Verhältnisse stabilirt werden, wird alsdann erst nach der senatorischen Feststellung derselben geleistet. Wo, wie dies bei den ausseritalischen Kriegen häufig der Fall war, das Friedensgeschäft eine umfassende und örtliche Revision der bestehenden Verhältnisse nothwendig machte, pflegte diese dem betreffenden Feldherrn in der Weise übertragen zu werden, dass ihm dafür eine Senatscommission meistens von zehn Mitgliedern zugeordnet wurde, an deren Zustimmung er gebunden war. — Dass die Comitien nach den ursprünglichen Ordnungen bei dergleichen Verträgen nicht mitwirken, aber bei dem Umsichgreifen ihrer nominellen Souveränetät theils die Ratification ihnen ausdrücklich vorbehalten wird, theils, wenigstens nach der Auffassung der demokratischen Partei, die Bestätigung der Staatsverträge durch den Senat nur vorbereitend ist und dieselben erst durch die Bürgerschaft definitive Geltung erhalten, ist ebenfalls bereits ausgeführt worden (S. 255). Thatsächlich ist ihr Eingreifen mehr formaler Art, da es äussersten Falls hinauskommt auf das Recht der Bürgerschaft einen vom Senat abgeschlossenen Staatsvertrag abzulehnen, wovon praktisch kaum jemals Gebrauch gemacht worden ist.

5. *Die Dyarchie des Principats*

Es bleibt schliesslich zu entwickeln, wie die in republikanischer Zeit den Comitien und dem Senat zukommenden Befugnisse durch die augustische Ordnung und die daran sich anschliessende monarchische Entwickelung umgestaltet worden sind.

Dass der Principat seiner Competenz nach zunächst sich damit begnügte die vielgespaltene magistratische Competenz der Republik zum guten Theil in sich zu vereinigen, namentlich die bisher jedem Statthalter zuständige Militärgewalt zu monopolisiren, ist in dem betreffenden Abschnitt (S. 155) ausgeführt worden.

Die Vorherrschaft, welche der Senat thatsächlich immer mehr und namentlich in dem letzten Stadium der Republik immer unverhüllter sich vindicirt hatte, wurde ihm unter dem Principat in der Weise formell verliehen, dass er seine frühere Machtstellung gleichzeitig verlor. Auf der einen Seite wurde ihm das aus dem Recht die magistratischen Anträge zu begutachten entwikkelte Gemeinderegiment nicht gerade aberkannt, wie es auch formell ihm nicht übertragen worden war, aber aus der Hand genommen; andererseits sind neben der durch die neue Erblichkeit (S. 113) gesteigerten privilegirten Stellung die formalen Souveränetätsrechte, die freie Strafgewalt, die Wahlen der Beamten, die Gesetzgebung auf ihn übergegangen, freilich nicht ohne dass in jedes derselben die kaiserliche Befugniss übergriff und das principiell hierin ausgesprochene System den Senat zum Träger der Gemeindesouveränetät zu machen im Ergebniss mehr oder minder eludirte. Also wurde aus dem *senatus populi Romani* der früheren Republik der *senatus populusque Romanus* der letzten republikanischen und der Kaiserzeit und wenn jener mit seinen „Rathschlägen“ die Welt regiert hatte, fiel diesem die Rolle zu als Figurant der Souveränetät das grosse römische Weltschauspiel zu epilogiren.

Das Recht der oberen Magistrate in jedem ausserordentlichen Fall das Gutachten des Senats einzufordern, die Grundlage des Senatsregiments ist formell unter dem Principat in Kraft geblieben; aber die thatsächliche, rechtlich freilich nie formulirte Verwandlung dieses Beamtenrechts in eine Beamtenpflicht hat mit dem Eintritt der Monarchie ein Ende und darin liegt insofern ein vollständiger Umschwung der Dinge, als die neue Monarchie sich von vorn herein der Bevormundung durch den Senat ernstlich und völlig entzieht. Militärische Angelegenheiten sind grundsätzlich nie vor den Senat des Principats gebracht worden, Verhandlungen mit dem Ausland nur ausnahmsweise und dann mit decorativem Zweck. Die Angelegenheiten der unter dem Kaiser stehenden Provinzen so wie die gesammte kaiserliche formell private Finanzverwaltung werden ausschliesslich vom Kaiser erledigt. In Angelegenheiten Italiens und der nicht dem Kaiser überwiesenen Provinzen wird auch jetzt noch der Senat befragt und zum Beispiel die Aushebung in Italien regelmässig auf Grund eines Senatsschlusses angeordnet, ebenso, wenn bei der Besetzung dieser Statthalterschaften ausserordentliche Massregeln nöthig werden, diese durch ihn verfügt. Dessgleichen behält er die Verfügung über die allerdings durch die Ueberweisungen an den Kaiser sehr geschmälerte Reichshauptkasse. Mehr als diese dürftigen Ueberreste des ehemaligen Reichsregiments hat für die politische Machtstellung der Körperschaft die Vertretung anfänglich der alten Aristokratie, nach deren Aussterben wenigstens des hohen Beamtenadels, die Bewahrung der republikanischen Tradition und Opposition, das Recht der Rede in grossem und thatsächlich öffentlichem Kreise zu bedeuten gehabt und bei jeder politischen Krise, namentlich bei dem Regierungswechsel ist der Senat, wenn nicht ausschlaggebend, doch in der Wagschale wiegend. Aber es gehört dies mehr der Geschichte an als dem Staatsrecht.

Unter den erst mit der Monarchie dem Senat erworbenen Rechten ist keines älter und principiell keines bemerkenswerther als die schon in anderer Verbindung (S. 183) erörterte senatorische Criminaljustiz. Sie lehnt sich zwar an das alte freie consularische Strafrecht, ist aber in dessen Bindung durch die Zustimmung des Senats vollständig neu und allem Anschein nach schon von Augustus eingeführt, offenbar zu dem Zweck durch diese Concession die Verleihung der gleichartigen Strafgewalt an den Kaiser einigermassen zu neutralisiren. Dass die gleichzeitig eingeführte Appellation gegen das magistratische Decret in Civilsachen ebenfalls auf den Senat erstreckt ward, ist gleichfalls schon angegeben worden (S. 201). Politische Wichtigkeit hat von diesen formalen Erweiterungen der Senatscompetenz nur die erste gehabt und auch diese nur insofern, als unter üblem Regiment die mittelbare Despotie noch rücksichts- und schrankenloser gewaltet hat als die directe.

Nicht sofort mit dem Eintritt des Principats, sondern erst bei dem Regierungsantritt des Tiberius sind die Wahlen der republikanischen Beamten und, was damit zusammenfällt, die Ergänzung des Senats selbst und das Aufrücken in die höheren Rangklassen desselben von den Comitien auf den Senat übertragen worden. Dass dieses Wahlrecht durch die unter dem Principat geschärften Normen über die Wahlqualification in enge Grenzen gewiesen war und sowohl der erste Eintritt in den Senat wie das Durchlaufen der Rangstufen mehr von Rechtswegen als nach dem Belieben der wählenden Körperschaft sich vollzogen, haben wir bereits gesehen (S. 89). Hier bleibt noch zu entwickeln, in welcher Weise in dieses an sich schon verkümmerte Wahlrecht die kaiserliche Gewalt eingegriffen hat. Es geschah dies theils durch das Commendationsrecht, theils durch die Adlection.

Analog wie für den Dictator Caesar wurde für Augustus, als er mit der Einführung der neuen Reichsordnung die bis dahin kraft der constituirenden Gewalt von ihm geübte Beamtenernennung aus der Hand gab, die Festsetzung getroffen, dass bei den Beamtenwahlen die von ihm den Wählern empfohlenen Personen allein zu berücksichtigen seien unter Annullirung der auf andere

Candidaten fallenden Stimmen. Wahrscheinlich hat anfänglich diese Befugniss, welche übrigens den Empfohlenen von der Qualification nicht entband, sich auf das Consulat nicht erstreckt; aber vermuthlich schon unter Nero, sicher unter Vespasian wird sie eben auf dieses in solcher Schärfe angewandt, dass die bindende Empfehlung hier der Sache nach auf die einfache Ernennung hinauskommt, wobei die Willkür in der Creirung nicht so sehr von Consuln, als von Consularen noch gesteigert wird durch das dem Kaiser ebenfalls eingeräumte Recht die Amtsdauer nach Ermessen zu verkürzen. Bei den unter dem Consulat stehenden Aemtern ist dagegen, sei es nach rechtlicher Vorschrift, sei es durch Selbstbeschränkung, die Commendation immer auf eine gewisse Zahl der zu besetzenden Stellen, unter Tiberius zum Beispiel auf den dritten Theil der Prätoren beschränkt worden.

Von der Adlection war bereits die Rede (S. 245). Sie ruht auf der kaiserlichen Censur in der erweiterten Competenz, mit welcher dieses Amt von einzelnen Kaisern des ersten Jahrhunderts übernommen und in dieser Gestalt dann durch Domitian dem Principat ein für allemal einverleibt ward. Sie besteht in der Befugniss dem Senator oder dem Nichtsenator ein nicht geführtes Amt als geführt beizulegen und ihn in die entsprechende Senatsklasse einzuschreiben. Auf das Consulat ist die Adlection erst spät und selten angewandt worden, da hiefür die dem Kaiser gestattete Verkürzung der Amtsdauer ausreichte. Hinsichtlich der übrigen Aemter ist, so lange die kaiserlichen Censuren unstetig und exceptionell blieben, von derselben ein bescheidener Gebrauch gemacht worden. Erst seit dem Ende des ersten Jahrhunderts haben die Kaiser zu jeder Zeit und in bedeutendem Umfang derartige Adlectionen vorgenommen und es hat diese Einreihung neuer Leute in den Senat dann nicht wenig beigetragen zu der Auflösung der geschlossenen Beamtenaristokratie der Republik und des früheren Principats.

Von der Gesetzgebung ist ein wichtiger Theil, die Entbindung von den bestehenden Ordnungen für den einzelnen Fall bereits in republikanischer Zeit auf den Senat übergegangen. Wenn das Privilegium nicht minder als das Gesetz selbst ein legislatorischer Act ist, so haben doch selbstverständlich von je her die Magistrate in dringlichen Fällen unter Vorbehalt der comitialen Ratification sich Abweichungen von dem Gesetz gestattet und in solchem Fall zur Minderung der eigenen Verantwortung, so weit dies möglich war, sich wenigstens der Zustimmung des Senats versichert. Mit dem Einholen und selbst mit dem Vorbehalten der comitialen Ratification ist es dann nicht streng genommen und bei der sullanischen Verfassungsrevision dem Senat wahrscheinlich ausdrücklich das Recht eingeräumt worden wenigstens gewisse Gesetze für den einzelnen Fall definitiv ausser Anwendung zu stellen. Dies ist geblieben, und durch die ganze Kaiserzeit hindurch werden die Entbindungen von den Gesetzen über die Wahlqualification, über die Rechtsnachtheile der Ehe- und Kinderlosigkeit, über die Beschränkung des Associationsrechts und der Volkslustbarkeiten bei dem Senat nachgesucht. Auch die Bewilligung ausserordentlicher Siegesehren (S. 209) und die Versetzung eines verstorbenen Herrschers oder Gliedes des Herrscherhauses unter die Gottheiten der Gemeinde werden unter dem Principat zwar auf Antrag des Kaisers, aber regelmässig vom Senat beschlossen.

Weiter ist die gesetzgebende Gewalt für bestimmte Kreise des weiten nach der römischen Auffassung dazu gerechneten Gebiets auf den Monarchen übergegangen. Einmal ist die Ordnung der Beziehungen zum Ausland, Kriegserklärung, Friedensschluss und Bündniss unter Ausschluss der bisher dafür beikommenden Organe, der Comitien (S. 254) wie des Senats (S. 268) der Entscheidung des Princeps unterstellt worden. Ferner werden sämmtliche gesetzliche Normirungen, welche nach republikanischem Gebrauch durch Specialmandat an einzelne Beamte übertragen werden konnten, ein für allemal unter die Competenz des Princeps gewiesen. Darunter fällt die bisher in der Regel von den Comitien ausgeübte Verleihung des römischen Bürgerrechts, welche anknüpft an die in republikanischer Zeit einzelnen Feldherrn gewährte Befugniss solcher Verleihung an die unter ihnen dienenden Nichtbürger. Von den Kaisern ist dieselbe vorzugsweise theils zu dem gleichen Zweck benutzt worden, theils um in die aus römischen Bürgern bestehenden Truppenkörper Nichtbürger einzureihen. Weiter fällt darunter die in republikanischer Zeit häufig Specialcommissarien zugewiesene Ordnung der dem Reichsverband angehörenden städtischen Gemeinwesen; unter dem Principat ist der Kaiser berechtigt Gemeinden peregrinischen Rechts latinisches oder römisches zu verleihen oder neue Gemeinden dieser Art ins Leben zu rufen und die Municipalordnungen nach Ermessen zu gestalten.

Wenn durch die Ausscheidung dieser Kategorien das weite Gebiet der republikanischen Gesetzgebung auf einen mässigen alle eigentliche politische Action ausschliessenden Umfang zurückgeführt wird und die Gesetzgebung unter dem Principat im wesentlichen auf das Privatrecht mit Einschluss der Criminalordnungen beschränkt ist, so ist für diesen Kreis die Gesetzgebung unter Festhaltung der Vorberathung im Senat (S. 261) allem Anschein nach von Rechtswegen den Comitien geblieben. Augustus hat, nachdem er die constituirende Gewalt abgegeben hatte, nur gleich den Magistraten der Republik die legislatorische Initiative in Anspruch genommen und seine Gesetzgebung auf Grund der tribunicischen Gewalt in der Form des Plebiscits ausgebaut. Aber seit der zweiten Hälfte der Regierung des Tiberius versagt wenigstens der Sache nach die comitiale Legislative (S. 256) und geht die Gesetzgebung, so weit sie von Rechts wegen comitial ist, effectiv über auf den Senat. Formell scheint ihm dieselbe nicht übertragen worden zu sein, da die rechtliche Gültigkeit der die alten Comitialgesetze ablösenden Senatsconsulte noch in der Mitte des 2. Jahrh. nicht unangefochten feststand; aber deutlich wird für die bleibenden Normen in Civilrecht und Verwaltung jetzt diese

Form gebraucht und die Kaiser haben dabei, wie früher bei dem Volksschlusse, sich auf die Initiative beschränkt.

Wenn der Principat die gesetzgebende Gewalt allgemein niemals geübt noch in Anspruch genommen hat, so hat allerdings dem Kaiser das magistratische Recht zu ediciren, das heisst obrigkeitliche Regulative zu erlassen, nicht gefehlt und bei der Perpetuität seines Amtes war damit die Handhabe gegeben in die Gesetzgebung einzugreifen. Er hat davon auch Gebrauch gemacht; das befreite Soldatentestament zum Beispiel ist auf diesem Wege eingeführt worden. Aber wenn es hier auf der Hand liegt, warum diese Neuerung nicht an den Senat gebracht worden ist, so lehrt namentlich die Geschichte des Fideicommisses, mit welcher Zurückhaltung die Kaiser in die eigentliche Gesetzgebung eingriffen. Dass bei der Anhaltung des Erben zur Erfüllung der rechtlich formlosen, aber moralisch verbindlichen Auflage seines Erblassers Augustus das Geschwornenverfahren ausschloss und die Vorsitzenden des Senats anwies dies durch ausserordentliche Cognition durchzuführen, zeigt deutlich, dass dies nicht so sehr eine legislatorische Neuerung war als eine Uebertragung der Gewissenspflicht in die Rechtssphäre und dass bei diesem Ueberschreiten der strengen Rechtsgrenze die Mitwirkung des Senats nothwendig erschien. Weiter hat die in dem einzelnen Fall von dem Kaiser getroffene Entscheidung *(constitutio)* rechtliche Gültigkeit auf Grund der in sein comitiales Wahl- und Vollmachtgesetz (S. 153) eingerückten Clausel, dass er „das Recht und die Macht haben solle in göttlichen und menschlichen, in öffentlichen und Privatangelegenheit zu thun und vorzunehmen, was ihm zum Frommen und zur Ehre des gemeinen Wesens zu gereichen scheine.“ Aber ein Gesetz ist eine solche kaiserliche Verfügung nicht; sie entscheidet die Angelegenheit, für welche sie ergeht, hat aber weder beständige Dauer noch allgemeine Anwendbarkeit. Die darin ausgesprochene Verleihung gilt immer nur als gemacht bis weiter, kann also von Rechtswegen von dem verleihenden Herrscher jederzeit zurückgenommen werden und tritt mit seinem Tode von selber ausser Kraft, falls nicht der Nachfolger sie erneuert. Der in einem kaiserlichen Erlass zur Anwendung gebrachte oder auch ausdrücklich ausgesprochene Rechtssatz ist rechtlich nicht mehr und will auch in der Regel nicht mehr sein als Präjudicat und Interpretation. Nachdem wahrscheinlich seit Hadrian die Kaiser die an sie gelangten Eingaben statt durch Privatbescheidung häufig im Wege des öffentlichen Anschlags beantworteten, gingen diese promulgirten Erlasse der Sache nach in die kaiserlichen Edicte über und da sie grossentheils Rechtsfragen behandelten, wurden sie für die spätere Kaiserzeit das rechte Organ der authentischen Interpretation und sind auch wohl, wie dies bei aller autoritativen Rechtsanwendung der Fall ist, benutzt worden, um in der Form der Erklärung das Recht zu ändern. Reichsgesetze aber haben sie niemals sein wollen und sind auch nie diesen zugezählt worden.

DIE STAATSORDNUNG SEIT DIOCLETIAN

Die Darstellung des römischen Staatsrechts, welche dieser Abriss giebt, schliesst ab mit dem Ende des 3. Jahrhunderts unserer Zeitrechnung. Nachdem mit dem Tode Alexanders im Jahre 235 das severische Herrscherhaus erloschen war, brach das römische Reich zusammen. Das folgende halbe Jahrhundert ist eine Epoche der Agonie. Eine Dynastie giebt es nicht mehr. Unter den Trägern des Kaisernamens, grossentheils geborenen Provinzialen und häufig gewesenen Subalternoffizieren, ist keiner, der auch nur zu Decennalien eigener Herrschaft gelangt wäre, keiner, der nicht den Kaiserpurpur mit seinem Blut gebüsst hätte, kaum einer, dem das aus einander fallende Reich in seiner Gesammtheit botmässig gewesen wäre. Inländische und ausländische Barbaren handhaben, ungefähr wie in Feindesland die Militärcommandanten, im Reichsgebiet die Gewalt neben und gegen einander; der Antheil der Aristokratie am Reichsregiment, die Bildung der höheren Klassen, der Wohlstand der Bevölkerung, die Sicherung der Grenzen gehen gleichmässig zu Grunde. Die Bauten, die Münzen, die Schriftwerke, die Inschriften dieser Epoche reden in ihrer abschreckenden Form wie in ihrem kümmerlichen Bestand alle dieselbe Sprache, das entsetzliche Stammeln der agonisirenden Civilisation.

Die Ursachen, welche diese Katastrophe herbeigeführt haben, dürfen nicht in momentanen Complicationen gesucht werden; wenn der morsche Baum zusammenbricht, wirft ihn freilich der letzte Windstoss um, aber er fällt durch die innere Krankheit. Mehr noch als bei dem einzelnen Menschen ist bei dem Volksganzen von einem sehr frühen Stadium an die Entwicklung neben dem Steigen zugleich ein Sinken, und dies gilt vor allem für Rom. Wenn in der Völkergeschichte das schliesslich entscheidende Moment das Mitthun des Bürgers bei dem Thun der Gemeinde ist, wenn Gemeinsinn, Wehrhaftigkeit, Amtstüchtigkeit, Patriotismus jeder Art nichts sind als die schöne Blüthe der bürgerlichen Selbstthätigkeit, so ist schon in der späteren Republik diese im Schwinden. Es beginnt die Umwandlung der alten Stadtbürgerschaft in eine staatsbürgerliche Gesammtheit und das wesentlich dadurch bedingte Zurücktreten der Gemeinfreien gegen die privilegirten Stände, auf dem politischen Gebiet die Vorherrschaft des Amtsadels neben der um die Mitherrschaft ringenden hohen Finanz, auf dem militärischen die Ersetzung der Bürgerschaft in Waffen durch das geworbene Freiwilligenheer, der Einberufung der Römer insgemein im Fall der Noth durch die dauernden Dienst thuenden Legionen.

Das politische Leben und Streben so wie der bürgerliche Waffendienst, schon in der letzten republikanischen Epoche beide im Schwanken und Verfallen, sanken weiter unter dem Principat. Der Ausschluss der nicht den beiden privilegirten Ständen angehörigen Bürger von den öffentlichen Aemtern (S. 39. 91) und die Feststellung der ständigen Armee ohne Reserve (S. 207) sind wohl aus der republikanischen Entwickelung erwachsen, aber in ihrer Formulirung und Fixirung grundlegende Einrichtungen der neu geschaffenen Monarchie.

Das Sinken des politischen Lebens war die nothwendige Folge des Eintretens der Einherrschaft; dass das Unkraut des republikanischen Ehrgeizes nicht ausgerauft werden konnte, ohne auch die edlen Lebenstriebe zu gefährden, hat Augustus wohl erkannt und versucht entgegenzuwirken. Die Uebertragung der formalen Gemeindegewalt auf den Senat (S. 270) hat allerdings praktisch nicht allzuviel bedeutet, obwohl die darin enthaltene ausdrückliche Verzichtleistung des neuen Gewalthabers auf die souveräne Herrschergewalt, zumal bei der Macht des Rechtsbegriffs in dem römischen Gedankenkreis, ebensowenig gleichgültig ist wie die Consequenzen dieses Senatsregiments, namentlich das festgehaltene communale Selbstregiment Italiens und die fortdauernde wie auch immer beschränkte Publicität der Regierungsacte. Aber ein effectives Mitregiment wurde der republikanischen Aristokratie eingeräumt durch die Reservirung der wichtigsten Civil- und Militärämter für die Mitglieder des Senats (S. 167); diese durch alle Krisen mehr als zwei Jahrhunderte eingehaltene Schranke hat in dem Commando wie in der Verwaltung und der Rechtspflege ein Beamtenregiment herbeigeführt, das ohne die schweren Schäden des republikanischen dem politischen Charakter dieser Epoche nicht allzu fern stand und dem im wesentlichen der Principat sowohl seine Vorzüge verdankt wie seine Dauer. Mit der Monarchie fand diese Aristokratie insoweit sich ab, dass die retrospective Kritik der bestehenden Ordnung allmählich verstummte und noch weniger an eine Beseitigung derselben gedacht ward, wohl aber, wenn der Ausdruck gestattet ist, an eine Constitutionalisirung derselben, wofür namentlich die Versuche bezeichnend sind die Criminaljurisdiction über die Mitglieder des Senats diesem selbst unter Ausschluss des Kaisers zu vindiciren. Das Misstrauen gegen den Senat und die Senatoren, welches in sehr verschiedenen Formen und Graden durch das gesammte Kaiserregiment sich durchzieht, ist der sicherste Beweis der fortdauernden Macht dieser Aristokratie und dieser Antagonismus gewissermassen die letzte Aeusserung der politischen Lebenskraft Roms. Als in der wüsten Mitte des 3. Jahrhunderts Kaiser Gallienus, nicht die unfähigste, aber wohl die nichtswürdigste Figur in der langen Reihe dieser monarchischen Caricaturen, die Senatoren von den Militärämtern ausschloss und es aufkam diese überwiegend mit gewesenen gemeinen Soldaten zu besetzen, machte er damit wohl der Senatsherrschaft ein Ende, aber nicht minder der Dyarchie des Principats und damit diesem selbst.

Was hinsichtlich der Wehrhaftigkeit unter dem Principat geschah, steht nicht auf der gleichen politischen Höhe wie die allgemeine Führung des Regiments unter demselben. Die Schlagkraft der republikanischen Epoche, wie sie noch in den mit der Gründung der Monarchie endigenden Bürgerkriegen in nur allzu gewaltigem Umfang sich erwiesen hatte, ist auf den Principat nicht übergegangen. Die durch das Jahrhundert der inneren Kriege in der Bürgerschaft erzeugte Friedenssehnsucht und das Bedürfniss der neuen Monarchie sich durch Volksfreundlichkeit zu legitimiren, dazu das völlige Fehlen auch nur einigermassen ebenbürtiger Nachbarstaaten erklären wohl, aber rechtfertigen nicht die sofortige thatsächliche Beseitigung der bürgerlichen Wehrpflicht und die Beschränkung der Reichswehr auf eine ständige Armee, die in der Stärke von etwa 300 000 Mann eben genügte, um die durch die drei Welttheile sich erstreckenden Grenzen des Staats einigermassen zu garnisoniren, welcher aber jeder Rückhalt in der Masse der Bevölkerung fehlte. Um auch nur dieses zu erreichen, gab Augustus das Princip der Vertheidigung des Römerreichs ausschliesslich durch römische Bürger auf und warf die Hälfte der Rekrutirungslast auf die dem Reich angehörigen Nichtbürger; auch die immerhin durch diese Armeeorganisation wesentlich gesteigerte Finanzlast wurde nicht ohne Schwierigkeit gedeckt durch die Aufgabe der republikanischen Abgabefreiheit des römischen Bürgers (S. 220) und die Wiedereinführung des alten Tributum in der Form der fünfprocentigen Erbschaftssteuer. Wie ausschliesslich unter dem Principat militärisch allein die ständigen Truppen in Betracht kamen, zeigt die vollständige Beherrschung und die häufige Vergewaltigung der Hauptstadt mit ihrer Millionenbevölkerung durch die 10 000 Gardesoldaten und zeigt nicht minder die Vergleichung der ungeheuren Truppenmassen des letzten republikanischen Bürgerkriegs und der gleichartigen nach dem Ende der claudischen und dem der antoninischen Dynastie lediglich zwischen den Corps der ständigen Armee geschlagenen Schlachten um die Besetzung des erledigten Thrones. Wenn der „römische Erdkreis“ *(orbis Romanus)*, von dem bei der Zersplitterung der Völkerschaften jenseit des Rheines und der Donau und dem tiefen Verfall des Partherreichs allerdings mit einigem Recht gesprochen werden durfte, an irgend einer Grenze die Botmässigkeit versagte oder, was trotz der vorherrschenden Friedenspolitik nicht ganz ausblieb, die römische Regierung die Annectirung eines barbarischen Nachbargebiets beschloss, so konnte die auf irgend einem Punct erforderte zeitweilige Vermehrung der Streitkräfte nicht anders bewirkt werden als durch entsprechende Entblössung eines andern und Verschickung der dort stehenden Besatzungen in weite Entfernungen. An diesen mangelhaften Einrichtungen Augusts ist dennoch durch die nächsten Jahrhunderte im Wesentlichen festgehalten worden. Selbst kriegslustige Herrscher, wie Traianus und Severus, haben an dem System nichts gebessert und auch die ständige Armee nur unwesentlich vermehrt. Verschoben hat sich nur der Civilstand der Soldaten. Wenn nach den augustischen Ordnungen die Armee zur Hälfte aus römischen Bürgern und insoweit damals vorzugsweise aus Italikern bestand, so wurde zwar für diese Hälfte auch später an der Forderung des römischen Staatsbürgerrechts nominell festgehalten; aber da dies Staatsbürgerrecht in immer steigendem Masse auf die Provinzialen erstreckt, auch häufig eben für die Einreihung in die Legion den desselben ermangelnden Rekruten verliehen ward, weiter die Aushebung für die an den Grenzen stehenden Truppen allmählich einen örtlichen Charakter annahm, so lieferte Italien bald für das Heer nur noch die höheren und theilweise die niederen Offiziere und die Gardesoldaten. Auch die höher civilisirten Provinzen verschwinden allmählich aus dem Kriegsheer und wenn die civilisirte Kriegskunst ihr Uebergewicht über die barbarische auch in dieser Epoche durchaus behauptet, so bedient sie sich vorzugsweise der den Barbaren nächst verwandten mehr dem Namen nach als thatsächlich römischen Bestandtheile der Reichsbevölkerung. Dass dieses Militärsystem nichtsdestoweniger Jahrhunderte lang die Grenzen des Reichs geschützt und hier und da erweitert hat, beruht weniger auf der Kraft der Vertheidigung als auf der Schwäche der vereinzelten Angriffe. Die lange verzögerte Katastrophe entlud sich, gefördert durch das Erstarken der Perserherrschaft mit dem Emporkommen der Sassaniden und durch den politischen Verfall des Regiments der gallienischen Zeit, in dem zweiten Drittel des dritten Jahrhunderts mit elementarer Unwiderstehlichkeit über das gesammte römische Reich. Antiochien wurde von den Persern vergewaltigt, Ephesos von den Gothen, Tarraco von den Franken; alle Besitzungen jenseit der Donau und des Rheins gingen verloren; in Italien selbst gelangten die Alemannen bis nach Ravenna und noch stehen in Verona die Mauern, mit denen diese Stadt, von dem Reiche keinen Schutz mehr erwartend, sich selber der Germanen erwehrte. Der ferne Westen wie der ferne Osten schienen vom Reich sich zu lösen; mit dem Blute des Kaiserenkels begründete Postumus in Trier seine Herrschaft über den Westen und während Kaiser Valerianus in persischer Kriegsgefangenschaft sein Leben beschloss, stellte der römische Osten sich unter den Schutz des Araberfürsten von Palmyra.

Das war die Agonie; aber die wunderbaren Geschicke Roms wendeten noch einmal den Tod ab. Es war dem Römerstaat noch ein Herbstfrühling beschieden, die schon von Aurelianus angebahnte, in dem einundzwanzigjährigen Regiment des Kaisers Diocletianus (284—305) vollendete Restauration des Reiches. Hier soll versucht werden in kurzen Zügen die dabei zu Grunde liegende Reichsordnung zu skizziren. Allerdings hat es ein Staatsrecht in dem Sinn, wie es der älteren Epoche beigelegt werden darf, in dieser nicht gegeben, kein Abwägen der verschiedenen höchsten Gewalten, überhaupt keine feste das Regiment selber bindende Ordnung. Aber ein neues Staatswesen wird gebildet, mit hinreichender Bestimmtheit, in mancher Hinsicht sicherer und vollständiger als die älteren Festsetzungen, für uns zu erkennen. Neu ist darin so zu sagen alles. Es sind vielleicht niemals, seit die Welt steht, die bestehenden Einrichtungen von oben herab mit solcher Gewalt und mit solcher Vollständigkeit und man muss hinzusetzen mit solcher Einheitlichkeit und Folgerichtigkeit umgeworfen worden, wie in diesem wunderbaren den Thron, die Religion, die Beamtenschaft, die Rechtspflege und die Verwaltung, das Heer- und das Steuerwesen gleichmässig umfassenden Trümmerbau und Neubau, für welchen allerdings die voraufgehende funfzigjährige Anarchie wenigstens die Stätte bereitet hatte.

Des Monarchen unbedingtes und unbeschränktes Herrenrecht über die Personen wie über das Gut aller Unterthanen ist die durch die Macht der Geschicke oder, wie es bald dafür heisst, durch den göttlichen Willen nothwendig gegebene Staatsform. Die alte Titulatur, der Spiegel des aus verschiedenartigen magistratischen Befugnissen zusammengefügten Principats, weicht der einfachen Kaiserbezeichnung; und nachdem der in diocletianischer Zeit vorwaltende lebendige Gott, der Kaiser Jupiter und der Kaiser Hercules, die Göttersöhne und die Götterväter unter der Einwirkung des Christenglaubens zurückgetreten waren, beginnt — im Gebrauch Dritter schon früher, in eigener Führung unter den Söhnen Constantins I. — die Bezeichnung des Herrschers als des Staatseigenthümers *(dominus)*, das unverhüllte Herrenthum die Titulatur zu beherrschen. Nicht nach dem Muster des bisherigen Principats, sondern nach dem orientalischen des Perserschahs ist dasselbe geordnet worden und auch die öffentliche Erscheinung des Monarchen, der nach Frauenart geordnete Schmuck mit Perlen und Edelsteinen in der Kopftracht wie in der Beschuhung, die orientalische Sitte der Kniebeugung, das Eintreten der Eunuchen unter die Dienerschaft weisen nach dem Osten. Eine rechtlich feste Thronfolge besteht jetzt so wenig wie früher und es würde auch die Bindung des Monarchen durch eine Erbordnung mit der vollentwickelten absoluten Gewalt sich nicht vertragen. Nebenherrschaft bleibt zulässig, giebt aber, wie die Katastrophe nach dem Tode Constantins I. dies zeigt, auch jetzt keinen rechtlichen Anspruch auf die Nachfolge; die Sammtherrschaft wiegt vor, wird aber jetzt, wie wir weiter sehen werden, nicht nothwendig, aber gewöhnlich mit der Reichstheilung verbunden. Der Regel nach creirt der Monarch den Monarchen, auch nach der Reichstheilung der überlebende Theilherrscher den Collegen; bei völliger Erledigung des Thrones, wie sie nach dem Tode Constantins I. und dann nach dem Julians und Jovians eintraten, erfolgt die Wiederbesetzung desselben ohne Mitwirkung des Senats durch einen Wahlact der zur Zeit im kaiserlichen Hauptquartier anwesenden Offiziere und Beamten, in dem die ehemalige Imperatorenacclamation (S. 152) mit etwas geminderter Formlosigkeit sich erneuert. Thatsächlich hat das dynastische Element auch diese Monarchie beherrscht und in dem constantischen sowie später in dem theodosischen Kaiserhaus die Nachfolge des Blutes herbeigeführt; der Cultus des flavischen, das heisst des constantischen Hauses entspricht mit der dieser Epoche angemessenen Verrohung der Verehrung des julischen Gestirnes.

Auch auf dem religiösen Gebiet beginnt ein grundsätzlich anderes Regierungssystem und bald weicht wie in der monarchischen Spitze so auch im Cultus der occidentalische Götterglaube der Religion aus dem Osten. An die Stelle der religiösen Toleranz tritt die Aufnahme eines formulirten Glaubens unter die von oben herab zu erzwingenden Bürgerpflichten. Die Götter der römischen Gemeinde sind unter der Republik wie unter dem Principat von Staatswegen und auf Staatskosten verehrt worden, aber keinem Staatsbürger war es verwehrt andere Götter daneben zu haben und diesen den Vorzug zu geben. Dieses indifferente Verhalten kam unter dem Principat dem neuen Christenglauben gegenüber insofern ins Gedränge, als dieser neben dem seinigen einen andern nicht gelten liess und den Staatsgöttern die Verehrung ausdrücklich und oft unehrerbietig verweigerte; die staatlichen Versuche diese Ehrerbietung zu erzwingen und der dadurch hervorgerufene Widerstand führten zu dem gefährlichen Conflict nicht des Rechts mit dem Unrecht, sondern der Bürgerpflicht mit der Gewissenspflicht. Aber von staatlicher Seite war diese Anforderung im Allgemeinen mit mässigem Nachdruck und verständiger Inconsequenz geltend gemacht und nie war unter dem Principat auch nur der Versuch gemacht worden dem Staatsbürger eine bestimmte religiöse Ueberzeugung aufzuzwingen. Diocletian, entsprungen der von religiöser Gläubigkeit verschiedenster Art, aber gleichmässig mächtiger Innerlichkeit durchdrungenen niederen Soldatesca, fanatischer Anhänger eines wenigstens nominell dem alten Götterkreis angehörigen Glaubens, war nicht umsonst ein lebendiger und strafgewaltiger Jupiter; und wo der staatskluge Kaiser in seinen kräftigen Jahren bei der Ausführung dieser Tendenz Mass gehalten hatte, da setzte dem bejahrten und kranken Vater gegenüber und dessen Warnungen zum Trotz Jupiters Sohn, der Jovier Galerius, hervorgegangen aus dem gleichen rohen Militärkreis, mit wilder Unüberlegtheit eine Christenhetze ins Werk von einem Umfang und einer Gewaltsamkeit, wie die früheren Jahrhunderte sie nicht gesehen hatten. Mit diesem ernstlichen Einschreiten der Regierung für den alten Götterglauben war mit dem alten System der religiösen Indifferenz und der praktischen Toleranz gebrochen, und gebrochen auf immer. Es wird einer der Fundamentalsätze der neuen Monarchie, dass es Pflicht der Regierung ist den religiösen Glauben der Staatsbürger zu fixiren und zu uniformiren. Allerdings ist nie ein Pfeil ärger auf den Schützen zurückgeprallt als dieser. Was das zusammenbrechende Heidenthum gegen den Christenglauben versucht hatte, hat das dadurch in seinem Aufstreben nur gekräftigte Christenthum gegen das Heidenthum durchgeführt und durch den Arm der Regierung dasselbe erst geknebelt und dann ausgerottet. Ja folgerichtig nahm der Staat weiter es als sein Recht in Anspruch den neuen Glauben positiv zu formuliren. Der Gegensatz der den „allgemeinen Glauben" bekennenden Christen *(catholici)* zu den „Sondermeinenden" *(haeretici)*, zuerst unter Constantin I. aufgestellt, um den Kreis der den Christen damals ertheilten staatlichen Privilegien rechtlich abzugrenzen, wird seit Gratian in officiellen Erlassen auf alle Staatsbürger angewandt und das Requisit der „Rechtgläubigkeit" *(orthodoxia)* in ebenso unlogischer wie gemeinschädlicher Weise als Bedingung des vollen Staatsbürgerrechts proclamirt. Es ist die Nemesis dieser Abdication des Staats, dass von da an staatlicher Dogmenstreit und staatliche Ketzereiermittelung die politische Geschichte so zu sagen verdrängen und die Historie der Theologie den Platz räumt.

Die Reichseinheit, festgehalten wie unter der Republik so unter dem Principat, wird aufgegeben und schon durch Diocletian die Sammtherrschaft als Theilherrschaft gestaltet (S. 160). Unter der constantischen Dynastie ist freilich noch mehrmals das gesammte Reich unter der Einherrschaft zusammengefasst worden; aber mit dem Erlöschen derselben fällt dasselbe definitiv in zwei Hälften auseinander, deren Scheidung um so schärfer hervortritt, als die im Römerreich vereinigte Doppelcivilisation, die hellenische und die lateinische, in ihr sich ebenfalls scheiden, der griechische Osten und der lateinische Westen damit politisch sich von einander lösen. Allerdings hebt diese Theilung die alte Gesammtheit nicht vollständig auf. Das *imperium Romanum* bleibt nach der officiellen Auffassung dieser Epoche als Einheit bestehen und zerfällt nur in die „Theile des Ostens" *(partes Orientis)* und die „Theile des Westens" *(partes Occidentis)*. Von den beiden Consuln, nach denen immer noch das Jahr officiell benannt wird, ernennt zwar den einen die Regierung des Ostens, den andern die des Westens, aber nach beiden zusammen wird im ganzen Reich datirt. Auch die Gesetzgebung bleibt gemeinschaftlich, nicht bloss hinsichtlich der älteren Rechtsnormen, sondern auch für die Anordnungen dieser Epoche, insofern jeder Theilherrscher jedem Erlasse auch den Namen des Mitherrschers vorsetzt und jeder Erlass in beiden Reichshälften Geltung hat oder doch haben soll. Nach Diocletians Anordnungen sollte auch dem gesammten Reich die eine Hauptstadt bleiben. Wie einst Italien als Hauptland neben den Provinzen, so steht nach seinen Einrichtungen die Stadt Rom mit Sonderverwaltung neben dem sonstigen Reich und seinen Behörden. Freilich hat Diocletian dieselbe zugleich insoweit decapitalisirt, dass er für sein neues Herrenthum die Residenz überhaupt beseitigte und dieselbe ersetzte durch das Hauptquartier des neuen örtlich nicht gebundenen Reichsheers; und dabei ist es insofern geblieben, als Rom nicht wieder Herrschersitz geworden ist, der westliche Herrscher anfänglich in Mailand, seit dem Anfang des 5. Jahrhunderts in Ravenna residirte, der östliche seit dem ersten Constantin in dem alten Byzantium am Hellespont, der neuen Constantinopolis. Diese Stadt wurde nicht bloss zur Kaiserresidenz umgestaltet, sondern als das „neue Rom" zugleich zur zweiten Hauptstadt des Gesammtreichs gemacht, welche bald, wie überhaupt in diesen Einrichtungen der Osten vorherrscht, die alte Tiberstadt überflügelt und durch ihre Gleichstellung mit dieser vor allen Dingen dazu beigetragen hat die Reichseinheit so gut wie völlig zum leeren Namen zu machen. In der Hauptsache ist sie schon von Diocletian durch das Theilregiment ersetzt worden: jeder Theilherrscher hat seine eigenen Truppen und seine eigenen Beamten und soll das Regiment in Gleichstellung mit dem Collegen, aber mit rechtlicher Selbständigkeit verwalten, welche ideale Durchdringung der Sammt- und der Theilherrschaft allerdings thatsächlich entweder durch Fehde- oder durch Abhängigkeitsverhältnisse stetig modificirt wird.

Wenn das Reichsregiment wie in republikanischer Zeit so unter dem Principat auf dem Fundament des einheitlichen Imperium, der Untrennbarkeit des Commandos von Justiz und Verwaltung geruht hatte, so übertrug die neue Staatsordnung den Gegensatz des Bürgers und des Soldaten in die Magistratur und ordnete diese durchaus mit Scheidung der Civil- und der Militärgewalt, allerdings in der bezeichnenden Form, dass die Civilgewalt nominell verschwand und das Civilamt rechtlich aufgefasst ward als Soldatendienst *(militia)* ohne Waffen, darum auch das Bandelier des Offiziers *(cingulum)*, jetzt von dem Civilbeamten gleichfalls geführt ward. Auch diese durchschlagende Neuerung ruht auf der innerlichen Steigerung der Monarchie. Der frühere Statthalter ist innerhalb seines Sprengels der Träger der souveränen Staatsgewalt, auch unter dem Principat noch zwar durch den ihm zur Seite gesetzten kaiserlichen Hausbeamten in der Finanzverwaltung beschränkt, aber immer noch mit dem vollen Imperium ausgestattet. Die diocletianische Monarchie fasst die staatliche Souveränetät in der Person des Herrschers zusammen und verwendet neben diesem nur Gehülfen, und indem sie diese sachgemäss nach den Geschäftskreisen gliedert, fallen das Commando und die Justiz, deren Combination schon früher praktisch oft unbequem geworden war, selbstverständlich aus einander. Die Durchführung dieser Scheidung bis an die Stufen des Thrones selbst ist eines der wesentlichsten Elemente der neuen Ordnung.

Damit in Verbindung steht die Erstreckung der offiziellen Gehülfenschaft auf das Reichsregiment als solches, die Entwicklung nach modernem Ausdruck der Ministerstellung. Wenn die ältere Staatsordnung, von dem Princeps selbst abgesehen, allgemeine Reichsämter nicht, sondern lediglich Sprengelämter kennt, so entwickelt die diocletianisch-constantinische die Reichskanzlerschaft der *praefecti praetorio* und die Reichsfeldherrnschaft der *magistri militum*, allerdings nicht in derjenigen vollen Unbedingtheit, welche diese Beamten zu civilen oder militärischen Reichsherren gemacht haben würde, sondern mehr oder minder eingeschränkt durch das Sprengelsystem, immer aber als regelrechte Oberbehörden gestaltet, theils durch den über die engen Sprengelschranken der älteren Ordnung weit hinausgehenden Umfang des einem solchen Beamten unterstellten Reichstheils, theils durch die Einrichtung ihm untergeordneter civiler oder militärischer Mittel- und Unterämter. Diese Hierarchie ist gleichfalls eine Neuerung. Die Ordnung des Principats kennt wohl die Berufung von dem Beamten an die souveräne Gewalt, aber einen eigentlichen allgemeinen Instanzenzug hat erst die diocletianische Monarchie entwickelt und dieser ist das hauptsächliche Fundament der diese Staatsordnung völlig beherrschenden Bureaukratie. Dieselbe offenbart sich in der strengen Schematisirung und dem festen Aufrücken sowohl der höheren Beamten selbst wie auch des die Amtführung thatsächlich vielfach an sich ziehenden Subalternenpersonals *(officia)* und in einer Rangordnung und einem Titelwesen von einer Fülle und Strenge, dass dagegen alle späteren Leistungen auf diesem Gebiet dürftige Anfängerarbeit sind.

Die vielgegliederten und häufig wechselnden Formen der Civil- und der Militärordnung dieser Epoche können hier nicht eingehend entwickelt werden; wir beschränken uns darauf die Grundlinien zu bezeichnen.

Der bürgerliche Oberbeamte, entwickelt aus dem Gardecommandanten des früheren Principats (S. 163 f.), aber diesem kaum über den Namen hinaus analog, namentlich der früheren Collegialität und, allerdings erst seit Constantin, aller militärischen Competenz entkleidet, ist einem Reichstheil vorgesetzt, dessen Umfang öfter wechselt, aber dem Herrschaftsgebiet gleich ist oder nahe kommt; beispielsweise haben in den Jahren, wo Constantius II. die Ost-, Constans die Westhälfte des Reiches beherrschte, drei Präfecten neben einander fungirt, der eine für das ganze Ostreich, der zweite für Illyricum, Italien und Africa, der dritte für Gallien, Spanien und Britannien. In diesen Verwaltungskreis sind ausser den alten Sprengeln kaiserlicher Verwaltung weiter mit Ausnahme zweier kleiner den alten Proconsuln von Asia und Africa belassener Districte sämmtliche früher dem unmittelbaren Kaiserregiment entzogene Provinzen gezogen und nicht minder Italien unter Aufhebung seiner althergebrachten Mutterlandsprivilegien in denselben aufgenommen worden. Die bisherige Sonderstellung der Halbinsel ward indess, wie wir sahen, nicht völlig aufgehoben, sondern beschränkt auf die Stadt Rom. Zwar die Identificirung der stadtrömischen und der Reichsbeamten, welche die Republik entwickelt und der Principat tolerirt hatte, wird jetzt auch formell beseitigt; die Prätoren und Quästoren der Stadt Rom werden aus dem Verzeichniss der Reichswürdenträger gestrichen und zu den Municipalbeamten gestellt. Aber die Stadt Rom selbst erhält an den Polizeimeister des Principats, dem *praefectus urbi* (S. 185) ein Stadthaupt, welchem alle Reichsbeamten mit stadtrömischer Competenz, insonderheit der kaiserliche Getreideverwalter (S. 166. 215) und der Commandant der städtischen Löschmannschaften (S. 163. 214) unterstellt wurden und der dem Präfecten des Prätorium zwar in der Macht nach, aber im Rang zunächst stand. Nachdem durch Constantin I. das Reich eine zweite und der Osten eine Sonderhauptstadt erhalten hatte, wurde diese Sonderstellung des alten Rom allmählich auch auf das neue übertragen.

Das Amtgebiet der Präfecten des Prätorium wird weiter getheilt in anfänglich zwölf, im Laufe der Zeit um einige Stellen vermehrte Diöcesen, von denen einige durch die Präfecten unmittelbar, die meisten durch zwar als „Stellvertreter" derselben *(vicarius praefectorum praetorio)* betitelte, aber obligatorische Mittelbeamte verwaltet werden. Die Diöcese ist ihrem Umfang nach weit grösser als die alten Stadthalterbezirke; beispielsweise umfasst die Diöcese Gallien die alten Provinzen Lugdunensis, Belgica, graische und poeninische Alpen (Savoyen und Wallis), Unter- und den römisch gebliebenen Rest von Obergermanien.

Die Unterbehörden bilden die bisherigen Provinzialstatthalter mit durchgängig gegen den früheren Umfang bedeutend eingeschränkten Sprengeln, so dass zum Beispiel in der Diözese Gallien aus jenen alten fünf Provinzen durch Theilung dreier derselben acht geworden sind, und mit gemindertem Rang, indem den meisten derselben statt des Legaten oder Proconsuls senatorischen Ranges nichtsenatorische Statthalter, *praesides,* oder, wie sie in Italien betitelt zu werden pflegen, *correctores* vorgesetzt werden.

Die Rechtspflege und die Verwaltung werden durch die genannten Ober-, Mittel- und Unterbeamten beschafft.

Die Prozesse, die civilen wie die criminellen so wie alle Verwaltungssachen, welche zu contentiöser Verhandlung führen, gehen in den beiden Hauptstädten an den Stadtpräfecten, so weit sie nicht in die Competenz eines seiner Unterbeamten fallen, im übrigen Reich an den Statthalter. Die engeren Grenzen der Provinzen dieser Epoche werden dem Statthalter es möglich gemacht haben die beiden früheren grossen Bezirken wahrscheinlich über die Gebühr ausgedehnte Delegation der Prozesse an beliebig ausgewählte Stellvertreter zu beschränken und einer Amtspflicht der Regel nach persönlich zu genügen. — Für die höheren Rangklassen bestehen Einschränkungen dieser Regeln. Der Angehörige eines städtischen Gemeinderaths unterliegt zwar auch in Criminalsachen dem Statthaltergericht; aber ein Todesurtheil kann gegen ihn nur vollstreckt werden nach eingeholter kaiserlicher Bestätigung. Der Angehörige eines der beiden Reichssenate hat seinen rechten Gerichtsstand nicht vor dem Statthalter, sondern vor dem betreffenden Stadtpräfecten und kann wenigstens criminell nur von diesem verurtheilt werden, wobei überdies noch ein aus fünf Männern gleichfalls senatorischen Standes gebildetes Gericht zugezogen werden muss. Die Personen der ersten Rangklasse, das heisst alle mit dem hohen Personaladel des Patriciats ausgestatteten so wie alle zum Consulat oder zu einem der höchsten Reichsämter gelangten, können criminell nur vor dem Kaiser selbst und seinem Staatsrath *(consistorium sacrum)* zur Verantwortung gezogen werden.

Die Appellation gegen das Erkenntnis erster Instanz wird auch jetzt noch allgemein bezeichnet als kaiserliche Rectification desselben; indess geht sie regelmässig nicht an den Kaiser unmittelbar, sondern an eine der diesen vertretenden „mit kaiserlicher Gerichtsbarkeit *(vice sacra iudicare)* ausgestatteten“ Behörden. Von dem Untergericht wird entweder an die Mittelinstanz, den Vicarius appellirt oder an die Oberinstanz, den Präfecten des Prätorium, aus einzelnen Provinzen auch statt an diesen vielmehr an den Stadtpräfecten. An denselben geht die Appellation von den hauptstädtischen Untergerichten, so weit es deren giebt.

Von dem Spruch des Stadtpräfecten kann weiter appellirt werden an den Kaiser und ebenso kann von dem Spruch des Vicarius nicht an den Präfecten des Prätorium, wohl aber an den Kaiser Berufung eingelegt werden. Der Spruch aber dieses Präfecten selbst ist nicht appellabel und mit gewissen hier nicht zu erörternden Ausnahmen definitiv, wie selbstverständlich immer der kaiserliche selbst.

Die Hebung der Steuern und die Leistung der öffentlichen Ausgaben werden, so weit nicht besondere Anordnungen anders bestimmen, im Allgemeinen durch die eben genannten Behörden beschafft. Die Steuerlast selbst wurde nicht bloss auf Italien und in etwas veränderten Formen ebenfalls auf die Hauptstädte erstreckt, sondern auch in dem übrigen Reich in grösstem Umfang gesteigert und neben dem fixirten Betrag je nach Umständen durch mehr oder minder willkürliche Zuschläge erhöht. Der oberste Civilbeamte schreibt Jahr für Jahr die Umlage aus und die Beitreibung derselben liegt in erster Reihe dem Statthalter ob. Die provinzialen Obersteuereinnehmer des früheren Principats sind beseitigt und ihre Geschäfte mit denen des Statthalters vereinigt. — Daneben bestehen zwei besondere Finanzverwaltungen, beide Beamten der ersten Rangklasse übertragen, die Gnaden- *(largitiones sacrae)* und die Domanialkasse *(res privatae)*. Der ersteren sind die Bergwerke, die Grenzzölle, die Münzstätten und die kaiserlichen Fabriken überwiesen und sie ist in erster Reihe bestimmt für die Leistung der kaiserlichen Gaben, namentlich der ständigen Gratiale so wie der ausserordentlichen Spenden an Beamte und Soldaten, während die immer grössere Ausdehnung annehmende Verwaltung der kaiserlichen Domänen bei dem anderen Oberamt centralisirt ist.

Hinsichtlich der Landesvertheidigung blieb es bei der alten Beschränkung derselben auf die stehende Armee, wie dies unter den bestehenden Verhältnissen nicht anders sein konnte. Aber die nothwendige Verstärkung der Truppenzahl — nach den tadelnden Zeitgenossen eine Vervierfachung — wurde von Diocletian bewirkt und weiter der radicale Fehler des älteren Systems das Reich lediglich durch Grenzgarnisonen zu vertheidigen beseitigt. Es wurde neben den stark vermehrten Grenzbesatzungen eine zu örtlich freier Verwendung bestimmte Armee gebildet, zunächst gedacht als der Person des residenzlosen Kaisers folgend *(exercitus praesentalis)*. Dass bei der

Recrutirung der civilisirte Theil der Bevölkerung nicht in Betracht kam, vielmehr die Mannschaften um so mehr galten, je roher sie waren, kann nicht als Neuerung betrachtet werden, wohl aber das mehr und mehr sich geltend machende Eindringen in das Reichsheer der eigentlichen Ausländer, der in sesshafter Leibeigenschaft innerhalb der römischen Grenzen angesiedelten Barbaren, der kriegsgefangenen oder geworbenen Franken, Sachsen, Vandalen, Perser damit also der definitive Verzicht auf die durch das Gesetz der Selbsterhaltung gebotene und auch unter dem verfallenden Principat nicht offen aufgegebene Regel, dass die Reichsangehörigen und nur sie das Reich zu vertheidigen haben.

Dass Diocletian den Statthaltern den bisher in den wichtigsten Sprengeln von ihnen geführten militärischen Oberbefehl nahm, ist schon gesagt worden; um dieselbe Zeit sind die alten Legionscommandos aufgelöst worden. An die Stelle der Legionslegaten wie der commandirenden Provinzialstatthalter traten die „Grenzfeldherrn" *(duces limitum)*, deren zum Beispiel längs der Donau von der Augsburger Gegend bis zur Mündung acht eingesetzt und denen die Grenztruppen (*milites limitanei* oder *riparienses*) unterstellt wurden; diese selbst wurden wie es scheint durchgängig in kleinere Corps von 500—1000 Mann nach der Art der bisherigen Cohorten und Alen aufgelöst und jeder solcher Abtheilung ein Offizier (*tribunus* oder *praefectus*) vorgesetzt. Das Commando über das neue Feldheer blieb nach Diocletians Anordnungen dem Kaiser und den zum Nebencommando berufenen Mitregenten so wie unter ihnen den Präfecten des Prätorium. Den letzteren hat dann Constantin die militärische Competenz genommen und unter gleichzeitiger Verstärkung des Feldheers die schon erwähnte Reichsfeldherrnschaft eingeführt, im Rang den höchsten Civilämtern nachstehend, aber mit ihnen der ersten Aemterklasse zugezählt. Zunächst sind für das vereinigte Reich oder bei bestehender Theilung für den Reichstheil zwei Reichsfeldherren eingesetzt worden, der eine für das Fussvolk *(magister peditum)*, der andere für die Reiterei *(magister equitum)*, beide unmittelbar den Feldtruppen, mittelbar durch die ihnen untergeordneten Duces auch den Grenzbesatzungen vorgesetzt. In solcher Ausdehnung war das Amt eine Gefahr für die Monarchie und sie steigerte sich, wenn das Infanterie- und das Reitercommando mit einander combinirt ward; in dieser Stellung als *magister utriusque militiae* hat nach dem Tode Theodosius I. Stilicho, ein Offizier deutscher Herkunft, mehr über als unter dem Kaiser des Westreichs gestanden und dieser Reichsgeneralissimat nicht wenig zu dessen rascher Auflösung beigetragen, während im Ostreich gemäss den Anordnungen desselben Theodosius die Reichsfeldherrnschaft durch Spaltung und Beschränkung mit dem monarchischen Regiment verträglich gestaltet ward. — Die criminelle Jurisdiction über die Soldaten — die civile ist erst bedeutend später von den Civilbehörden auf die militärischen übergegangen — steht nach der diocletianisch-constantinischen

Ordnung im Allgemeinen bei den Grenztruppen dem Dux zu, bei dem Feldheer dem Magister; die Appellation geht von beiden an den Kaiser.

Die unmittelbare Ausübung der souveränen Gewalt hat ausschliesslich der Kaiser. Dass der Senat nicht einmal bei der Besetzung des Thrones gefragt wird, bedauert ein Schriftsteller aus der Zeit Constantius II., aber, setzt er hinzu, die Schuld trägt die faule und feige Aristokratie selber, welcher der Genuss ihrer Reichthümer über alles geht und die selber sich und ihren Nachkommen gemeine Soldaten und Barbaren zu Herren gesetz hat. Geblieben ist der römische Senat und nach der definitiven Reichstheilung dem constantinopolitanischen die gleiche Stellung im Osten eingeräumt worden; aber factisch wie rechtlich sind die Senate dieser Epoche nicht viel mehr als Publikationsstellen für die Kaisergesetze; nicht einmal für die Berathung bedient der Kaiser sich des Senats, sondern vielmehr des schon mehrfach erwähnten kaiserlichen Consistoriums, eines durch die eben anwesenden Beamten der ersten Rangklasse und eine Anzahl aus besonderem Vertrauen berufener Personen gebildeten Staatsraths. Beamtenernennung wie Gesetzgebung liegt bei dem Kaiser, letztere wenigstens seit Constantin I., mit dessen Erlassen die unter Theodosius II. veranstaltete Sammlung der Kaisergesetze anhebt. Die Form der Erlasse ist insofern gleichgültig, als dabei nur interpretatorisch gefragt wird, ob nach der Absicht des Kaisers die Bestimmung als generelle oder als specielle anzusehen ist. Einen gewissen Antheil an beiden Attributen der souveränen Gewalt haben die höchsten Civilbeamten insofern, als sie die zu ernennenden Beamten vorzuschlagen pflegen und ihre allgemeinen Erlasse *(formae)* ähnlich wie die kaiserlichen gelten.

Dass der Herrscher in Rechtspflege, Verwaltung und Commando so weit eingreifen kann, wie es in jedem Fall ihm beliebt, folgt aus dem Wesen der absoluten Monarchie. So nothwendig freilich wie im Principat (S. 160) ist die eigene Thätigkeit des Staatsoberhaupts in dem neuen Herrenthum keineswegs. Dasselbe ist darauf eingerichtet unfähige und nichtige Inhaber der Monarchie zu übertragen. Das neue Ministerregiment schliesst die heimliche Mitregierung amtloser und unverantwortlicher Individuen wenigstens einigermassen aus und nachdem die Reichskanzlerschaft und weiter die Reichsfeldherrnschaft constituirt ist, sind die eigene Kriegführung, die eigene Rechtsprechung, die eigene Staatsleitung des Monarchen wohl zulässig, aber nicht mehr nothwendig. Bis zu einem gewissen Grade freilich wird auch bei diesem Regiment persönliches Eingreifen des Regenten vorausgesetzt und gefordert, indem die wichtigsten Verwaltungshandlungen und nicht minder nach dem früher Gesagten eine gewisse Zahl der Prozesse in letzter oder auch in einziger Instanz vor dem Kaiser und dessen Staatsrath zur Entscheidung kommen. In wie weit der Monarch in diesen Vorsitz das Regiment legen will, hängt von seiner Persönlichkeit ab; das Sinken des Systems zeigt sich am deutlichsten in der Uebertragung auch dieser Thätigkeit auf die Regierungsgehülfen. Um nicht von wichtigeren Arbeiten durch die Staatsrathsgeschäfte abgezogen zu werden, überwies Kaiser Theodosius II., Kalligraph von Profession, die zur Entscheidung des Staatsraths stehenden Appellationen einer aus zwei hohen Beamten gebildeten Commission, und dabei ist es geblieben.

Die neue Staatsordnung hat das Geschehene nicht ungeschehen machen können. Einen nationalen Kern und eine nationale Religion konnte keine Regierungskunst wieder schaffen; als Surrogat für jenen musste die hellenisch-lateinische oder vielmehr nach der Reichstheilung im Osten die hellenische, im Westen die lateinische Civilisation dienen, für diese das freilich aller Nationalität principiell absagende Christenthum. Den Verfall der guten Sitte, der guten Kunst, der guten Sprache, insbesondere innerhalb der flacheren Civilisation der lateinischen Reichshälfte, hat die Restauration auszugleichen nicht und kaum aufzuhalten vermocht. Der römischen Menge, deren politisches Bedürfniss in Bettelbrot und Gratisschauspiel aufging, vermochte sie in dem constantinopolitanischen einen gleichartigen Pöbel an die Seite zu stellen, aber nicht umzuschaffen. Dem einreissenden Verfall des Ackerbaues suchte sie zu steuern durch die Beseitigung der Freizügigkeit der kleinen Leute im Interesse des Grossgrundbesitzes und die immer weitere Ausdehnung der an die Scholle gebundenen Leibeigenschaft, dem wirthschaftlichen Verfall durch die mehr und mehr sich ausbreitende Aufhebung der freien Berufswahl, den Erbzwang bei der Armee, bei den Subalternbeamten, bei den Gemeinderäthen der Städte, bei den Bäckern, den Schiffern und zahlreichen anderen für den Staat unentbehrlichen Gewerben. Die Lieferungen und Steuern, welche die Armeeorganisation herbeigeführt hat oder die doch im Verfolg derselben sich eingestellt haben, führten nicht allein, aber wesentlich mit zu derjenigen allgemeinen Verarmung, wovon die durch officielle Actenstücke zahlenmässig beglaubigte erschreckende Ausdehnung der in sonst blühenden Landschaften von ihren Besitzern verlassenen Oedäcker *(agri deserti)* ein nur zu beredtes Zeugniss ablegt. Dennoch ist durch die diocletianisch-constantinische Staatsreform Grosses erreicht worden. Vor allen Dingen hat die Reorganisation der Armee, um wie hohen Preis immer erkauft, dem Römerreich die verlorene militärische Spannkraft zurückgegeben. Es wurde nicht alles Verlorene wieder gewonnen; das rechte Rhein- und das linke Donauufer sind nicht wieder römisch geworden und das sichere militärische Uebergewicht, wie es das frühere Römerreich unentwegt besessen hatte, ist dem restaurirten Staat nicht zurückgekehrt. Aber die Ehre der römischen Waffen wurde in den Kriegen der diocletianischen Epoche im Westen und Osten wieder hergestellt und in diesem sogar die Reichsgrenze über den Tigris hinaus erstreckt und längere Zeit behauptet. Auch in dem inneren Regiment ist eine Besserung nicht zu verkennen. Der banausische Ausschluss der Aristokratie vom Offiziersdienst ist bald geschwunden und das neu geordnete Beamtenthum hat mit den der Bureaukratie anhaftenden Mängeln auch

Sachkunde, Tüchtigkeit und Pflichttreue entwickelt. Selbst in der Finanzwirthschaft zeigt sich wenigstens intermittirend ernstliches Bestreben die schwere Belastung so weit möglich zu erleichtern; die Erbschaftssteuer hat die Regierung, wahrscheinlich Diocletian selbst, bei der Erstreckung der Grundsteuer auf Italien fallen lassen, im Ostreich Anastasius die verhasste und unbillige Gewerbesteuer *(chrysargyrum)* aufgehoben; Niederschlagung der Steuerrückstände und Herabsetzung der Steuerbeträge sind vielfach, vor allem von Kaiser Julianus in seinem nur zu kurzen Regiment angeordnet worden. Wenn im Laufe des dritten Jahrhunderts die bimetallistische Münzverschlechterung so weit vorgeschritten war, dass Steuern und Besoldungen in Naturalien angesetzt wurden und es Geld eigentlich nicht mehr gab, so ist die durch Diocletian und mehr noch durch Constantin durchgeführte rationelle Goldwährung und deren strenge Festhaltung in der Folgezeit ein glänzendes Zeugniss gesunder Finanzwirthschaft, wenn gleich die Ausgabe einer der Sache nach dem heutigen Papiergeld gleichartigen Creditmünze mit allen dabei schwerlich vermeidlichen Missständen daneben herging.

Die Feuerprobe der Zeit hat das diocletianische Herrenthum nicht in dem Grade bestanden wie der augustische Principat. Das militärische und finanzielle Missregiment hat mehr und mehr darin die Oberhand gewonnen; wenn ein Schriftsteller der justinianischen Epoche den Sollbestand des Reichsheeres auf 645 000 Mann, den effectiven auf kaum 150 000 angiebt, so ist damit allein hinreichend erklärt, warum von den beiden Reichshälften die eine nach kaum zwei Jahrhunderten zusammenbrach, die andere, weniger unmittelbar den Stössen der neu emporkommenden Nationen ausgesetzt und gestützt auf die Unvergänglichkeit der hellenischen Geistesmacht, nach nicht viel längerer Zeit die beherrschende Stellung einbüsste und verkümmerte. Zu Grunde gegangen aber ist, wie der Römerstaat des Principats, so auch der restaurirte Diocletians, welcher eben unter Justinian noch kriegerische Erfolge aufzuweisen hatte, nicht durch die Barbaren, sondern an innerer Fäulniss.

REGISTER